कला का सौन्दर्य

(साहित्य तथा अन्य कलाएँ)

खण्ड-1

सम्पादक

यतीन्द्र मिश्र

वाणी प्रकाशन

वाणी प्रकाशन

4695, 21-ए, दरियागंज, नयी दिल्ली 110 002

शाखा

अशोक राजपथ, पटना 800 004

फ़ोन : +91 11 23273167 फ़ैक्स : +91 11 23275710

www.vaniprakashan.in
vaniprakashan@gmail.com
sales@vaniprakashan.in

KALA KA SAUNDARYA-1
(Sahitya Tatha Anya Kalayen)
edited by Yatindra Mishra

ISBN : 978-81-8143-888-1
Art

संस्करण 2008, 2012
आवृत्ति 2017

मूल्य : ₹2000 (चारों खण्ड)

एस.जी. प्रिंटर्स, दिल्ली-110 093 में मुद्रित

वाणी प्रकाशन का लोगो मक़बूल फ़िदा हुसेन की कूची से

अनुक्रम

डॉ. रामविलास शर्मा एवं
श्रीमती मोगूबाई कुरडीकर
की
स्मृति में सादर

थाती का आशय

इस नई सहस्राब्दी के आरंभ पर युवाओं में भारतीय संगीत एवं संस्कृति की संवृद्धि को समर्पित संस्था-स्पिक मैके, अपनी स्थापना के चौबीस वर्ष पूरे कर रहा रहा है। जब, इस संस्था की रजत जयन्ती होने में अभी एक वर्ष शेष है, यह जानना अत्यंत गौरव की बात है कि स्पिक मैके ने इस लंबी कालावधि में भारतीय संस्कृति के परंपरागत स्वरूप को लोकप्रिय एवं जनसामान्य में प्रतिष्ठित करने में एक नई और निराली परंपरा गढ़ी है। चौबीस वर्ष पूर्व, भारतीय जनजीवन में सांस्कृतिक अवमूल्यन को रोकने एवं कलाओं के परंपरागत आदि स्रोतों को बचाने के उद्देश्य से इस संस्था का आविर्भाव हुआ। 1977 में इस संस्था ने अपनी आकृति ग्रहण की। परंतु इसके संस्थापकों ने प्रारंभ में ही इस बात का ध्यान रखा कि यह एक संस्था भर न रह जाए, बल्कि पूरे देश में एक आंदोलन का रूप ले। जैसाकि हर अच्छे कार्य के आरंभ के साथ होता है, इसके साथ भी हुआ। प्रारंभ की चुनौतियों, सीमित संसाधनों एवं कभी-कभार आने वाली कठिनाइयों के कारण धीमी गति से शुरू हुई स्पिक मैके ने धीरे-धीरे अपना बृहद रूपाकार ग्रहण किया और इस आंदोलन ने एक सार्थक दिशा ग्रहण की। आज यह संस्था भारत के अलावा विदेशों में भी सक्रिय है। इसका सर्वाधिक सकारात्मक पक्ष अब तक यह रहा है कि यह बिना किसी निजी स्वार्थ के कलाओं एवं संस्कृति के विकास एवं प्रोत्साहन को समर्पित, युवाओं द्वारा ही संचालित मंच है। एक सांस्कृतिक हस्तक्षेप, बिना किसी लाभ का विकल्प ढूँढते हुए। स्पिक मैके किसी भी राजनीतिक विचारधारा या किसी मत प्रतिबद्धता से सर्वथा निरपेक्ष रहते हुए कला और समाज के मुखापेक्षी एक प्रतिउत्तरदायी अभियान है।

आज इस संस्था की उत्तर प्रदेश तथा उत्तरांचल शाखा ने मिलकर 'विरासत-2001' नामक कार्यक्रम शृंखला आयोजित की है। इस कार्यक्रम के अवसर पर ही इसके द्वारा एक सांस्कृतिक पत्रिका को निकालने का निर्णय लिया गया है, जिसकी फलश्रुति है—थाती। थाती, जो हमारे पूर्वजों ने, हमारी परंपरा ने और हमारे इतिहास व सभ्यता ने हमको प्रदान की है। थाती, जो परंपरा बोध है और परंपरा का पुनरान्वेषण भी। कोई भी संस्कृति जब तक अपने अस्तित्व के स्वीकार और अंगीकार का अन्वेषण करती रहती है, वर्त्तमान में क्रियाशील व प्रासंगिक बनती है। अतः युवाओं द्वारा अपनी ही परंपरा के पदचिह्नों को अंतरान्वेषण व अनुगमन ही थाती का उद्देश्य है। इसी तथ्य को ध्यान में रखते हुए यह पत्रिका संस्कृति, दर्शन, कला, संगीत, साहित्य, रंगमंच, लोक, सिनेमा एवं अन्यान्य रूपंकर अभिव्यक्तियों पर आधारित है।

किसी भी सांस्कृतिक समाज के कलात्मक, विधेयात्मक एवं दार्शनिक स्वरूप को समझने के लिए हमें जिन दो ध्रुवों की आवश्यकता होती है; उनमें एक उसका शास्त्रीय पक्ष होता है, दूसरा उसका लोक पक्ष। संयोग से कलाओं एवं समस्त रचनात्मक निर्मितियों को जानने बूझने में भी जिन तत्त्वों की तलाश होती है, वे इन्हीं दो पक्षों से मिलकर बनते हैं। संस्कृति या कला का शास्त्रीय पक्ष जीवन के अनसुलझे प्रश्नों, चिंतन, शिल्प एवं सौंदर्य को परखने वाली परिपाटी के गहन अध्ययन से आता है, वहीं दूसरी ओर उसका लोक पक्ष, मनुष्य होने

के मार्मिक यथार्थ, सामाजिक विश्वास एवं आस्था की छोटी बड़ी चीजों के मिलने से बनता है। संस्कृति अपने समय में रहते हुए अपने होने का निषेध भी करती है; क्योंकि समय और कला की उत्पत्ति का क्षण दोनों एक साथ नैसर्गिक होते हुए भी सामाजिक बने रहते हैं। इस तरह समस्त कला उपादान मनुष्य के जीवन में अभय, मंगल एवं अनुग्रह की सृष्टि करते हैं। फिर यह अनुकम्पा एवं मंगलाकांक्षा चाहे हमारे संस्कार से निकल कर आती हो या फिर उसका सिरा हमारे यहाँ की किम्वदन्तियों, निजंधरी कथाओं में वर्णित रहता हो। इसी कारण कलाएँ चुकती नहीं, मानवीय और मानवेतर सभी जगह निरपेक्ष भाव से सक्रिय रहती हैं। महाभारत कार की यह उक्ति 'सर्वभूतेषुयेनैकं भावमव्ययमीक्षते' इसी उर्वर परंपरा का एक आलोकित करने वाला उदाहरण है।

हर संस्कृति अपने 'सत्य' का अनुसरण करती हुई किसी बड़े अभिप्राय के प्रति अपने पूरे अस्तित्व को आंदोलित करती है और कलात्मक समाज उसके प्रकाश से दीप्त अपने वर्त्तमान को उसमें प्रतिबिंबित पाता है। यही परंपरा की वर्त्तमान के प्रति वह आधारपीठिका बनाने का कार्य करता है; जिसमें 'सत्य' अनेक तरीकों से पर्यवसित होता है। यही हमारा सौभाग्य बनता है कि हम जिस दाय के प्रति स्वयं को अकसर वंचित करते हैं, वह हमें अपने सकारात्मक प्रभावों से न केवल अनुगृहीत करती है, बल्कि हमारे तमाम संशयों, ऊहापोहों और दुर्बलताओं को नष्ट करने में मदद करती है।

थाती का आशय बस इतना ही है कि हम अपनी महान परंपरा का अनुसरण, अन्वेषण व पुनर्पाठ करें और उस सांस्कृतिक अवगाहन में अंदर तक जाकर अपनी विरासत पहचान सकें। उस विरासत को, जो लोकगीतों की बुनावट की तरह है और जिसमें गणपति के मंगल आह्वान से लेकर देव-पितृ, ऋषि-राक्षस, संध्या-रात्रि, पशु-पक्षी, वनस्पतियों-औषधियों, कीड़े-मकोड़ों, नदी-पर्वत, इष्ट-मित्र सभी के प्रति सहृदय होने का भाव छिपा रहता है। लोक कथाओं का आरंभ चाहे जैसा भी होता हो, अंत के समय तक शाश्वत कामना हर कथा में अंतर्निहित रहती है। 'जैसे उनके दिन फिरे, वैसे सबके दिन फिरें' अर्थात् जिस तरह उसके अमंगल का नाश हुआ उसी तरह इस प्रकृति में, इस समाज में प्रत्येक के अमंगल का नाश हो जाए। सौभाग्य से साहित्य, संगीत और रचनात्मकता की समस्त प्रविधियाँ इसी अमंगल को नष्ट करने में संलग्न रहती हैं। शायद इसी कारण विश्व की अनेक सभ्यताओं में, जो चीज हमेशा से जीवित और युगीन बनी रही; उसमें वहाँ की भाषा, संगीत और मान्यताओं का बड़ा हस्तक्षेप रहा है।

आज, जब हमारा घर और आँगन एक बाजार में तब्दील हो गए हैं, लोक कलाओं, संगीत, मान्यताओं, अध्यात्म एवं परंपरा बोध इन सभी का अर्थ सही-सही जानना और उसे अपने जीवनानुकूल बनाकर स्वीकार करना, अपनी जातीय स्मृति और सभ्यता का अनुसरण करना है। सभ्यता, जब तक अपने लोक व समाज की इन शाश्वत अनुगूँजों का पालन करती रहेगी, उसके समस्त क्रिया-कलापों में उपस्थित रहेगी, कलाओं और सर्जनात्मक समाज की प्रासंगिकता और जरूरत दोनों बने रहेंगे।

संगीत, साहित्य, कला, रंगमंच, दर्शन, लोक, सिनेमा एवं अन्यान्य रचनात्मक सरोकारों से थाती को सजाया गया है। हमारी यह दिखलाने की कोशिश रही है कि पिछले हजारों वर्षों के अध्ययन से वह क्या शेष रह जाता है; जिसे हम युवाओं के सामने ले जाकर यह कह सकें कि उस महान परंपरा का यह एक छोटा-सा उदाहरण भर है, जिससे हमारी विरासत समृद्ध होती है। इसमें अगर संगीत का आध्यात्मिक नाद है; तो दर्शन और साहित्य से मिलने

वाला श्रेयस् तत्त्व भी कहीं न कहीं मौजूद है। रंगमंच का अभिनव रस है; तो सिनेमा से साक्षात मनुष्य का साधारणीकरण भी हो रहा। यदि कलाएँ और स्थापत्य जीवन के अनन्य क्षणों की उदात्त अभिव्यक्ति कर रहे; तो नृत्य और लोक़कलाएँ उन्हीं परंपरागत संस्कारों के प्रदर्शन और मान्यताओं के स्थानापन्न हैं। कुल मिलाकर एक ऐसी कलात्मक समष्टि का निर्माण, जिसके वर्त्तमान में पिछला आभासित होता है और भविष्य वैज्ञानिक तरीके से हमें किसी सुआशा के प्रति अतिरिक्त जिम्मेदार बनाता है।

इस तरह विरासत सभ्यता के विपन्न एवं असहाय क्षणों में उस विकल्प की तरह है; जिसको पकड़कर उस घुप्प अन्धेरे के भीतर जाया जा सकता है, जो हमारी कुंठाओं और दृष्टिविपन्नता के कारण चारों ओर फैल गई है। अपने ही अंदर एक शरण स्थल की खोज, जिसे अनजाने में हमने खुद ही भुला दिया था। एक दृष्टिसंपन्न यात्रा। अस्तित्व के आत्मबोध की यायावरी। हमारा अर्जित ज्ञान जहाँ आकर समाप्त होता है, वहीं से आत्मसजग होने के प्रति हमारे कदम आगे बढ़ते हैं। यही परंपरा बोध है।

थाती, इसी परंपरा से आत्मीय संलाप का नान्दी पाठ है।

हम इस अवसर पर आपको सहकार के लिए आमंत्रित करते हैं।

यह अंक

थाती के इस प्रवेशांक की शुरुआत हम प्रख्यात कला समीक्षक विद्वान् स्व. रायकृष्णदास जी के एक अप्रकाशित लेख 'कलाओं की भाव व्यंजना' से कर रहे हैं। यह लेख संयोगवश उनकी अप्रकाशित पुस्तक 'भारतीय चित्र-चर्चा' का दूसरा अध्याय है। चूँकि यह पुस्तक ही अधूरी प्राप्त हुई थी, अतः इसका प्रकाशन नहीं हो सका। इसका रचनाकाल 1950 का है। इस अमूल्य धरोहर को उपलब्ध कराने के लिए हम उनके पुत्र श्री राय आनंदकृष्ण जी के प्रति कृतज्ञ हैं। इसी क्रम में विद्वानों, कला समीक्षकों, साहित्यकारों एवं संगीत की विभूतियों द्वारा समय समय पर पिछले चालीस-पचास वर्षों में उनके द्वारा कही गई अथवा लिखित सामग्री से कुछ का चयन 'पुनर्पाठ' के रूप में प्रस्तुत किया गया है। इस पुनर्पाठ का ध्येय मात्र यह दिखाना था कि हमारे मूर्धन्यों की चिंतना का कितना विस्तृत और वैविध्य संपन्न संसार हमें थाती के रूप में प्राप्त है। वर्षों पूर्व लिखी बातें अगर आज भी उतनी ही प्रासंगिक और ज्वलंत दिखाई देती हैं, तो उनका पुनर्पाठ और भी आवश्यक हो जाता है। इस प्रयास में, जो सामग्री सँजोयी गई है, उनके मूल का प्रकाशन वर्ष अलग से पत्रिका के अंत में दिया गया है। आशा है, पुनर्पाठ की प्रक्रिया में हमें अपने पूर्ववर्ती और समकालीन समय के हस्तक्षेपों के आंकलन में भी मदद मिलेगी। 'स्मरण' खण्ड किसी कलाकार अथवा रचनाकार के प्रति उसके आत्मीय या समकालीन का संस्मरणात्मक सौहार्द ज्ञापन है। इसके माध्यम से यह जानने में सहूलियत होती है कि विभिन्न क्षेत्रों से निकलकर आने वाले लोगों के अपने स्थायी सरोकार क्या थे, उनका सामाजिक और सांस्कृतिक दाय क्या था और उनमें क्या अप्रतिम था, जो आज भी उन्हें कालजयी बनाता है। इस खंड के लिए हम श्रीमती गिरिजा देवी, श्री राय आनंदकृष्ण, गुलजार जी के आभारी हैं; जिनके सहयोग से 'स्मरण' का खण्ड बना।

भारतरत्न उस्ताद बिस्मिल्ला खाँ साहब के सहयोग के प्रति भी 'थाती' कृतज्ञ अनुभव करती है कि उन्होंने अपने जीवन के दुर्लभ संस्मरण सुनाकर संगीत और संगीत समाज पर औपचारिक वार्त्तालाप को बेहद जीवंत और आत्मीय बना दिया है। हिंदी के वरिष्ठ कवि एवं

प्रबुद्ध आलोचक श्री कुँवर नारायण जी की डायरी से कुछ अंश यहाँ पहली बार प्रकाशित हो रहे हैं। कुँवर जी को अपनी डायरी के अंशों के प्रकाशन के प्रति एक संकोच था कि यह बड़ी अस्त-व्यस्त है, इसपर ठहर कर काम होना चाहिए। फिर भी, हमारे अत्यधिक आग्रह पर कुँवर जी ने इसे सहज ही प्रकाशनार्थ दे दिया, साथ ही अंशों को चुनने में भी मदद की, इसके लिए हम उनके हार्दिक आभारी हैं। इसी तरह प्रख्यात फिल्म निर्देशक मुज़फ्फ़र अली की डायरी भी प्रकाशित की जा रही है, जो उनके चिंतन, फिल्म निर्माण से जुड़ी घटनाओं तथा जीवनानुभवों के रोचक बयान का अद्भुत मिश्रण है। यह डायरी मूलतः अंग्रेजी में है, जिसका सुंदर अनुवाद श्री कृष्णमोहन पांडेय ने किया है। प्रख्यात संगीत समीक्षक स्वर्गीया प्रेमलता शर्मा का लेख 'साधना के समर्थ उपाय के रूप में संगीत' को सुश्री उर्मिला शर्मा ने हमारे लिए सुलभ कराया है।

पत्रिका के अन्य खंडों में संस्कृति एवं कलाओं के विभिन्न पक्षों पर लेख संयोजित हैं। जिसमें प्रमुख रूप से प्रदर्शन परंपराओं पर सुरेश अवस्थी, कुडियाट्टम रंग-नृत्य शैली और महाकवि भास पर डी. अप्पूकुट्टन नायर, जगदीश स्वामीनाथन पर उदयन वाजपेयी, संस्कृत की छंद परंपरा पर डॉ. कमलेशदत्त त्रिपाठी, भारतीय चित्रकला पर प्रयाग शुक्ल, नृत्य और ज्ञान पर वागीश शुक्ल, भारतेंदु हरिश्चंद्र की डेढ़ सौवीं जयंती पर देवेंद्र राज अंकुर, मीर पर आमिल जी तथा बासु भट्टाचार्य के सिनेमा पर कुसुम असल के लेख अपने रचनात्मक आस्वाद देने में पूर्णतः समर्थ होंगे। 'बन्दिश' खंड साहित्य और संगीत के अंतर्संबंध और एक दूसरे के उभयनिष्ठ पक्षों के सकारात्मक प्रभावों की एक बानगी है। इसके अध्ययन से उस महान परंपरा के सरोकारों का पता लगता है, जिसने वाचिक और लिखित, गेय और पठित को एक दूसरे से जोड़ रखा है। पत्रिका के अंत में कृष्ण बलदेव वैद की लंबी कहानी संकलित है। आजकल वैद साहब कथा सरित्सागर के अधुनातन सम्प्रेषण में लगे हुए हैं। यह कहानी इसी तथ्य को रेखांकित करती है।

थाती प्रमुख रूप से श्री मदन सोनी, सुश्री संगीता गुंदेचा एवं श्री कृष्णमोहन पांडेय के प्रति कृतज्ञ है, जिनके सहयोग से तीन प्रमुख लेखों के प्रकाशन में मदद मिली है। मदन जी ने वागीश शुक्ल के लेख, संगीता गुंदेचा ने डी. अप्पूकुट्टन नायर के लेख तथा कृष्ण मोहन जी ने मुजफ्फ़र अली की डायरी का अंग्रेजी से हिंदी में अनुवाद किया है। थाती को इस रूप में लाने में, उदयन वाजपेयी एवं गौतम चटर्जी के सहयोग और परामर्श का महत्वपूर्ण योगदान रहा है। अंत में, स्पिक मैके की प्रांतीय अध्यक्ष श्रीमती मंजुला झुनझुनवाला एवं प्रांतीय समन्वयक श्री शिवेन्द्र प्रताप सिंह के प्रति धन्यवाद व्यक्त करता हूँ, इस बात के लिए कि उन्होंने मुझे न सिर्फ इसके संपादन के लिए चुना, बल्कि इस कार्य के संबंध में हर संभव सहायता की।

—यतीन्द्र मिश्र

धरोहर

कलाओं की भावव्यंजना

राय कृष्णदास

कलानां प्रवरं चित्रम्......विष्णु धर्मोत्तर।

1. मानव की स्वाभाविक प्रवृत्तियों में कला सृजन एक है। जैसे प्रत्येक बाल में चित्र, संगीत और कविता की कुछ न कुछ प्रवृत्तियाँ होती हैं वैसे ही प्रत्येक आदिम मनुष्य में ये प्रवृत्तियाँ वर्तमान थीं। इन्हीं के द्वारा वह अपनी भावनाओं को प्रकट करता है।

इस प्रकार मानव जीवन का कला से घनिष्ठ संबंध है और कला का मानव जीवन में अत्यंत महत्त्वपूर्ण स्थान है। विचार कर देखा जाए तो कला प्रकृति में है। प्रकृति का समस्त निर्माण कलापूर्ण है अर्थात् वह अपने को सौंदर्य द्वारा व्यक्त करती है। दृश्य जगत् को ही लीजिए। रंग-बिरंगे पेड़ पालो, पशु-पक्षी, नदी, पर्वत, उषा संध्या तारावली और मेघमाला, सभी तो एक से एक आकर्षक हैं। इसी से देव सृष्टि को देवशिल्प कहा है :

पश्य देवस्य काव्यं न ममार न जीर्यति...अथर्व

जगचित्र नमस्तस्मै कलाश्लाघाय, शूलिनो।

....काव्यप्रकाश 4।5

इस प्रकृतिगत रमणीयता के संस्पर्श बिना मानवता का विकास नहीं हो पाता। ऐसा संस्पर्श कला के द्वारा ही संभव है क्योंकि वह उस रमणीयता की मानव स्वभाव के अनुकूल अनुकृति है अतः इस संस्पर्श का सुख भौतिक सुख से परे की वस्तु है क्योंकि वह अंतर के उच्चतम तारों के छेड़ने में समर्थ होता है और इसी कारण जीवन में कला का स्थान बहुत महत्त्वपूर्ण है। जब किसी मानव समाज का संबंध कला से नहीं रह जाता तो उसकी संवेदना सुख के भौतिक अर्थात् निम्नस्तरों में ही विचरा करती है जिसके कारण उसका प्रवाह उत्तरोत्तर गंदला और उथला तो होता ही जाता है, क्रमशः क्षीण और उच्छिन्न तक हो जाता है। अतएव राष्ट्र के विकास के लिए उसके कला अंग को स्वस्थ और सक्रिय रखना आवश्यक है। जीवन का परिमार्जन में चित्रकला का बड़ा प्रमुख हाथ है जिसे अपने यहाँ सब कलाओं में श्रेष्ठ माना है। यह मान्यता बिल्कुल उचित है।

2. आजकल कलाओं में विभेद करने का चलन चल पड़ा है। इन विभेदों में दृश्य और श्रव्य वाला प्राचीन विभेद तो ठीक जान पड़ता है क्योंकि यह विभेद ज्ञाता के आधार पर किया गया है। पर कुछ विभेद कला के उपकरण के आधार पर किए गए हैं। जो विचारणीय हैं। इनके अनुसार जिस कला में जितने सूक्ष्म उपकरण की आवश्यकता पड़ती है वह कला उतनी ही श्रेष्ठ होती है। इस प्रकार गेय संगीत सबसे श्रेष्ठ कला हुई तब वाद्य एवमेव। परंतु कला की सच्ची कसौटी उसका संवेदन है। इस प्रकार प्रत्येक कला रस की अभिव्यक्ति करने में हृदय को हिला देने में समर्थ है, कृति जितनी संवेदनशील है, उतनी ही सफल है। भले ही वह किसी कला, संगीत, चित्र, काव्य द्वारा चर्वक तक पहुँचे। इस तरह विभेद का उक्त नया आधार एकांगी अतः भ्रमपूर्ण है। क्या पत्थर पर उत्कीर्ण काव्य कंठ से उच्चरित काव्य से इसलिए हीन है कि यहाँ कला का उपकरण अधिक घन है।

कुछ विचारकों के मत में श्रव्य कला में रस की अनुभूति तथा प्रेक्ष्यकला विशेषतः चित्रकला में सौंदर्य मात्र की अनुभूति होती है जिससे रस परिपाक संभव नहीं। इस मत के अनुसार दोनों की गणना अलग-अलग कोटि में होनी चाहिए। यह मत भी मान्य नहीं क्योंकि सौंदर्य और रस में भेद कहाँ? (देखिए प्रथम आह्निक 1) सच्चे सौंदर्य से ही इसकी उद्भावना होती है, दोनों साथ-साथ चलते हैं। दूसरे शब्दों में सच्चा सौंदर्य ही रस है। तब श्रव्य कला और प्रेक्ष्यकला एक ही परिवार की चीजें हैं। कहा है, **कला संकलनाप्रज्ञा शिल्पान्यस्याश्च गोचरः। (भामहालंकार 4।32)** विष्णुधर्मोत्तर पुराण में भी नाटक, काव्य,

संगीत, चित्रकला और मूर्तिकला को इकाई माना है। इसलिए विवाद में कोई तथ्य नहीं।

इसी तरह चित्रकला को कौशलों में गिनने का प्रयत्न हुआ है और काव्य की कला में। इस दलील के लिए काम सूत्र की दुहाई दी जाती है जिसमें कलाओं की सूची में चित्रकारी है अत: इस सूची में समस्यापूर्ति जैसी तुकबंदी भी है जो कला नहीं कौशल की श्रेणी में आती है। अत: इस समूची सूची को कौशलों की सूची मानकर चित्रकला को एक कौशल माना गया है। कौशल सजावट की वस्तु है और कला भाव व्यंजना की वाहिका। फिर चित्रकला कौशल में किस प्रकार सम्मिलित की जा सकती है। हाँ, प्रत्येक कला का एक हीन, सजावट वाला रूप होता है वह कौशल कहा जाता है। जैसे काव्य कला है तो समस्या पूर्ति या पहेलियाँ कौशल, या चित्र कला है तो बेलबूटे बनाना, मकान व घड़े रंगना कौशल। काम सूत्र में जो सूची दी गई है वह प्रत्येक नागरिक के लिए। प्रत्येक नागरिक कलाकार नहीं है। उसे सभी कलाओं को थोड़ा-बहुत जानना-बूझना चाहिए। कौशलों में तो आदर्श नागरिकों को पारंगत होना चाहिए। काम सूत्र कार को कलाओं का वही अर्थ और वही रूप अभिप्रेत है जो आदर्श नागरिक को जानना चाहिए। निश्चय ही यह रूप कलाकार वाले रूप की अपेक्षा कहीं अधिक सामान्य स्तर पर होगा। काव्य के मामले में तो उसने इस बात को और भी स्पष्ट कर दिया है क्योंकि उसका काव्य से समस्यापूर्ति जैसी चीज का तात्पर्य है। अत: यह तालिका ही कौशलों की तालिका कही जा सकती है। जैसा ऊपर कहा जा चुका है, कलाकार इन माध्यमों में से इसकी अभिव्यक्ति करता है जहाँ इतर जन उन्हीं से अपनी कारीगरी प्रदर्शित करता है। यही बात प्रत्येक माध्यम पर लागू होती है। फिर कला कृति के अर्थ में 'काव्य' शब्द का अर्थ कलापूर्ण के अर्थ में 'कवित्वदायी' शब्द का व्यवहार भी यह प्रमाणित करता है कि पूर्वा ने कला में और साहित्य में कोई भेद नहीं किया है और उन्हें अभिव्यक्ति का समान साधन माना है।

प्राचीन परंपरा में भी सभी कलाओं को भाव की व्यंजना का एक सा साधन माना है :

वृत्त देवादिचरितं शंसि चोत्पार्थवस्तु च।
कलाशास्त्रयं चेति चतुर्धाभिद्यते पुनः ।।भामहालंकार1।17

3. चर्वक को वस्तु ग्रहण कराने में श्रव्य काव्य की अपेक्षा दृश्य काव्य अधिक सफल है। किसी भी भाव का ग्रहण उसके चित्र द्वारा कर पाते हैं :

काव्यर्थविषये हि प्रत्यक्ष कल्पसंवेदनोदये....
भावा प्रत्यक्षवत् स्फुटा।

इसके लिए चाहे हम अपना मानसिक चित्र बना लें जैसे काव्य वा संगीत के रसास्वादन में, चाहे किसी कलाकार का मूर्त निर्माण हमारे सामने उपस्थित किया जाए। अन्तर इतना होता है कि मानसिक चित्र भावुक की कल्पना के सामर्थ्यानुसार सजीव वा निर्जीव हो सकता है, इसके विपरीत कलाकार का मूर्त निर्माण इतना सामर्थ्यवान् होता है कि यद्यपि वह अमुक भाव वाली अमुक इकाई की ही अभिव्यक्ति करता है फिर भी इतना सजीव होता है कि उतने में ही उस भाव का समूचा आदि से इति तक का दर्शन करा देता है इसीलिए कहा है :

'नाट्यं भिन्नरुचेर्जनस्य बहुधाप्येकं समाराधनम्।'

यूरोप के महान श्रव्य काव्य का नाटकों की भाषा में अनुवाद हुआ है और वे रंगमंच पर अवतीर्ण किए गए हैं। इस प्रकार से चर्वक के लिए कई रूपों में अधिक सुलभ हो गए हैं कितनी व्यंजनाएँ जो काव्य में उतनी स्फुट नहीं हुई थीं, भावों की भाषा से अधिक संवेदनीय बनाया गया है। यहीं तक नहीं। जो नाटक श्रव्य काव्य के रूप में एक भाषा और इस प्रकार एक देश और काल तक सीमित है वह दृश्य काव्य में सर्व सुलभ हो गया है। कभी-कभी तो अभिनेता श्रव्य को दृश्य में परिणत करते हुए श्रव्य की व्याख्या सी करता है। अभिनवगुप्त भी कहते हैं कि जिन्होंने काव्याभ्यास प्राक्तन पुण्य आदि कारणों से सहृदयता की गद्दी पाली है वे काव्यार्थ अर्थात् श्रव्य काव्य से ही पूरा आस्वादन कर लेते हैं। परंतु इसी से स्पष्ट है कि जनसाधारण के लिए दृश्य काव्य ही अपेक्षित है क्योंकि अभिनवगुप्त ही आगे कहते हैं कि, अतएव....काव्यमेव प्रतीत्युत्पत्तिकृत अनपेक्षितनाट्यपि अर्थात उपर्युक्त कारणों से बने हुए सहृदयों को नाट्य से भाव प्रदर्शन द्वारा संवेदन प्राप्त करने की आवश्यकता नहीं[1] (जो जन साधारण के लिए अपेक्षित होता है)। इस प्रकार लोक की दृष्टि से श्रव्य कला का अधिक महत्त्व है क्योंकि हावभाव की भाषा जाननेवाला संसार के किसी देश, किसी काल के अभिनय चित्र का स्वाद ले सकता है जब वाङ्मय का पक्ष अपेक्षाकृत सीमित दिखता है।

4. अभिनय व्यापार मय है किंतु उसके अधिकांश व्यापार को हम अवांतर गौण वा पूरक व्यापार कह सकते हैं जो मुख्य परिस्थिति को समुपस्थित करने के लिए अभिनेत होते हैं। इन कड़ियों से ही व्यापार श्रृंखला बनती है। जिनमें वह मुख्य कड़ी भी आती है, जिसमें घटना का चूड़ांत है, फलत: जिससे रस निष्पत्ति होती है। जिस समय भीरु शकुंतला भ्रमर के मँड़राने से व्यथित होकर दुष्यंत की दुहाई देती और

दुष्यंत अपरिचित रूप में प्रत्यक्ष होते हैं, एक दूसरे को देखते रह जाते हैं। वहाँ एक चूडान्त है जिसके पूर्व वाला बहुत कुछ व्यापार अंग वा पूरक मात्र रह जाते हैं। फिर भी इसके देखने के लिए हमें वह भी देखना अनिवार्य होता है। किंतु चित्र हमारे सामने केवल सब इस चूड़ांत दृश्य को उपस्थित करके शेष का सिंहावलोकन हमारी कल्पना पर छोड़ देता है। जिसका सृजन हम उस चित्र के सहारे कर लेते हैं। यही चित्र और नाटक का संबंध है।[2] इसी से हम चित्र में चूड़ांत वाली स्थिति में भाव भंगिमाएँ पाते हैं और तब कभी-कभी पूछ बैठते हैं, यह हाथ इतना घूमा क्यों? यह आँख इतनी बड़ी क्यों? परंतु उस सारी व्यापार सरणि को जो चूड़ांत में परिणत हो गई है एक दृश्य में दिखलाने के लिए अतिशयोक्ति की आवश्यकता है जिससे पूरी रस निष्पत्ति संभव है। नृत्य में भी जो विशेष भंगिमाओं द्वारा भाव प्रर्दशन होता है, वह अभिनय की चूड़ांत वाली कड़ियों का प्रदर्शन है। अभिनय या नृत्य में कलाकार जिन भंगिमाओं का प्रदर्शन स्वयं अपनी अंगभंगी से करता है चित्रकार वा मूर्तिकार उसे रेखाओं द्वारा व्यक्त करता है। इस प्रकार अभिनय, नृत्य, चित्र आदि में परस्पर बहुत ही घनिष्ठ संबंध है। (देखिए प्रथम आह्निक 1) नाट्य और चित्र का उक्त असाधारण संबंध देखना हो तो अजंता के भित्ति चित्र भरे पड़े हैं। यथा सर्वस्वांत जातक, वेस्संतर जातक, प्राणभिक्षा आदि।

---

1. ...येन अहृदयोपि सहृदयमैवत्य (प्राप्त्वा) सहृदयी क्रियते।
...अभिनवभारती खंड 1, पृष्ठ 282, 283
2. ...रूपक का पीयूष पर्व जयदेव ने तो इतना असाधारण संबंध माना है कि चित्र के ही रूपक में उसकी परिभाषा दी है। साधर्म्य की उपमान और उपमेय के बीच की कड़ी है। तथा चित्र नाट्य पर स्मृतम् कहा है। एवं यथा नृत्ते तथा चित्रे त्रैलोक्यानुकृतिः स्मृतम्।

पुनर्पाठ

आधुनिक रंगमंच

स. ही. वात्स्यायन 'अज्ञेय'

नाट्यकला, कलाओं में सबसे अधिक सामाजिक है। यह नहीं कि दूसरी कलाओं को सहृदय अथवा सामाजिक की आवश्यकता नहीं है—कला का सम्प्रेष्य होना ही एक ओर प्रेषक और दूसरी ओर ग्राहक की माँग करता है। यह भी नहीं कि नाट्यकला सामूहिक रसास्वादन माँगती है, यद्यपि यह भी उसकी एक विशेषता है ही। संगीत का भी आस्वादन सामूहिक रूप से हो सकता है, परंतु वह उसके लिए अनिवार्य हो, ऐसा नहीं है। संगीतकार के लिए एक अकेले श्रोता की उपस्थिति पर्याप्त हो सकती है, किंतु रंगमंच अनिवार्यतः एक समाज माँगता है। किंतु नाट्यकला को 'सबसे अधिक सामाजिक' कहने का तात्पर्य इससे भी कुछ अधिक है। वह यह कि रंगमंच की कला केवल दर्शकों का एक समूह चाहती हो, ऐसा नहीं है; उसकी समुचित प्रतिष्ठा के लिए आवश्यक है कि वह एक सुगठित समाज का अंग हो। बिना एक सुगठित समाज के, सामाजिक चेतना-सम्पन्न एक समाज के, नाट्यकला पनप नहीं सकती। मेरा ख्याल है कि सर्वत्र नाट्यकला की प्रगति का इतिहास इस बात की पुष्टि करेगा और हमारे देश में भी रंगमंच की अतीत गौरव और ह्रास और फिर प्रतिष्ठापन का अनुक्रम भी इसी को ध्यान में रखकर ठीक-ठीक समझा जा सकता है।

रंगमंच का आरंभ हमारे देश में कैसे हुआ या हुआ होगा? कृषि प्रधान समाज में जिन दिनों खेत-खलिहान में काम होता है, उन दिनों ऐसे मनोरंजन का कोई प्रश्न ही नहीं होता; यह तो अवकाश के दिनों में ही संभव है कि देहाती टोलियाँ नाटक की तैयारी करें और मंच पर सफलतापूर्वक अभिनय कर सकें। हमारे देश में रंगमंच के विकास का यह मूल सूत्र है। उसका विकास पुष्ट देहाती समाजों में हुआ; उसके विभिन्न रूप भी इस देहाती स्रोत के कारण ही निर्दिष्ट हुए। लोक नाट्य और लोक रंगमंच के बहुविध रूप, जिनके अवशेष अभी तक मिलते हैं, हमारे देहाती समाजों की जीवंत विविधता के ही साक्षी हैं।

नगर समाज के साथ दूसरे प्रकार की नाट्यकला विकसित हुई और उसकी अपनी परंपराएँ बनीं। इस पक्ष की विवेचना इस समय आवश्यक नहीं है। किंतु नागरिक समाजों के विघटन के साथ-साथ उनसे संबद्ध रंगमंच का भी विघटन होता रहा; और अनंतर जब, जहाँ, जैसे नए सुगठित समाज उभरते रहे, तब उनके साथ रंगमंच भी वैसे नए रूपों में प्रकट होता रहा। अंग्रेजी शासन का पूर्वकाल हमारे सामाजिक विघटन की परिसीमा का काल था, और उसी में हमारा नाट्य-मंच हीनतम अवस्था में था। सामाजिक पुनरुज्जीवन और नवचेतन के साथ ही हमारा रंगमंच भी जाग्रत हुआ : यह आकस्मिक संयोग नहीं है कि भारतेंदु हरिश्चंद्र, जिनसे हम नई चेतना का युगारंभ गिनते हैं, हमारे नाट्य-मंच के भी पुनरुत्थान के शलाका-पुरुष हैं। राष्ट्रीय चेतना का प्रतिबिंब पड़ने से रंगमंच जागा हो, ऐसी बात नहीं है, नवोदित सामाजिक भावना ने ही एक ओर राष्ट्रीयता को उकसाया और दूसरी ओर रंगमंच को नई शक्ति प्रदान की। भारतेंदु काल के प्रायः सभी साहित्यकार नाटक और रंगमंच की शक्ति को पहचानते थे। उनके राजनीतिक विचार परस्पर बहुत भिन्न रहने पर भी उनमें सामाजिक चेतना एक-सी तीव्र थी और यह नाट्यकला के पुनरुत्थान के लिए अनुकूल परिस्थिति थी। इस काल के सभी नाटककार नाटक को सामाजिक आलोचना और शिक्षण के माध्यम के रूप में बरतना चाहते थे, यह उनकी तीव्र सामाजिक चेतना का ही प्रमाण है। बल्कि कालांतर में जब फिर यह चेतना कुछ दुर्बल पड़ी, तब रंगमंच का यह पक्ष फिर कुछ पीछे पड़ गया।

आधुनिक रंगमंच के बारे में कुछ कहने से पहले ऐसी ऐतिहासिक भूमिका आवश्यक तो नहीं है, पर आधुनिक रंगमंच

की आवश्यकताओं और समस्याओं को समझने के लिए वह उपयोगी अवश्य हो सकती है, बल्कि आधुनिक रंगमंच को जो कुछ खतरे भी हो सकते हैं, उन्हें तो इसी के सहारे समझा जा सकता है। बिना किसी राजनीतिक मतवाद का पक्ष लिए भी यह समझा जा सकता है कि राज्यसत्ता के विकास के साथ सभी देशों में सामाजिक गठन या रचना का विकास समाज की भीतरी शक्तियों के द्वारा सहज भाव से होता है और उसके साथ बढ़नेवाला नाट्य-मंच भी सहज भाव से पनपता रहता है; पर राजनीतिक गठन का आरोप बाहर से होता है और उसे नियमित करने वाली शक्तियाँ भी ऊपर से कार्य करती हैं। इसीलिए इस नई परिस्थिति में यह संभावना बढ़ती जाती है कि रंगमंच के विकास की अपेक्षा उसके उपयोग को ही अधिक महत्त्व दिया जाए। वह कैसे काम करता है, इसकी ओर न देखकर इसी ओर देखा जाए कि उससे कैसे काम लिया जा सकता है।

कोई पूछ सकता है कि किसी कला से काम लेने में क्या बुराई है? और विशेषकर नाट्य-कला से, जिसे मैं स्वयं सबसे अधिक सामाजिक कहता हूँ? क्या जो सामाजिक है उसे समाजोपयोगी बनाना गलत है?

किंतु प्रश्न को इस रूप में पूछना उसे अनदेखा कर जाना है। कोई भी कला-प्रकार अपने आप में अलग जीवन रखता हो, ऐसा नहीं है, और इसलिए केवल कला-प्रकार का उपयोग करना चाहना, वैसा ही है जैसा किसी जीव के शरीर का उपयोग करना चाहना, उसमें बसे हुए प्राण की उपेक्षा करते हुए। शरीर का ऐसा उपयोग उसे मार ही सकता है, और कुछ नहीं कर सकता; वैसे ही किसी भी कला-प्रकार की प्राणभूत परम्पराओं की उपेक्षा भी उस कला-प्रकार को ही नष्ट कर देती है। नाट्य-मंच के उपयोग में उसकी परम्परा की उपेक्षा वास्तव में समाज की उपेक्षा है, और समाज से कटकर नाट्यकला जी ही नहीं सकती।

इस सबका यह अभिप्राय नहीं है कि किसी भी कला में, और विशेषतया नाट्यकला में नया कुछ लाया ही नहीं जा सकता। क्यों नहीं, जब कि समाज में भी नया बहुत कुछ लाया जा सकता है? किंतु नए को पुराने में से ही प्रस्फुटित होकर आना चाहिए, क्योंकि नई कला का भी मूल उद्देश्य वही होगा जो पुरानी का, अर्थात् अनुभूति का सम्प्रेषण और कला के द्वारा सम्प्रेषण के लिए इस बात का ध्यान आवश्यक है कि उसकी बनी-बनाई प्रणालियों की न केवल उपेक्षा की जाए, बल्कि उन्हें काम में लाया जाए।

यह सब सैद्धांतिक विचार आकाशी ही नहीं हैं, यह तुरंत समझ में आ जाएगा यदि हम अपने नाटक और रंगमंच की प्रगति पर इसे परख कर देखें। क्यों भारतेंदु काल के नाटक कच्चे और ऊबड़-खाबड़ होने पर भी अधिक प्राणवान थे, और क्यों बाद के नाटक पुस्तकीय ही रह गए? और उसके बाद फिर रंगमंच को पुनरुज्जीवित करने के लिए क्यों तरुण कलाकार उन नाट्यशालाओं की ओर झुके जिन्हें हम घटिया और गँवारू मानते थे? मताग्रही यह कह सकता है कि इसका कारण नए साहित्य की लोकोन्मुखता या जनवादिता है। कुछ लोग इससे भी प्रेरित रहे होंगे, पर जनवादिता के आग्रह से अधिक गहरा प्राणवत्ता का आग्रह था, और उसकी माँग थी कि जो भी प्रगति हो वह परम्परा भरित आधार पर ही हो, क्योंकि तभी वह पनप सकेगी। कटे हुए पेड़ से नए अंकुर फूटने के लिए न भी रुकें तो पैबंद लगाने के लिए देखना होगा कि जिस तने से रस खींचने की आशा है उसकी जड़ें भी हैं, और गहरी हैं और हरी हैं।

भारत में रंगमंच का नया आंदोलन इस दृष्टि से स्वस्थ है। विभिन्न भाषाओं में अपने-अपने रंगमंच अपनी परम्पराओं को ध्यान में रखते हुए विकास कर रहे हैं। शौकिया रंगमंच भी उन्नति कर रहा है और हमारे देश में व्यवसायी थियेटर की हीनावस्था को देखते हुए भविष्य के लिए आशा इसी पर हो सकती है। इधर प्रतिवर्ष नाट्य समारोह भी होने लगे हैं जिनमें अनेक दल भाग लेते हैं–चाहे प्रतियोगी भाव से, चाहे स्वतंत्र। ये सब शुभ लक्षण हैं। किंतु यह भी मानना होगा कि यह पर्याप्त नहीं है। स्मरण करें कि अमेरिका में शौकिया थियेटर आंदोलन के कारण ही प्रतिवर्ष सोलह हजार के लगभग नाटक-नाटिकाएँ लिखी जाती हैं, तो समझ में आ जाएगा कि आंदोलन के आयाम क्या हो सकते हैं–यह दूसरी बात है कि इन नाटकों में से तीन-चौथाई अभिनय के योग्य भी न होते हों। आधुनिक रंगमंच नाटककार और अभिनेता का निकटतम सहयोग माँगता है। यह नहीं कि इस सहयोग की कभी कम आवश्यकता रही हो। पर पिछले युग में हम प्राय: उसकी उपेक्षा करते थे। कुछ तो रंगमंच की अनुपस्थिति में यह स्वाभाविक था, कुछ नाटककार का अहं भी सहयोग में बाधक था। आज हम फिर से अनुभव करने लगे हैं कि रंगमंच और नाटककार के परस्पराश्रित कर्म से ही नाट्यकला की उन्नति हो सकती है। इस सहयोग के बिना न तो यूरिपिडीस और कालिदास बन सकते थे, न शेक्सपियर और मोलियेर, न इब्सन और स्ट्रिंडबर्ग, और न बेर्ट ब्रेख्त और क्रिस्टोफर फ्राई, कैम्यू और सार्त्र, यूजीन ओनील और टेनेसी विलियम्स।

पं. विनायकराव पटवर्धन का संगीत

पं. भीमसेन जोशी

बात ई. सन् 1932 या उसके आसपास की है। उन दिनों जालंधर (पंजाब) में 'हर वल्लभ मेला' के नाम से एक महान संगीतोत्सव संपन्न हुआ करता था। वहाँ अखिल भारत के बड़े-बड़े कलाकार अपनी-अपनी कला की प्रस्तुति किया करते थे। उस समय मैं पंजाब में ही था। पं. मंगतराम के पास मैं ध्रुपद की शिक्षा ग्रहण कर रहा था। किशोर वय था। जालंधर के उक्त संगीतोत्सव में मैं भी गायन सुनने के लिए उपस्थित हुआ था। उस समय पंडित विनायकबुवा पटवर्धन जालंधर आए थे। संयोगवश उनसे मेरी मुलाकात हो गई। उन्होंने अतीव आत्मीयता से मेरी पूछताछ की। मैंने भी अपने बारे में उन्हें बताया। उन्होंने कहा–"अरे बेटा गायन सीखने के लिए तुम्हें यहाँ आने की क्या जरूरत पड़ी? तुम तो कर्नाटक में ही रहते हो। गायन तो तुम्हारे घर के पास ही है। उसे छोड़कर तुम इतनी दूर क्यों चले आए?" मैंने पूछा–"फिर कहाँ जाऊँ? किनके पास सीखूँ?" बुवासाहब ने जवाब दिया–"कुंदगोल जाओ। वहाँ रामभाऊ कुंदगोलकर उर्फ सवाई गंधर्व रहते हैं। उनकी सेवा में उपस्थित हो जाओ।" मुझे यह सलाह पसंद आई। मैं पुनः दक्षिण भारत आया। सवाई गंधर्व जी के सान्निध्य में रहकर गाना सीखने लगा और आज मैं उनके शिष्य की हैसियत से संगीत के क्षेत्र में विचरण कर रहा हूं। भगवान जाने क्या हुआ होता, यदि विनायकबुवा ने उस वक्त मेरा उचित मार्गदर्शन न किया होता।

विनायकबुवा की गायन-शैली के विषय में बताना हो तो कहना पड़ेगा कि आपका गाना पूर्णतः ग्वालियर घराने की पद्धति का प्रतिनिधिक गाना था। आपका स्वरलगाव खुला और ठोस रहता था। बंदिशों के स्थायी एवं अंतरे आप यथोचित ढंग से गाया करते और राग की बढ़त बिलकुल कायदे से और तरीके से किया करते थे। गायन के समय आप राग का नाम पहले श्रोताओं को बताते थे। इसके मूल में यही लगन थी कि संगीत का प्रसार हो। गायन-प्रस्तुति में लुकाव-छिकाव की आपकी प्रवृत्ति ही नहीं थी। गाने की प्रस्तुति की आपकी पद्धति भी सहज-सुलभ हुआ करती थी, जिससे श्रोताओं को आपका गाना अगम्य नहीं प्रतीत होता था। ख्याल गायन को जितने बढ़िया ढंग से आप पेश करते, तराना भी उतने ही प्रभावपूर्ण ढंग से गाते। एक प्रकार से तराना आपकी सबसे बड़ी खासियत थी। तराने के ही बल पर आप गायन-परिषदों में निश्चयपूर्वक रंग जमाते थे। किसी भी गवैये के पश्चात् गाने में आप हिचकते नहीं थे। उनमें जबर्दस्त आत्मविश्वास था। ग्वालियर घराने का प्रातिनिधिक गाना होते हुए भी ग्वालियर के गवैयों की, शंकर पंडित, कृष्णराव पंडित आदि की जो परंपरा है, उसकी अपेक्षा आपका गाना कुछ निराला था। मेरी राय है कि ग्वालियर के गायकों की गायन-शैली में 'टप्पा-अंग' पर्याप्त मात्रा में प्रकट होता है, जिससे उसमें ठहराव की मात्रा कम हुआ करती है; एक प्रकार की चंचलता उसमें झलकती है। किंतु, इसकी तुलना में विनायकबुवा के गाने में स्थिरता का गुण प्रकर्ष के साथ दिखाई देता था। आप गंभीर गति से आलापी किया करते। ख्याल-तराने के साथ ही साथ बुवासाहब भजन भी खूब अच्छी तरह प्रस्तुत करते। भैरवी में निबद्ध आपका 'जोगी मत जा' भजन इतना लोकप्रिय हुआ था कि इस भजन को गाए बगैर लोग आपको मंच से हटने ही नहीं देते थे।

एक व्यक्ति के नाते भी बुवासाहब के प्रति मेरे मन में नितांत आदर है। आपका व्यक्तित्व अतीव शीलवान, सच्चरित्रतासंपन्न और निगर्वी था। अन्य कलाकारों के साथ प्रायः आप बड़े प्रेम से व्यवहार करते। दूसरों की सहायता करने या उनकी कठिनाई को दूर करने के लिए आप सदैव तत्पर रहते थे। नवोदित कलाकारों को आप प्रोत्साहित करते और

उन्हें धीरज बँधाते। समय-समय पर संगीत-परिषदों में अनेक बार आपसे मेरा साक्षात्कार हो जाता तब आप हर बार आस्थापूर्वक मेरी पूछताछ करते थे। पटना में एक बार ऐसे ही एक बड़े कार्यक्रम में आपने मुझे अपने खुद के तानपूरे दे दिए, स्वयं उनको स्वर में मिला दिया और कहा कि अब खुलकर गाओ। इतना ही नहीं, बल्कि अपने सुपुत्र नारायणराव को आपने मेरी संगत के लिए तानपूरे पर बिठला दिया। आपके इस प्रोत्साहन का ही फल था कि उस दिन का मेरा कार्यक्रम बहुत ही कामयाब रहा।

विनायकबुवा के व्यक्तित्व की इन विशेषताओं के साथ ही एक उल्लेखनीय बात यह है कि आप अपने उसूलों के विषय में बड़े कट्टर थे। किसी का अनुचित बोलना या बर्ताव आपको कभी सह्य नहीं होता था। संगीत के विषय में यदि किसी ने कोई गलत बात कही तो आप उसे तुरंत फटकारते थे। उस प्रसंग में आप कठोर से कठोर बन जाते। ऐसे समय में आप किसी की मुरव्वत नहीं मानते थे। संगीत कला का अपमान, कलाकार का अपमान आप कभी नहीं सहते थे। इसी से जैसी सब पर आपकी धाक जमी रहती, वैसे ही नवोदित कलाकारों के लिए आप का बड़ा आधार भी हुआ करता था। आपके स्वभाव के इस पहलू का मैंने कई बार अनुभव किया है। आपकी शरीरयष्टि भी प्रभावशाली थी। लंबा कद, लाल-गोरा वर्ण, चेहरे पर आत्मविश्वास एवं तेज की आभा, आदि के कारण आप अपनी छाप लोगों पर छोड़ देते थे।

गुणग्राहकता बुवासाहब के स्वभाव की एक उल्लेखनीय विशेषता थी। किसी भी कलाकार के अच्छे गुण की ओर आप तुरंत आकृष्ट हो जाते थे। उस समय की अपनी खुशी आप बोलकर प्रकट भी कर देते थे। उस समय घराने का विचार भी आपके मन को नहीं छूता था। मेरे गुरु स्व. रामभाऊ कुंदगोलकर उर्फ सवाई गंधर्व और बुवासाहब के बीच जो गहरा स्नेह-संबंध जुड़ा हुआ था, उसके पीछे यही रहस्य है। जमखिंडी में प्रति वर्ष गणेशोत्सव में बुवा का गाना संपन्न हुआ करता था। सवाई गंधर्व, भी उस उत्सव में गाते थे। मैं कई बार सवाई गंधर्व के साथ जमखिंडी गया हूँ। उस वक्त दोनों के स्नेह की अनुभूति मुझे मिली है। इसके अतिरिक्त ई. स. 1950 में संपन्न 'गांधर्व महाविद्यालय' के सुवर्ण महोत्सव में विद्यालय के तत्त्वावधान में, गुरुवर सवाई गंधर्व का बड़ा सम्मान किया गया था। जहाँ तक मेरी जानकारी है, इस कार्य में विनायकबुवा ने बड़ी मेहनत की थी। तात्पर्य यह है कि जहाँ-जहाँ सच्चा गुण पाया गया, बुवा वहाँ नतमस्तक हो जाते थे। परंतु सच्चे गुणों के स्थान पर जहाँ कहीं बेमेल बातें पाई जातीं, वहीं बुवा कठोर बनते।

जब मैं विद्यार्थी-दशा में था तब से लेकर अब तक अनेक गवैयों के गाने मैंने सुने। जालंधर के 'हर वल्लभ मेले' में अखिल भारत के कलाकार अपना गायन पेश करने आते, उन्हें सुनने के कई अवसर मुझे प्राप्त हुए। वहाँ प्राप्त अनुभवों से मेरा यह स्पष्ट मत हो गया है कि विद्यार्थी अपने गुरु का गाना अवश्य आत्मसात् करे, परंतु उसे वहीं रुकना नहीं चाहिए। अपनी निजी प्रतिभा का उपयोग करके उसे अपना स्वयं का एक अलग रसायन अवश्य तैयार करना चाहिए, अपना निरालापन पैदा करना चाहिए। विद्यार्थी को अपने घराने के गाने की चौखट सुरक्षित रखनी ही है, किंतु उसमें अपने मन को भाए हुए अन्य कलाकारों के वैशिष्ट्यों को भी समाविष्ट करके अपने गाने को समृद्ध करना हैं इसी तरीके से कलाकार के रूप में वह इस क्षेत्र में अपना स्थान निर्माण कर सकेगा। अपने गुरु जैसा हूबहू गाना उसका ध्येय कदापि होना नहीं चाहिए।

यह सच है कि पं. विनायकबुवा के शिष्यों में शिक्षक ही अधिक पैदा हुए। परंतु यह बात भी संगीत की अभिवृद्धि के लिए उपकारक ही सिद्ध हुई है। बुवासाहब के ये सब शिष्य आज अखिल भारत में संगीत का प्रचार कर रहे हैं। कल्याण, भूप, विहाग, को वे घर-घर पहुँचा रहे हैं और संगीत का एक अच्छा जानकार श्रोतृवर्ग तैयार कर रहे हैं। मुझे लगता है कि अभिरुचि संपन्न श्रोतृवर्ग का तैयार होना संगीत के लिए निश्चय ही उपकारक बात है और इस विषय में बुवा का कृतित्व बेमिसाल है।

इस प्रकार 'बुवा' के विषय में, उनके व्यक्तित्व, कला और कृतित्व के संदर्भ में अपने विचार मैंने व्यक्त किए हैं। सिद्धि विनायक देवता के पश्चात् मैं देवतास्वरूप इस विनायक का भी अभिवादन करता हूँ।

गीत गोविंद का मर्म

विद्यानिवास मिश्र

'गीत गोविंद' की पूरी व्याख्या करने के लिए बहुत ही निर्विषय मन चाहिए। 'गीत गोविंद' एक नाट्य प्रबंध है इसमें कुल बारह सर्ग हैं। एक सर्ग में कम-से-कम एक, अधिक-से-अधिक चार अष्टपदियाँ हैं। गेयता और अभिनेयता के साथ-साथ चलने के तनाव में भाषा बहुत तरल और पारदर्शी हो गई है। एक-एक टुकड़ा किसी-न-किसी संचारी, किसी-न-किसी अनुभाव विभाव को व्यंजित करता है और वह पक्ष अर्थों की पर्तों में लिपटा हुआ रहता है। धीरे-धीरे एक-एक पर्त खुलती है और बार-बार खोलने का प्रयत्न करने पर भी कुछ-न-कुछ अनकहा रह ही जाता है।

सर्गों के नाम भी अपने आप में बहुत व्यंजक हैं। पहला सर्ग 'सामोद दामोदर' है इसमें चार अष्टपदियाँ हैं। पहली अष्टपदी 'दशावतार' वंदना है, तीसरी चौथी अष्टपदियों में श्रीकृष्ण के वसंत-रास का वर्णन है। इस रास में राधा अनुपस्थित हैं। रास का वर्णन ईर्ष्या के माध्यम से राधा के मन में अभिलाषा उकसाता है। ऐसी स्थिति में राधा हैं और सर्ग का 'सामोद-दामोदर' नाम व्यंग्य बन कर रह जाता है कैसा आमोद जो दोनों ओर एक आग सुलगाता है। दूसरे सर्ग का नाम है अक्लेशकेशव; फिर क्रम से मुग्धमधुसूदनः, स्निग्धमधुसूदनः, साकांक्षपुण्डरीकाक्षः, कुंठवैकुंठः, नागरनारायणः, विलक्ष्यलक्ष्मीपतिः, चतुरचतुर्भुजः, सानंद दामोदरः, सुप्रीतपीताम्बरः। राधिका ही तो श्रीकृष्ण या पीताम्बर हैं।

'गीत गोविंद' का प्रारंभ होता है वर्षा के मंगल से और अंत होता है वासंती रसवृष्टि से भीगकर जब सब एकमेक हो जाते हैं। तब निर्णय करना कठिन हो जाता है कि किसका रंग ज्यादा गहरा है। एक दिन और एक रात अनुताप और प्रतीक्षा में गए। दूसरा दिन मनाने और कोपने से शुरू हुआ और दूसरी रात में जाकर संपूर्ण भाव से मिलना संभव हुआ। तीसरे दिन का आरंभ एक नई रचना की तैयारी से होता है–राधा की कृष्णमय रचना, और यहीं पर ग्रंथ समाप्त हो जाता है। पूरा ग्रंथ ढाई दिन का काव्यात्मक आख्यान है। इस ग्रंथ का लक्ष्य ही यही था कि नई राधा रची जाएँ और स्वयं श्रीकृष्ण के हाथों रची जाए। रची जाकर वह काव्य की, वैष्णव भक्ति की, कला की तथा संगीत की अधिष्ठात्री हो जाए।

श्रीकृष्ण के रूप में सभी गुण किसी-न-किसी तरह एक नया सौंदर्य पा जाते हैं। इसलिए दशावतार कीर्तन के व्याज से श्रीकृष्ण का संपूर्णत्व ही व्यंजित किया गया है। ऐसे संपूर्ण का असंपूर्ण, खण्डित व्यष्टि चित्त राधा के आगे और विशिष्ट हो जाता है। 'गीत गोविंद' और भागवत में अद्वितीय तादात्म्य भाव है। 'गीत गोविंद' भागवत का पूरक है। भागवत एक तरह से श्रीकृष्ण का वाङ्मय विग्रह है। 'गीत गोविंद' के केंद्र में श्रीराधा हैं, इसलिए यह राधा का, श्री कृष्णमय राधा का गीतमय विग्रह है। 'गीत गोविंद' इस निर्झर की तरह केवल एक आप्लावित करने वाले निनाद के रूप में ग्रहीत होता है। मध्ययुग की चित्रकला, मध्ययुग से लेकर अब तक का अभिनय, मध्ययुग की कविता, उन सबके केंद्र में यदि एक ग्रंथ है तो वह 'गीत गोविंद' है। 'गीत गोविंद' की विशेषता यही है कि वह बहुत ही सीधे शब्दों में लय की वर्तुलता और रूपायमानता की संभावनाओं की ऐसी सघन अभिव्यक्ति है कि कभी भी उसकी नवीनता चुकती नहीं। केवल ऐंद्रिय भोग का काव्य इतनी सघनता का भाव कभी नहीं सँभाल सकता था, न वह पूरी भारतीय भावधारा को ऐसा शक्तिशाली मोड़ दे सकता था। जयदेव का 'गीत गोविंद' भारत के सर्जनात्मक इतिहास की ऐसी महत्त्वपूर्ण घटना है जो अभी और आगे भी निरंतर वर्तमान के रूप में, आवर्तमान के रूप में, विवर्तमान के रूप में प्रत्यक्ष अनुभव की जाती रही है, रहेगी। आवश्यकता है उसे ठीक-ठीक

उसके चौखटे में रखकर देखने की, भारतीय विश्वदृष्टि के आलोक में देखने की और अध्यात्म के संसार को इंद्रियगोचर संसार से अविलग देखने की। एक प्रकार से गीत गोविंद सांस्कृतिक संवेदना की दृष्टि से एक नए युग में प्रवेश है, प्रवेश भी दीक्षा है। प्रत्येक संस्कृति का—विशेष करके अमृत-संधायिनी संस्कृति का—बचपन श्रीकृष्ण-भाव का युग होता है जिसमें आकर्षण का केंद्र समष्टि-चेतना, समष्टि-सौंदर्य, समष्टि-आनंद और समष्टि-सत्ता के पुंजीभूत रूप श्रीकृष्ण होते हैं। यह रूप लुभाता है, छलता है, पास आते ही दूर चला जाता है, फिर दूर से पास आने के लिए टेरता है, बराबर खींचता है, बराबर तोड़ता है, सारे रिश्ते तोड़ता है और व्यक्ति का सब कुछ तोड़ता है। प्रत्येक संस्कृति का बचपन इस रूप से आकृष्ट होकर टूटने की अबोधता में गुजरता है—और परम तत्त्व अप्रमेय, अग्राह्य, मोहक और विमुग्धकारी विस्मय ही बना रहता है। संस्कृति वयस्क होती है तो समष्टि और व्यष्टि की भूमिकाएँ बदल जाती हैं। श्रीकृष्ण चाहक बन जाते हैं और उनसे खिंचनेवाला तत्त्व श्रीकृष्ण-भाव का परिपोषक बन जाता है, जयदेव के ऊपर उद्धृत 'मंगल' के अनुसार अभिभावक बन जाता है। भूमिकाओं के इस परस्पर विनिमय के कारण ऊपर से श्रीकृष्ण साकांक्ष दिखते हैं और यह भी लगता है कि उनका परमेश्वर भाव लुट गया है, पर भीतरी वास्तविकता यह है कि श्रीकृष्ण-भाव अपनी चरम सार्थकता राधा-भाव से पोषित होने में पाने लगा है। अनंतता जब तक एक साधारण अबोध भोली गाँव की छोरी के आगे प्रणत नहीं होती, तब तक वह जड़ बनी रहती है। उसमें स्पंदन नहीं होता, उसमें अमृत के फेन का उच्छ्वास नहीं होता। दूसरे शब्दों में वह निरा भाव रहता है, रस-रूप में परिणत नहीं हो सकता। जिस प्रकार सूर्य का प्रखर ताप और तेजस्वी रस-कर्षक रूप सार्थक होता है धरती से लिये हुए दान को रस-रूप में परिणत करके तप्त धरती का रस-सिंचन, उच्छ्वास, सोंधी गंध और तृणांकुरों के रोमांच के रूप में स्वयं परिणत होके, उसी प्रकार श्रीकृष्ण-तत्त्व कर्षक बनकर छाता है, पर जब वह स्वयं उन्मथित होकर किसी पार्थिव मुखचंद के लिए संक्षुब्ध और समुच्छ्वसित हो उठता है, तभी उसकी अर्थवत्ता पूरी तरह प्रमाणित होती है।

हबीब तनवीर का काम

रघुवीर सहाय

हबीब तनवीर के काम को बहुत समय तक पहचाना और माना नहीं गया। इसकी वजह सिर्फ़ यह नहीं है कि कोई भी नया और बदलाव लाने वाला काम तुरंत प्रकट तो हो जाता है पर वह तमाम दुनिया उसे मानने से परहेज करती रहती है जो बदलाव नहीं चाहती, इसकी वजह यह भी है कि वह खुद भी अपने काम को पहचान रहे थे। और अगर कोई नई चीज उनके हाथों सामने आई तो भी उन्होंने उसको इस दावे से पेश नहीं किया कि यह काम यहीं पर ख़त्म है। आज उनके अब तक के काम का हम विश्लेषण कर सकते हैं और मूल्यांकन भी तो उसकी भी दो वज़हें हैं। एक यह कि अब बहुत से लोगों ने समझ लिया है कि परिवर्तन जरूरी है और इनमें से काफी लोग तरह-तरह से परिवर्तन का प्रयोग करके या तो अंत में अप्रासंगिक हो गए या दूसरे लोगों में प्रयोग की इच्छा जगा गए हैं। दूसरी वज़ह यह है कि हबीब तनवीर ने अब इतना काफी काम कर लिया है कि वह जरूर किसी नतीज़े पर पहुँच चुके होंगे। मालूम नहीं कि यहाँ जो लिखा जा रहा है वह उनके अपने विचारों से मेल खाता है या नहीं। मगर मेरा ख्याल है कि उनका सबसे बड़ा काम परंपरा को तोड़ने का एक तरीका ईजाद करना था जो कि सिर्फ़ तोड़ता न हो साथ-साथ बनाता भी हो और जो चीज बनाता हो वह परंपरा में शामिल हो जाती हो, उससे अलग जा न सकती हो, हालाँकि बदल देती हो। संस्कृत नाटक के साथ उनके प्रयोग एक शुरुआत थे। छत्तीसगढ़ी लोक नाट्य के साथ उनके प्रयोग उसी शुरुआत का नतीजा है। मगर ऐसा नतीजा हैं जो संस्कृत नाटक के दायरे से निकलकर एक बड़े दायरे में दाखिल हो गया है। मैं इसी की बात करूँगा।

जाहिर है कि मुझे यह लेख हबीब तनवीर की वकालत से शुरू करना पड़ेगा क्योंकि सिवाय उन लोगों के जो स्पष्ट रूप से छत्तीसगढ़ी नाट्य कला के 'इस्तेमाल' के पक्ष में है। सभी लोग या तो ढुलमुलयकीन हैं या विरोधी हैं। मेरे अनुसार इसका विरोध नकारात्मक है और नकारात्मक ही हो सकता हैं पर दुख है कि इसके मायने यह नहीं कि इसको जो स्वीकृति आज मिल रही है वह पूरी तरह सकरात्मक है। छत्तीसगढ़ी कलाकारों का दिल्ली या लंदन के मंच पर जाना एक हद तक अपने काम और उद्देश्य को परिचित कराना हो जाता है, क्योंकि दिल्ली और लंदन में, जहाँ तक ग़रीबी और पिछड़ेपन को पहचानने का सवाल है, सिर्फ़ एक पाव दर्जे का फ़र्क है। लंदन के लिए अगर छोटे-मोटे ग़रीब देश और (पूरा मतलब समझाने के लिए मैं कहूँगा) बंगलादेश, पाकिस्तान, श्रीलंका और आपका महान देश भारत पिछड़े हुए असभ्य और अविकसित देश हैं तो दिल्ली के लिए अबूझमाड़ और इसके साथ कमोबेश शामिल होने योग्य छत्तीसगढ़ (या किसी और किताब के अनुसार कुछ और) पिछड़ा असभ्य और अविकसित है। दिल्ली और लंदन दोनों विकास के नाम पर आदमी को अपने परायों और मुट्ठी भर ताकतवरों पर अधीन बनाने वाली सभ्यता के साझीदार हैं। इस हद तक दोनों जगह ऐसी सभ्यता के पक्षधर और प्रेमी हबीब तनवीर के नाटकों में छत्तीसगढ़ी कला अपने 'कौतूहल' के लिए देखने जाएँगे। उन्हें कभी-कभी उस कला पर नहीं अपने पर गर्व भी होगा कि उनकी ग़रीबों के प्रति दया सिर्फ़ बढ़े हुए पेट वाली ठठरियों के लिए दूध का पाउडर बाँटने तक सीमित नहीं है—अहा, यह ग़रीबी कितनी सुंदर है, यह कहते हुए वे कुछ फोटो खींचेंगे और चूँकि फोटो रंगीन होने से अधिक ऐश्वर्य पैदा कर देती है। वे कहेंगे, यह पिछड़ापन भी सुंदर है। वे यह कभी नहीं मानेंगे कि यह पिछड़ापन नहीं है, मगर हमने इसे खुद अपने पिछड़ेपन की गलाज़त और जलालत से फुर्सत पाने के लिए पिछड़ापन करार दिया है। इसमें जीने

वालों को हमारा अहसानमंद होना चाहिए।

बहरहाल, लोग छत्तीसगढ़ी कलाकारों को देख रहे हैं इसमें कोई शक नहीं। सवाल यह रह जाता है कि नाटक करने वालों को वे दे क्या रहे हैं। जब हबीब तनवीर ने **बुर्जुआ जेंटलमैन** दिल्ली में किया था तो उसमें सब या करीब-करीब सब कलाकार छत्तीसगढ़ी थे : **बहादुर कलारिन** में भी। **बुर्जुआ जेंटलमैन** में एक आधुनिक विदेशी नाटक था और बहादुर कलारिन में एक निहायत देशी नाटक जिसका न कहीं से अनुवाद किया गया था न रूपांतर। मगर दोनों अपने कारणों से खरे और सच्चे थे। दोनों में कलाकारों का नाटक से अपनापा बराबर दीखता था। यह अपनापा सिर्फ़ नाटक से नहीं बल्कि उस जीवन से था जो ये कलाकार जीते थे और इसीलिए हम सब लोग जीते या जी सकते थे। (नहीं मैं ग़लत कह गया। ये कलाकार नहीं, सब कलाकार जीते हैं। 'ये कलाकार' तो उनको वे लोग कहेंगे जो दिल्ली में लंदन के प्रतिनिधि हैं—दर्शकों में उस दिन उनकी भी अच्छी संख्या मौजूद थी।)

बुर्जुआ जेंटलमैन खेलने में जो ज़िंदादिली दिखाई दी वह सिर्फ़ रूपांतर का कमाल नहीं थी। और अगर थी भी तो फिर यह सिद्ध हुआ उस रूपांतर के पीछे निरा कौशल नहीं था। एक समझ थी। और वह समझ छत्तीसगढ़ी कलाकारों के जीवन से और उनके आत्मसाक्षात्कार से पैदा हुई थी। **जो बोली वे बोल रहे थे वह उनका आशय थी, उनका साहित्य नहीं। इसलिए उनका बोलना उनके दिल से और दिमाग़ से निकला था उनकी कला से नहीं। उसमें बहुत से शब्द थे जो उन्होंने दिल्ली की आबादी में रहकर सीखे होंगे। लेकिन वे उन शब्दों के गुलाम नहीं थे। उनसे उन्हें कोई डर नहीं था। न उनका लिहाज़ था कि ये कहीं हमारे हाथों मैले न हो जाएँ।** बल्कि जहाँ उन्होंने ऐसे शब्द बोले जो अंग्रेजी से उन्हें मिले थे वहाँ उन्होंने बिना बताये बता दिया कि अंग्रेजों के गुलाम चाहें तो हमारे इस बोलने पर हँस लें (दर्शक हँसे) पर इस शब्द को हम अगर बोल रहे हैं तो इसलिए नहीं कि हम 'बेचारे' अंग्रेजी बोलने की कोशिश कर रहे हैं जो कि हास्यास्पद होगा। आपको हँसाने में हमने अपनी तरफ़ से आपका मनोरंजन नहीं किया है।

संगीत में भाषा का रंग कुछ और था। **बहादुर कलारिन** में भी और **बुर्जुआ जेंटलमैन** में भी। कोई 'नया' संगीत नहीं बनाया गया था। धुनों में जान थी मगर अदायगी पर वाहवाही लूटने की कोशिश न थी। हाँ, कुछ धुनें ऐसी थीं कि सुनने वाले दिल थाम लें। पोशाकें ऐसी थीं कि कलाकार ने मानो आपको बताने के लिए पहन ली हों कि मैं क्या बना हुआ हूँ। आपको कहीं मुझे देखकर यह धोखा न हो मैं वही हूँ जो कि मैं बना हुआ हूँ। दिल्ली की कानवेंटी जनता ने पहचान लिया होगा कि नाटक में बहुत से कपड़े विलायत के सूती कपड़ा बाज़ार में बेचने के लिए दिल्ली के व्यापारियों ने बनवाए थे मगर विदेश के बाज़ार में मंदी आ गई तो यहीं जनपथ पर औने पौने दामों में बेच दिए।

मंच सज्जा प्रतीकात्मक थी। थी भी और नहीं भी थी। थी इस तरह से कि वास्तविकता बता दी गई थी लेकिन यथार्थ के जरिए नहीं, और नहीं थी इसलिए, कि कोई भी वस्तु ऐसी नहीं दिखती थी जिसके अपने भी कोई अलग मायने हों और वह किसी दूसरी चीज़ की जगह इस्तेमाल की गई हो, यानी वह प्रतीक नहीं थी। उदाहरण के लिए बाँस का एक खंभा किसी और चीज का विकल्प नहीं था। न वह किसी भावना का मूर्त रूप था परन्तु वह किसी न किसी वस्तु का ही रूप था। पेड़ का, एक पूरे घर का या कुछ और का। यह भी बाकी तरीक़ों और साज सामान के साथ मिलकर छत्तीसगढ़ी कलाकारों को गैर नहीं मालूम पड़ता था। यह बात उनके हर बोल और हर ताल से दीखती थी। स्पष्ट था कि उन्होंने दिल्ली के रंगमंच पर आकर पश्चिमी या कि अधकचरे पश्चिम की नकल करने में गौरव नहीं माना था। उन्होंने अपने को वापस ले जाकर एक ऐसी जगह खड़ा करने की कोशिश की थी जहाँ से वे नाटक के चरित्र को हमारे लिए पराया न बना सके बल्कि हम अपनों को (बावजूद दिल्ली के रंगमंच निर्देशकों आलोचकों और दर्शकों के) उनका अपनापन लौटा सकें। तब वे हमारे काम को इन ऊँचाइयों से या इस दूरी से देखने की व्यर्थता समझ लेंगे जिससे दुनिया के ताक़तवर देश और लोग उन देशों और लोगों को देखते हैं जो अभी तक अपनी अंदरूनी ताक़त बनाए हुए हैं और जिनके शासक और शोषक उस अंदरूनी ताक़त को सिर्फ़ भूखे-नंगे होने का एक सुसज्जित प्रमाण बनाकर दुनिया के सामने पेश करते हैं। छत्तीसगढ़ी कलाकारों का आविष्कार अगर हबीब तनवीर इस तरह करते हैं तो उनके इस काम को मैं इसलिए महत्त्व देता हूँ कि वे उन्हें एक गुलाम समाज में रहते हुए भी अपनी आज़ादी पहचानने की समझ दे रहे हैं। अच्छे-अच्छे संभ्रात गुलाम इस आज़ादी को दिलचस्पी का सामान मानकर देख रहे हों तो इसमें छत्तीसगढ़ी कलाकारों का दोष नहीं। जहाँ तक छत्तीसगढ़ी कलाकारों का आर्थिक शोषण का सवाल है, जिसका आरोप दबी ज़ुबान कभी-कभी कुछ लोग लगाते हैं, मैं उसे बाक़ी सामाजिक घटनाओं से अलग

करके नहीं देख सकता। जिनके पास पूँजी नहीं और संगठन भी नहीं है वे सिर्फ़ अकेले काम कर सकते हैं और नाटक अकेले करना हमें नाटक के काम में एक दो जनों तक सीमित कर देता है। यानी हमें बाहर कर देता है। कहना पड़ेगा कि **पु. ल. देशपांडे** प्रतिभा और पैसा दोनों का मेल करके यही सिद्ध कर पाए हैं कि वह एक अपवाद हैं, अपवादों से अलग शौकिया काम करने वालों की दुनिया में मदारी, नट, बाजीगर एक सिरे पर और साधु फकीर गुरु और अनेक प्रकार के बाबा दूसरे सिरे पर हैं। बीच में नाटककार को संगठन की अनिवार्यता माननी पड़ती है। हबीब का इसमें योग भी मामूली नहीं कहा जा सकता।

यह सच है कि हबीब तनवीर के काम में आगे चलकर रुकावटें आ सकती हैं। रुकावटें नहीं तो कम से कम समस्याएँ तो आ ही सकती हैं। छत्तीसगढ़ी कलाकारों का यह अभ्युदय किसी समय एक ऐसे परिवर्तन के बिंदु तक पहुँच जाएगा जहाँ उनको अपनी अस्मिता के लिए एक और संगठन, बल्कि संगठनों की जरूरत पड़ेगी। उस वक्त उनके इस आत्मसाक्षात्कार की इच्छा को कहीं होशियार लोग अपने स्वार्थों के लिए न इस्तेमाल करने लगें। स्वार्थों से मेरा मतलब सिर्फ़ पैसे से नहीं। सांस्कृतिक और रचनात्मक स्वार्थों से है। लंदन और दिल्ली के जिस घमंडी और बेवकूफ समाज की बुरी नजर से अभी तक छत्तीसगढ़ी कलाकार किसी कदर बचा हुआ है–और उसको बचा रखने वाले सिर्फ एक आदमी हबीब तनवीर हैं; वह कहीं उसकी नक़ल न करने लगे। यह तो सिर्फ़ एक ख़तरा है। इससे भी ज़्यादा ख़तरे की बात यह है कि कहीं हमारे सांस्कृतिक और राजनीतिक नेता, जो कि दिन ब दिन मिलकर एक होते जा रहे हैं आजादी के इस दर्शन को समझने के बिल्कुल नाकाबिल न हो जाएँ कि आजादी सिर्फ़ 15 अगस्त में नहीं, हथियार खरीदने की या उद्योग लगाने की स्वतंत्रता में नहीं, यहाँ तक कि इस नारे में भी नहीं है कि भारत गाँवों में बसता है, बल्कि इस तथ्य में है कि गाँव भारत में बसते हैं और भारत का अर्थ है हमारी लोक प्रौद्योगिकी और लोककला की परंपरा।

रंगकला की अवधारणा

नेमिचंद्र जैन

वास्तव में, रंगकला के बारे में कोई भी सोच-विचार आलेख यानी नाटक से शुरू करने की बड़ी गहरी प्रासंगिकता है। शेक्सपीयर ने कहा था कि नाटक ही असल चीज है। यह कथन चमत्कारपूर्ण उक्ति मात्र नहीं है, बल्कि रंगकला की एक बुनियादी सच्चाई की तरफ़ इशारा करता है। नाटक के बिना बहुत सार्थक और महत्त्वपूर्ण रंगसृष्टि असंभव नहीं तो बहुत विरल और कठिन अवश्य है। बल्कि किसी भी संप्रेषण की प्रक्रिया में शब्द का शुरू से ही बड़ा स्थान रहा है। जब इंसान ने अपने अनुभव और जीवन के बारे में सोचना शुरू किया होगा, और अपने विचारों को अभिव्यक्त करना या दूसरों को बताना चाहा होगा, तो उसे कुछ प्रतीकों, शब्दों की ज़रूरत पड़ी होगी। बाद में ये शब्द एक विशेष क्रम में, एक विशेष ढंग से, एक विशेष समूह में, जोड़े जाने लगे होंगे, जिन्हें संप्रेषण के लिए इस्तेमाल किया जाने लगा। भाषाई अभिव्यक्ति के अधिकांश प्रारंभिक रूप किसी-न-किसी तरह के अभिचारमूलक और विशेष संदर्भ में उच्चारित तथा विशेष अर्थगर्भित मंत्र हैं। वे बाद में कथावाचन से जुड़ गए। कर्मकांडीय आवश्यकताओं के लिए तथा अन्य उद्देश्यों से अनेक पुराकथाएँ रची गईं, कहानियाँ गढ़ी गईं। क्रमशः इन्हें गाया और फिर अभिनीत किया जाने लगा और इस प्रकार नाट्य-कला का, रंगकर्म की कला का प्रारंभ हुआ।

शब्दों के ऐसे महत्त्व का कारण क्या है? एक तो यही कि भाषा मनुष्य द्वारा गढ़ा गया सबसे महत्त्वपूर्ण, नहीं तो कम-से-कम एक बहुत महत्त्वपूर्ण औज़ार अवश्य है। उसके द्वारा ही मानव जाति के निर्णायक विचार, उसका तात्कालिक एवं कालजयी निर्णायक चिंतन संभव होता है, निर्धारित और अभिव्यक्त किया जाता है। कोई आश्चर्य नहीं कि ये शब्द ही रंगकला के भी प्राथमिक और अपरिहार्य तत्त्व हैं।

एक अन्य कारण से भी शब्दों या भाषा में रचा गया आलेख प्राथमिकता प्राप्त करता है। रंगकर्म के पूरे इतिहास पर नजर डालने से पता चलता है कि उसके, या उसके बारे में, केवल शब्द ही बचे रह गए हैं, उसके बाकी तत्त्व नष्ट हो चुके हैं। बल्कि रंगकर्म अपने स्वभाव से ही ऐसी क्षणभंगुर कला है जो रचे जाने के क्षण ही लुप्त होती जाती है। उसका केवल शब्द-रूप यानी आलेख बचा रहता है। आलेख का यह बचे रहने का गुण भी उसे महत्त्वपूर्ण बनाता है। रंगमूलक अभिव्यक्ति का स्वरूप, उसकी शक्ति, उसकी रूढ़ियाँ, उसके व्यवहार, उसकी पद्धतियाँ–कुछ भी अगर किसी तरह सदियों का बचा रह सका है तो वह मुख्यतः आलेख में ही बचा रहा है। प्रदर्शनों-प्रयोगों के कुछ विवरण अवश्य मिलते हैं; नाट्यविद्या के कुछ ग्रंथ भी उनका एक तरह का कुछ ब्यौरा देते हैं; पर कुल मिलाकर आलेख में ही रंगकर्म का सबसे प्रामाणिक और दिशादर्शक अता-पता मिलता है। इसीलिए रंगकला का इतिहास लिखने के लिए प्रमुख स्रोत विभिन्न युगों के नाटक या आलेख रहे हैं।

नाटक या आलेख का एक और पक्ष भी उसे रंगकला में अनिवार्य बनाता है। यह पहले कहा जा चुका है कि रंगकला शुद्ध कला-रूप नहीं है। यह ऐसी मिश्र कला है, जिसमें अन्य अनेक कला-रूप समाविष्ट हैं जिसमें काव्य, संगीत, अभिनटन, नृत्य, मूर्ति और चित्र कला, स्थापत्य तथा अनेक प्रकार की अभिव्यक्तियों के विशेष रूप में संयुक्त होने से एक अनूठे और नए माध्यम की सृष्टि होती है। एक नाट्य रचना में काव्य कला का तत्त्व, भाषाई रूप में अभिव्यक्त होनेवाली कला का तत्त्व, नाटक ही है और रंगकला की संपूर्णता के लिए अनिवार्य है। नाटक या काव्य के बिना भी रंगसृष्टि हो सकती है, पर तब वह एक प्रकार से अधूरी रहेगी, संपूर्णता या कालजयी

उत्कृष्टता नहीं प्राप्त कर सकती। इसका एक बहुत बड़ा और बुनियादी कारण यह है रंगसृष्टि में किसी भी युग के मुख्य विचार, विशिष्ट मूल्य, पूरी तरह और समुचित रूप में केवल नाटक या आलेख में ही अभिव्यक्त हो पाते हैं और जीवित रह सकते हैं। इसलिए अनिवार्यतः रंगकला के समग्र महत्त्व में आलेख का स्थान केंद्रीय हो जाता है। हम सभी जानते हैं कि दुनिया की सभी संस्कृतियों में महान काव्य ने नाटक का रूप लिया है और वह काव्य ही उत्कृष्ट नाट्याभिव्यक्ति और नाट्यानुभव का आधार रहा है। इस तरह नाटक और काव्य, दोनों के बीच एक प्रकार का मूलभूत अंतःसंबंध है। हमारी अपनी परंपरा में तो नाटक को दृश्यकाव्य ही कहा गया है—दृश्य अवश्य, पर मूलतः काव्य ही। इस प्रकार रंगकर्म की भाषा की पूरी संरचना में काव्य का तत्त्व बुनियादी, प्राथमिक और निर्णायक है।

निस्संदेह, महत्त्वपूर्ण अनुभूति और उसमें परिव्याप्त महान विचार साहित्य के अन्य रूपों में भी मौजूद होते हैं। पर जिस रूप में नाटक साहित्य में उनकी अभिव्यक्ति होती है उससे उनमें, कई कारणों से, विलक्षण शक्ति, सार्थकता और बहु-स्तरीयता के साथ एक तरह की तात्कालिकता भी आ जाती है। नाटक ही संरचना में भी एक ऐसी विशिष्टता है जो उसे साहित्य के अन्य रूपों से अलग कर देती है। उदाहरण के लिए, अधिकांश अन्य काव्य या सृजनात्मक लेखन में किसी घटना, अनुभव या विचार का वर्णन करना संभव है। रचनाकार स्वयं ही विचारों और मनोभावों का बखान कर सकता है। वह विभिन्न प्रश्नों की चर्चा कर सकता है, किसी बहस की शुरुआत करके उसमें अपनी बात स्वयं ही प्रस्तुत कर सकता है। पर नाटक मूलतः पात्रों या चरित्रों के माध्यम से आगे बढ़ता है, क्योंकि वह मंच पर प्रयोग के लिए रचा जाता है, अभिनेता द्वारा बोले जाने के लिए होता है। इसलिए उसमें, आम तौर पर, नाटककार के लिए सीधे हस्तक्षेप या टीका-टिप्पणी करने की गुंजाइश नहीं होती। फलस्वरूप नाटक में शब्द और भाषा के उपयोग की अनेक अन्य युक्तियाँ, अनेक अन्य पद्धतियाँ विकसित की गई हैं।

सृजनात्मकता का आनंद

मणि कौल

हिंदुस्तान की जो दार्शनिक पद्धतियाँ हैं उनमें जिसे हम आत्म कहते हैं, वह बहुत अलग हैं, वह इन सब सृष्टियों से परे है जो आदमी प्रकट कर रहा है। प्रकट तो वह प्रकृति के माध्यम से करता है। उसे प्रकृति कह लीजिए या पारंपरिक तौर पर माया कह लीजिए, उसी के माध्यम से प्रकट करता है। भ्रम प्रकट करने का एक साधन है। माया एक साधन है। समझे तो मजा ही इसी 'भ्रम' में है चाहे वह फिल्म हो चाहे कविता हो। हरेक में सृजनात्मकता का एक ऐसा भ्रम यानी एक सृष्टि का ऐसा भ्रम है कि भ्रम के बगैर वह रची ही नहीं जाती और जो सेल्फ की कल्पना है वहाँ ऐसा कोई भ्रम नहीं है। वहाँ ऐसा सब कुछ नहीं है। इन दोनों में सामंजस्य बैठाना बहुत कठिन है। जो पश्चिम की परंपरा से वाकिफ हैं—और यह परंपरा सारी दुनिया में चल रही है—वो यह परेशानी महसूस करते हैं। उनके लिए यह सामंजस्य बैठाना मुश्किल है : ऐसा सेल्फ जिसमें कुछ नहीं है जो सब चीज़ों से परे है और जिसकी शुरुआत और अंत का कोई हिसाब नहीं है, लेकिन तब भी है। अपने आप में अनुभव-मात्र है। एक तरफ ऐसा सेल्फ और दूसरी ओर सृजनात्मकता का आनंद। तरह-तरह की सृजनात्मकता का आनंद, पेंटिंग में, संगीत में, लेखन में।

यह आनंद आदमी को समझ से आता है। ऐसा हमने सुना है। जब वो कोई चीज़ समझ जाता है तब उसे उसका आनंद महसूस होता है। हमें समझना यह है कि तभी आदमी को आनंद महसूस होता है, जैसे बच्चे को भी कोई चीज समझ में आ जाए तो हँस पड़ेगा। मुझे लगता है कि फ़िल्मों में और संगीत में भी कोई चीज़ जब समझ में आ जाती है तो आनंद महसूस होता है। इसको और सेल्फ के विचार को जोड़ना बहुत मुश्किल काम है। मैंने तो कभी ऐसी कोशिश तक नहीं की। मुझे लगता है कि आत्म की अंतर्निष्ठता वो है जिससे आपकी सृजनात्मकता का बहुत सीधा ताल्लुक हो सकता है। अगर कोई ऐसा अंतर्निष्ठ सेल्फ है तो हमें लगेगा कि वह वही सृजन कर रहा है। मुझे ऐसा नहीं लगता कि कलाकार में जो रचा रहा है उसे कलाकार का 'मैं' कहा जा सकता है। हमें लगता है कि कलाकार के जितने विचार हैं, वे बिना बुलाए आ जाते हैं और बहुत-सी समस्याओं के समाधान भी अचानक आ जाते हैं। 'मैं सोच रहा हूँ' इससे कुछ बनता नहीं है। आपने एक ऐसा सवाल छेड़ दिया है जो आज तक किसी ने छेड़ा नहीं है। उसका कोई रूप नहीं है, वह कुछ नहीं है, उसको किसी भी चीज़ से बाँधना बहुत मुश्किल है। मान लीजिए कि वह 'मैं' नहीं है तो किस तरह से वह सृजन करता है, यह जानना भी बहुत मुश्किल है। आपका अंतर्निष्ठ सेल्फ का जो विचार है उसमें आप सेल्फ की परिभाषा क्या देते हैं?

आनंद किसका है—सेल्फ का अपना अथवा विषय की उपलब्धि का? जब तक समझ नहीं रहा, एक विचलित अवस्था रहती है। समझते ही शांत हो जाती है—उस क्षण के लिए कम-से-कम, आनंद उस शांति से जुड़ा है। ऐसी बुद्धियाँ भी होंगी जो विचलित होती ही नहीं लेकिन इसका यह मतलब नहीं कि वे किसी व्यापक आनंद में व्यस्त हैं। विचलित होने से ही शांत समझा। आनंद में तो न विचलन न शांत। आकांक्षा विचार से पूर्व है। पूर्व विचार। जन्म से ही सिद्ध है। बच्चा, आदमी का अथवा जानवर का, सीधा माँ के स्तन को ढूँढ़ता है, जन्मते ही। आकांक्षा को समझने के लिए इसे एक तरह मान लें। बच्चे और स्तन को। आकांक्षाओं के सिद्ध होने और न होने में ही विचार छिपा है। न होने में अधिक, यदि वह उस दुःख के प्रकार को सह ले। विचार में समझ, समझ में आनंद। एक वाक्य है : अच्छा लगता है। इसके तीन भाग हैं। एक 'है' दूसरा 'लगता है'। तीसरा 'अच्छा लगता है'। 'अच्छा' 'लगता है' तक पहुँचा देता है।

कालिदास और आधुनिक भाव-बोध

नामवर सिंह

कवि की अध्यक्षता में आलोचना कर व्यक्ति काव्य पर कुछ कहे इसमें मुझे कोई असंगति दिखाई नहीं पड़ती है। यह सुसंगत ही है, क्योंकि काव्य-चर्चा की अंतिम परीक्षा वस्तुतः कवि के द्वारा ही संभव है और उचित भी। वैसे हमारे यहाँ कवि व सहृदय दोनों को एक साथ स्मरण किया गया है और ये भी कहा गया है कि एक ही उपल से उत्पन्न होने पर भी एक परीक्षित होता है और दूसरा परीक्षा करता है। एक कसौटी है और दूसरा सुवर्ण है, तो काव्य तो कवि का सुवर्ण ही है मूलतत्त्व वही है। स्वयं **कालिदास** के संदर्भ में ये बात और भी संगत दिखाई पड़ती है जब **शाकुंतल** में भ्रमर निश्चिंत भाव से और बिना कोई विचार किए हुए शकुंतला के मुख मंडल के चारों और मँडराता है और रस लेता है और छिपे हुए दुष्यंत देख रहे हैं तो स्वयं वहाँ भी लगभग इसी दिशा में संकेत करते हैं 'वयं तत्वान्वेषान्मधुकर हतास्त्वं खलु कृती'। वहाँ तत्वान्वेषी और मधुकर दोनों के भेद को और दोनों के भाग्य के अंतर की ओर संकेत किया गया है। इसका, राजा लक्ष्मणसिंह ने बड़ा अच्छा अनुवाद किया है 'हम जातिहिं पाँति विचारि मरे, धनिरे धनि भौंर कहावत तू'। शकुंतला के बारे में दुष्यंत तो ये सोच रहे हैं कि ये किस जाति की कन्या है, कौन है, इससे प्रेम करना कहाँ तक ठीक है, यह अपनी हो सकेगी कि नहीं, यह जाति पाँति का विचार तत्वान्वेषण है, 'वयं तत्वान्वेषान्हताः मधुकर त्वं खलु कृती' तो वह मधुकर तो कवि स्वयं ही है और कृती वो है। आलोचक के नाते हम लोग इस दृष्टि से कहा जाए कि अभागे हैं, हतभागे हैं। कर्म ही कुछ ऐसा है कि इसमें तत्वान्वेषण न सही जाति-पाँति का विचार करना ही पड़ता है। इसीलिए काव्य चर्चा में आम तौर से इस तरह की कुछ दुविधा की स्थिति दिखाई पड़ेगी। जो रसज्ञ हैं, सहृदय हैं, वे आमतौर से ऐसा समझते हैं कि चाहे बहुत प्राचीन काव्य हो, सीधे हमारे पास तक आ रहा है और हम उसे ग्रहण कर रहे हैं और इसमें दुनिया भर का तात्विक विवेचन और विभिन्न प्रत्ययों के द्वारा उसको परिभाषित व्याख्यायित करने आदि का काम निरर्थक प्रयास है और व्यर्थ का श्रम है। लेकिन स्थिति ये है कि काव्य के बारे में जब तक हम उसे आस्वाद के धरातल पर रखते हैं तब तक तो ठीक है उसे आप सारी दूरी को मिटाकर ग्रहण कीजिए। लेकिन एक और पक्ष है और वह बोधपक्ष है, व्याख्या का पक्ष है और आप कविता को कविता की ही भाषा में समझने की कोशिश करें, तो फिर वह व्याख्या नहीं हुई। एक प्रत्यय को, एक संकल्पना को, एक बिंब को, जहाँ से उत्पन्न हुआ है, जो उसका संदर्भ है, उस संदर्भ तक जोड़ने की ज़रूरत पड़ती है, और आमतौर से काव्य अपने समस्त संदर्भों को, ऐतिहासिक संदर्भों को, छोड़ करके हमारे पास आता है।

अभागे आलोचक का काम ये है कि वह कविता को यदि कविता की भाषा में कहे, करे जैसा कुछ आलोचक आजकल करते हैं और कुछ पत्रिकाओं में इस प्रकार की काव्यात्मक आलोचनाएँ छपती हैं, जो किस काम की होती हैं आप स्वयं सोच सकते हैं। लेकिन इसके अतिरिक्त जब भी इसकी व्याख्या की और एक्सप्लेनेशन की ओर आप बढ़ेंगे अंडरस्टेंडिंग से आगे बढ़कर तो हमें उसकी ओर जाना होगा। लगभग क्लासिकल संस्कृत काव्य और उसमें कालिदास की चर्चा हम कर रहे थे। शकुंतला के सौंदर्य को देखकर जिस प्रकार दुष्यंत चकित हुए थे, संस्कृत काव्य के सौंदर्य को देखकर आज का पाठक भी वैसे ही चकित होता है "मानुषीषु कथं वा स्यात् अस्य रूपस्य सम्भवः? न प्रभातरलं ज्योतिः उदेति वसुधातलात्।।" उस सौंदर्य को देखकर चकित हुए दुष्यंत कि मानुषी नहीं मालूम होती है, वहाँ तो उत्पन्न हो ही नहीं सकती। ऐसा रूप संभव नहीं है, क्योंकि जो प्रभातरल ज्योति है, वह वसुधा से थोड़े पैदा

होती है, आकाश से होती है। इसलिए उस अलौकिक काव्य सौंदर्य को क्लासिकी संस्कृत काव्य को देखकर आज यदि विस्मय हम लोगों को हो कि यह कैसे संभव हुआ है? वसुधातल से उत्पन्न प्रतीत नहीं होती है लगता है कहीं आकाश से आई है। लेकिन सच्चाई ये है और यही है कि शकुंतला आकाश से पैदा नहीं हुई है, अप्सरा और ऋषि दोनों के संयोग से पैदा हुई थी। इसलिए प्राचीन संस्कृत काव्य क्लासिकल संस्कृत काव्य चाहे जितना अलौकिक प्रतीत हो, जितना अमानुषी मालूम हो, सच्चाई यही है कि कहीं न कहीं वसुधा का योगदान है। वहाँ से वह पैदा हुई और उस वसुधा को भूलकर के यदि हम उस काव्य की अलौकिकता या उसके अरूप, अतीन्द्रिय सौंदर्य से चकित-विस्मित हो गए तो विस्मय की दशा में ही हम होंगे, ठीक-ठीक उसका अर्थबोध हम नहीं कर पाएँगे।

इसलिए कालिदास के जिस काव्य की चर्चा मैं कर रहा था, जो अलौकिक सा प्रतीत होता है, अमानुषी प्रतीत होता है, ध्यान से देखें तो उस पर गहरी छाप एक युग की है, उसके समाज की है। ऐसा नहीं है कि उसमें सौंदर्य का लोप हो। वह प्रेम का संसार इन्हीं चीज़ों से भरा हुआ है। हम आप अच्छी तरह से जानते हैं कि उसमें पण्य स्त्रियाँ भी हैं, वेश्याएँ भी हैं, अभिसारिकाएँ भी हैं और भोग-विलास का वह गर्हित रूप भी है। कालिदास की सौंदर्य शृंगार की चर्चा में देखें, तो आमतौर से वो शब्द तो उन्होंने बड़ा वैसे इस्तेमाल किया था, रसिक कह लीजिए, रसिया कवि कह लीजिए, शब्द उन्होंने दूसरा इस्तेमाल किया वह समाज व्यवस्था नागर सभ्यता थी, भद्रकुल की थी। उस पर भद्रकुल की रुचि, संस्कृति, व्यवहार-आचार की बहुत गहरी छाप थी। कहना चाहिए कि उसके दाग लगे हुए हैं। यही वजह है कि कुछ लोगों ने उनको सामंती पतन के साथ जोड़कर देखने का प्रयास किया। यह आकस्मिक नहीं है। कभी-कभी ये चीजें सहज बोध के धरातल पर उतर आती हैं जिसकी ओर हम लोगों का ध्यान भी नहीं जाता। उदाहरण के लिए इस देश में प्राचीन कवि कहा करते थे कि पृथ्वी माता है और हम उसके पुत्र हैं, लेकिन कालिदास के यहाँ ये मिलेगा। अज को रघु ने पृथ्वी का राज्य वैसे ही सौंपा, जैसे दूसरी इंदुमति को दे रहे हों। पृथ्वी को भोग के लिए सौंपा, अब बात सहज सामान्य लगती है। लेकिन जिस देश में परंपरा थी–पृथ्वी माता है व हम उसके पुत्र हैं, कालिदास के अनुसार यह पृथ्वी एक राजा दूसरे राजा को भोग के रूप में अर्पित करता है। इसमें निश्चित एक दृष्टिकोण है और वह एक सामंती दृष्टिकोण है। कालिदास जैसा समर्थ कवि भी ठीक अपनी इस पुरानी परंपरा से हटकर के एक नई व्यवस्था में निर्मित उस सामान्य सहज ज्ञान से प्रभावित है और उसके प्रभाव में इस प्रकार के उदाहरण दे रहा है, वर्णन कर रहा है, उपमाएँ भी ऐसी दे रहा है। इसलिए मैंने कहा कि एक युग की गहरी छाप है; जिसे कहा जा सकता है कि राजाओं की संस्कृति और सामंती व्यवस्था जो पराकाष्ठा पर थी, चरम शिखर पर थी। उस समय और उस संस्कृति की गहरी छाप और उसका दाग कहीं न कहीं (जिसे मैं दाग कहूँगा) उस क्लासिकी संस्कृत काव्य पर जगह-जगह है। यह सही है कि उस समय उतना गहरा नहीं था दाग, जितना आगे चलकर के दूसरे कवियों में इसकी छाप दिखाई पड़ती है। **माघ** पंडित पर दिखाई पड़ती है, **श्रीहर्ष** पर दिखाई पड़ती है, **पंडितराज जगन्नाथ** पर और गहरी होती है। इन लोगों की तुलना में कालिदास पर इसकी छाप कम थी। लेकिन थी। कालिदास का महत्त्व इस बात में नहीं है कि वे इससे प्रभावित हुए, महत्त्व इस बात का है कि उन्होंने उस व्यवस्था से मुक्त होने का प्रयास किया था और यह सतत प्रयत्न अनेक रूपों में दिखाई पड़ता है। कालिदास ने एक व्यवस्था की सीमा में रहते हुए; उससे मुक्त होने का प्रयास किया। मुक्ति के उनके प्रयास अनेक रूपों में दिखाई पड़ते हैं, जिनमें से कुछ रूपों को हम देखेंगे। इसी अर्थ में मैंने कहा कि उनका काव्य एक प्रकार से उस रोमांटिक विद्रोह का काव्य है।

इन चीज़ों की स्थापना तब की जाती है, जब वह आम तौर से बीते हुए युग की स्मृति दोहराने के प्रयत्न में **रघुवंश** लिखते हैं। कुछ लोगों ने, इतिहासकारों ने, कहा है कि चंद्रगुप्त, विक्रमादित्य अथवा समुद्रगुप्त जैसे राजाओं की जयगाथाओं की छाप उसमें दिखाई पड़ती है। मुझे काव्य का यह विवेचन बहुत संगत नहीं दिखाई पड़ता। ये इतिहासकारों के उपयुक्त भले ही हो, लेकिन **रघुवंश** काव्य है, इतिहास नहीं है। फिर भी जिन मूल्यों की वे प्रतिष्ठा करते हैं, उन मूल्यों में दिलीप व रघु की उन मर्यादाओं का स्मरण है, जिनकी परिणति आगे चलकर होती है। इसलिए विरोधाभास भी दिखाई पड़ेगा। बार-बार वो याद दिलाते हैं और उनके काव्य को पढ़ने से भी लगता है कि **व्यास** और **वाल्मीकि** का युग समाप्त हो चुका है। एक महान अतीत था पीछे उस अतीत की अब केवल याद रह गई है और उसकी याद ही की जा सकती है। कुछ उदाहरण देना चाहूँगा : इतिहास जानता है कि गुप्त साम्राज्य तपोवनों से भरा हुआ नहीं था। लेकिन, बार-बार जब भी सामंती व्यवस्था के प्रतीक नगर राजधानी के वातावरण के विपरीत, जिस मूल्य की बार-बार

प्रतिष्ठा करते हैं और जिसकी याद की जाती है और **रवींद्रनाथ** ने बड़ा गुणगान किया है कि कालिदास का काव्य तपोवन का संदेश है। गुप्त साम्राज्य तपोवनों से भरा हुआ नहीं था, किंतु बार-बार देखें, कम-से-कम दो प्रसंगों में, तपोवन आते हैं।

रघुवंश का आरंभ ही दिलीप की महिमा से होता है। दिलीप संतान की इच्छा लेकर, जिस तपोवन में जाते हैं, उस तपोवन के वातावरण का वर्णन जहाँ गोचारण करते हैं, ये पूरी की पूरी संस्कृति ऐतिहासिक दृष्टि से उस अतीत युग की है, जिसे आमतौर से तपोवन की संस्कृति कहा जाता है। **अभिज्ञान शाकुंतल** कायदे से देखा जाए, तो तपोवन और नगर के बीच दो मूल्यों, दो जीवन-पद्धतियों के द्वंद्व और संघर्ष की कहानी के रूप में सामने आता है। जिस तपोवन में एक निसर्ग कन्या शकुंतला पशुओं, पक्षियों, पौधों के बीच घुली-मिली, उसी के बीच जैसे लता के रूप में ('उद्यानलता' शब्द ही का प्रयोग उसके लिए किया गया है) विकसित होती है। तपोवन के पवित्र वातावरण में मनुष्य और प्रकृति के बीच भेद नहीं हुआ है। कालिदास का समूचा काव्य उस युग की स्थापना करता हुआ, कहना चाहिए, उस युग का स्वप्न देखता है, उस स्वप्न को चरितार्थ करता है, जब मनुष्य और प्रकृति के बीच भेद नहीं हुआ था। संभव है, यह वैदिक युग रहा हो, प्रागैतिहासिक युग रहा हो, जहाँ मनुष्य और प्रकृति अभिन्न रूप से जुड़े हुए थे जिनके बीच अलगाव नहीं हुआ था। जिनके बीच विद्वेष नहीं था। स्नेह व राग का एक ऐसा संबंध था, जहाँ मनुष्य उस निसर्ग से प्राप्त होने वाले गुणों से युक्त था। मैं कहूँगा कि यह रोमाण्टिक कवि का अपने युग से पीछे, अतीत में जाकर उसका स्वप्न देखकर पुनः वर्तमान में उसे प्रतिष्ठित करने का प्रयास है। इसलिए अतीत के रूप में तपोवन आता है।

रघुवंश में राम की कथा या राम का आख्यान, वाल्मीकि से कई चीज़ों में भिन्न है। मूल कथा में कोई परिवर्तन नहीं किया है। सीधे-सीधे कथा कहते हुए लंका तक पहुँच जाते हैं, युद्ध हो जाता है, लंका विजय के बाद पुनः सीता को स्वीकार करते हुए, पुष्पक विमान से लौटते हैं। जिन स्थानों को लंका की ओर जाते हुए देखते या छोड़ देते हैं, कालिदास उसी धरती को, उसी जंगल को पुनः आकाश से पुष्पक विमान से देखते हैं। जाहिर है, धरती से चलते हुए वही जंगल, पहाड़, नदी-नाले जिस रूप में देखे जाते हैं आकाश से देखने पर उसका रूप कुछ और ही होगा। यह जो कल्पना की उड़ान है, ऊपर जा करके उन्हीं चीज़ों को फिर देखना, उसका विशिष्ट अर्थ है। त्रिवेणी, त्रिवेणी पार करते हुए उसी रूप में नहीं दिखाई पड़ सकती थी, नहीं देखी जा सकती थी, जिस रूप में आकाश से दिखाई पड़ सकती थी। और **'क्वचित खगानां प्रियमानसानां'** चार छंद त्रिवेणी के बारे में जो दिए हैं, संभव ही नहीं था कि उस त्रिवेणी को धरती पर स्वयं चलते हुए, आप उसी रूप में देखें। आकाश से देखने पर उसकी शोभा कुछ और ही होती है। यह रोमाण्टिक कल्पना की उड़ान-आकाश से अपनी धरती को देखना। इस धरती को कालिदास **मेघदूत** में भी मेघ की दृष्टि से फिर से ऊपर से देखते हैं।

इसलिए इस यथार्थ का, यानी, जिसे मैंने कहा कि व्यवस्था से मुक्त होने का प्रयास, वर्तमान की तिक्तता से हटकर अतीत की स्मृतियों को पुनर्जाग्रत करना, धरती को ऊपर से देखना और कल्पना की दृष्टि से, उड़ान से पुनः इन तमाम चीज़ों को देखकर के नए रूप रंग में उसको निखारने का प्रयास करना है। यही नहीं, उसका एक और प्रतीक दिखाई पड़ता है, जिसकी ओर विद्वानों ने अक्सर ध्यान आकृष्ट किया है। भले ही वे पण्य स्त्रियों का, वार-वनिताओं का, अभिसारिकाओं का, वेश्याओं का वर्णन करें या गुफाओं से निकलने वाली गंध की भभक जो एक तरह का यौन बिंब है, का वर्णन करें वे वितृष्णा व विरक्ति से उसका वर्णन करते हैं। इसके विपरीत कृषक वधुओं का, मालिनियों का, यही नहीं बल्कि सबसे बार-बार उठने वाला जो बिंब उनके यहाँ दिखाई पड़ता है, वर्षा के बाद धरती की सोंधी गंध और उस धरती की सोंधी गंध को पीने वाले लोगों का उल्लेख करना। ये सारी चीज़ें सूचित करती हैं कि नगर में रहते हुए भी वह कवि नगर की अपेक्षा, उस वातावरण की अपेक्षा, गंध से भरे हुए उत्तेजक वातावरण की अपेक्षा, ताजगी से युक्त धरती की गंध को अधिक महत्त्वपूर्ण मूल्यवान समझने वाला था। मैं फिर कहूँगा कि वह उस घिरे हुए दमघोंट वातावरण से निकल करके मुक्त होकर के जहाँ से ताजा हवा मिलती हो, उस ताजगी का अहसास कराने का प्रयास करता है। यह भी कालिदास के एक रोमाण्टिक विद्रोह का प्रतीक है। वह स्पष्ट रूप से देखते हैं कि नई उभरने वाली यह जो राजन्य संस्कृति है (जो विलास व भोग की नींव पर टिकी हुई है) वह कहीं उस प्राचीन को नष्ट कर रही है। इसकी गहरी पीड़ा व्यक्त होनी चाहिए।

अभिज्ञान शाकुंतल की शुरुआत ही यहाँ से होती है। भो...भो....तपस्वियों! रक्षा करो तपोवन की। तपोवन के प्राणियों की रक्षा करो, क्योंकि राजा दुष्यंत आ रहा है और शुरू होता है-'न खलु न खलु....' यह मृदु जो मृगशरीर है, जैसे कि रुई के ढेर में कोई आग डाल दे, उस तरह से, इसे बाण से मारो

मत, मारो मत–'न खलु न खलु' दूसरी उपमा फिर देते हैं–जबकि हाथी जब वन में प्रवेश करता है, तो कहते हैं कि राजा के सैनिकों ने ऐसा उत्पात मचाया, मानो धर्मारण्य में गज प्रवेश कर रहा हो। इस संकेत के साथ शुरू होता है, जैसे कि एक शांत, नीरव वातावरण करे–उस पूरे जीवन को, एक नई व्यवस्था आकर वैसे ही छिन्न-भिन्न कर रही है, जैसे गज तपोवन को छिन्न-भिन्न करता है, जैसे उस मृदुल शरीर वाले मृग पर बाण का अभी-अभी आघात होने वाला है। यह खतरे की घंटी है। कवि और कुछ नहीं कर सकता है। यह सही है कि तमाम चेतावनियों के बावजूद, वह मृग बचाया नहीं जा सका। यह सही है कि नाटक में मारा तो नहीं गया, लेकिन होता यही है कि शकुंतला विरुद्ध होती है। कवि यही संकेत करता है कि वह जो पहले से चली आ रही व्यवस्था है, वह विरुद्ध होती है। आधुनिक युग के अधिकांश रोमाण्टिक काव्य में पहले चली आती हुई जो एक आइडियलिस्टिक जीवन-व्यवस्था थी, कैसे वो टूटती है। अनेक लोगों ने लिखा है उस पर। जब औद्योगीकरण शुरू हुआ था, तो धुएँ की चिमनियाँ, कोयले का भंडार किस तरह से आकर के प्रकृति का विनाश करता है–'हाऊ ग्रीन वाज माइ बेली' एक बहुत मशहूर उपन्यास लिखा गया था। नई औद्योगिक सभ्यता कैसे प्राचीन शांत सुखद जीवन को नष्ट करती है। अनेक उपन्यास लिखे गए हैं, काव्य लिखे गए हैं और स्वयं हमारे यहाँ अधिकांश काव्य पहले से चली आती हुई जीवन व्यवस्था और प्रणाली कैसे घायल होती है, उसकी पीड़ा और वेदना को व्यक्त करते हैं। यह विद्रोह है एक प्रकार का, यह असंतोष है उस नए के प्रति जो अभिशाप के रूप में आता है, त्रास के रूप में आता है, उस त्रास और पीड़ा को वे व्यक्त करते हैं।

आज विशेष रूप से जिसकी मैं चर्चा करूँगा इन तमाम चीजों की मूल्यों के रूप में। इसीलिए सामाजिक धरातल पर इसको स्थापित करने के साथ कालिदास जिस सौंदर्य लोक की सृष्टि करते हैं, आकस्मिक नहीं है कि यद्यपि वह सामंती व्यवस्था जब पैदा हुई थी प्रौढ़ावस्था की ओर पहुँची हुई थी। उसे सौंदर्य का यह गायक सौंदर्य में भी देखे तो यह आकस्मिक नहीं है। कालिदास सौंदर्य यौवन के सौंदर्य के कवि हैं। यद्यपि वे कम-से-कम शब्दों का प्रयोग करते हैं लेकिन व्यथा का वह स्वर वहाँ भी गूँजता रहता है। सौंदर्य के गायक होते हुए भी कालिदास कहीं न कहीं उस वेदना, व्यथा और पीड़ा को व्यक्त करते हैं, जो उन्हें अधिक आधुनिक बोध के निकट ले जाता है। इस ट्रेजिक सेंस के कारण कालिदास अपेक्षाकृत आज के लोगों के अधिक निकट दिखाई पड़ते हैं और उनमें आधुनिक बोध की गूँज सुनाई पड़ती है। इसलिए मुझे कभी-कभी लगता है कि प्रसाद जी ने समूची परंपरा को ही दो भागों में बाँट दिया था–एक आनंद की परंपरा थी, जिसे उन्होंने कहा नाटकों की परंपरा। दूसरी उन्होंने कहा कि वह बुद्धि की, विवेक का, दुःखबाद की परम्परा है–जो महावाक्यों की परंपरा है। एक हृदय की, दूसरी बुद्धि की परंपरा है। दोनों का विभाजन है। मुझे बार-बार दिखाई पड़ता है, कदाचित् उस एक विशेष युग के कारण कालिदास को अपनी पूरी परंपरा विभाजित, विभक्त दिखाई पड़ी हो। मुख्यधारा हमारी ऐसी है कि ये दोनों कहीं न कहीं घुलमिल जाती हैं। क्लासिकी परंपरा में आनंद और दुःख विभक्त नहीं है, हृदय और बुद्धि विभक्त नहीं है। क्लासिकी परंपरा उस एलियेनेशन की परंपरा नहीं है, डिसोसियेशन ऑफ सेंसिबिलिटी की परंपरा नहीं है, बल्कि हृदय और बुद्धि के संघर्ष के साथ दोनों के समन्वित विकास की अभिव्यक्ति की परंपरा है। इसलिए अक्सर लोग इसे ट्रेजिक कॉमेडी कहते हैं। विचित्र है! किसी एक कोटि में नहीं बँधती है। इसीलिए आधुनिक भाव बोध को आधुनिक संवेदन की दृष्टि से देखें, तो हमारी क्लासिकी परंपरा यूरोप की क्लासिकी परंपरा से इस रूप में भिन्न है, विशिष्ट है क्योंकि वहाँ हृदय और बुद्धि विभक्त नहीं है, बल्कि एक ही कवि में ये दोनों चीजें मिलती हैं। इसीलिए मैंने क्लासिकी परंपरा के शीर्षस्थ कवि कालिदास को चुना, क्योंकि उस कवि की दृष्टि में हिमालय पृथ्वी का मानदंड है। हमारी परंपरा का 'पृथिव्या एव मानदंड:' हिमालय ही नहीं है, बल्कि भारतीय काव्य परंपरा का वह मानदंड है, युवक होते हुए भी। इस परंपरा में विंध्याचल तो कई हैं, आरावली भी हों, लेकिन अपेक्षाकृत युवा कवि, उस जमाने का कालिदास युवा होते हुए भी, चिरयुवा होते हुए भी मानदंड है। इस मानदंड में हम हिमाच्छादित शिखर भी देख सकते हैं निर्झर भी देख सकते हैं और व्यथा की करुणा भी प्रवाहित होते हुए देख सकते हैं जो गंगा के रूप में आज हम तक पहुँचती है। मेरा ख्याल है कि आधुनिक भाव-बोध के समर्थक इसीलिए उस कवि के भाव-बोध को अपना समझते हैं।

कला की सामाजिक प्रासंगिकता

निर्मल वर्मा

क्या कला हमारी सामाजिक जिंदगी पर सचमुच कोई असर डालती है? इस सवाल में एक धोखादेह सरलता छिपी हुई है, उसी तरह जैसे सारे गहरे प्रश्नों के साथ हमेशा होता है। यही नहीं, इस सवाल में धूल और उम्र की हल्की-सी गंध भी है–एक ऐसी गंध जो बहुत सारे पुराने विवादों और लड़ाइयों, बेलिंसकी और गोगोल और उस समय की याद दिलाती है जब कला सचमुच एक सम्मान या दहशत पैदा करनेवाला कर्म था–एक हद तक पवित्र और अभिजात कर्म। आधुनिक समय में यह बात अविश्वसनीय लगती है कि कोई मरता हुआ लेखक अपने समकालीन लेखक-बंधु से यह मिन्नत करे कि उपन्यास लिखना बंद नहीं होना चाहिए। अपनी मृत्युशैया पर पड़े हुए तुर्गनेव ने टाल्स्टाय को लिखे अपने लम्बे पत्र में यही किया था। अपने समय में कला की चर्चा करते हुए हम जिस तरह कलादीर्घाओं, पुरस्कारों और बहु-बिक्रीवाली पुस्तकों की बात करते हैं वह लगभग अश्लील-सी लगती है, एक संस्कारहीन कर्म की तरह। जैसा कि एक अमरीकी आलोचक ने एक बार विनोद में कहा था–"अपने देश में साधारणत: जो लोग कला की चर्चा करते हैं वे व्यवसायी होते हैं और अगर आप किसी को व्यवसाय की बात करते सुनें तो निश्चय जानिए वे कलाकार ही होंगे।"

शायद यही कारण है कि कला की सामाजिक प्रासंगिकता के सवाल ने इधर फिर तूल पकड़ लिया है हालाँकि हम सोचते थे कि इसे अरसा पहले दफ़नाया और भुलाया जा चुका है। अगर कला भी दूसरे व्यवसाय की तरह एक पेशे की सतह तक उतर चुकी है तब तो इस सवाल का कोई महत्त्व नहीं है क्योंकि वैसी स्थिति में इसका औचित्य इसका कर्म ही निर्धारित करेगा। लेकिन फिर कला का ठीक-ठीक कर्म क्या है? मुमकिन है कि इसका हमारी आत्मा से कुछ संबंध हो जैसा कि हमारे रूसी बुजुर्ग लेखकों ने कहा है लेकिन यह धारणा क्या हमें कुछ असमंजस में नहीं डाल देती? क्या हमने आत्मा के मामले को घर-बदर कर अध्यात्मवादियों और पंडितों की झोली में नहीं डाल दिया है? लेकिन आत्मा के सवाल को इतनी आसानी से दर-किनार करना आसान नहीं है क्योंकि एक दफ़ा मन पर पड़ी कविता की कुछ पंक्तियाँ, संगीत का कोई टुकड़ा, लियोनार्दो का कोई चित्र या राजपूती कलम के दरख्तों की मँडरानेवाली स्मृतियाँ हमारा पीछा कभी नहीं छोड़तीं। क्या आत्मा का कोई ऐसा हलक़ा भी है, जो धर्म और व्यवसाय से बचा हुआ हो–गहरे अनुभवों का एक ऐसा सूना हलक़ा जहाँ सिर्फ़ कला की ही पहुँच हो सके? और अगर ऐसा है तो इस अजीब भूखंड को अपने बाक़ी सारे वजूद से काटकर कैसे और क्योंकर तराशा जा सकता है? वहाँ हम बार-बार जाएँगे लिहाजा इसको क्या नाम दें?

इस तरह कला को देखें तो यह कुछ अस्पष्ट और संवेदनशील दोनों है और ऐसे सारे उत्तर जो इसके कर्म या इसकी प्रासंगिकता को उजागर करते हों, स्थूल और असंतोषप्रद लगने लगते हैं। लिहाजा हमारे पास सबसे ज्यादा तर्कसंगत और साफ एक तथ्य के सिवाय कुछ भी नहीं बचता–एक ऐसा तथ्य जिससे हम अब तक मुँह चुराते रहे थे–कि वास्तव में कला की कोई सामाजिक प्रासंगिकता नहीं है क्योंकि इसका सच अपने आप में है, स्वायत्त और आत्मतुष्ट है और जिसकी अहमियत उसके निज के अस्तित्व की शर्तों पर ही आँकी जा सकती है। ये शर्तें अपना औचित्य सीधे जिंदगी से ही लेती हैं, इससे अलग किन्हीं सामाजिक या दूसरे सिद्धांतों से नहीं–वह जिंदगी जो सारी कलाओं में रूपायित होती है।

यह एक सीधी और दो-टूक बात है। शायद कुछ ज्यादा ही सीधी और ज्यादा ही दो-टूक, लेकिन इसी के चलते हमें वह ठोस जमीन मिलती है जिस पर हम अपने दिमाग को

कला नामक इस अजीब चीज से उलझने के लिए बेखबर छोड़ सकते हैं।

लेकिन पहले इस जमीन पर एक नजर डाल लें। हम जानते हैं कि कविता के अपने भीतर जो जिंदगी धड़कती है वह बिल्कुल अलग होती है–किसी भी शब्द-समूह या किसी भी प्रकार की शब्द-व्यवस्था से। कविता का अर्थ शब्दों के माध्यम से किसी भी भाव को पहुँचा देने के बाद भी खत्म नहीं होता। वह कविता समाप्त होने के बाद भी बराबर बचा रहता है। इस मानी में यह एक अखबारी रपट या किसी तात्विक उक्ति से बिल्कुल अलग होती है जिसकी उपयोगिता एक बार पढ़ने के बाद ही खत्म हो जाती है और चूँकि किसी भी रचना के सारे अर्थ हम पूरी तरह कभी समझ नहीं पाते इसलिए इसकी प्रासंगिकता हमारे लिए बराबर बनी रहती है। कोई भी कविता अपनी जिंदगी या अर्थ खुद भाषा से ही ग्रहण करती है। इसी प्रक्रिया के दौरान भाषा का कायाकल्प होता है और उसमें से कविता जन्म लेती है।

कला का सामना करते हुए हम एक दुनिया का सामना करते हैं–एक ऐसी दुनिया जो एक साथ ही यथार्थ और अयथार्थ दोनों है हालाँकि यह हमारी रोज़मर्रा की दुनिया से मिलती-जुलती हुई भी हू-ब-हू बिल्कुल वैसी नहीं होती। यह सपने की तरह होती है और सपने की दुनिया बावजूद इसके कि उसमें हमारी चेतन ज़िंदगी के अंश होते हैं, जीती-जागती दुनिया से अलग होती है। यह स्वप्न और यथार्थ, जाने और अनजाने दोनों के बीच कहीं झूलती हुई उस कला की अपेक्षा हमें ज्यादा तंग करती है जो पूरी तरह शुद्ध है और जिसने अपने को बाकी दुनिया से काट रखा है।

पं. कुमार गंधर्व

ठाकुर जयदेव सिंह

मुझे कुमार गंधर्व की संगीतकला के विकास में तीन प्रक्रमों का अनुभव हुआ है। प्रथम प्रक्रम अनुकरणात्मक था, इसके कुछ उदाहरण निम्नलिखित हैं।

ठुमरी में कोई सरगम नहीं गाता। ठुमरी केवल बोलबनाव और बोलबाँट की कला है। मेरी भी ऐसी ही धारणा थी कि ठुमरी में सरगम नहीं गाना चाहिए। किंतु खाँ साहब अब्दुल करीम खाँ की ठुमरी 'पिया बिन नाहीं आवत चैन' मैंने सुनी। उसमें उन्होंने सरगम का प्रयोग ठीक ठुमरी अंग से किया है। जिस प्रकार बोलबाँट की ठुमरी में स्वरमंडित बोलों पर ललित, मृदु, मधुर बलाघात प्रिय और मनमोहक लगता है वैसे ही 'पिया बिन नाहीं आवत चैन' में सरगम के प्रयोग में खाँ साहब ने बोलरहित सरगम में, बोलबाँट की ठुमरी अंग के मधुर बलाघात से मुझे चकित कर दिया। कई गायकों ने प्रयत्न किया, किंतु किसी से वह उत्कृष्ट सिद्धि न बन सकी।

1932 या 33 की बात है। मैंने कानपुर में संगीत समाज की स्थापना कर रखी थी। उसके द्वारा प्रत्येक वर्ष अखिल भारतीय संगीत परिषद् आयोजित होती थी। 1932 या 33 में कुमार गंधर्व के पिता उनको कानपुर ले आए थे। श्री बोडस ने कहा कि इस बालक को थोड़ा सा समय दीजिए। यह अब्दुल करीम खाँ की ठुमरी 'पिया बिन नाहीं आवत चैन' शत-प्रतिशत रूप में वैसा ही गाकर सुनाएगा। परिषद् में 'पिया बिन नाहीं आवत चैन' अविकल रूप से खाँ साहब की ही तरह, खाँ साहब की सरगम के साथ, बिना एक स्वर और एक मात्रा के परिवर्तन के कुमार गंधर्व ने गाकर समस्त श्रोतृमंडल को आश्चर्यचकित कर दिया। इसी प्रकार वह खाँ साहब की भैरवी की ठुमरी 'जमुना के तीर' का शत-प्रतिशत अनुकरण कर लेते थे। उस्ताद फैयाज खाँ, पंडित ओंकारनाथ इत्यादि सभी कलाकारों की गायकी का वह शत-प्रतिशत अनुकरण कर लेते थे। उस समय कुमार गंधर्व की अवस्था 11-12 वर्ष की थी।

इसके बाद उन्होंने प्रो. देवधर से और श्रीमती मालपेकर से विधिवत संगीत की शिक्षा ग्रहण की। अनुकरण करने की ईश्वरदत्त प्रतिभा उनमें थी ही। अपने गुरु की सिखलाई हुई बंदिशों को उन्होंने पूर्णत: सीख लिया और उसी प्रकार गाते भी थे। यह उनकी कला का प्रथम प्रक्रम था। इसके कुछ वर्षों बाद वह बीमार पड़े। शैया पर पड़े-पड़े वह देवास के लोकगीतों को सुनते रहते थे। उससे उनको कुछ ऐसी प्रेरणा मिली कि उन्होंने शास्त्रीय रागों में लोकधुनों के सूक्ष्म माधुर्य को समन्वित करना प्रारम्भ कर दिया। अच्छा होने पर उन्होंने इस समन्वित संगीत का गान प्रारंभ कर दिया। यह स्वकीयता उनकी कला का द्वितीय प्रक्रम है।

तृतीय प्रक्रम में इस स्वकीयता का उत्कर्ष हुआ। उनके भीतर नवनवोन्मेषशालिनी प्रज्ञा का उदय हुआ। स्वर, ताल, बोल का समन्वय भाव के साथ होने लगा। प्रत्येक गान में उनकी उपज्ञा (उपज) का प्रमाण मिलने लगा। इसी स्वर, लय, बोल और भाव के समन्वय की दृष्टि से उन्होंने नए राग और नए गीतों की रचनाएँ प्रारंभ कर दीं और भजनों के शब्दों में भी भाव का प्रकर्ष प्रकट होने लगा। यह सर्जनात्मक प्रक्रम उनकी कला का आधुनिक विकास है। उनके गान के पीछे एक कलात्मक चिंतन की प्रक्रिया स्पष्ट रूप से झलकती है।

उनके विषय में कवींद्र रवींद्र की यह उक्ति सर्वथा चरितार्थ होती है।

"तुमी कैमन करे गान करो, हे गुनी
अवाक् हये सुनी, केवल सुनी"
(हे गुनी तुम इस प्रकार का गान कैसे करते हो?
मैं तुम्हें अवाक् होकर सुनता हूँ, केवल सुनता ही रहता हूँ)

वार्तालाप–उस्ताद बिस्मिल्ला खाँ से यतीन्द्र मिश्र

"मेरा काम अभी भी कच्चा है, सच्चे सुर की तलाश में हूँ, परवरदिगार से इसी सुर की नेमत माँगता हूँ।"

–बिस्मिल्ला खाँ

यतीन्द्र मिश्र : शहनाई को मांगलिक वाद्य, शाहेनय (ईरानी नामकरण-सुषिर वाद्यों में शाह) कहा जाता है। इसका नाम लेते ही, जो सबसे पहला दृश्य दिमाग में आता है वह किसी भी तरह के परंपरागत उत्सव, समारोह, मंगल कार्य विधान आदि का बोध कराता है। तो इससे यह अर्थ भी निकलता है कि कुछ राग-रागिनियाँ ऐसी अवश्य होती होंगी, जो मंगल रचने का माध्यम बनती हैं। अर्थात् क्या रागों में कुछ मंगल राग भी होते हैं? क्योंकि जब आप संधिप्रकाश रागों की बात करें। उदाहरण के लिए–पूरिया धनाश्री–यह राग दिन व्यतीत होने और शाम के आरंभ के अवसर पर गाया जाता है और इसे गाते समय लगता है कि सब कुछ शांत सा हो रहा है। सूरज डूबने डूबने को है, चिड़ियाँ अपने घोंसलों को लौट रही हैं। यह चित्रण और इससे उत्पन्न भाव शांति की सृष्टि तो करते हैं, पर उत्सव का माहौल नहीं रच पाते। इस आधार पर क्या मंगल रागों की कोई स्थिति या परिभाषा संगीत में बन सकती है।

बिस्मिल्ला खाँ : संगीत में बहुत सारे राग हैं और उनसे बनने वाली बहुत सारी रागिनियाँ हैं। संगीत के बहुत सारे पुत्र हैं और उनकी बहुत सारी भार्याएँ हैं और उनसे पैदा होने वाले बच्चे, नवासे, नवासियाँ हैं। मतलब कहने का यह है कि रागों से बनने वाले हजार राग हैं और हजार रागिनियाँ हैं। हमारे उस्ताद कहा करते थे कि राग याद करना उतना जरूरी नहीं है, जितना उसमें यह देखना जरूरी है कि अगर उस राग में हमने 'षडज' कायम किया तो 'ऋषभ' कितनी देर बोलना चाहिए (गाकर बताते हैं।) दस बार मन से 'षडज' लगाएँ तो ग्यारहवीं बार ऋषभ इस तरह बोलेगा कि सुनने वाले के मन में सीधा उतर जाएगा और यही इतना लेकर महीनों चलना पड़ेगा, तब जाकर रागों के मंगल होने की स्थिति बनेगी। यह बात नहीं कि हर राग ही सुंदर होता है या हर राग में ही आप सरगम अपने माफिक ही बिठा लें। हमने तो अपने उस्ताद जी से यही सीखा है कि राग कैसा भी हो, कोमल हो या कठोर उसमें हम भाव डालकर अपने मन माफिक अवसर के हिसाब से गढ़ लें, ढाल लें, जैसे शहनाई में फूँक मारकर हम राग रागिनियाँ निकालते हैं। बात का अर्क यही है कि हम अपने सुरों में तासीर पैदा करें और अल्लाह से यही माँगते हैं कि मेरे मालिक मेरे सुर में तासीर पैदा कर।

यतीन्द्र मिश्र : इसका मतलब यह हुआ कि बिना अल्लाह की नेमत के संगीत में कुछ पाया नहीं जा सकता?

बिस्मिल्ला खाँ : ऐसा होता है। एक वाकया याद है, हम बहुत छोटे रहे होंगे, एक कलाकार थे, गुलाम मोहम्मद खाँ नाम के पंजाब में, सारंगी बजाते थे, एक गायिका थीं जिनके साथ में वो संगत करते थे, उनका नाम नहीं याद है। एक दिन उसका झगड़ा हो गया गायिका से, गायिका ने कहा, "तुम क्या हो, हमारे पीछे-पीछे सारंगी ही तो बजाते हो" इतना कहना था उसका कि उसने मारे गुस्से के अपनी सबसे पुरानी सारंगी को ही चूर-चूर कर दिया, जिसको लेकर वो संगत के लिए बैठता था। इससे तो गायिका डर गई और उसको मनाने लगी, तब उसने कहा, "हट जा, तू क्या समझती है कि मैं तेरे लिए आता हूँ या तेरे लिए बजाता हूँ। मैं तेरे लिए नहीं आया था। तेरे सुर में कुछ बात थी, जिसके लिए पीछे-पीछे मैं बजाता था। तेरे सुर में जो अल्लाह बैठा था, मैं उनके लिए आता था, तेरे लिए नहीं आता था बाई।" इसके बाद वह छोड़कर चला गया। आखिर में वह ताजुद्दीन बाबा के यहाँ नागपुर गए। ताजुद्दीन बाबा अपने झोंपड़े में तानपूरा लिये गा रहे थे और एक ही गाना गा रहे थे 'धुनकली' राग में। वो वहीं उनके यहाँ रह गए और उनकी सेवा करने लगे। जंगल में दूर उनका झोंपड़ा था। बाबा इस

बात से अनजान कि उनके घर में कोई टिक गया, वो अपनी धुन में मस्त और चारों टाईम धुनकली फेंटते रहते। बस गुलाम मोहम्मद एक काम करे, जब बाबा जंगल में निकल जाएँ, लकड़ी बीनने या खाने पीने का कुछ बंदोबस्त करने तो, वो उनका बिस्तर संवार दे, घर बुहार दे और पूरे घर में साफ सफाई कर दे, घड़ा भर दे और चुपचाप बाबा की सुनता रहे। बाबा जो लाएँ, खाएँ-पीएँ उसमें से जो बच जाए वही खाकर पड़ा रहे। बाबा गुलाम मोहम्मद को अपने साथ रखना स्वीकार कर चुके थे। एक दिन बीता, दो दिन, फिर ऐसे ही पूरा साल बीत गया और पूरे साल बाबा का धुनकली का ही रियाज चलता रहा। डेढ़ बरस बीतने पर एक दिन बाबा बोले, "तू बड़ा सेवा किया, बता गुलाम मोहम्मदा क्या चाहिए तेरे को?" गुलाम मोहम्मद बस उनके पैरों के पास बैठा रोता रहा, कुछ बोल नहीं पाया। बाबा फिर बोले, "रोता काहे को है रे, क्या चाहिए बता।" "बाबा सुर चाहिए" गुलाम मोहम्मद बोला।

अब आप देखिए वह क्या चीज माँग रहा है। इसके बाद बाबा बोले, "तू रोज इतना साफ सफाई करता है। किनारे खूँटी पर वह जो झोला टँगा है, जिस पर तमाम मैला, गुबार, भरा है, उसको काहे नहीं साफ करता है रे।" "बाबा वह तो बहुत पुराना झोला है।" "देख तो जरा" बाबा बोले। अब झोला खोलने पर वह पाता है कि एक बहुत सुंदर लाल-लाल सेब है, और उसके डंठल में दो पत्तियाँ भी लगी हैं। "बाबा, यह तो सेब है।" "हाँ गुलाम मोहम्मदा यह सेब ही है, खा जा इसको, पत्तियाँ भी खा जा और डंठलवा भी खा जा और सीधे निकल जा पूरब की ओर और लौट कर न आना।" और जब वह चला है, तो हमारे मामू जान अलीबख्श खाँ साहब, जो हमारे उस्ताद भी थे, बताते थे, कि उसके बाद वो जब-जब महफिलों में गया है उस जमाने में मौजुद्दीन खाँ साहब, फैयाज खाँ साहब थे, कोई उसके सामने टिक नहीं पाता था। एक दिन उसका कार्यक्रम था। हम और हमारे मामू दोनों गए थे। मामू ने कहा, "जरा गुलाम मोहम्मद का गाना गौर से सुन लेना।" हम सुनने लगे ध्यान से, दिन के दो बजे थे वो गा रहा है धुनकली। वही राग जो उसने बाबा ताजुद्दीन से सुनते हुए सीखा था। अब आप यहाँ देखिए, यह सुबह का राग 5-6 बजे गाया जाने वाला, लेकिन वह दिन के दो बजे, कितना फर्क हो गया पहर का। अब इस समय तो सारंग होना चाहिए या मुल्तानी, लेकिन वो गा रहा है साहब धुनकली। जैसे उसने शुरू किया, बड़े से बड़े दिग्गज चुप। उसने अभी पहली ही मीड़ ली होगी कि सब पर छा गया, और न कोई हिल पा रहा है, बोल पा रहा है, न उठ पा रहा है, बस हर तरफ गुलाम मोहम्मद और उसकी धुनकली। अब उसके बाद जब उसने गाना खत्म किया, तो किसी को गाने की हिम्मत नहीं पड़ी, महफिल वहीं खत्म हो गई। लौटने पर हमारे मामू ने पूछा कैसी लगी? हमने कहा, "हाँ अच्छा गाया गुलाम मोहम्मद ने" तब हमको बड़ी तेज डाँट पड़ी। "वाह, खूब मियाँ, अच्छा गाया। अरे बेवकूफ उस पर किसी फकीर की दुआ है।" उस समय तक मामू नहीं जानते थे कि सचमुच उस पर किसी फकीर की दुआ है। बाद में जब हमारे मामू ने पता लगवाया, तब किस्सा मालूम हुआ कि सचमुच उस पर बाबा ताजुद्दीन की दुआ थी, जो हमने शुरू में आपको बताया, इसलिए हम कहते हैं कि संगीत की कोई जात पाँत नहीं होती, बस जिस करीम या परवरदिगार की दुआ मिल जाए, तो सच्चा सुर मिल जाता है। करने वाले आप हैं और देने वाला वो है। (ऊपर की ओर इशारा करते हैं) दोनों के दरमियान कुछ नहीं, दोनों के दरमियान केवल रियाज है और सेवा है। और अगर उसकी नेमत है आप पर, तो दिन का राग रात में और रात का दिन में गा बजा के छाया जा सकता है।

यतीन्द्र मिश्र : अपनी युवावस्था के संघर्ष के दिनों के बारे में कुछ बताइए।

बिस्मिल्ला खाँ : याद आता है कि पंचगंगा घाट पर बालाजी का मंदिर है, और वहाँ मंगला माई (मंगला गौरी) का मंदिर भी बगल में है। हम और हमारे बड़े भाई साहब शमसुद्दीन घंटों वहाँ बैठकर रियाज करते थे। बालाजी मंदिर के पास हमारे नाना व परनाना भी शहनाई बजाया करते थे। मालूम है वहाँ हमने कितने में शहनाई बजाई है, आठ आने में। यह बात ऐसे है कि हम बजा रहे थे तब तक मंदिर से पंडित जी निकल कर आए और बोले, हियां आ लड़के। तू रोज हियां बजाता है, मंदिर के सामने आरती के समय बजा दिया कर।" हमने कहा, "हाँ महाराज जरूर पर एक रुपया लेंगे निखालिस एक रुपया" बोले, "नाहीं ई बहुत ज्यादा है।" और हमारा सौदा अठन्नी में पटा। हम भी खुश कि मुफ्त में यहाँ बैठे रोज रियाज करते थे, अब अठन्नी मिल जाया करेगी। बस शहनाई का प्याला मंदिर की ओर कर दिया और दोने में रोज पेड़ा प्रसाद भी मिल जाया करता था। रोज अठन्नी का लालच जबर कि उतने में खूब गोल-गोल बनारसी कचौड़ी, शुद्ध देसी घी का जलेबा, मलाई बरफ और आलू टमाटर की छौंकनी वाली सब्जी सब पेटों पेट मिल जाया करता था। उस समय कुलसुम-कुलसुम कर के एक औरत आती थी, घर के बाहर उसकी कचौड़ी

की दुकान थी। दो आने में चार पूड़ी और एक दोना सब्जी मिल जाया करती थी। हम रोज खाएँ भी, यार-दोस्तों को खिलाएँ भी। उस समय जब वह कलकलाते तेल में पूड़ी डालती थी और वह छन से बोलता था, तो हमें उसमें भी सुर सुनाई देता था। जैसे उस जमाने में असली तेल था और गमकता घी; वैसे ही उस जमाने में सबके सुर और साज भी गमकते थे; मगर अब वैसा पाना बड़ा मुश्किल हो गया, ऐसी बहुत सारी चीजें हमारे देखते-देखते पक्का महाल (काशी विश्वनाथ से लगा हुआ अधिकतम इलाका पक्का महाल कहलाता है) से गायब हो गईं, वैसे ही बहुत सारी परंपराएँ अब दिखाई नहीं पड़तीं।

यतीन्द्र मिश्र : आपका शहनाई वादन सांझी संस्कृति का सबसे प्रखरतम उदाहरण है। शिव विवाह के समय आप मुबारकबंदी व सेहरा बजाते हैं, ठीक उसके विपरीत मुहर्रम के अवसर पर जो ग़म के लिए नौहा बजाया जाता है; आप उसे भी उतनी ही शिद्दत से बजाते हैं। मेरा आशय है यह कि एक ही वाद्य से दो विपरीत मनःस्थितियों को एक ही धरातल पर कैसे अंजाम दिया जा सकता है। इसका एक महत्त्वपूर्ण पहलू यह भी है कि क्या बजाते समय कोई अंतःप्रज्ञात्मक प्रेरणा कार्य करती है, जो एक ही व्यक्ति से हर्ष और विषाद के अवसरों को उतनी ही प्रखरता से प्रकट करने में मदद करती है।

बिस्मिल्ला खाँ : (नौहा गाकर बताते हैं)

परदसे में बहन को चले छोड़कर
भइया हुसैन जाते क्यों हो मुँह को मोड़कर

अब यह जब दिल से गाया जाएगा, तो कोहराम मच जाएगा। लोग छाती पीटकर रोने लगेंगे। हम खुद इसमें अंदर ही अंदर रोने लगते हैं और इस तरह बजाते हैं कि हुसैन साहब को उस समय क्या कष्ट हुआ होगा। जब हमको कष्ट होगा, तो हमारे खुदा को भी होगा, और सुनने वालों को भी। इसी तरह जब शिव-विवाह पर सेहराबंदी बजाते हैं, तो अपने को किसी नौशे से कम नहीं समझते। फिर गंगा पुजइया में, "गंगा दुआरे बधइया बाजे" बजाते समय बिल्कुल झूम जाते हैं। सुर वही है, ताल वही और राग वही, मगर ये आप में है कि राग में क्या तासीर पैदा करें कि गम के समय मातम छाए और खुशी के समय, नौबत बजने लगे। शास्त्रीय संगीत में सब कुछ है, मगर इतना रियाज करे आदमी कि उसमें रस पैदा हो जाए।

यतीन्द्र मिश्र : मुस्लिम जीवन पद्धति में संगीत को वर्जित माना जाता है, फिर भी भारत के इतिहास में जितने बड़े संगीत के फनकार मुसलमान हुए; उतने और किसी धर्म में नहीं हुए। शुरू से लेकर आज वर्तमान में मुस्लिम गायकों, संगीतकारों की बड़ी समृद्ध परंपरा रही है। आप इस बारे में क्या सोचते हैं? यह प्रश्न और भी प्रासंगिक इसलिए हो जाता है कि आपने आज तक हिंदू, मुस्लिम संस्कृति के समन्वय की ही मिसाल अपने जीवन में दर्शाई है।

बिस्मिल्ला खाँ : मैं पहले कह चुका हूँ कि संगीत वह चीज़ है, जिसमें जात-पाँत कुछ नहीं है। फिर कह रहा हूँ संगीत किसी मजहब का बुरा नहीं चाहता। एक बार की बात है एक महफिल थी, जिसमें गंगूबाई हंगल, हीराबाई बड़ोदकर, कृष्णराव

शंकर पंडित और भीमसेन जोशी सभी मौजूद थे। मैंने पूछा क्या आपके धर्म में गीता, रामायण से बढ़कर भी कुछ है। सबने कहा हाँ है, संगीत है। हमारा संगीत जिसमें हम डूब कर रियाज करते हैं। मुझे लगता है हमारे मजहब में मौसीकी को इसलिए हराम कहा गया कि अगर इस जादू जगाने वाली कला को रोका न गया, तो एक से एक फनकार इसकी रागिनियों में इस कदर डूबे रहेंगे कि दोपहर, शाम वाली नमाज़ कजा हो जाएगी। अब हमारे यहाँ तो सबका मालिक एक अकेला वो ही है। (ऊपर की ओर नम आँखों से इशारा) उसी की इबादत की इजाजत है। अब अगर दिन भर हम मौसीकी साधने में डूबे रहें, तो पाँच वक्त की नमाज का क्या होगा? सोचेंगे थोड़ा और रियाज कर लें। अभी तो पंचम या गांधार का वह कण पकड़ में आया है, फिर नमाज में भी दस-पन्द्रह मिनट हैं। इसी तरह सुर पकड़कर जहाँ हम तरन्नुम में गए कि नमाज का वक्त बीता। आपकी ही बात मैंने जब अपने उस्ताद जी से पूछी, तो बोले कि देखो यह सही है कि अपने यहाँ संगीत जैसी बेहतरीन चीज़ नाजायज़ मानी जाती है। फिर भी उसे किसी ने छोड़ा तो नहीं। फैयाज खाँ साहब को देखो, रज्जब अली खाँ साहब, अमीर खाँ को देखो, मौजुद्दीन खाँ, अलाउद्दीन खाँ जैसे लोग कहाँ हैं मौसीकी में। अब जब हराम है, तब तो यह हाल है। अगर कहीं जायज होती, तो ये सारे लोग या यों कहें सारे मुस्लिम फनकार कहाँ पहुँच गए होते? कितना ऊपर चले जाते कोई हिसाब नहीं उसका। संगीत का असर यह है कि वह सब कुछ भुला देता है। इसलिए इस मजहब में यह हुकुम हुआ कि संगीत पर पाबंदी लगा दो, नहीं तो लोग खुदा को भूल जाएँगे

यतीन्द्र मिश्र : आपकी शहनाई में बनारस किस तरह मौजूद है?

बिस्मिल्ला खाँ : हमने कुछ नहीं पैदा किया है। जो हो गया, वह उसका करम है। हाँ जो लेकर हम चले हैं, अपनी शहनाई में, वह बनारस का अंग है। (कजरी का बोल गाकर बताते हैं।) जल्दबाजी नहीं करते बनारस वाले। बड़े इत्मीनान से बोल लेकर चलते हैं। एक महाराज जी थे बालाजी घाट के पास मंदिर में रोज सुबह की आरती में करीब 4.30-5.00 बजे बड़ा सुंदर पद गाते थे। "किरपा करो महाराज मोपे।" हम रियाज के लिए जाएँ वहाँ तो रोज सुनते थे। फिर ठीक वही बंदिश जब वह गाकर बंद करें, तब अपनी शहनाई से निकालते थे। तो वही ठेठपन आया हमारे बजाने में। मंदिर का घंटा घड़ियाल भी कानों में पड़ता था और गंगा-पुजैया का बियाह, सहाना भी गजब जान पड़ता था। हम आज भी जितना कर पाते हैं, वो सब यही बनारस की देन है। उसकी गड़बड़ी भी है अगर कुछ, तो उसमें भी एक अलग अंदाज है। अब जैसे वो बेगम अख्तर थीं। उनके गले में एक अजीब कशिश थी। जिसको कहते हैं 'अकार की तान' उसमें 'अ' करने पर उनका गला कुछ फट जाता था, और यही उनकी खूबी थी। मगर शास्त्रीय संगीत में वह दोष माना जाता है। एक बार हमने कहा कि "बाई कुछ कहो, जरा कुछ सुनाओ।" वे बोलीं, "अमाँ क्या कहें, का सुनाएँ।" हमने कहा कुछ भी। बेगम गाने लगीं, "निराला बनरा दीवाना बना दे।" एक दफे, दो दफे कहने के बाद जब दीवाना बना दे में उनका गला खिंचा, तो हमने कहा, "अहा, यही तो सितम है तेरी आवाज़ का।" वो जो गला दुगुन-तिगुन के समय लहरा के मोटा हो जाता था, वही तो कमाल का था बेगम अख्तर में। मेरा कहने का मतलब यह है कि सबकी अपनी-अपनी खूबी और चलन-बढ़त का अलग-अलग अंदाज होता है। अब जब हम जिंदगी भर यहीं मंगलागौरी और पक्का महाल में रियाज करते जवान हुए हों, तो कहीं न कहीं से बनारस का शहद तो टपकेगा ही हमारी शहनाई में।

यतीन्द्र मिश्र : आप अपनी पहली रिकार्डिंग और उससे जुड़े अनुभव को आज किस रूप में लेते हैं?

बिस्मिल्ला खाँ : बहुतों को सुना, बहुत सारे बड़े-बड़े फनकारों के साथ उठने-बैठने का मौका मिला। मगर कुछ थोड़े से लोग थे, जिनकी छाप गहरी है। लखनऊ रेडियो में हमने अपना पहला प्रोग्राम रिकार्ड किया। आज भी याद है वह 16 और 18 अप्रैल सन् 1938 की बात है। उस जमाने में बनारस से लखनऊ आने जाने का किराया तीन रु. बारह आना था। हमने बीस मिनट झाला बजाया होगा कि लोग सन्न रह गए कि अमाँ मियाँ; ये तो शहनाई बड़ी गजब चीज़ है। जिसमें कुल भरा है इसमें गत है, लय का भी काम है, तराना बजा सकते हैं। फिर धीरे-धीरे हमें काम मिलना शुरू हुआ। महीने में तीन बार हम लखनऊ रिकार्डिंग के लिए जाते थे। और वह समय सारंगी के आतंक का था। सारंगी के कलाकार शहनाई को बहुत हीन निगाह से देखते थे। मगर जब एक बार हमने राग-रागिनियाँ निकालनी शुरू कर दी थीं, तब सारंगी के लोगों ने भी आखिर अपनी राय बदली। हमारे मामू (उस्ताद) कहा करते थे कि बस सुर कंट्रोल करो। हर राग का सुर इतना पक्का कर लो कि वह

टस से मस न होने पाए। उस समय दिल्ली रेडियो में निजामी साहब थे। उन्होंने सुना तो फौरन दिल्ली बुलवाया। बड़ी जहीन शख्सियत के मालिक थे। उन्होंने जब कहा कि राग बजाओ, तो हमने ललित शुरू किया। सुबह का वक्त रहा होगा। थोड़ी देर सुनते रहे चुपचाप; फिर बोले, अरे भाई बड़े पक्के हो। कहाँ तालीम ली है। फिर वह बड़ी इज्जत से हमको रिकार्डिंग के लिए दिल्ली ले गए। फिर धीरे-धीरे सिलसिला चल निकला।

आज बुढ़ौती आ गई है। मगर अपने उस्ताद की बात नहीं भूलती है कि सुर कंट्रोल करो। हमारी आदत बन चुकी है कि कहीं भी जाएँगे तो बिना शहनाई, रीड आदि देखे, बजाएँगे नहीं। याद आता है क्या जमाना था वो, एक से एक कलाकार ने सुर को अपने कंट्रोल में कर रखा था। क्या विद्याधरी क्या केसरबाई केरकर। पं. ओंकारनाथ का तो गाया जल्दी भूलता ही नहीं है।

यतीन्द्र मिश्र : संगीत में अपने जीवनानुभव की वह कौन-सी सबसे महत्त्वपूर्ण घटना है, जो आज भी आपको याद आती है, जिसने आपके जीवन में गहरा प्रभाव छोड़ा हुआ है और जिसका उल्लेख आप यहाँ करना चाहेंगे।

बिस्मिल्ला खाँ : एक बार का वाकया है काफी पहले का, तब हमारी उम्र यही कोई 20-22 बरस की रही होगी। एक दफा रियाज के दौरान मामू ने मुझसे कहा, "अगर तुम्हें कुछ दिखाई दे तो किसी से कहना मत।" इसके दो-ढाई साल बाद का वाकया है। रात का दस-ग्यारह बजा होगा। मैं हमेशा की तरह पालथी मारे आँखें बंद किए रियाज कर रहा था। अचानक मेरी नाक में तेज खुशबू आई। बजाते हुए मेरे दिमाग में बात आई, मैंने इत्र-सेंट तो लगाया नहीं, इतनी अच्छी खुशबू आई कहाँ से? मैं उसी तरह बजाता रहा, फिर काफी तेज खुशबू आई। मैंने आँखें खोलीं। देखा, मेरे ठीक सामने काफी लंबे और गोरे से बाबा खड़े हैं—लंबी दाढ़ी, बड़ी-बड़ी चौड़ी आँखें, हाथ में लंबा-सा डंडा, कमर में बस एक लंगोटी। मैं बेहद डर गया, काँपने लगा। सोचा, मंदिर का एकमात्र दरवाजा बंद है, सामने गंगा है, बाबा आखिर आए किधर से? तभी वे हँसते हुए बोले, "वाह बेटा वाह! बजा, बजा, बजा।" मुझे कँपकँपी छूट रही थी और कुछ सूझ नहीं रहा था। 'जा, मजा करेगा'। कहकर वे मुड़े और दरवाजा खोलकर बाहर निकल गए।

उनके बाहर निकलते ही मैंने सोचा, मैं भी कितना मूरख हूँ, बाबा से कुछ वरदान माँग लेना चाहिए था। और, मैं तेजी से लपका। बाहर आकर बहुत ढूँढ़ा, मगर बाबा का कहीं पता नहीं चला। मैं और डर गया, साज को बगल में दबाए हुए भागा। चौखंभा में एक दूध वाले की दुकान खुली थी, वहाँ कुछ पल रुका। उसने पूछा हुआ क्या? मैं जवाब देने की स्थिति में नहीं था। हाँफता हुआ घर पहुँचा। मामू सो रहे थे, मैं भी चुपचाप सो गया। सुबह उठा तो मुझसे रहा नहीं गया। मामू को जाकर सारा वाकया एक साँस में सुना डाला। बात खत्म होते न होते तड़ाक से उन्होंने मुझे एक तमाचा लगाया, "मरदूद तुमको मना किया था न कि कुछ दिखाई दे तो किसी से कहना मत।" फिर बोले, "खैर ! अब देखना कोई बात, तो किसी से मत कहना।" इसके बाद दो वाकये और हुए, जिन्हें आज तक मैंने किसी से नहीं कहा।

यतीन्द्र मिश्र : काशी में रहते हुए आप यहाँ की परंपराओं से भली भाँति परिचित रहे हैं, एक गीत 'गंगा दुआरे बधइया बाजे' आपने गाया भी है और शहनाई पर भी उसकी बंदिश निकाली है। गंगा आपको किस रूप में प्रभावित करती हैं? वह कौन-सा कारण रहा है कि ज्यादातर सांगीतिक विभूतियाँ इन्हीं नदियों, पवित्र स्थानों, दरगाहों आदि के इर्द-गिर्द ही जन्मती हैं और उन्हीं स्थानों को अपनी संगीत साधना के लिए चुनती हैं?

बिस्मिल्ला खाँ : "भइया इस गंगा में बड़ी तासीर है। तमाम सारे राजा-महाराजा, कलावंत, साधु-संत, गवैये और आम लोगों ने इसके पानी को गले लगाया है। यहाँ काशी में पेशवा आए, मराठा, होल्कर, अहिल्याबाई, तुलसी बाबा, कीनाराम और तमाम सारे अवधूत जोगी सभी के आश्रम तुम्हें गंगा किनारे मिल जाएँगे। खुदा का नाम लेकर कहता हूँ मियाँ, बड़ी सुरीली है यह गंगा मइया। मैं तो बार-बार इसे सुनाता हूँ—तोहरे दुआरे बधइया बाजे, बड़े नेमत की बात है कि अगर इसका पानी देह से लग जाए तो सुर ही सुर होगा भीतर। कोई किसी से झगड़ नहीं सकेगा क्योंकि कोई बेताला, बेसुरा नहीं बचेगा। सभी एक सुर में हो जाएँगे।" कुछ न कुछ तो जरूर होता है, ऐसी सिद्ध जगहों पर, नहीं तो इनका प्रभाव कब का मिट जाता। अकबर ऐसे थोड़े न चले गए थे; शेख सलीम चिश्ती की दरगाह पर। एक मुराद थी भीतर मन में। यही मुराद लेकर ही फनकार ऐसी सच्ची जगहों पर जाकर अपना डेरा जमाता है। वह अभी मैंने आपको सुनाया था बाबा ताजुद्दीन वाला किस्सा। मालिक की एक मेहरबान निगाह के लिए, हम गाते बजाते हैं। शायद इसी कारण यहाँ गंगा किनारे सुकून मिलता है।

यतीन्द्र मिश्र : अपने पूर्ववर्ती संगीतकारों में आप किससे प्रेरित रहे हैं और उनकी कौन-सी विशिष्टता आपको आज भी याद आती है? मसलन रसूलनबाई, काशीबाई, बड़ी मोतीबाई, पं. ओंकारनाथ ठाकुर, उस्ताद फैयाज खाँ साहब आदि के बारे में कुछ बताएँ।

बिस्मिल्ला खाँ : आप हमको पुरानी किन यादों में घुमाकर ले गए। ओफ्फोह...उन गलियों में घूमकर बड़ी तकलीफ हो रही है। पुराने बिछड़े साथियों को याद करके गला भर आ रहा है। रसूलन, बतूलन, सिद्धेश्वरी, काशी, बिट्टन, गंगाधरी, बड़ी मोती और छोटी मोती। क्या गायिकाएँ थीं ये सब। सब की सब महान। राजेश्वरी और विद्याधरी ये लोग तो इतनी पुरानी और बड़ी थीं कि सिद्धेश्वरी वगैरह इनको मौसी पुकारा करती थीं। लेकिन बनारस का जो बोल बनने का ढंग था, वो इन्हीं लोगों में था। हम इससे बाहर भी जाते थे, लखनऊ, कानपुर, आगरा तो वह मजा नहीं आता था, जो बनारस में आता था। हालाँकि इन जगहों पर भी लोग बहुत अच्छा गाते थे। बनारस घराने की गायकी में ऐसा बोल बनता था, जो घुमा घुमा के थोड़ी-सी जगह में कैसे बात बनाई जाती है; वह देखने की चीज़ थी। बात बनना यानि बोल और सुर का पासा-पास होता था। और एक दो नहीं, सभी की आवाज बहुत अच्छी थी। सब ठुमरी भी अच्छा गा लेती थीं। काशीबाई तो बोल बनाने में बड़ी जोरदार थीं। सिद्धेश्वरी का भी बोल बनाने का ढंग बड़ा निराला था। वो जमाना था, जब बड़े-बड़े रईस और पैसे वाले भी हम लोगों की समझ में नहीं आते थे। ये बनारस की ही खूबी थी कि सब अपनी-अपनी तरह गाते हुए भी बनारस के ढंग को छोड़ते नहीं थे। ठीक वैसे, जैसे संगीत में आप सुर का कितना बड़ा घेरा घूम आइए, लंबी तान ले लीजिए, मीड़ व गमक लगा लीजिए मगर आपको सब करते हुए सम पर आना है। तिहइया कीजिए फिर भी सम पर लौटिए (झूला गाकर समझाते हैं)।

'सिया संग झूले बगिया में राम ललना
जहाँ पड़ा है हिंडोला आठों जाम ललना'

यह झूला मैं उस समय का बता रहा हूँ, जब हमारे मामू बजा रहे थे, सिद्धेश्वरी गा रही थीं और बहुत सारे लोग बैठे थे, राजा मोतीचन्द, किशोरी रमण और हरिराम शरण जी। एक से एक रईस और एक से एक बनारस के कलाकार। उस जमाने का दस्तूर था कि राजाओं महाराजाओं के यहाँ गाने पर इनाम इकराम मिलता था और तारीफ में जो पैसा आता था, उसको गायिका ले नहीं सकती थी, वह संगतियों में बराबर से बँटता था। ये हमारे बचपन की बात है। वो जमाना ही कुछ और था, जब साजिंदों और गायकों के प्रति बड़े घराने के लोगों के मन में भी अदब जबरदस्त था।

यतीन्द्र मिश्र : आपकी पसंद के राग कौन-कौन से हैं?

बिस्मिल्ला खाँ : मुझे बहुत सारे राग पसंद हैं यह बताना बड़ा मुश्किल है कि उसमें कौन ज्यादा पसंद है। मुंबई वालों ने मशहूर कर रखा है कि हमें मालकौंस पसंद है। यह सही है मालकौंस अच्छा लगता है, मगर अकेला वही राग थोड़े ही है, जो हमें काफी लगता हो अपने खातिर। एक बुढ़िया वाकया सुनाते हैं आपको। मुंबई वालों ने मालकौंस ही सुन-सुनकर हमको दुखी कर रखा था। एक बार जब फिर हम मुंबई गए, तो मन में सोच रखा था कि इस बार तो मालकौंस नहीं ही बजाएँगे। फिर हुआ क्या, मालकौंस की फरमाइश पर फरमाइश हुई। यह उस समय की बात है, जब एक प्रोग्राम का हम आठ-नौ सौ रुपया लेते थे। हमने झट कहा भइया इस बार मालकौंस नहीं सुना सकते क्योंकि उसको तो हमने दो हजार रुपए में गिरवी रख दिया है। अब जब गिरवी से छुड़ाएँगे, तभी मालकौंस होगा। अपना पीछा छुड़ाने के लिए हमने यह कहा। मगर उसी प्रोग्राम में एक साहब बैठे थे, जो मालकौंस सुनने ही दूर से आए थे। आज लगता है कि बड़े शौकीन रहे होंगे। उन्होंने धीरे से एक लिफाफा बढ़ाया—हमने कहा—क्या है? शाइस्तगी से बोले, "रख लीजिए उस्ताद, तीन हजार रुपए हैं, दो हजार रुपए मालकौंस को गिरवी से छुड़ाने के लिए, और एक हजार रुपए आपके कार्यक्रम के। मगर मालकौंस जरूर छेड़िए।" अब हम सन्न। कहें तो क्या कहें। यहाँ सच बयान कर रहा हूँ। हमारी कोई ऐसी बदनीयत नहीं थी कि ज्यादा पैसा मिले। बस अपना पीछा छुड़ाने के लिए कहा था। अब मुकर भी नहीं सकते थे क्योंकि कौल मुँह से बाहर आ चुकी थी। फिर घिर गए। सुनाया हमने मालकौंस। घंटों मालकौंस ही बजता रहा उस दिन। कभी-कभी हम लोगों को ऐसी भी स्थितियों में फँसकर अपनी ही कही बातों पर शर्मिंदा होना पड़ता है। पसन्द के नाम पर मारू बिहाग, बागेश्री, जयजयवंती, भूप, ललित, केदार, पूरिया धनाश्री, रागेश्वरी, गोरख कल्याण आदि हैं।

यतीन्द्र मिश्र : क्या वादन में मुद्रा दोष होता है?

बिस्मिल्ला खाँ : हम इस बात को नहीं मानते। चेहरा बिगड़ जाए, मुँह के भाव खराब हो जाएँ; कोई फर्क नहीं पड़ता, लेकिन जो साज हम बजा रहे हैं, उससे बात अच्छी गई है; इस

पर ध्यान देना चाहिए। हमें इस बात की जरा भी फिक्र नहीं कि बजाते समय हम दिखते कैसे हैं, फर्क इससे पड़ता है कि हमने बोल कितना अच्छा बनाया, बात कितनी अच्छी निकल कर गई, जो सुनने वालों को छू गई। अब अगर आप अपने साज से अच्छी नहीं निकाल पा रहे हैं, और चेहरा बड़ा सुन्दर बना रहे हैं, तो लानत भेजिए अपने फन पर।

यतीन्द्र मिश्र : भारतीय शास्त्रीय एवं उपशास्त्रीय संगीत के भविष्य को आप किस रूप में देखते हैं, जबकि पूरा युवा वर्ग इन रूपंकर कलाओं से कटता जा रहा है और पाश्चात्य भौतिक संसाधनों की आपूर्ति के पीछे अपने जीवन का ध्येय अर्पित कर रहा है।

बिस्मिल्ला खाँ : ठीक है। कुछ लोग अच्छा कर रहे हैं, मगर अब वो रियाज कहाँ। अब कोई बड़ी मेहनत और साधना के लिए तैयार नहीं होता। संगीत का थोड़ा-सा ककहरा सीखा नहीं कि प्रोग्राम देने में लग जाते हैं। इससे कोई बड़ी बात बनने वाली नहीं। हम तो उस जमाने के हैं भइया कि सब कुछ सीखने के बाद भी इस जुगत में लगे रहते थे कि किसी फकीर की दुआ लग जाए। मैं यही चाहता हूँ कि नए कलाकार जो सीख रहे हैं, खूब रियाज करें और सब्र। सब्र से ही षड्ज और ऋषभ में अंतर करना आएगा और जब सुर पहचानना आ गया, पूरी दुनिया तुम्हारी है।

यतीन्द्र मिश्र : इस मुकाम पर आकर आपको कैसा महसूस होता है?

बिस्मिल्ला खाँ : अपने मालिक से रोज माँगता हूँ, मेरे सुरों में कुछ ऐसा कर दे कि मजा आ जाए। अभी कच्चा है मेरा काम। ईमान से कहता हूँ अभी सच्चे सुर की तलाश में हूँ कि कुछ सुर बख्श दे, वो परवरदिगार! कि चाहे जब षड्ज बोलाऊँ, ऋषभ या कोई भी स्वर, अंदर-बाहर सब तरफ हलचल मच जाए। हमारे मामू जान ने किसी की अनूठी गायकी पर कभी यह नहीं कहा कि बड़ा बेजोड़ गायक है, बल्कि हमेशा कहते मियाँ मालिक की दुआ है। बस वही नहीं है मेरे पास। मेरे मालिक की दुआ लग जाए। इस गंगा मैया के पानी का सुरीलापन छू जाए, बस इतना चाहता हूँ। कंठ में एक सुर आए, उसके साथ सच्चे मोती की तरह आँख में आँसू आ जाए, तभी मजा है।

यतीन्द्र मिश्र : अगर आपको पूरा जीवन एक बार फिर से जीने को मिले, तो आप अपनी किस इच्छा की पूर्ति करना चाहेंगे, जिसकी कमी आपको अभी भी खलती है?

बिस्मिल्ला खाँ : बचपन से हम राज दरबार देखते चले आए हैं। बचपन से ही हम लोग राज दरबारों के सदके में पलते चले आए हैं। अब हमारे पास वो राज दरबार नहीं रहे। सरकार की तरफ से हम लोगों को जो एवार्ड मिलता है, हम उसकी दिल से इज्जत करते हैं और हुकूमत के प्रति अपनी नवाजिश करते हैं, कि उन्होंने हमें सर आँखों पर बैठाया। मगर हम कहना चाहते हैं कि उस जमाने में जब हम बिना बुलाए भी किसी राज दरबार में चले जाते थे, तो कुछ न कुछ लेकर लौटते ही थे। राज दरबारों ने कभी हमें खाली हाथ नहीं लौटाया। ये चीज अब कहाँ है? इसकी कमी हमें खलती है। मुझे यह कहने में जरा भी संकोच नहीं कि मौसीकी को पालने-पोसने और इज्जत बख्शने में राज दरबारों ने बड़ा काम किया है। वो जमाना अब नहीं रहा। उसकी जब याद आती है, तो बड़ी शिद्दत से कमी खलती है।

(इसके बाद उस्ताद बिस्मिल्ला खाँ साहब से और जिज्ञासाएँ व प्रश्नों को पूछना चाहता था, मगर उनकी दोपहर की नमाज़ का वक्त हो गया और वें नमाज़ पढ़ने की इजाज़त लेकर हमारे बीच से उठकर बोले कि अभी नमाज़ के बाद मैं थोड़ा आराम करूँगा, आप फिर कभी आइए। पुरानी बातें याद करके बड़ा अच्छा लगता है।

इस तरह एक बैठक में हुई उनसे अनौपचारिक बात ही यहाँ जा पाई है। उसके बाद वैसा मौका नहीं मिल सका। मैं दुआ करता हूँ कि खाँ साहब फिर से बात के लिए तैयार होंगे। वैसे भी इस वार्तालाप के अंत तक तीसरी ही नमाज़ हुई थी, अभी दो नमाज़ बाकी हैं।—यतींद्र मिश्र)

स्मरण

बड़ी मोतीबाई

गिरिजा देवी

बड़ी मोतीबाई बनारस में थीं, तो मेरा बहुत मन कर रहा था कि उनका गाना सुनें, जब हमने उनका गाना सुना तब तक करीब 65 बरस की हो गई थीं। उस समय मेरी उम्र 20-22 बरस की थी। बड़ी मोतीबाई इतनी सरल मिजाज की थीं कि छोटे-बड़े सभी लोगों को बहुत आदर देती थीं। सबसे 'बचवा', 'भइया', कहकर प्यार से बोलती थीं, और उतना ही मधुर गाना था उनका। रोशनआरा बेगम की तरह वो भी ख्याल गाती थीं, लेकिन रोशनआरा बेगम की फास्ट तानें बहुत अच्छी थीं, बहुत रियाजी थीं। बड़ी मोतीबाई का ठुमरी में बहुत नाम था। चूँकि उस्ताद मौजुद्दीन खाँ ठुमरी ही गाते थे, इसलिए ठुमरी पर अपनी शिष्याओं से उन्होंने ज्यादा रियाज करवाया। बड़ी मोतीबाई की जो बंदिशें मुझे याद आती हैं, उनमें से एक तो 'गांधारी बहार' में ख्याल गाती थीं, जो कि बाद में हमने भी अपने गुरुजी से सीखा। 'बसंत ऋतु आई' करके है, जो बहुत मुश्किल बंदिश है। एक राग सिंदूरे में ठुमरी की बन्दिश थीं-'आंगन बिरहा बावरी सी डोले'। कभी-कभी मैं उनसे बन्ना-बन्नी भी सुन लेती थी, तब वो बोलती थीं 'नाहीं बचवा नहीं गाइब।' 'नैहर में मोरा सुगना' करके एक बहुत सुंदर ब्याह गाती थीं। जिसकी तीन-चार लाइनें ही याद हैं-

'बगिया में बोले मोरे नैहर का सुगना
सुगना के लाली लाली ठोरवा हो कि,
हरी-हरी पखिया नैहर का......'

वे बड़ी मधुर गाने वाली थीं, रस में भीनी हुई। मीड़, खटका जितना लगना चाहिए, उतना ही लगाती थीं हालाँकि उनकी आवाज़ बहुत महीन होने के बाद बेजवाब सुरीली थी।

एक गीत का जन्म

गुलजार

मोरा गोरा अंग लइ ले...। 'बन्दिनी' के लिए लिखे इस गीत पर प्यारी-सी नोक-झोंक शुरू हुई थी विमल दा (विमल रॉय) और सचिन दा (सचिन देव बर्मन) में। अंतरे को विमल दा दिखाना चाहते थे, एक खास ढंग से। नूतन गाते हुए आँगन से निकल कर खुले आसमान के नीचे बाहर आ जाती है। सचिन दा को इसमें आपत्ति थी, कि नूतन घर के बाहर नहीं जाएगी...

"क्यों नहीं जाएगी"–विमल दा भी हैरान थे

"जो कभी अपने बाप के आगे सिर उठा के नहीं गया वो रात में निकलकर घर के बाहर कैसे जाएगा"–सचिन दा का तर्क था।

"कभी नहीं गया इसीलिए आज जाएगा। यह गीत उसे इस बंधन से बाहर ले जाएगा"–विमल दा भी अड़े थे।

"वो बाहर जाएगा तो हम गाना नहीं बनाएगा"–सचिन दा बोले

"तू गाना नहीं बनाएगा तो हम फिल्म नहीं बनाएगा"–विमल दा ने सुना दिया। यह साठ के दशक की बात है। मेरी पहली फिल्म थी। अंतत: सचिन दा माने। इस तरह इस गीत का जन्म हुआ...मोरा गोरा अंग लइ ले...।

करीब बीस साल बाद 'इजाजत' फिल्म बन रही थी। मैंने पंचम को सुनाया–रेखा और नसीर एक शाम घर लौटते हैं, तो देखते हैं कोई तार आया है। नसीर खोल कर पढ़ता है। लिखा है : मेरा कुछ सामान तुम्हारे पास पड़ा है। वो लौटा दो। सावन के भीगे रस्ते, खतों में लिपटी रात...हो सके तो सब लौटा दो। सुनकर पंचम बोल पड़ता है–वाह क्या चिट्ठी है! मैंने कहा–इस पर तुझे गाना बनाया है। पंचम चौंक पड़ा, बोला–अब कल तू 'टाइम्स ऑफ इण्डिया' ले आएगा और बोलेगा गाना बना दे! मैं नहीं बनाऊँगा।

"तू गाना नहीं बनाएगा तो मैं फिल्म नहीं बनाऊँगा।"

"तू विमल दा हो गया है?"

"तू सचिन दा हो गया है?"

और हम दोनों साथ हँस पड़े थे। एक वक्त से दूसरे वक्त तक आते-आते काफी कुछ बदल जाता है, लेकिन यादों और अनुभवों में कुछ होता है, जो शायद कभी नहीं बदलता।

प्यारे साहब और उस्ताद मौजुद्दीन खाँ

राय आनंदकृष्ण

पिछली शती के प्रारम्भिक वर्ष। अभी एक ओर भारतेंदु के तो दूसरी ओर महाराजा ईश्वरीनारायण सिंह के दरबार की ऊर्जा बनी थी। काशी संगीत का गढ़ था। प्राय: 1900 में यहाँ के दो संगीताचार्य आज गुमनामी में खो गए हैं। मैंने बड़े परिश्रम से उनकी पुरानी रिकार्डिंग खोज-खाजकर हिज मास्टर्स वायस के सौजन्य से 'प्रकाशित' की। पर वह भी बहुत कुछ अँधेरे में पड़ी हैं।

काशी के दक्षिणी उपांत में शिवाला नामक एक मुहल्ला है। यहाँ के राजा बलवन्त सिंह और उनके पुत्र राजा चेतसिंह ने गंगा पर एक घाट बनवाया और उस पर अपना महल। कहा जाता है चेतसिंह ने एक बार औघड़ संत कीनाराम के गद्दीधारी की अवहेलना-सी की। इस पर उन्हें शाप मिला : इस प्रासाद में यवनों का वास होगा। अट्ठारहवीं के अंतिम वर्षों ने चेतसिंह का पतन देखा और स्वयं निष्कासित मुगल शाहजादे जवान बख्तर, बादशाह शाहआलम द्वितीय के दूसरे पुत्र, का काशी आगमन भी। वे जहाँदार शाह द्वितीय के नाम से स्वयंभू बादशाह बने। शिवाला मुहल्ला उनके पार्षदों से चमक उठा। दिल्ली-बनारस की गंगा जमुनी संस्कृति का केंद्र हो गया। वहाँ की तहजीब में उसकी गूँज मेरी किशोरावस्था तक थी। इसी मुहल्ले में प्यारे साहब नामक एक संप्रति मुस्लिम आ बसे। कोई कहता ये शाह आलम द्वितीय के वंशज हैं, कोई कहता वाजिद अली शाह से संबंधित। प्यारे साहब के घर पर हर संध्या गाने बजाने वालों का जमघट होता, गोष्ठी देर रात तक चलती, संगीत भी। स्वयं प्यारे साहब हल्की फुलकी चीजों वाले थे। संगीत में उनकी आवाज स्त्रीयोचित थी, जो अत्यंत स्वाभाविक लगती। यों बाद में बंगाल के सुप्रसिद्ध गायक पं. भीष्मदेव चटर्जी में यह गुण था कि अवसर पर स्वाभाविक (पौरुष) स्वर को बदलकर स्त्री-स्वर में संगीत प्रस्तुत कर लेते थे; पर उसमें वह स्वाभाविकता न थी, जो प्यारे साहब में थी। प्यारे साहब के तीन मिनट वाले रेकर्ड उस समय की ट्विन कंपनी से निकले तो धूम मच जाती। प्राय: 1930-35 तक वह क्रम चलता रहा। प्यारे साहब को ठुमरी दादरे की न जाने कितनी बंदिशें ज्ञात थीं। उनकी गायन शैली पर हारमोनियम के 'बाज' की छाप थी। दादरों में वे खूब खिलते। बस वह तीन मिनट का खेल होता। प्यारे साहब बनारस से उखड़े तो पटने में कुछ वर्षों तक जमे। पर वहाँ भी उन्हें विशेष लोकप्रियता न प्राप्त हुई। कुछ ट्यूशन करते थे। मेरे ताऊजी और चाचा जी का परिवेश लोग सीख न सके तो हारकर छोड़ दिया। फिर वे कलकत्ते जा बसे। किसी प्रकार काम चल जाता। शायद वहाँ घड़ी की मरम्मत की दूकान कर ली थीं वह भी न चली।

मैंने प्यारे साहब की कुछ प्रारंभिक रिकार्डिंग की प्रारंभ में चर्चा की है। इसके आविष्कार और प्रकाशन का सौ प्रतिशत श्रेय हिज मास्टर्स वॉयस के चेयरमैन (स्वामी) श्री आर.पी. गोयनका को जाता है, जिनकी एक महत्वाकांक्षी योजना ('चेयरमैन्स-चॉयस' के अंतर्गत) इन्हें प्रकाशित करने की थी। उन्होंने इस कार्य के हेतु मुझे नियुक्त किया। खेद, यह स्थायी न हुई। पर अब यह सद्य: इतिहास (रीसेन्ट पास्ट) हो चुकी है अतएव उसका संक्षिप्त विवरण देना उचित होगा। हिज मास्टर्स वॉयस के पास कोई तीस हजार 'बंदिशों' की अपार राशि का एक खेप कोई दस बारह वर्ष पूर्व प्रकट हुआ, जो एशियाई संयोग से संबद्ध है और जिसके मिलने की भी आशा है। तय यह हुआ कि सार्थक 'बंदिशों' प्रारंभिक को रखकर शेष नष्ट कर दिया जाए। पर इसका निर्णय करने वाला कौन होता है। शायद आज जिसे निरर्थक करार दिया जाए; कल वह दुष्प्राप्य हो जाए। अस्तु उसका क्या

सुखांत-दुखांत हुआ इसका पता पता नहीं परंतु श्री गोयनका जी ने योजना बनाई थी कि प्रत्येक घराने के प्रत्येक दशाब्द को लेकर एक माला निकाली जाए। यहाँ यह ध्यान देने योग्य है कि केवल 'हिंदुस्तानी' संगीत वाला अंश ही लिया गया इसके अतिरिक्त अन्य दो क्षेत्रीय संगीत ग्रामो-फोन नाटक, हास्य, भांड़ों के तमाशे, पूजापाठ संबंध धार्मिक प्रवचन, कथा वार्ता, व्रत-त्योहारों संबंधी सामग्री जैसी अपार सामग्री है। अन्य भारतीय भाषाओं के अतिरिक्त तिब्बती, बर्मी, सिंहली, अफगानी, ईरानी, अरबी जैसी पड़ोसी संस्कृतियों, भारतीय-अंग्रेजी आदि की तत्कालीन भारतीय बैंड बाजे आदि क्या-क्या उपस्थित नहीं है। संभवत पाठकों को ज्ञात न होगा कि उस काल में भारतीय वेश्याएँ अंग्रेजी भाषा की 'बंदिशें' भी महफिलों में सुनाया करती थीं। एक इस प्रकार थी "माई डियर माई डियर जॉन, ह्वेर हैव यू गॉन।" हार्मोनियम तबले सारंगी के साथ यह स्वर ताल में निबद्ध थी। अर्थात् इस विपुल सामग्री के आधार पर तत्कालीन समाज का कितना अच्छा और व्यापक अध्ययन हो सकता है, पर पता नहीं इस का क्या हुआ।

संभवत: भारत में रेकार्डिंग 1902 से प्रारंभ हुई। प्रस्तुत संकलन में प्यारे साहब की 1906 की रेकार्डिंग है। इसे श्रोताओं को उपलब्ध कराना भी बड़ा कठिन और व्ययसाध्य काम था। मैंने सर्वप्रथम ये टेप सुने तो स्पीकर से कान सटाकर हल्का-हल्का कुछ कुछ सुनाई पड़ता था। फिर उसे वैज्ञानिक साधनों से जहाँ तक संभव है ठीक (जिलाया गया) किया गया, तिस पर भी प्यारे साहब की इस 'माला' में बंदिशों के शब्द स्पष्ट नहीं है, 'गायकी' भर का अंदाज होता है। पाठकों को इस संबंध में एक और जानकारी भी दूँ। उस काल में रेकार्ड गत्ते के किस्म के उपादान पर बनते थे और (शायद) बाँस जैसी किसी वस्तु की सुई-सी बनाई जाती थी, दो एक बार बजाने में न सुई बचती, न रिकार्ड। बंबई स्टूडियो में रिकार्डिंग 2 बजे रात से शुरू होती क्योंकि उस समय ट्रैफिक का शोर बंद हो जाता। सर्वोपरि प्रत्येक गान का समय मात्र डेढ़ से पौने दो मिनट होता जो कुछ बाद में सवा दो मिनट तक बढ़ गया था। मेरे द्वारा प्रकाशित प्यारे साहब वाले इस संग्रह में (ख्यालनुमा) आसावरी और भैरवी की दो-दो बंदिशें, भैरवी की ठुमरी और दादरा, सिंध भैरवी दादरा और गजल पहली ओर है। दूसरी ओर (राग) खट की एक बंदिश, सिंधु काफी की दो बंदिशें, भाँड़ तीन बंदिशें, खमाच दादरा गजल तथा दो कजली बंदिशें हैं। मैं इनकी गायन शैली पर दो शब्द अंत में जोड़ूँगा, उसके पूर्व में उस्ताद मौजुद्दीन खाँ संबंधी वक्तव्य दे रहा हूँ। तत्पश्चात् इन रिकार्डों के आधार पर उस काल की पूरबी अंग की गायकी पर कुछ विचार प्रकट करूँगा। इन दोनों उस्तादों में परस्पर विभिन्नताएँ भी दिखलाने का प्रयास करूँगा।

प्यारे साहब के यहाँ ही उस्ताद मौजुद्दीन खाँ का 'आविष्कार' हुआ। हम प्यारे साहब की जिस संगीत संध्या की चर्चा कर चुके हैं, वहाँ एक शाम एक परदेसी-सा नवयुवक दिखलाई पड़ा, यह प्राय: 110 वर्ष पहले की घटना है। यद्यपि वह एक ओर चुपचाप बैठा था पर संगीत पर उसकी प्रतिक्रियाओं से स्पष्ट ही भासित हो गया कि यह संगीत क्षेत्र में पहुँचा हुआ व्यक्ति है। बड़ी कठिनाई से उन्होंने अपना सीधा सा परिचय दिया, पश्चिम से आया व्यक्ति, संगीत का थोड़ा बहुत जानकार ये थे मौजुद्दीन खा। बड़े आग्रह पर गाने को तैयार हुए उस पर एक बार गाने बैठे तो सारे समाज पर छा गए। फिर तो उनकी लंबी यशोगाथा है। बनारस से कलकत्ते तक उनकी धूम मच गयी, जहाँ गए झंडा फहरा आए। मेरे ताऊ जी राय छगनजी (राय श्यामकृष्णजी) के भी कुछ वर्षों तक आश्रित थे। उन्होंने बार-बार कहा कि उनकी दो चार अविस्मरणीय महफिलें हुई उनमें उक्त राय छगन की भी दो एक महफिलें थीं। यह इंटरव्यू कई बार प्रकाशित हुआ उसी से मेरी यह जानकारी हुई। खेद अब वह उद्यान अपनी बंद चहारदीवारी के अंदर आँसू बहा रहा है। उसी में एक बार प्राय: सवा वर्ष तक सुप्रसिद्ध गौहरजान ने डेरा डाला था, उसी में उस्ताद वरकतुल्ला खाँ नियुक्त थे। आदि।

उस्ताद मौजुद्दीन खाँ की आवाज पल्लेदार थी और ऊँचे 'सुर' में गाते थे। ऐसा प्रतीत होता था कि उन दिनों यही चलन थी। इन गायकों-गायिकाओं को हम तार षड्ज-रिषभ से ऊपर गाते हुए क्वचित ही पाते हैं। लाउडस्पीकर के अभाव में संभवत: ऐसी ऊँची आवाज की अपेक्षा भी थी। उस्ताद मौजुद्दीन खाँ की आवाज में एक स्वाभाविक नशीलापन था, जिससे उनके संगीत में एक अद्भुत आकर्षण पैदा हो जाता। मैंने उनकी 'चीजें', (बंदिशे) हिज मास्टर्स वॉयस द्वारा प्रकाशित कीं, वे 1904 और 1906 की रिकार्डिंग हैं अत: अत्यंत लघु मानो नावक के तीर हैं। इनसे उनकी ख्याल गायन शैली से भी हम परिचित ही नहीं चमत्कृत होते हैं। इनमें टोड़ी, 'दरबारी' टोड़ी, सारंग, मुलतानी, सोहनी के साथ साथ भैरवी की और पीलू की तीन-तीन चीजें, काफी की और गारा की एक एक चीज दो दादरे और एक गजल है। खम्माच की दोनों चीजें, सारंग की एक चीज उस समय की परंपरा के

अनुसार प्रत्येक 'चीज' के अंत में उन्होंने अपने नाम का उद्घोष (एनाउंसमेंट) भी किया है, यथा 'मेरा नाम मौजुद्दीन खाँ'। अथवा "माई नेम इज मौजुद्दीन खाँ आफ कैलकटा'। इसके 'संपादन' के समय मैंने तो प्रत्येक में उसे ज्यों का त्यों रखा था पर वहाँ के बहुमत के आगे मुझे मध्यमार्ग स्वीकार करना पड़ा। अब एकाध बार उसे छोड़ दिया गया है, शेष में निकाल दिया गया है। मुझे ऐसा भी प्रतीत हुआ (आज भी होता है) कि रिकार्डिंग के बाद इनकी गति (स्पीड) अनावश्यक रूप से बढ़ा दी गई या तेज कर दी गई थी। संभव है आशय यह रहा हो कि इस सीमित समय चौखटे (टाइम फ्रेम) में अधिक संगीत समाया जा सके। कम से कम कुछ उदाहरणों में यह स्पष्ट रूप से लक्षित होता है। अथवा स्वयं कलाकार के समक्ष यह चुनौती थी और इतनी तेज 'लय' में गाना अपेक्षित था। कहीं कहीं तो तानों की लय आश्चर्यजनक रूप से तेज है पर उसके एक एक दाने अत्यंत सटीक और सुस्पष्ट हैं।

हमने ऊपर देखा है कि प्यारे साहब की रिकार्डिंगों में 'बोल' (शब्द) प्राय: बिल्कुल ही अस्पष्ट है। सौभाग्यवश मौजुद्दीन खाँ की इन रिकार्डिंगों में 'बोल' प्राय: बिल्कुल स्पष्ट है। दोनों ही उस्तादों की 'सपाट' ताने हैं, उनमें विविधता तो नहीं है पर वे 'खटकेदार' हैं। मौजुद्दीन खाँ की उस्तादी (मास्टरली हैंडलिंग) के सामने प्यारे साहब कहाँ ठहर सकते थे, पर उन्हें अवरोही की तानें अच्छी सिद्ध थीं। यहाँ यह भी जोड़ दूँ कि उस युग में स्वर विस्तार को भी 'तान' कहा जाता है; जबकि आज 'तान' से हमारा आशय स्वर को अत्यंत द्रुतगति से आरोह अवरोह होता है। प्यारे साहब समूची पूरी प्रस्तुति में मौजुद्दीन खाँ के संगीत के सामने प्यारे साहब अथवा प्यारे अली का संगीत टिक नहीं सकता। मौजुद्दीन खाँ का सामान्यत: हम ठुमरी दादरा ('उपशास्त्रीय संगीत') वाले रूप में ही जानते हैं। पर इन रिकार्डिंगों से स्पष्ट है कि वे ख्याल गायकी में भी पूर्ण निष्णात थे और इस क्षेत्र में भी उनका स्थान यदि शीर्षस्थ गायकों में न रहा हो फिर भी वे उसके बाद की श्रेणी में अवश्य आते थे। इन रिकार्डिंग के आधार पर उनकी गायकी का ठीक-ठीक मूल्याँकन नहीं किया जा सकता क्योंकि डेढ़-दो मिनट की अवधि में कितनी अभिव्यक्ति संभव हो सकती है! अत: इस वर्ग की सभी प्रस्तुतियों में हम समान रूप से तानबाजी की प्रमुखता पाते हैं, अलाप और 'बढ़त' के लिए अवकाश ही कहाँ होता था! मौजुद्दीन खाँ की तानें अत्यंत मँजी हुई और सु-स्पष्ट हैं। उनमें विविधता की कमी हो सकती है फिर भी उत्कृष्टता में कमी नहीं है। प्रारंभ में तनिक आड़ अवरोह कर प्रारम्भ करते हुए सहसा पूरी तान की उठान (उड़ान) अत्यन्त श्रुति मधुर है। यहाँ ध्यान देने योग्य है कि प्यारे साहब की तानें स्पष्ट तो हैं पर छोटी हैं और सामान्यत: अवरोही की ही है।' मौजुद्दीन खाँ में ऐसा नहीं है। ठुमरी आदि में तानों का अपेक्षाकृत हलका प्रयोग है जो उस वर्ग के लिए समुचित है। मौजुद्दीन खाँ की रागदारी से हम प्रभावित हुए बिना नहीं रह सकते। एक विलक्षण बात भी मिली : इनमें एक दरबारी टोड़ी का 'जल्द' या 'जलद' (अति द्रुत) 'ख्याल' है पर मैं इस राग के सामान्य विभेद को पहचान न कर सका। इसी प्रकार उन्होंने खम्माच के दादरे को 'कव्वाली' बताया है जब कि संगीत में आज 'कव्वाली' एक बिल्कुल ही भिन्न विधा है।

प्रस्तुत संकलन में मूल (विवरण) के आधार पर ठुमरी; "पिया (सैंया) बिन नाहीं आवत चैन" को खंमाच 'राग' के अंतर्गत रखा क्यों गया है, इसका हम तत्काल समाधान करने में असमर्थ हैं। इस संकलन संपादन करते समय मुझे ऐसी अनेक समस्याओं का सामना करना पड़ा और अंत में आम सहमति से यह तय हुआ कि मूल रूप में जो शीर्षक दिए गए हैं उन्हीं को चलने दिया जाए।

उस्ताद मौजुद्दीन खाँ के संगीत में संबंध में एक दो पीढ़ियों के पहले तक दन्त कथाएँ प्रचलित थीं। उन्हें छोड़ दिया जाए पर यह तो इतिहास प्रसिद्ध है कि कई कई बार उनके ठुमरी गायन को सुनकर (उस्ताद) फैयाज खाँ ने कसम खा ली थी कि अब मैं ठुमरी न गाऊँगा फिर लोगों के आग्रह करने पर गाने लग जाते। यह भी किंवदंती थी कि (उस्ताद) अब्दुल करीम खाँ ने मौजुद्दीन खाँ की ठुमरी, "सैंया (पिया) बिन नाहीं आवत चैन" से उद्भावित होकर उस्ताद अब्दुल करीम खाँ ने इसकी प्रस्तुति की; जो उनके तीन मिनट के रेकार्ड में सुरक्षित होकर अमर हो गई। यह भी कहा जाता है कि इसी से उद्भावना लेकर बीसवीं शताब्दी के सितारे गायक कुंदन लाल सहगल ने अपने स्खलित स्वर में, मदहोश देवदास के रूप में इसे प्रस्तुत किया था, जिसका स्मरण कर रोमांच हो जाता है। इस संबंध में एक और किंवदंती भी है जिसे लिपिबद्ध हो जाना चाहिए–उस्ताद अब्दुल करीम खाँ सिनेमा आदि से दूर रहते थे। कुछ समय वे एक बंगाली जमींदारी के आश्रम में कलकत्ते में रहे। एक बार उक्त जमींदार साहब के अत्यंत आग्रह पर सिनेमा देखने गए, थोड़ी देर बाद देवदास वाला उक्त दृश्य पर्दे पर आया। उस्ताद का उद्गार था, "गजब का गला पाया है इस शख्स ने।" तब तक

सहगल ने उसे दुहराया तो भावातिरेक के कारण उस्ताद रो पड़े। इस पर उन्होंने सहगल से मिलने की इच्छा प्रकट की और उन्हें असीसा भी। इस प्रकार मौजुद्दीन खाँ से सहगल तक इस अकेली बंदिश की परंपरा बन जाती है।

उस्ताद मौजुद्दीन खाँ के इन पुरानी रिकार्डिंग में पुरानी शैली के गायन की कुछ और झलकियाँ मिल जाती हैं। मैं प्रारंभ में ही कह चुका हूँ कि इतनी स्वल्प प्रस्तुति द्वारा उनका पूरा-पूरा मूल्याँकन करना किसी दृष्टि से उचित नहीं है, पर उनकी द्वारा भी हम चमत्कृत हुए बिना नहीं रह सकते। उनके ख्याल प्रस्तुति में ठुमरी की कई विशेषताएँ मिलती हैं, जैसे छलकते हुए स्वरों का 'लगाव' मानों स्वर पर रुकते-रुकते स्खलित होकर अगले स्वर पर पहुँच जाते हैं। गायकी की यह शैली इलाहाबाद की जानकीबाई में थी। यदि मेरा भ्रम नहीं तो (संभवत:) जानकीबाई ने उस्ताद मौजुद्दीन खाँ से 'तालीम' ली थी, पर इसे मैं निश्चित रूप से नहीं कह सकता यद्यपि दोनों की गायकी में बहुत अधिक साम्य है। इस गायन शैली में एक 'ढरक' मिलती है, जिसे हम सीधे सादे शब्दों में एक प्रच्छन्न आड़ापन कह सकते हैं, यह (शास्त्रीय) 'आड़े' स्थलों के अतिरिक्त है। कहीं कहीं स्वर हल्के-हल्के तरंगित हैं, जिसका परिपक्तव और शास्त्रीय (पुस्तकीय) रूप 'जमाजमाँ' होता है पर यहाँ 'जमाजमाँ' का अभाव है; बल्कि यों कहिए कि उससे छुटकारा है। छोटी-छोटी 'मुरकियाँ' (हल्की तानों के टुकड़े) हैं जिनमें चुलबुलापन है, वे शास्त्रीयता के लोभ से दबी हुई नहीं है।

विगत दशकों में पश्चिम का ही (संगीत) धरान। उभरा था (अभी भी थोड़ा बहुत चल रहा है) उसमें मुरकियाँ और तानें अत्यंत तराशी हुई होती हैं, जैसे हीरे के पटल, जो एक एक बार चमक दिखला जाते हैं। पर कुछ ही बार के बाद हम उनसे अभ्यस्त होने लगते हैं; तो उनका चमत्कार, चमत्कार तक ही रह जाता है। मैं इस कोटि के संगीत में बौद्धिकता का परिमाण अधिक देखता हूँ। इसके विपरीत मौजुद्दीन खाँ के गायन में निर्बंध उन्मुक्तता का अनुभव होता है। इसी प्रकार उनके बड़े हल्के (स्वर) 'आंदोलन' हैं, मानों कोमल स्पर्श। मुरकियाँ हैं तो मानों उन स्वर में धुलती जाती है, सब मिलाकर एक नवीन लयात्पकता है जिसे उन दिनों के बोलचाल में 'ढरक' कहते थे। इनमें स्थान स्थान पर एक 'रोक' सी होती है। आजकल के लेखन में मानों वहाँ आकर 'कामा' लग गया, उसे 'खटका' कहते थे। आज भी उसका समुचित प्रयोग मिलता है। यह खटकेदार गायकी 'पूरब अंग' में खिलता है, बनारस की गायकी उसका एक प्रमुख उदाहरण है। मौजुद्दीन खाँ ने इसका बड़ा मनोहारी प्रयोग किया है। इससे राग 'खड़ा' हो जाता है, वह भी निर्व्याज प्रयोग है। इसके दूसरे छोर पर स्वरों की 'लरज' (या कंपन) मिलती है। ये सब प्रयोग या 'लगाव' कहीं सप्रयास नहीं जान पड़ते, जो बहुत बड़ी विशेषता है। उस युग के संगीताचार्यों के गायन में सहजता है। 'छूट की तानों' की भी समाँ है, दो एक स्वरों तक क्रमश 'आड़े' में बढ़ते-बढ़ते सहसा पूरी तान उतर आती है। सारांश उस युग की बनारस की गायकी के ये उत्कृष्ट उदाहरण हैं। उनकी प्रमुख शिष्या बड़ी मोतीबाई तक यह परंपरा चली।

मेरे द्वारा संपादित/प्रकाशित रिकोर्डों के उक्त संग्रह में गजल और कजरी के भी दो-दो उदाहरण हैं। उनके विषय में कभी भविष्य में।

काशी में प्राय: 1900 ई. या इसके कुछ बाद तक उस्ताद मौजुद्दीन खाँ का निवास था। फिर वे कलकत्ते गए। वहाँ के सुप्रसिद्ध सेठ दुलीचंद के आश्रय में थे। वहाँ भी उन्होंने नाम कमाया, लौटकर काशी में वे स्थानीय हड़हा सराय और बेनियाबाग के बीच में रहते थे। यहाँ की गायिकाओं का संगीत की शिक्षा देते थे। संभवत: उनमें से किसी से उनका प्रेम भी हो गया था। कहा जाता है कि काशी के अंतिम वर्षों में वे बहुत अस्वस्थ थे। यहीं उनका देहावसान हुआ। आज उनकी कब्र का भी पता नहीं है।

आज सौ वर्ष बाद हम उस्ताद प्यारे साहब और उस्ताद मौजुद्दीन खाँ की याद करते हैं, उनके संगीत की गूँज आज भी सुनाई पड़ा करती है। आज लाउड स्पीकर के युग में बड़ी-बड़ी भीड़-भाड़ वाले श्रोतावर्ग के बीच संगीत का व्यापक प्रचार भी हो चुका है। इस चकाचौंध वाले युग में प्यारे साहब और उस्ताद मौजुद्दीन खाँ के महफिली रंग-संगीत के लिए आज का वातावरण कितना सार्थक होता, यह कहा नहीं जा सकता। फिर भी आज उस पुराने संगीत के वातावरण वाले प्रस्तुत-कर्ता और श्रोता एवं भविष्य के भी रसिक भी मार्मिक क्षणों में थोड़ा हिल जाएँगे, तब तक इन उस्तादों का संगीत जिंदा रहेगा और हमारे मानस पटल में स्वयं वे भी जिंदा रहेंगे। मैं पिछली पीढ़ियों के लोगों से पूछा करता था कि संगीत में उन्हें क्या मिलता है? प्राय: उत्तर मिलता, "उसमें एक (एक प्रकार का) दर्द है।" संभवत: जिस संगीत की हम यहाँ चर्चा कर रहे हैं, उसकी रस निष्पत्ति की अंतिम सीढ़ी वही 'दर्द' है।

चेतना का कोलम्बस : बासु भट्टाचार्य

कुसुम अंसल

मुझे लगता है सबसे कठिन होता है वह पहला वाक्य जो आप किसी ऐसे व्यक्तित्व के प्रति कहने या लिखने बैठ जाएँ जिसकी ऐतिहासिक प्रामाणिकता का कोई दस्तावेज़ आपके पास न हो और न ही आसपास ऐसा कोई जानकार, जो उस व्यक्ति विशेष के विषय में गहरी जानकारी रखता हो। और व्यक्ति भी वह जिसके प्रति मन में बेहद श्रद्धा हो और बेहद वितृष्णा भी–असमंजस मेरे आसपास धुंध सा ठहरा है और मन के एक कोने में आकार ले रहा है बासु भट्टाचार्य का वह रूप, जिसे मैंने अपने उपन्यास 'एक और पंचवटी' पर आधारित फिल्म 'पंचवटी' के निर्देशन के समय देखा था, जिया था, महसूसा था, अभिभूत भी थी और निराश भी। बासु भट्टाचार्य अपने समय के महान सिने-निर्देशक थे और उनके साथ काम करना अपने आप में एक अनुभवातीत अनुभव–जो मेरी मानसिकता पर आज भी अंकित है। बिना किसी विशेषाधिकार के मैं वह सब कहने जा रही हूँ, जो नितांत मेरा अनुभव था उन पाँच, छः सालों का अनुभव जब मैं लगातार बंबई जा रही थी। मेरे भीतर का सृजनात्मक आवेग ही था जो मुझे बंबई के अनजान धरातल तक ले आया था, शायद इस कारण कि जीवन में 'चैलेंजेस' या चुनौतियों को मैं स्वीकार लेती हूँ और मुश्किलें मेरी जिज्ञासा से बड़ी नहीं हो पातीं।

प्रत्येक रचना का समापन एक नए नकोर अध्याय को जन्म देता है। मैं भी तो टेलीफोन पर पाए एक कमज़ोर से निमंत्रण के स्वर को पकड़कर वायुयान में बैठ बादलों के रहस्यात्मक अस्तित्व में अपने भीतर के प्रश्नों-उत्तरों के उलझाव में घिरी बंबई की धरती पर कदम रखती, हवाई अड्डे से बाहर आ गई थी। मेरे नाम का कागज़ हाथ में फैलाए एक ड्राइवर खड़ा था उसी के पीछे चलती मैं 'शोभा डाक्टर' के घर पहुँच गई थी। दूरदर्शन के 'डायरेक्टर जैनरल' श्री हरीश खन्ना ने मुझे उनका परियच दिया था– मैं बस इतना जानती थी कि शोभा 'हम-लोग' नामक सीरियल की पहली प्रोड्यूसर हैं, अपने आप में एक सशक्त नाम तथा व्यक्तित्व। मेरे लिखे सीरियल को वह प्रोड्यूस करना चाहती हैं।

यह बात तय होने पर ही मैं चल पड़ी थी। शोभा के घर की गोलाकार सीढ़ियाँ मेरे लिए संभावनाओं के अनेक द्वार खोल रही थी। छोटे से दफ्तरनुमा कमरे में शोभा एक बड़ी सी कुर्सी पर आलथी पालथी मारे बैठी थीं–उसके चेहरे की बड़ी सी कत्थई-बिंदी, गोल, सरल सा चेहरा–बेहद इनफौरमल-परिवेश, मुझे परिचय की परिधि में समेट रहा था। 'फैमिना' में, मैं शोभा के बारे में पढ़ चुकी थी। दूरदर्शन पर सोप-ओपेरा की शुरुआत करने वाली वह पहली महिला थी, जो भारतीय दूरदर्शन के लिए नवीन प्रयोग ही नहीं एक रिवोल्यूशन की शुरुआत में कार्यरत थी, जो आज बवंडर सा उमड़कर भारतीय जनता के दिलो-दिमाग पर छा गया है। परिचय...मित्रता, आत्मीयता वह कुछ दिन मेरे जीवन की अमूल्य धरोहर हो गए थे। मैं अपने आप में महत्त्वाकांक्षी कभी नहीं थी, परंतु उन कुछ दिनों ने मुझे एक गहरा आत्मविश्वास ही नहीं दिया एक ऐसा परिवेश पकड़ाया, जहाँ मैं अपनी चार दीवारों के भीतर रहकर कभी नहीं पहुँच सकती थी। और शोभा शायद मुझे वैसे देख रही थी जैसे कोई रचयिता, अपनी गढ़ी हुई रचना को पेंसिल स्कैच से तूलिका के अंतिम स्पर्श तक अवतरित होते देखता है। उसका विचार था कि जीवन में सामान्य कभी कुछ नहीं होता विशेष रूप से 'स्त्री' के प्रति उसका एक मानवीय दृष्टिकोण था, और शायद यही कारण था कि उसके मन में 'स्त्री' के 'स्त्रीत्व' के प्रति बहुत मान इज्जत समाई रहती थी। वह गहराई तक फैमिनिस्ट है, इसीलिए मेरा लिखा सीरियल, अपना नाम बदलता, शोभा के आफिस, आनंद महेंद्रू से होता निर्देशन के लिए नादिरा

बब्बर के हाथों में आ टिका। नादिरा को मैं 'इप्टा' के जमाने से जानती थी– 'त्रिवेणी' के सभागार में एक ही साथ वह जहीर साहब का 'बीमार' और मैं 'मेंहदी भाई' का लिखा 'ग़ालिब के उड़ेंगे पुर्ज़े' कर रही थी–हम दोनों को ही नायिका का रोल निभाना था। वह भी एक चुनौती थी और यह भी एक चुनौती जैसा अवसर। इतना अधिक काम मैंने कभी नहीं किया था–जहाँ स्क्रिप्ट का फेरबदल मुझे चिंता-दुश्चिंता से भरता वहीं मैं पूरी-पूरी रात लिखती रहती थी। मेरी अव्यावहारिकता, अव्यावसायिकता मुझे जगह-जगह न्यूनीकृत करते थे –जबकि मुझे लगता था–अब तक के मेरे जीवन के यह बहुत सार्थक दिन थे–जहाँ मैं अपने लिए कुछ 'हो पाने' के प्रयास में जुटी हुई थी। बहुत रोमांच के पल थे वह 'तितलियों' की शूटिंग चल रही थी–और मैं अपने गढ़े चरित्रों को काग़ज़ के पन्नों से उठकर चलते-बतियाते देख रही थी। मेरा एक अप्रामाणिक अस्तित्व...जैसे समय के उस पल में अपने को स्थापित कर रहा था। सच में उन दिनों मुझे मार्शल ब्लावस्की (अमेरिकन माईथोलाजिस्ट) के यह वाक्य सार्थक लगते थे–"हम आकृतियों की दुनिया में जीने के लिए विवश हैं, हम भूल गए हैं कि कभी कोई वास्तविक आकाश भी था। वास्तविक आहार था। कभी कोई वास्तविक वस्तु थी।"

बंबई का सिनेमाई जगत–अपनी रहस्यात्मक खिड़कियाँ, दरवाजे खोल रहा था मैं अपने भीतर की धुंध में कनफ्यूस्ड, डरे कदमों से चल रही थी–शोभा का सशक्त हाथ उसके घर की, परिवार की आत्मीयता मुझे एक सहज विश्वास से भर रहे थे–जैसे मेरे भीतर एक नई आत्मा प्रवेश कर रही थी। उस दिन भी हम गाड़ी में बैठकर शायद लंच के लिए कहीं जा रहे थे। बंबई के भौगोलिक परिवेश से मैं अनभिज्ञ थी, परंतु जहाँ गाड़ी रुकी थी, उस बिल्डिंग के सामने फैले हुए समुद्र के विशाल विस्तार को मैं अपनी पहचान के दायरे में समेट ही रही थी कि पीछे की सीट पर मेरे साथ जो महिला आकर बैठी वह थी दीप्ति-नवल और आगे की सीट पर बैठे भव्य से एक व्यक्ति ...शोभा ने परिचय कराया–"बासु भट्टाचार्य....द फेमस डायरेक्टर आफ फिल्म्स...."

बासु भट्टाचार्य...मन में कुछ सरसराया, वह सब फिल्में एक-एक करके याद आने लगीं–'तीसरी कसम', 'अनुभव', 'आविष्कार', 'गृह प्रवेश'....मैं उन्हें देख ही नहीं चुकी थी उनसे प्रभावित भी थी। फिल्मों की आलंकारिक तस्वीर के साथ मैं बासु भट्टाचार्य के व्यक्तित्व का तालमेल बैठा रही थी। पैंट के ऊपर खद्दर का साफ-सुथरा सफ़ेद कुर्ता पहना हुआ था, कंधे पर लैदर का भारी सा झोलानुमा बैग–पैरों में कोल्हापुरी चप्पलें–साधारण मझोला कद, परंतु चेहरा झक-झक करता हुआ, उज्ज्वल साधारण सी उस मुखाकृति पर चश्मे के पीछे दो बड़ी-बड़ी सेंसेटिव सी आँखें, ऐसी गंभीर परंतु चुभीली दृष्टि कि मन में गहरी उतर जाए। पता नहीं क्यों उन आँखों में देखने पर लगने लगा उनकी पीली सफेदी, उपासनागृह की खंडित मूर्तियों के मटमैले चूरे जैसी हैं...ऐसी मुहावरे विहीन, नजर से कम से कम मैं परिचित नहीं थी।

दीप्ति ने कार के पीछे पड़ी मेरी पुस्तकों की ओर देखते हुए 'एक और पंचवटी' हाथ में उठा ली–"अरे यह उपयान्स तो मैं पढ़ चुकी हूँ और पढ़ते हुए मुझे लगा था इस पर फिल्म बन सकती है, तो आप हैं कुसुम अंसल–आपने लिखा है यह उपन्यास।" "हाँ" मेरे गले में कुछ फँस सा गया था.. "हाँ मैंने ही लिखा है।"

बासु भट्टाचार्य ने मुड़कर मुझे ऊपर से नीचे तक देखा, पता नहीं मैं उन्हें कितने प्रतिशत लेखिका लगी परंतु मेरे भीतर मेरा लेखन अपनी तथ्यात्मकता के साथ सिर उठाकर खड़ा हो गया था। वह अंग्रेजी में बोले "ओह यू यार शोभा-स न्यू डिसकवरी–शी टोल्ड मी अबाउट यौर सीरियल....."

मुझे लगा मेरे भीतर कुछ नया निर्मित हो रहा है–मैं–मेरा लेखक। उस दिन के लंच के बाद 'दादा' से–हाँ सभी उन्हें दादा कहते थे, मेरा मिलना होता रहा क्योंकि शोभा के यहाँ उनका आना-जाना काफी था। उपन्यास उन्हें दे देने के बाद भी उन्होंने नहीं पढ़ा था–वह उन दिनों शोभा के साथ एक नए सीरियल 'वसुधैव कुटुम्बकम्' की योजना बना रहे थे। जब भी उनसे मिलती–बात करती उनके प्रति विस्मय से भरती जाती थी। पता चला दादा का जन्म 'मुर्शिदाबाद' (जो अब बंगलादेश में है) में हुआ था–एक साधारण से संयुक्त परिवार में उनकी परवरिश हुई थी। अपने माता-पिता के बारे उन्होंने कभी कुछ नहीं कहा। आरंभ से ही तिजारत से वह भागते रहे थे और अपने उसी भगोड़ेपन में वह कलकत्ता चले आए थे–कलकत्ता के किसी छोटे से गैस्ट हाउस में पेइंग गैस्ट के रूप में रहते थे, जहाँ का गृहस्वामी शायद अच्छी प्रवृत्ति का व्यक्ति था–एक अजीब सी बात मुझे याद आ रही है–दादा बता रहे थे कि वह गृहस्वामी अपने किराएदारों से कम पैसे लेता था फिर भी उसकी कमाई अच्छी हो जाती थी–जिसका कारण था–वह सब्ज़ी मंडी से सब्ज़ियाँ चुन कर लाता था। शाम के वक्त जब वह आधे दामों पर या उससे भी कम में बिकती थीं। या फिर बता रहे थे कि एक ट्यूशन पढ़ाने के दौरान विद्यार्थिनी की माँ

उनके लिए दो बड़ी पूरी और सब्ज़ी थाली में परसकर दे जाती थी–जिसकी प्रतीक्षा उन्हें रहती थी, और कभी-कभी केवल उतना ही भोजन पूरे दिन के लिए उन्हें मिल पाता था। आर्थिक कष्टों के मध्य भी उनका पढ़ना-लिखना चलता रहा। बंबई आकर जैसा कि होता है यहाँ-वहाँ धक्के खाकर 'बिमल राय' जैसे महान डायरेक्टर के असिस्टेंट के रूप में वह कुछ वर्ष काम करते रहे थे और उन्हीं की बेटी 'रिंकी' से उन्होंने विवाह किया था। अब घर में आदित्य पग्गी और चीमू थे–आदित्य शायद उन दिनों विदेश से लौटा था...परंतु चीमू ही थी जो घर और दादा की देखभाल करती थी–रिंकी को मैंने कभी नहीं देखा–न ही परिवार का कोई सदस्य उसकी कोई बात करता था।

किसी भी घर का एक चरित्र विशेष होता है, पहली बार मैंने दादा के घर जाने पर समझा था। बांद्रा में समुद्र के किनारे एक बिल्डिंग से बाहर की ओर निकला हुआ वह अजीबोगरीब–घर–एक बार देख लेने पर स्मृतियों से बाहर नहीं आता। सीढ़ियाँ चढ़ते ही एक गुरुदेव 'रवींद्रनाथ टैगोर' का बड़ासा तैलचित्र....श्याम और सफेद आते-जाते मैं उसके सम्मुख ठिठक जाती थी...याद आते थे महाकवि के शब्द...

"The soul of man emerges in painting, poetry and song, every time it captures an intimate glimpse of the light of the infinite. Man does not capture this ray of light unless his vision embraces the profound truth of existance."

अभी उस फुसफुसाहट से उभरी भी नहीं थी कि दादा की बैठक–नितांत भारतीय-कलात्मक परंतु एक उदास सी सादगी में बिना किसी तेवर के बेहद चुपचाप। बैठक से जुड़ा था पूरे घर का बहुत आकर्षक बराँडा या बालकनी जिसमें बेशुमार छोटे-बड़े पात्र और उनमें से झाँकते उमगते तरह-तरह के पौधे–हरे रंग की विविधता के साथ फूलों के हाथ हिलाती डालियाँ–हर पौधे का एक इतिहास–हर पात्र की एक कहानी थी–माली और गुलशन शायद वहीं उस घर की आत्मा धड़कती रहती थी। एक नन्हे पत्तों की बेल जिसे दादा मशहूर हास्य अभिनेता चार्ली चैपलिन की कब्र से तोड़कर अपने झोले में छुपाकर लाए थे, परंतु जिसके लिए उन्हें हवाई अड्डे पर 'क्वारनटीन' में कुछ दिन नज़रबंद रहना पड़ा था।

दादा के घर में तरह-तरह के लोग आते-जाते रहते, दादा उन्हें एक जैसा सामान्य आदर देते थे। हाँ, उनकी आर्थिक स्थिति बेहद डाँवाडोल थी। और शायद यही कारण था वह शोभा पर निर्भर रहते थे। उनके पास कभी पर्स या पैसे नहीं होते थे–जब भी लंच या डिनर के लिए जाते शोभा ही बिल चुकाती थी–शोभा जैसे उनका कोई कर्ज उतार रही थी या पता नही उनको स्थापित करने में लगी थी या उन्हें डिकन्स्ट्रक्ट करने में लगी थी? पता नहीं। पाँच-सितारा होटलों या 'वैलिंगडन-क्लब' के महँगे खाने दादा के सामने परोसे जाते थे परंतु दादा का कस्बाईपन चुपके से आकर उनके व्यवहार को जकड़ लेता। छुरी काँटा छोड़कर पूरी तरह हाथ से खाते या कभी जोर-जोर से चिल्लाते झगड़ते और फिर मेज से उठकर चले जाते। कभी इतने चुप हो जाते, जैसे किसी गहरे कुएँ में जल-समाधि लगाकर बैठ गए हों। मन के पिछवाड़े खड़ा उनका काम्पलेक्स, रिंकी का छोड़कर चले जाना–इतनी अच्छी, सफल फिल्मों के बावजूद धन का अभाव, 'प्रोफेशनल फ्रस्ट्रेशंस' बहुत कुछ था जो उनके व्यवहार को अमानवीय बना जाता था। कभी भीतर से कुछ पुरानी 'बालुचरी' साड़ियाँ निकालकर बताते थे कि वह मुर्शिदाबाद से लाई गई और अब उनकी एंटीक-वैल्यू थी। जैसी सहृदयता से उन पर हाथ फेरते लगता जैसे उस स्पर्श के बहाने कहीं से इंद्रियानुभूत होकर रिंकी को छू रहे हों। रिंकी के लेख को मैं 'सैवी' या 'फैमिना' में पढ़ चुकी थी–उसकी दर्दीली कराह की अनुगूँज मेरे मन के भीतर उस पल सरसराने लगती थी।

एक दिन दादा के कहने पर 'पंचवटी' की कहानी मैंने अपनी रुकती-रुकती...डिमिस्टीफाइड सी आवाज में उन्हें सुना डाली–उनकी ढेर सारी टिप्पणियाँ उनके महत्त्वपूर्ण प्रश्न सूक्ष्माति सूक्ष्म निरूपण दिलचस्पी–बस वही नींव थी जिस पर 'पंचवटी' फिल्म को खड़े होना था। जाने कैसे शोभा ने नेपाल की फिल्म इंडस्ट्री के साथ मिलकर 'पंचवटी' को बनाने का फैसला ले लिया था। दादा, मैं और शोभा उन मीटिंग्स के बीच शमिल थे, टीका सिम्हा नामक महिला हमारे साथ सहयोग दे रही थी। वहाँ 'स्वयंभू मंदिर' और मंदिर के ऊपर बनी बड़ी-बड़ी दो आँखें–नेपाल का नैसर्गिक सौंदर्य–धुली खेल का सूर्योदय–दादा की मानसिकता पर छा गया था। और मुझे साफ-साफ लग रहा था इन्हें अपनी फिल्म में उतारना ही होगा। एक दिन मंदिर के बाहर हमारा परिचय एक बूढ़े से चित्रकार कर्मसिद्धि जी से हुआ, पता चला वह रोज़ एक चित्र बनाते हैं और उसे शाम को मंदिर की सीढ़ियों पर रख आते हैं। उनकी वह श्रद्धांजलि होती है भगवान के प्रति–दादा और मैं गलियों-गलियों घूमे, उनको खोजा, उनसे मिले और यही नहीं, उन्हें अपने कथानक में एक महत्त्वपूर्ण भूमिका में लाकर स्थापित कर

दिया। उस दृश्य की पूरी शूटिंग भी उनके घर पर हुई। दादा का वास्तविकता के प्रति बहुत मोह था–वह सैद्धांतिक रूप से किसी भी मनुष्य या दृश्य को उसकी असलियत से आँकते थे। उन्हें आधुनिकता से, पाश्चात्य के अनुकरण से बड़ा विरोध था, न ही उन्हें चिंता होती थी कि उनके आस-पास क्या हो रहा है, वह कहते थे "बड़ी भयंकर बात है आज के समय में मनुष्य समाज के लिए जी रहा है, समाज मनुष्य के लिए नहीं।" और विरोधाभास ये था कि उनकी मित्रता शोभा के साथ थी जो 'युगांडा' में पैदा होने के कारण नितांत आधुनिक थी–परंतु मन से वह सादी थी, विशाल हृदया सबके लिए कुछ न कुछ करती हुई, जुटाती हुई, जबकि दादा उसे डाँटते रहते अक्सर उन दोनों का ज़ोर-शोर से झगड़ा हो जाता था, एक आध दिन बाद या दूसरी सुबह ही फिर सब नार्मल हो जाता–और वह फिर नए सिरे से शोभा को भारत की पौराणिक कथाओं या भारतीयता के पक्षों से परिचित कराते रहते–शोभा के पास एक 'कम्प्यूटर माइंड' था। जिसमें सारी इन्फरमेशन फीड हो जाती थी और जिसे वह अपनी बिज़िनेस मीटिंग्स के दौरान प्रयुक्त कर लेती थी–बहुत सारी मित्रताएँ ऐसी होती हैं–संबंध, जिनका कोई नाम नहीं होता। बहुत बार मुझे लगता था शोभा एक विरक्त तपस्विनी सी थी, जो केवल देना जानती थी लेना नहीं। वह लुटा रही थी अपना धन अपना विश्वास–मेरे जैसी अनजान मित्र पर...या दादा जैसे अव्यवस्थित डायरेक्टर पर। उसकी आत्मा में अजीब-सी स्थिरता थी–शाश्वतता–और उसकी उस 'इटर्निटी' की 'स्पार्क' हम तक पहुँचकर, हमें भी और आस्थावान बना रही थी।

'पंचवटी' की पटकथा, डायलॉग लिखने के लिए दादा और शोभा को मैं अपने फार्म पर ले गई थी। दादा को जगह इतनी पसंद आई कि मुझे उन्होंने इमोशनली ब्लैकमेल कर लिया कि "बस यहीं बनेगी फिल्म"। 'पंचवटी' के लिए तो, मैं, कुछ भी करने को तैयार थी। अत: एक बार 'सीन' तय हो गए, तो मैंने सारे संवाद आदि लिख डाले और पूरा पोथा ले जाकर दादा को पकड़ा दिया, जिसे उन्होंने खोलकर भी नहीं देखा। सुरेश ओबेराय, दीप्ति नवल और अकबर खान को 'यतीन' के रोल में ले लिया गया। सारी प्रक्रिया मेरे लिए बिल्कुल नई थी, मेरे व्यक्तित्व का जैसे एक साईकिक विकास हो रहा था। हम सब पहली शूटिंग के लिए काठमांडू पहुँच गए, अकबर के साथ भारी-भारी सूटकेस और एक मेकअप मैन जिम्मी कांट्रेक्टर भी साथ था। मैं बार-बार सोचती कि अकबर का अति आधुनिक अति रूपवान ग्लैमरस, सोफिस्टिकेटड व्यक्तित्व 'यतीन' के चरित्र में कैसे फिट बैठेगा पर दादा ने उसे अपने तरीके से अपने साँचे में ढाल लिया। पहले तो हम सब एक दूसरे से पहचान बना रहे थे–दादा अपने ढंग से और मैं अपने ढंग से अपने चरित्रों की मानसिकता के बारे में उन्हें समझा रही थी–अब उन्हें उनके डायलॉग पकड़ाने थे–बस 'सीन' चुनने के समय दादा ने सभी कुछ बदल डाला–हर डायलॉग को वह पहले बंगाली में बोलते फिर हिंदी में–और मुझे उसे फेर बदल कर के दुबारा लिखना पड़ता। मैं नए सिरे से संवाद लिखने बैठ जाती, और दृश्यों के भीतर अब तो, आ मिला था कर्मसिद्धि जी का एक नया किरदार, जिसे जोड़ना था। उस दिनों फोटोकापी जैसा कुछ नहीं था अत: पूरी-पूरी रात मैं सीन लिखती रहती। खैर जब हमें पहले दिन शूटिंग करनी थी–मैं दादा के साथ दीप्ति-सुरेश को भी पशुपतिनाथ के मंदिर ले गई–मेरी ज़िद थी–दादा तो आस्तिक नहीं थे। भगवान उनके लिए बस नाम भर था और प्रतिमाएँ मंदिर कलात्मकता का एक अंश बस। प्रसाद के दोने हाथ में लेकर जब हमने मंदिर में प्रवेश किया, पेड़ से कूद कर अनेकानेक बंदर हमारे हाथों से दोने खींच कर ले गए...दादा ने मेरा मज़ाक बनाया, और मैं बेहद चुप भगवान के दर्शन करके लौट आई। मुझे अपनी फिल्म के लिए आशीर्वाद चाहिए था क्योंकि अपनी निजता में मेरे लिए मेरा अध्यात्म मेरा भगवान ही मेरा एकमात्र सहायक होता है।

शूटिंग के दौरान बहुत नियंत्रण बरतते थे दादा। समय की पाबंदी का खयाल रखा जाता था–और उन दिनों शराब को छूना भी मना था। हमारे चरित्र कोई मेकअप नहीं करते थे, खासकर दीप्ति–जो जैसा है, उसे वैसा होना है–दादा का विश्वास था–अलंकारविहीन वास्तविकता जीवन का सबसे बड़ा गुण है। सौंदर्य है। शूटिंग के दौरान बाधाएँ आने पर दादा बेझिझक हर किसी को डाँट देते थे। हाँ यह तो था कि, उस समय उनकी भाषा विकृत हो जाती थी– और चेहरे की समूची नसें खिंच जाती थीं। हिंसक पशु सा उमगता चेहरा, जिस पर कुछ था, जो मैं पढ़ना चाहती थी। शायद उनका 'ऐनीमल इंसटिन्क्ट'–जो व्यवहार के समय उछलकर उनसे बाहर आ जाता था। वह जिसे चाहे चाँटा मार देते थे। उस समय मेरे मन में रिंकी का लिखा लेख कौंध जाता था। जहाँ एक ओर उनका चिंतन मुझे प्रभावित करता है–दृश्यों के विश्लेषण का सलीका तार्किक लगता था वहीं दूसरी ओर उनका क्रूर व्यवहार मुझे आश्चर्य में डाल देता था–विवाह को लेकर हमने जितने भी संवाद लिखे–"जितने विवाहित जोड़े हैं.....मुझे तो जुड़े हुए

नहीं लगते" या फिर "शादी-ब्याह के मौकों पर मैं बहुत अकेला हो जाता हूँ...." दीप्ति का अकबर के साथ किया गया दृश्य–एक क्राफ्ट जैसा था–जिसमें यौन-इच्छाओं के बीच दीप्ति की दो उदास, अतृप्त आँखें–सारे दृश्य को संवेदना से सींच जाती थीं–एक कुशल चितेरे सी थी दादा की कल्पना–कुछ दृश्यों में वह खुद कैमरा सँभाल कर शॉट लेते थे–इतने महीन सूत्र को पकड़ते कि आश्चर्य होता था। किसी भी क्रम का एक निश्चित सा मतलब नहीं होता, उसमें ढेर सारे सूत्र होते हैं, व्यावहारिक इकाइयाँ होती हैं–पता नहीं दादा कौन सी बौद्धिक एक्सरसाइज करते थे कि परत दर परत जाकर उसकी ऐसी एक संभावना को उकेर लाते जिसकी मैंने कल्पना भी नहीं की थी–दीप्ति का एक संवाद–"जिस कोमलता से तुम्हारी उँगलियाँ मेरे शरीर को छूती हैं वैसे कहीं अगर मेरे मन को छू पातीं यतीन तो" "तो, क्या होता साधवी?" यतीन कहता– "तो तुम जान पाते यतीन कि मैं शरीर ही नहीं मन भी हूँ..." कैमरा साधवी के माथे पर पुँछे हुए सिंदूर पर टिक जाता या उसकी आँखों में झलमलाए आँसू पर।

एक दिन मैंने दादा से कहा, "दादा, साधवी जब भी विक्रम की ओर देखती है, उसे उनमें हिमालय जैसी विशालता का अनुभव होता है..." बस दादा दूसरे ही दिन फ्लाइट लेकर कैमरा सँभाले हिमालय को कैप्चर करने चल पड़े–काठमांडू से एक खास फ्लाइट जाती थी सुबह सवेरे जो हिमालय के सारे शिखर 'कंचनजंगा, कैलाश-माऊंट एवरेस्ट' आदि के निकट तक ले जाती थी। एक घंटे में उस फ्लाइट में फोटोग्राफी करना अलाउड था। उन दुर्लभ पहाड़ियों को पास से देखा जा सकता था। मेरी बहुत इच्छा थी जाने की परंतु फिल्म का खर्चा अधिक न हो इस कारण उन्होंने मुझे छोड़ दिया जबकि टिकट केवल सात सौ रुपए का था। अपने साथ अपने बेटे आदित्य को बतौर फोटोग्राफर ले गए–मैं सन्न रह गई थी–शोभा उन दिनों काठमांडू में नहीं थी–मैं चुपचाप कमरे के अकेलेपन में जाकर रोती रही।

आदित्य के साथ संजना (शशिकपूर की बेटी) भी एक ही कमरे में रह रहे थे–अभी तक उनका विवाह नहीं हुआ था। दादा संजना की बहुत तारीफें किया करते थे, वह उन्हें बड़ी सुलझी हुई और प्रबुद्ध लगती थी, कहते थे, "उसकी और मेरी में अजीब सी साम्यता है, एक जैसी कैमिस्ट्री है हमारे शरीरों की, तभी तो वह भी सुबह उठ जाती है और मैं भी सूर्योदय से पहले उठ जाता हूँ..." बहुत सुबह उठना और सूर्योदय को देखना, दादा के लिए जीवन का यह एक विशिष्ट पहलू था–जिसके चित्रण को उन्होंने फिल्म में भी किया था। दिल्ली में 'विक्रम' के चरित्र के लिए–सुरेश को वह सुबह-सुबह उठाकर ओस से भरे लॉन में चक्कर लगवा डालते–सुरेश चिल्लाता–उसकी नींद खराब होती थी–मैं उसे बताती–"We are archetypal inwardly and phenomenal outwardly. Man is not called upon to deny any part of his nature, but to bring higher and lower essence and nature into harmony."

सूर्योदय, घास और ओस के साथ-साथ प्रकृति के रंग, फूल, पक्षी, वाटर फाल के पानी की हर लहर दादा को भीतर ही भीतर एक उत्फुल्लता से भरती थी वह अकेले ही कैमरा लेकर उन्हें फिल्म में उतारते, फार्म के मालियों से जैसे खुद बात करके फिल्म के लिए सुरेश को पकड़ लाते–एक दृश्य में उन्होंने जहाँ दीप्ति को फार्म पर बने 'मचान' पर पेंटिंग करते दिखाया, वहीं सुरेश को वृक्ष की जड़ में अटके जाले को साफ करते हुए चित्रित किया–'मचान' पर ही मित्र के साथ बैठ कर। कविता कहने का आइडिया भी उनका था। पता नहीं दर्शकों को वैसे न्यूनातिन्यून चित्रण कैसे लगे थे। मेरे लिए वह सामान्यता से पृथक थे। धुलीखेल में हजारों टहनियों, सूखी पतली डंडियों में गड्ड-मड्ड वह बेहद रोचक वह अजीब सा वृक्ष–साधवी की मानसिकता के मनोवैज्ञानिक प्रदर्शन के लिए एक सशक्त माध्यम सिद्ध हुआ था, ऐसा मेरा मानना था। ऐसे दृश्यों में घुमड़ते बादल-बुझती हुई रोशनियाँ, अभिभाषण से कहीं अधिक सशक्त हो जाती हैं।

'पंचवटी' के नाम को दादा बदलना चाहते थे और मेरे बहुत प्रयास करने पर भी वह दृश्य, जो फिल्म के नाम को जस्टीफाई कर सकता था–उन्होंने नहीं फिल्माया। दादा की हर फिल्म में नायिका का नाम 'मानसी' होता था– यहाँ भी वह बदल डालते अगर वह नाम 'साधवी' न होता। पूरी फिल्म के निर्माण के समय मैं क्या नहीं थी, लेखिका, सैट डिजाइनर, कमरों में चादरें बिछवाती, गमले लगवाती, फूलदानों में फूल सजाती, हाउस कीपर–खाने बनवाती–यहाँ तक कि दीप्ति ने बहुत से दृश्यों में मेरी साड़ियाँ मेरे गहने पहने थे–फिर भी मुझे उसके लिए कोई क्रैडिट नहीं मिला था। मैंने भी तो कोई प्रमाण-पत्र साइन नहीं किया था, जो मुझे किसी कैटेगरी में रखता। दादा के इस कुचलने वाले व्यर्वहार, सैडिस्म से मैं परिचित हो चुकी थी, पर मैंने ये नहीं सोचा था, वह उसे मेरे ही लिए प्रयुक्त कर लेंगे मैं जो बिना किसी ईगो के कभी उनकी कविताओं का हिंदी अनुवाद करती कभी उनके 'आस्था'

के स्क्रिप्ट को लिखती। मुझे अपने लिए चाहिए भी क्या था? 'पंचवटी' से जुड़ा एक नाम, जिसे अब तक मैं एक चित्रकार की तरह पूरा का पूरा उकेर चुकी थी। मेरे ही आत्माभिमान को कुचलकर दादा ने मुझे ही एक मौन निर्वासन की सजा सुना डाली–फिल्म में मेरा नाम ही खो गया–साहित्य अकादेमी के सभागार में एक सेमिनार था 'साहित्य और सिनेमा' दादा ने उस पर पूरा एक पर्चा पढ़ा था। मैं जो सभागार में दम साधे बैठी थी–मेरा लेखन मेरी 'पंचवटी' मेरी 'फिल्म' उसका उस पर्चे में कोई जिक्र नहीं था। मुझे मानना पड़ा कि यह इतना सैंसिटिव-निर्देशक–जो कुरेद-कुरेद कर कहानी को छोटे-बड़े पुट देकर फिल्म में मानवीयता को स्थापित करता है–मनुष्यता से, मानवीयता से, दूर फासले पर बैठा कोई अजनबी है जिसे मैं नहीं जानती। मुड़कर देखती हूँ, तो भारत की प्रधानमंत्री इंदिरा गाँधी के शव के निकट घंटों खड़े बासु भट्टाचार्य का चित्र सामने आता है–या दीप्ति की बीमारी के समय अस्पताल में अकेले खड़े बासु भट्टाचार्य का चित्र सामने आता है। या अभी अपनी डायरी के फड़फड़ाते पन्नों पर लिखे उनके 'श्मशान' फिल्म के स्क्रिप्ट के साथ वह सब याद आता है जहाँ मैं या शोभा चोट खाकर मन पर बोझ लिए चुपचाप बैठे रह जाते थे। पता नहीं दादा भावनाविहीन सूखा हुआ रेगिस्तान थे, या बादलों को छूते हुए हिम-शिखर–जहाँ काठमांडू के परिवेश में 'यती' निवास करते हैं। 'पंचवटी' फिल्म मेरे पास है, वह सब कुछ उसमें है, जो एक कुशल निर्देशक को चाहिए था चित्रित करने के लिए परंतु उसके पीछे एक परछाईं है। अचित्रित चलता है एक व्यक्तित्व, जो किसी मौन के महाशून्य में जा समाया था–'ताशकंद' में जब पंचवटी का पैनोरमा फिल्म फेस्टिवल (1999) चल रहा था शोभा और मैं दोनों ही उस मौन–उस उपेक्षा और अपने प्रति अजनबी बर्ताव को झेलते चुपचाप चले आए थे। बात 'ताशकंद' की है, एक दिन दादा को अनुराधा तालुकदार के साथ कहीं जाना था–एक कार की व्यवस्था की गई थी–शोभा और मैं भी उस कार में जा बैठे। हमें उतार दिया गया–और वह दो कौड़ी की एअर-होस्टेस जिसे दादा ने बंगाली होने के कारण सुरेश की पत्नी के छोटे से रोल के लिए चुना था। फराटे से दादा के साथ कार में बैठकर हमारे ही सामने से चली गई जाने कहाँ? बस उसी रात शोभा और मैं अपना टिकट कटाकर वापस दिल्ली लौट आए थे। यान में बैठी मैं अँधेरे आकाश में डूबते हुए तारों को देखकर सोच रही थी, कुछ लोगों में 'कल' के भविष्य की सोच के लिए कोई जगह क्यों नहीं होती–क्यों इतने संकुचित हो जाते हैं मन और मस्तिष्क, क्यों?

दादा 'आस्था' बना रहे थे उन्होंने मुझे फोन किया था–उनकी आवाज़ में 'आस्था' की कहानी मेरे टेप में है परंतु मैंने उसे लिखने से इंकार कर दिया था–उस कहानी को लिखना तो दूर मुझे छूना भी पसंद नहीं आया था। फिल्म जैसी भी बनी थी उसमें अंकित दादा के पेड़-पौधे, बाल्कनी की कलात्मकता मुझे अच्छी लगी थी–हाँ मैं उनके साथ 'श्मशान' अवश्य बनाना चाहती थी या फिर अपने उपन्यास, नाटक 'रेखाकृति' पर एक फिल्म–सारी कटुताओं के बावजूद उनके साथ काम करने का एक अपना बौद्धिक सा नशा था। परंतु 'श्मशान' के सपने देखने वाले दादा...फूलों, पंछियों, तितलियों...मौसम सभी को पीछे छोड़कर अस्पताल में अपने किसी गहरे घाव की फंफूद को उकेरते, महापीड़ा से जूझते एक बेहद सुरक्षित चुप्पी–गहरे मौन के धरातल पर विलीन हो गए...रह गया बस 'आरकाइव्स' में–कुछ फिल्मों पर लिखा एक नाम, रेंगती हुई लिपियों में लिखा एक शिलालेख–जहाँ " 'पंचवटी' ए फिल्म बाई भट्टाचार्य" और अदना सी मैं कहीं अपनी दबी स्मृतियों में गुम–काग़ज़ की चंद सतरों के बीच उनकी गंध उनके शब्द–यह कविता ढूँढ़ पाई हूँ। जिसे हमने साथ-साथ लिखा था और जो 'पंचवटी' के नेपथ्य में सुनाई देती थी–आशा भोंसले ने इसे गाया था।

जीवन एक सागर–प्यार का प्यारा
एक द्वीप न्यारा–जीवन के सागर में
प्यार है प्यारा– इक द्वीप न्यारा

मन है कोलम्बस–चेतना का कम्पस
यौवन की नइया–चाहत खिवइया
खोजता द्वीप न्यारा–प्यार का प्यारा

लालसा की लहरें–आहटों की आँधी
जख्मों के पहरे हैं–शिकवों की शादी
प्रेरणा के पाल में–पवन पुरवैया

प्यार का ये द्वीप तो, था, है रहेगा
लेकिन कहाँ था, कहाँ है, या होगा
ये न कोई जाने, पर सभी जाने

घुटन के घेरे में–घुट घुट कर जी कर
नसीहत के नमकीन–पसीने को पीकर

न ऊबता, न डूबता, चेतना का कोलम्बस

भारत न पहुँचकर–अमरीका पहुँचता
ऐसा भी होता है–तन मन को खोता है
जब प्यार के प्यारे– आ टिकते आखिर
कर्तव्य के किनारे–जीवन के सागर में
जीवन एक सागर–जीवन एक सागर

मेरे मन के कोने की यह धरोहर है, यह स्मृतियाँ जहाँ मैं एक ओर दादा को उनकी प्रबुद्धता, ज्ञान, पैनी सोच के साथ-साथ, संघर्षमय जीवन यात्रा, उसकी उपलब्धियों के प्रति श्रद्धा से सिर झुकाए खड़ी हूँ। या कभी उनके अमानवीय व्यवहार के पशुत्व से आहत गहरी उपेक्षा के उत्पीड़न के दर्द की टीस को चुपचाप अकेले में सहती हूँ–यह धरती साक्षी है–ग्रह नक्षत्र, विरोधाभास, सभी कुछ तो है–जताने के लिए कि 'चेतना का कोलम्बस' कभी वास्तविकता के धरातल तक नहीं पहुँचता, कभी नहीं।

डायरी

कुँवरनारायण : डायरी के पन्नों से

(1)

महात्मा

लखनऊ 1960

गाँधी जी ने जहाँ एक ओर अपढ़ गरीब जनता को आजादी की लड़ाई के लिए प्रेरित किया; वहीं बिड़ला और बजाज जैसे पूँजीपतियों को भी। बौद्धिक वर्ग पर उनका जो भी प्रभाव पड़ा, वह इतने आश्चर्य की बात नहीं, जितना इन दोनों वर्गों पर, जिनके स्वार्थ परस्पर विरोधी थे। गाँधी जी का व्यक्तित्व स्वयं जिन तत्त्वों से बना था, उनमें खरी बौद्धिकता के साथ-साथ, जो सबसे अधिक प्रभावशाली रहा, वह था–किसी विचार का आनुष्ठानिक क्रियान्वयन। 'महात्मा' विशेषण जिस प्रकार गाँधी का विध्यात्मक रूप था, वह जो तर्क करता और परिस्थितियों से जूझता था, व्यक्ति गाँधी था। उस समझ को जो एक रिचुअल (Ritual) की शक्ति और मास अपील (Mass Appeal) देता था, वह पुरोहित महात्मा था। गाँधी के व्यक्तित्व में खासा हिस्सा ऐसा था, जो मोटे तौर पर आज ढकोसला मालूम हो सकता है, लेकिन उसमें एक जादुई असर था, जो जनता को सम्मोहित (Mesmerise) करता था।

(2)

एम.एफ. हुसैन की कला

हुसैन की कला कहीं न कहीं पहचान में आ सकने वाले ऐसे संबंधों को बरकरार रखती है, जो हमें बाहरी पहचान से भीतरी अभिप्रायों तक ले जाती है। मसलन हुसैन के रामायण संबंधी चित्र या इस्लामी चित्रों को देखें, तो वे रामायण या इस्लाम के भीतरी मानों से बाहर की तरफ आते हुए नहीं दिखते। वे अपने चित्रों में कुछ ऐसे चिह्न या प्रतीक आसानी से पहचान में आने देते हैं, जिससे बाकी प्रभावों को इनके इर्द-गिर्द बिखरने, फैलने और एक दूसरे के सामने आने का मौका मिलता है। यहाँ हम देखते हैं कि उनकी कला विशुद्ध कला के रूप में अभिव्यक्ति ढूँढ़ती है। हुसैन अपनी कला को स्टाईलाइजेशन या क्लीशे नहीं बनने देते। वे किसी दशा में अपनी रचना प्रेरणा को किसी विचार के हशिए में नहीं जाने देते–यानी एक कला की पहचान किसी विचार के साथ न जुड़कर उस प्रेरणा के साथ जुड़ती है, जो एक कलाकार को माध्यम विशेष की रचनात्मक संभावनाओं की ओर आकर्षित करती है। अगर हम यह मान लें और यह मानना मैं ज़रूरी समझता हूँ कि रचनात्मकता एक कला का प्रमुख विषय होता है, तो यह हुसैन की कला के पक्ष में जाता है कि वह किसी दूसरे विषय को अपने ऊपर हावी नहीं होने देती।

(3)

मेरा बचपन, परिवेश और रचनाकर्म

सन् 1980 के आसपास

लखनऊ

मेरा बचपन अलग तरह की परिस्थितियों में बीता। बहुत बचपन में मेरी माँ की मृत्यु, फिर साल भर के अंदर ही बड़ी बहन–जिसके मैं बहुत निकट था, की मृत्यु...और इसके बाद मैं अपने पिता के साथ भी कभी नहीं रह पाया। लखनऊ में अपने चाचा के साथ ही रहा। इस पारिवारिक ट्रेजडी ने ज़रूर मुझे बचपन में ही बहुत अकेला कर दिया। हम कई चचेरे भाई-बहन एक साथ पल गए। सब साथ, पर बहुत अलग भी। मुझे लगता है कि, जो हम एक बहुत बड़ा बेगानापन (एलियेनेशन) अनुभव करते हैं अपने व्यक्तिगत जीवन में, उसके पीछे कहीं न कहीं पारिवारिक जीवन के टूटने की वजह भी होती है। पारिवारिक जीवन के लिए एक खास तरह का लगाव महसूस

करता हूँ, आज भी। ये एक ऐसी इकाई है, जिसके द्वारा हम पराई उपस्थिति को आत्मीय करके ग्रहण करते हैं। उस समय यदि एक सम्मिलित परिवार की घनिष्ठता और सगापन न मिलता तो शायद इसका दूसरी तरह का असर पड़ता मेरे ऊपर। इस तरह साथ रहने ने मुझे कहीं व्यवस्थित भी किया।

शुरू से ही संकोची और अंतर्मुखी स्वभाव का था। स्कूली जीवन मुझे कभी पसंद नहीं रहा था—साथियों की रुचियाँ और मानसिकताएँ मेरे मन के अनुकूल नहीं पड़तीं थी। कालेज, यूनिवर्सिटी में मेरी रुचि के साथी ज़रूर मिले किन्तु, पूरी तरह स्कूली या विश्वविद्यालयी जीवन के साथ अपने को कभी समायोजित नहीं कर पाया।

अकेलापन परिस्थितियों का भी होता है, और स्वभाव का भी, जो अपने लिए अपने मन लायक परिस्थितियों को चुन लेता है या रच लेता है। इस 'चुनने' या 'रचने' में भी उदासी होती है; लेकिन एक कर्त्तापन का एहसास भी कि मैं अपने लिए परिस्थितियों को मैं बना रहा हूँ, परिस्थितियाँ मुझे नहीं। छोटी उम्र से ही पढ़ने में रुचि थी, पर घर में इसका खास माहौल नहीं मिलता था—थोड़ा विरोध ही रहता था। आचार्य नरेंद्र देव जी ने, जिनका हमारे घर पर आना-जाना था, मुझे सबसे पहले 'वर्ल्ड्स एण्ड' सीरीज के उपन्यास पढ़ने को कहा था, जो मुझे उस समय बहुत पसंद आए थे। इंटर के बाद बीमारी के कारण पढ़ाई छोड़कर एक वर्ष नरेंद्रदेव जी के साथ जुहू रहा। उनके बौद्ध दर्शन से लेकर मार्क्सवाद तक पर बात सुनना, अपने आप में एक अनुभव भी था, और शिक्षा भी। मुझे लगता है पढ़ने-लिखने की दुनिया की ओर उनके निकट संपर्क ने मुझे अधिक उत्साहित किया।

एम. ए. मैंने अंग्रेजी साहित्य में किया था। पर उस समय तक मैंने नहीं सोचा था कि मैं कभी साहित्य लिखूँगा। रघुवीर सहाय मेरे एम.ए. में सहपाठी थे। मेरा पहला परिचय हिन्दी की समकालीन कविता से तब हुआ जब रघुवीर सहाय ने मुझे अज्ञेय की 'हरी घास पर क्षण भर' की कविताएँ पढ़कर सुनाईं। मुझे उस समय लगा कि मेरी रुचि इस दिशा में हो सकती है। एम. ए. में मैंने अंग्रेजी में कविताएँ लिखी थीं, परंतु यह कविताएँ कभी छपवाई नहीं।

बहुत व्यवस्थित ढंग से तो शायद कभी भी लिखना नहीं शुरू किया। शायद आज भी व्यवस्थित ढंग से नहीं लिख पाता हूँ। मेरी शुरू की कविताओं पर फ्रेंच प्रतीकवादियों का खासा असर था। आज भी समझता हूँ कि प्रतीकवादी कवि जैसे भी थे, कविता को लेकर उनके सिद्धांत बहुत प्रेरणादायक थे। कविता को लेकर उन्होंने जो चिंतन किया, उसका दूर तक असर पड़ा—कविता की आधुनिकता पर। कविताएँ लिखता रहता हूँ। कविताएँ लिखने के साथ ही अनुवाद भी किया और आलोचना कर्म भी मगर कविताएँ छपवाईं बहुत कम। आज भी छपवाने में हिचक महसूस करता हूँ।

(4)

विजयदेव नारायण साही की कविता

गहरे अंतर्द्वंद्व से उपजी उनकी कविताएँ बाहरी और भीतरी यथार्थ के बीच जिस संतुलन को पाने की कोशिश करती हैं, या फिर जिस मोहभंग में विघटित होती हैं, दोनों ही में हम अत्यंत सतर्क और संवेदनशील चेतना को सक्रिय देखते हैं। इस अर्थ में साही निराशावादी बिल्कुल नहीं हैं, बल्कि साहसिक और खोजी हैं। इतिहास हो चाहे वर्त्तमान, उनकी दृष्टि मनुष्य के सबसे संवेदनशील और टिकाऊ प्रयत्नों को रेखांकित करती है। साही के काव्य में सांस्कृतिक और ऐतिहासिक संदर्भों की अद्‌भुत संपन्नता है।

'साखी', इस बात का उत्कृष्ट उदाहरण है कि साहित्य जिस यथार्थ का साक्षी है और जिस रचनात्मक कल्पनाशीलता की अभिव्यक्ति है, उनके बीच तनाव एक अत्यंत संतुलित ही नहीं; मूल्यवान रचनात्मक ऊर्जा का भी स्रोत हो सकता है। इसीलिए उनके काव्य में लगातार एक ऐसी शक्ति का स्फुरण महसूस होता है, जिसमें क्रोध या आवेश का उथला प्रदर्शन नहीं, सधी हुई ताकत की क्लासिक दृढ़ता है।

(5)

कविता

1975 के आस-पास
लखनऊ

कीट्स के लिए एक पक्षी को दाना चुगते देखना केवल उसे 'देखना' नहीं था—उसके साथ दाना चुगना था। कविता में तथा अनेक शाब्दिक कलाओं में भी, शब्द केवल शब्द और अर्थ नहीं होते, उनमें अनेक अर्थ और अनेक रिश्ते होते हैं। ये रिश्ते भी आज कभी-कभी उतने ही जटिल लगते हैं, जितनी हमारी आपसी संबंधों की दुनिया। कभी-कभी अपने जीवन और जीवन मूल्यों के बीच हम उस तरह एक सरल रिश्ता नहीं खोज पाते, जिस तरह कवियों ने खोजा था—जैसे कीट्स ने। लगता है, कविता भी अक्सर रिश्तों की तरह जटिल हो जाया करती है।

(6)

ग़ालिब के पत्र

19.8.1961
लखनऊ

ग़ालिब के पत्र हमारे पास उत्कृष्ट गद्य की एक ऐसी धरोहर हैं, जिनकी ओर हम बार-बार लौटना चाहते हैं। इन पत्रों का पढ़ते समय ध्यान इस ओर नहीं जाता कि वे हिंदी में हैं या उर्दू में। कि ये हिंदू हैं या मुसलमान। वे एक ऐसी सुंदरता की ज़बान है, जो अपने परिचय की शर्तें खुद तय करती हैं। वे हमारी एक ऐसे दिलचस्प और ज़िंदादिल ग़ालिब से नज़दीकी मुलाकात कराते हैं, जिस ग़ालिब की लुकीछिपी झलकें ही हमें उनकी शायरी में मिल पाती हैं। इन पत्रों में एक मुसीबतज़दा, कर्ज़ में डूबा, तंगहाली में दिन गुज़ारता ग़ालिब है—लेकिन दुनिया और जिंदगी को देखने का जो विनोदी और तंज़आमेज़ नज़रिया उसके पास है, वह अपनी फटेहाली में भी एक दरवेश की तरह फक्कड़ है। बार-बार उस ग़ालिब की याद आती है जो शायद जिंदगी को खेलने के अंदाज़ में जीना पसंद करता था।

कर्ज़ की पीते थे मय लेकिन समझते थे कि हाँ,
रंग लाएगी हमारी फाक़ामस्ती एक दिन।

बेतक़ल्लुफ़, बिना किसी लागलपेट के लिखे गए गद्य का बेजोड़ नमूना हैं ये पत्र। ज्यादातर पत्र अनेक मित्रों की शायरी पर इस्लाहें हैं और क्या खूब रवानी है इस भाषा में, मगर जहाँ ग़ालिब ने अपनी निजी और रोज़मर्रा की ज़िंदगी का ज़िक्र किया है वहाँ करुण, हास्य और व्यंग्य को ज़िंदगी की असलियत में इतने कलापूर्ण ढंग से मिलाया है कि ग़ालिब की ज़िंदगी और उनका वक्त चंद शब्दों में ही साकार हो उठते हैं। शब्दों को कुछ इस अंदाज से फेंकते लगते हैं कि गद्य में उनकी लापरवाही भी उसकी मुख्य सजावट बन जाती है। शब्दों के इस्तेमाल में गजब की किफायत और कसावट है। खुद ग़ालिब का कहना था—"मैंने वो अंदाज़े तहरीर (लिखने का ढंग) ईज़ाद किया है कि मुरासिले (पत्र) को मुकालिमा (बातचीत) बना दिया है। हज़ारों कोस से बज़बाने कलम बात किया करो...।"

(7)

पं. जसराज को सुनते हुए

12.4.1997 रात्रि 10 बजे, कमानी ऑडिटोरियम,
शंकरलाल संगीत समारोह के तहत

आज पं. जसराज को सुनते हुए एक बार ऐसा लगा मानो भारतीय शास्त्रीय संगीत दरबारों और राजसी महफिलों की 'निकट परंपरा' से निकलकर पुनः मंदिरों की ओर लौट रहा है—किसी 'सुदूर अतीत' की यादों को ताजा करता हुआ। उसे स्थूल अर्थों में 'धार्मिक' कहना गलत होगा। भक्तिभाव में डूबी उसकी आत्मिक तन्मयता में संगीत का उदात्तीकरण है, उसका स्थूल में इंद्रियानुराग नहीं। यह संगीत का उपयोग मात्र नहीं, संगीत के माध्यम से उपासना है। सर्वोत्तम गायन के सभी गुण उसमें मौजूद हैं, लेकिन उनका लक्ष्य हमारे ऐंद्रिय आवेगों की उत्तेजना मात्र नहीं है, हमें आत्मानुभूति के शिखर क्षणों तक ले जाना है—जहाँ हम शरीर को भूलकर एक ऐसी मनोदशा में प्रवेश कर जाते हैं, जिसके लिए ही शायद 'नाद-ब्रह्म' की कल्पना की गई है।

दरअसल, भारतीय संगीत ने—(बल्कि कहना चाहूँगा भारतीय कलाओं ने) कभी भी अपने आध्यात्मिक मूलाधार को पूरी तरह त्यागा नहीं, यही उसकी मूल अस्मिता और पहचान है। ध्रुवपदीय अतीत ख्याल गायकी में भी पूरी तरह स्पंदित रहा। तानसेन का संगीत मुगलों की रुचि के सामने आत्मसमर्पण नहीं था : मुगलों की रुचि को एक नया अनुभव देता था। सारे सामंती दबावों के बावजूद ख्याल गायकी का मिजाज़ मूलतः धार्मिक रहा—धार्मिक, फूहड़ अर्थों में नहीं, परिष्कृत और सुसंस्कृत अर्थों में। भक्ति शब्द के भी सूक्ष्म अंतर्भेदों को समझना होगा अन्यथा हम (उदाहरण के लिए) पं. जसराज और कुमार गंधर्व की गायकी के उस सूक्ष्म अंतर को नहीं पकड़ पाएँगे, जो सगुण और निर्गुण भक्त कवि-गायकों (या गायक-कवियों) में था। जो फर्क सूरदास और कबीर की कविताओं में है। मोटे तौर पर, भावना का उद्रेक अगर सगुण उपासना (साधना) का मूल-तत्त्व था, तो निर्गुण निराकार अनुभूति किसी हद तक एक भीतरी आराधना की शांत 'आत्मवान भव' (की स्थिति की ओर ले जाता था!) के साथ एक-लय होने की साधना थी। अंततः तो दोनों ही हमें एक आंतरिक आनंद लोक में विदेह करते हैं—लेकिन दोनों के रास्ते अलग-अलग हैं। सगुण का रास्ता अधिक रसात्मक है। आलम्बन चाहे राधाकृष्ण हों, चाहे रामसीता, सगुण उपासक भौतिक सौंदर्य को लेकर निरपेक्ष नहीं—और उसके माध्यम से ही मुक्ति खोजता है। निर्गुण निराकार का मूल आधार वेदांतिक रहस्यवाद है—शुद्ध आत्मानुभूति—देह का उल्लंघन करके—दार्शनिक और वैचारिक आह्लाद। एक में अगर दैहिक आवेगों के विरेचन द्वारा 'स्व या आत्म' का उदात्तीकरण है, तो दूसरे में सीधे उस ब्रह्मानंद की प्राप्ति है, जिसके लिए शारीरिक सुख गौण, मिथ्या और दुखमूलक हैं। सूफी संत मूर्त्तिपूजक नहीं थे, इसीलिए उन्होंने अद्वैत के निराकार भाव को भरपूर

अपनाया। कबीर की कविता उस समन्वय का शायद सर्वोत्तम उदाहरण है। उसमें संसार को लेकर विरक्ति है, पर 'रस' की आत्मिक भाव में—सत् चित् आनंद स्वरूप हो जाने में बृहत्तर पूर्ण निष्पत्ति है। इस 'आनंद' का आधार देह को नहीं आत्म (चेतना) को माना।

भारतीय कलाओं के बारे में सोचते वक्त अकसर हम भारतीय जनमानस पर सदियों से पड़ते रहे भक्ति कला और साहित्य के गहरे—अत्यंत गहरे संस्कारों को दरगुजर कर जाते हैं। यह एक विशद भाव-संपदा है—अपने सगुण और निर्गुण रूपों में अत्यंत समृद्ध और शक्ति संपन्न! ऐसा न होता, तो इतनी दीर्घ ऐतिहासिक उथलपुथल के बावजूद उसका मूल आत्मिक स्वरूप उतनी सफाई से बचा न रहता कि आज भी जब हम पं. जसराज, कुमार गंधर्व, भीमसेन जोशी, किशोरी अमोनकर, मल्लिकार्जुन मंसूर, अमीर खाँ, राजन-साजन मिश्र, गुंदेचा बंधुओं आदि नवीनतम गायकों को सुनते हैं, तो उनका संगीत हमें पुराने जमाने की चीज़ नहीं लगता। हम उसके साथ एक खास तरह का तादात्म्य (जुड़ाव) अनुभव करते हैं, उसके शुद्ध शास्त्रीय स्वरूप के बावजूद। यह जुड़ाव सामान्य लोकप्रियता वाला सतही जुड़ाव नहीं है—कहीं गहरे हमारे सामूहिक अंतर्मन की स्मृतियों से जुड़ाव है।

कई तरह की बातें मन में उठती हैं—खासकर परंपरा के आशय और भारतीय अस्मिता तथा पहचान के सवालों को लेकर। परंपरा को लेकर भारतीय संगीत दृढ़ और लगभग बेलोच रहा है। आधुनिकता की आँधी में भी उसके पाँव उखड़ने नहीं पाए। वह पश्चिम में भी गया तो अपनी शर्तों पर। पश्चिमी प्रभावों को उसने अपने घर में नहीं बैठने दिया और अंतत: उसे पश्चिम ने स्वीकार किया, तो शायद इसी बात से प्रभावित होकर कि वह पूरी तरह से पूर्व की अपनी चीज है। उसका बुनियादी आकर्षण उसका बिल्कुल अपनी तरह होना है—यानी उसकी एक बिल्कुल विशुद्ध भारतीय पहचान बनती है। यह अलग पहचान उसकी ताक़त है, जिसे अक्सर उसकी कमजोरी या पिछड़ापन कहकर खारिज किया जाता रहा है। लेकिन ऐसा भी नहीं कि भारतीय संगीत ने बाहरी प्रभावों को ग्रहण ही न किया हो। वैदिक संगीत से लेकर भारतीय शास्त्रीय संगीत भी कई महत्त्वपूर्ण परिवर्तनों से गुज़रा है। ख्याल गायकी स्वयं वैसे ही एक बड़े परिवर्तन का नतीज़ा है, लेकिन ज़रूरी बात यह है कि इससे ध्रुपद की परंपरा समाप्त नहीं हो गई : उसके समानांतर एक नई गायन शैली का जन्म हुआ जो ठेठ भारतीय ज़मीन पर पल पुस कर बड़ी हुई।

(8)

कला की भाषा और समीक्षा की भाषा

ऐसी कला, जो पुराने मापदंडों को खारिज करके आगे बढ़ने, या विकसित होने का, उपक्रम हो उसके बारे में, अच्छे-बुरे या श्रेष्ठ-अश्रेष्ठ का निर्णय किन आधारों पर हो? आज की चित्रकला को लेकर अकसर समीक्षक को इस प्रकार के नतीजे पर पहुँचते देखकर..."सूचना बेहद गोलमाल है, पैमाना इतना लचीला है कि किसी खास क्षण में अपने अहं की स्थिति के अनुरूप खुद को ऊपर उठा लेना और नीचे गिरा लेना बिल्कुल सरल है...किसी ख़ास मौके पर क्या चीज़ हमारे हित में है, यह जानने के लिए खुद को परिभाषित करना पड़ता है..." (गीता कपूर : 'त्रिनाले की भ्रांतियाँ'—पूर्वग्रह 8, मई-जून 75, पृ. 40) उस भाषा की ओर ध्यान जाता है, जिसे एक चित्रकार रेखाओं और रंगों की भाषा मानता है तथा जिसे एक समीक्षक दूसरी भाषा- साहित्य की भाषा में—समझना और समझाना चाहता है। स्वाभाविक है कि एक चित्र के गुण-दोष विवेचन में अकसर वह दूसरी भाषा के गुण आरोपित करके उसे एक दूसरे माध्यम से अभिव्यक्त कर रहा होता है। इस अभिव्यक्ति में अकसर दूसरी भाषा पहली से अधिक मुखर हो उठती है। यों कहें कि पहली के बावजूद एक समानांतर रचना करने लगती है। इस क्रम में अकसर मूल गौण पड़ जाता है और दूसरी भाषा प्रथम की अभिव्यक्ति न होकर समीक्षक की अपनी अभिव्यक्ति (राजनीति?) का बहाना बन जाती है।

(उस हालत में एक नितांत पारंपरिक कला जैसे 'नो' या 'काबुकी' नाटक, उर्दू गजल, शास्त्रीय संगीत की एक भिन्न दुनिया होगी...विरोधी नहीं समानांतर दुनिया जिसमें हम यथार्थ बोध नहीं रचना बोध, एक भिन्न अवकाश की रचना में समय का ठहराव खोजेंगे।)

क्या यह संभव है कि हम नृत्य, संगीत, चित्रकारी आदि कलाओं को ग्रहण करते समय अपने भाषा बोध को सर्वथा स्थगित रखें? इन कलाओं की अपेक्षा उसे अधिक सक्रिय न होने दें? यानी समीक्षा की भाषा, उसके terms of reference को बजाय लचीला करने के; उन्हें परिवर्तित करने के बिल्कुल रूढ़, ठस inflexible या rigid करके तब एक भिन्न कला माध्यम के प्रवाह या गतिशीलता का अंदाज़ा लगाएँ? प्रश्न कला के विकास से ज्यादा समीक्षा के विकास से जुड़ जाता है। T.S. Eliot, Ezra Pound, Kandinisky आदि के बारे में यह निर्णय कठिन हो जाता है कि उनकी समीक्षा का स्रोत उनकी कला है या उनकी कला का स्रोत उनकी समीक्षा है! भारतीय

कलाकारों की अंतर्राष्ट्रीय या राष्ट्रीय स्थिति के बारे में सोचते हुए भी, अकसर यह लगता है कि उनकी कृतियाँ सशक्त समीक्षा को समानांतर विकसित नहीं कर पा रही हैं। वे एक भाषी हैं, दो भाषी नहीं। या तो वे भारतीय नृत्य संगीत आदि की तरह अकेली हैं या फिर वे भिन्न भाषाओं से संवाद में असमर्थ हैं। इसीलिए पारंपरिक या लोक-कला उस हद तक समीक्षक पर निर्भर नहीं जिस हद तक आधुनिक या अवांगार्द कला। आधुनिक कला की अपनी भाषा इतनी नई होती है कि वह बिना समीक्षक की भाषा के सहारे अपने पैरों पर खड़ी नहीं हो पाती।

(9)

उस्ताद अमीर खाँ साहब

उस्ताद अमीर खाँ की गाई हुई राग हंसध्वनि में माँ काली की एक स्तुति याद आती है–'जय मातु विलंब तज दे...'। गाते तो ऐसा डूब कर गाते कि पता नहीं चलता कोई मुसलमान गा रहा या पुजारी! जय मात से तराना में इत्तिहादे मिलादकीतक-सूफी उद्भावना तक पहुँचते-पहुँचते मानो धर्मों का फर्क ही मिट जाता, गायक और गायन मिलकर निराकार हो जाते। इसी तरह बड़े गुलाम अली खाँ और मुनव्वर अली खाँ के साथ गाई भोपाली में महादेव की स्तुति–महादेव महेश्वर...जैसे सदा के लिए रक्त में रच बस गई है!...आज सुबह एक ख़बर पढ़ी : "ध्रुपद गायक उस्ताद नसीर अमीनुद्दीन डागर नहीं रहे।" धक्का लगा, जैसे अपना कोई न रहा हो। सामवेदी ध्रुवपद गायकी को क्या कभी भी डागर-परिवार से अलग रखकर सोचा जा सकता है? ध्रुवपद गायकी के शिरोमणि तानसेन हिंदू थे या मुसलमान? कौन जाए इन पचड़ों में? कला की, संगीत की, कविता की जातपांत नहीं होती–केवल मनुष्यता होती है, सुंदरता होती है, नैतिकता होती है, आनंद होता है, उल्लास होता है और हमें उदात्त की अनुभूति करा सकने की दैवी क्षमता होती है! एक छोटा-सा प्रसंग याद आता है–उन दिनों, साठ का दशक, उस्ताद रहीमुद्दीन खाँ साहब डागर लखनऊ में रह रहे थे। एक दिन श्री बद्रीविशाल पित्ती के साथ उनसे मिलने गया : अगर ठीक याद है तो खाँ साहब उन दिनों वाइ.एम.सी. के पास किसी के एक गेराज में रह रहे थे! देर तक ध्रुपद पर बातचीत होती रही। मन में इच्छा थी कि उनसे कुछ सुनने को मिले। खाँ साहब ने वेद की कुछ ऋचाएँ, जो उन्हें कंठस्थ थीं सुनाईं : सुनकर दंग रह गया। ऐसा शुद्ध संस्कृत का उच्चारण किसी महापंडित से भी नहीं सुना था! खाँ साहब ने एक राज़ की बात बताई : उनके परिवार में संगीत के साथ-साथ पहले संस्कृत के शुद्ध उच्चारण की परंपरा न जाने कब से चली आ रही है। देर तक सोचता रहा–कहाँ गया वह हिंदू मुसलमान का भेद? ध्रुपद को उसकी उच्चतम मर्यादा तक ले जाने वाले कलाकार मुसलमान थे कि हिंदू? मंदिरों से लेकर शादियों तक में शहनाई शुभारंभ करने वाले बिसमिल्ला खाँ हिंदू हैं कि मुसलमान? जिस मजाज़, जिगर और फ़िराक के सान्निध्य में गुज़ारी शामें, आज भी मेरी कला-चेतना का एक अभिन्न हिस्सा बन गई हैं, उनकी जात क्या थी कौन जाने? बस इतना याद है कि जिगर साहब कहते थे :

उनका जो फ़र्ज़ है वो अहले-सियासत समझें
मेरा पैग़ाम मुहब्बत है जहाँ तक पहुँचे...

उनका बस यह प्यारा-सा यक़ीन याद है कि "मैक़दा तंग बना लूँ मुझे मंजूर नहीं"। कहाँ के थे मजाज़? उसी गाँव रुदौली के, जहाँ की मेरी दादी थीं। क्या उस गाँव को दो हिस्सों में तक़सीम किया जा सकता है? आज भी निदा फ़ाज़ली के दोहे पढ़ता हूँ तो दंग रह जाता हूँ : कौन कहता कि दोहे तुलसी और बिहारी के बाद ख़त्म हो गए? सरहपा के 'दोहाकोश' से अब तक दोहे की परंपरा उसी तरह बरक़रार है। कौन था सरहपा? 9वीं सदी। बौद्ध दार्शनिक ब्राह्मण, जिसने एक नीच जाति की स्त्री से विवाह किया। उसका धर्म, दर्शन, उसकी जाति सब गड्डमड्ड : लेकिन उसके दोहे, उसकी कविता आज भी उतनी ही प्रामाणिक अपनी मानवता में...

कबीर कहते हैं जात न पूछो संतों की। हत्यारों और असंतों की भी कोई जात नहीं होती। दोनों में फर्क़ सिर्फ़ उनकी मानसिकता से पहचाना जाता है, उनके मानवीय और अ-मानवीय होने में होता है।

(10)

संयुक्ता पाणिग्रही

एक नृत्य-कार्यक्रम के सिलसिले में संयुक्ता पाणिग्रही, उनके गायक पति रघुनाथ पाणिग्रही और गुरु केलुचरण जी लखनऊ आए हुए थे। मेरे घर पर संगीत-प्रेमियों का एक अच्छा-ख़ासा जमावड़ा था : ठाकुर जयदेव सिंह, सुरेश अवस्थी, श्रीलाल शुक्ल, जयकृष्ण, केशवचन्द्र वर्मा घर पर ठहरे हुए थे। संयुक्ताजी से नृत्य पर बातचीत हो रही थी–शायद ओड़िसी की नृत्य-भंगिमाओं और मंदिरों की शिल्प-कला पर। संयुक्ता जी अपनी बात को सोदाहरण समझा रही थीं, लेकिन दूसरे दिन

जब पूरी तैयारी से वे अपने संगतकारों के साथ घर पर एक कार्यक्रम देने को आईं, तो मैं संकोच से गड़ गया। घर के छोटे-से वरांडे में इतनी जगह कहाँ थी कि उन जैसी कलाकार के नृत्य के साथ थोड़ा बहुत न्याय भी हो पाता! लेकिन उनका तो मानो जगह की ओर ध्यान ही नहीं था। एक विचित्र अनुभव हुआ उस दिन, तन्मयता से उनके नृत्य को देखते हुए। एक बड़ा कलाकार अपनी 'जगह' और अपने 'समय' की रचना खुद करता है। उसकी कला जगह को छोटा या बड़ा करने में पूरी तरह सक्षम होती है। यह एक चमत्कार था–कला का चमत्कार–कि छोटा-सा वरांडा मानो एक विशाल मंच में बदल गया था, किसी अन्य कला-समय में।...

(11)

सत्यजित राय के बारे में

सत्यजित राय के निकट संपर्क में आने का मौक़ा उन दिनों मिला जब वे 'शतरंज के खिलाड़ी' फिल्म बना रहे थे, और लखनऊ कई बार आए। क्लार्क्स होटल में या मेरे घर पर अक्सर उनसे लम्बी बातें होती थीं। होटल में बराबर विघ्न रहता था, इसलिए घर पर बैठना ज़्यादा पसंद करते थे। मेरी सिनेमा में भी गहरी रुचि, तथा उनके साहित्य से भी गहन लगाव से विचारों का एक ऐसा चौराहा बनता था, जिसके इर्दगिर्द चहलक़दमी हम दोनों को अच्छी लगती थी। पुराने लखनऊ की नवाबी तहज़ीब के प्रति उनके मन में एक भावुक लगाव था। शरर की 'गुज़िश्ता लखनऊ' के प्रशंसक थे। कहते थे–किसी सभ्यता का सांस्कृतिक इतिहास इसी तरह लिखा जाना चाहिए–जीवन के विस्तृत फलक पर। नवाबी ज़मानों को प्रेमचन्द ने एक अशक्त, पतनोन्मुखी संस्कृति के रूप में देखा; जो अंग्रेज़ी साम्राज्यवाद का सामना नहीं कर सकी। उसमें ताक़त नहीं थी, केवल नज़ाकत और नफ़ासत भर बची थी। हमारी बातचीत में एक बार यह प्रसंग भी उठा था कि 'ताक़त' सिर्फ़ फौजी अर्थों में क्यों परिभाषित की जाए? जीने की कला के अर्थ में क्यों नहीं? 'शतरंज के खिलाड़ी' में मानिक दा ने पुराने लखनऊ की नवाबी रौनक़ की चमक-दमक को फिल्म में सजीव करने का लोभ नहीं संवरण कर पाए। कहानी में ज़रूर इसकी गुंजाइश भी थी, लेकिन प्रेमचंद की दृष्टि उस पर नहीं थी–नवाबी चरित्र के निठल्लेपन पर थी। कहानी और फिल्म के इस बुनियादी अंतर की ओर मैंने उनका ध्यान खींचा भी था। मानिक दा इसे समझ रहे थे और एक पत्र में उन्होंने स्वीकार भी किया कि फिल्म उनके मन लायक़ नहीं बनी। लेकिन फिल्म पर हो रहे बड़े खर्चे की आपूर्ति भी ज़रूरी थी, जिसके लिए उन्हें थोड़ा ग्लैमर के पक्ष में समझौता करना पड़ा। फिल्म प्रेमचंद से अधिक राय की कृति बनी। उनसे बातचीत की कई दिलचस्प यादें मन में हैं। उनसे मतभेद भी होते थे, पर उनके गहरे स्नेह में कभी कमी नहीं आई। आपसी संबंधों को बहुत महत्त्व देते थे, तथा अपने काम को लेकर बेहद परिश्रमी और सतर्क थे। उनकी तीखी व्यंग्य-बुद्धि उनके चेहरे पर कभी प्रकट नहीं होती थी : अल्पभाषी थे। एक छोटा-सा प्रसंग याद आता है। हम लोग क्लार्क्स होटल में बैठे हुए थे : मेरे एक रईस व्यापारी मित्र दिखे : हमें साथ देख कर पास आए। मैंने मानिक दा से उड़ता-सा परिचय कराया। मित्र गद्‌गद थे। एक मिनट भी न बीता था कि मानिक दा से बोले–"कल आप हमारे घर पर खाना खाने आइए..." एक चकित नज़र उन पर डालते हुए मानिक दा ने धीरे से पूछा–"क्यों?"

एक यात्रा : गहन स्त्रोत की ओर

मुज़फ्फर अली

वह क्या है जो मुझे आपकी ओर खींच लाया है–

जो कुछ मैंने अब तक जीवन में किया है, उस अनुभव को दुनिया बदलने की क्षमता रखने वाले युवा लोगों के साथ बाँटने की उत्कट अभिलाषा है। उन अनुभवों को बाँटना, जिनका अर्थ था धारा के विपरीत चलना...वे चीजें जो कला बन गईं, वे चीजें जो शिल्प बन गईं और वे चीजें जिनका अर्थ था, भारत में दीर्घकाल से चली आ रही जनसामान्य की वास्तविकता से संघर्ष करना।

मैं यहाँ लोगों को फिल्म निर्माण, चित्रकला अथवा शिल्पकला पर भाषण देने नहीं आया हूँ बल्कि एक रांगीतकार की जीवनयात्रा के अनुभवों और मनुष्य रूप में अपनी चिंता व्यक्त करने आया हूँ...अपने सपनों और आकांक्षाओं की सहभागिता के लिए आया हूँ।

मैं आप लोगों को अपने मस्तिष्क की भूल-भुलैया की भावयात्रा पर ले जाऊँगा और आपके ज्ञान के आलोक में वापसी का रास्ता खोजूँगा। साथ वापस लौटते हुए इस दुनिया और जीवन के गूढ़ रहस्यों पर हम और अधिक अनौपचारिक हो सकेंगे।

मैं अपने जीवन के चार दशकों की सहभागिता और एक दूसरे के लिए समान अनुभव की तलाश में आया हूँ।...पूरी तरह भिन्न संस्कृति और मानसिकता वाले बच्चों के साथ पूरब की दुनिया की, राजाओं और उनके मौन जनसमूह की, बाहरी अशांति, उथल-पुथल और आंतरिक शांति की सहभागिता मेरे जीवन की सबसे समृद्ध अनुभूति होने जा रही है। हमारा मिलन स्थल कोटवारा गाँव का वह छोटा बच्चा होगा, जिसने मेरी कला को गति दी और, जो आप लोगों को भी गतिशील करेगा। यहीं से मैं अपनी यात्रा शुरू करता हूँ और यहीं पर यह खत्म भी होती है।

किसने मुझे रेखाचित्र बनाने, फिर उसमें रंग भरने को प्रेरित किया, किसने मुझे कविता की ओर आकृष्ट किया, फिर मैंने अपनी पहली, दूसरी और तीसरी फिल्म क्यों बनाई, ऐसे कौन से कारण थे जिनसे शिल्पकला और वस्त्रसज्जा मेरी फिल्मों में महत्त्वपूर्ण हो गई और फिर मेरी कृतियों में उनका स्थान सबसे ऊपर हो गया...और कैसे संगीत ने कविता और फिल्प नाटक के द्वारा मुझे अपने आगोश में ले लिया...और कैसे मेरे द्वारा अनुभूत और संदर्भ विशेष में किए गए कार्य में उस आध्यात्मिक अनुभूति का दर्शन हुआ–इन सबके द्वारा मैं अगनी जड़ों तक–कोटवारा में ग्रामीण बच्चों के लिए स्कूल चलाने लौटा हूँ।

बिछुड़ने की कहानी
सुनो उस वंशी से...
"क्योंकि कट गया अपनी जड़ों से
और करता सदा विलाप।
प्रिय बिछोह झेलने वाला
समझे मेरी बात।
जड़ों से काटा हुआ
चाह करता वापसी की।

–रूमी

फिल्म तो मस्तिष्क की छननी से भावों की शक्ति को कैमरे की शक्ति से संतुलित करते हुए एक हृदय से दूसरे हृदय तक की यात्रा है। सिनेमाई अभिव्यक्ति में, कविता और संगीत में, डिज़ाइन और पेंटिंग में विचरण करते हुए मैं उत्तर खोजा करता हूँ।

मेरी पहली फिल्म **गमन** भारत के असहायों, ग़रीबों की कविता है, उनकी कविता है, जो परिस्थितिवश अपने घर-परिवार

को छोड़ते हैं और इस तरह अपने वातावरण के सामाजिक और सांस्कृतिक ताने-बाने को छिन्न-भिन्न कर देते हैं। यह फिल्म मेरे आस-पास अर्थात् मुंबई शहर के सामाजिक यथार्थ पर आधारित है, जहाँ मैं रहता और कार्य करता था और इसकी पृष्ठभूमि में कोटवारा है, जहाँ का मैं था और जिसको मैं गहराई से महसूस करता था। यह फिल्म एक वैयक्तिक डायरी होने के साथ-साथ इन दोनों स्थानों के सामाजिक, आर्थिक और सांस्कृतिक परिवेश का समीक्षात्मक अध्ययन है। यह एक युवक–कोटवारा के एक बेरोजगार युवक–गुलाम अली की कहानी है, जिसे गाँव में कोई अवसर नहीं मिलता। अत: उसे अपने परिवार को छोड़कर बढ़ते हुए मुंबई महानगर की ओर जाना पड़ता है।

गमन जीवन की सत्य घटनाओं को लेकर बनी है और उसका नायक धीरे-धीरे सामाजिक विसंगतियों और उनके बीच मनुष्य की असहाय स्थिति से तब तक अवगत होता रहता है, जब तक वह अपने को शहरी भूल-भुलैया में पूरी तरह फँसा नहीं पा जाता और गाँव में बीमार माँ का समाचार पाकर भी वहाँ नहीं जा पाता।

कोटवारा में **गमन** की शूटिंग के दौरान फिल्म की नायिका स्मिता पाटिल ने मुझसे पूछा था कि यदि मैं गाँव वालों की असहाय स्थिति से इतना अधिक द्रवित था, तो वहीं क्यों नहीं रह जाता। मैं उस प्रश्न का कोई उत्तर नहीं दे पाया था। पीछे मुड़कर देखने पर मैं उस प्रश्न की प्रासंगिकता को महसूस करता हूँ और उसी का उत्तर देने में लगा हुआ हूँ।

मैं हूँ कौन, गाँव का कि शहरी?
मेरा दिल है कहाँ? शहर में कि देस में?
आत्मा प्रकृति में या कंक्रीट में?
क्या है मेरी दृष्टि और क्या ध्येय?

–मुज़फ्फर अली

उन्नीसवीं सदी के मध्य के लखनऊ की वेश्या पर बनी मेरी दूसरी फिल्म **उमरावजान** निश्छलता और सुंदरता, असहायता और कामुकता, आध्यात्मिकता और वास्तविकता, साहित्य और समय, शिल्प और भाग्य की विडंबना तथा अतीत के मोह और हृदयाघात का संगम है। ...यह कुटिल दुनिया में एक निश्छल और असहाय लड़की के सरल आसवित भावों की अभिव्यक्ति है। तत्कालीन परिष्कृत ह्रासोन्मुखी युग की रंगीन चित्रकारी के साथ-साथ उस नारी की कथा भी गुँथी हुई है, जो परिस्थितियों की शिकार होकर भी एक परिपक्व, सुसंस्कृत और निपुण कवयित्री के रूप में हमारे सामने आती है।

अवध और विशेष रूप से लखनऊ अपनी सांस्कृतिक परिष्कृति के उच्चतम बिंदु तक पहुँच चुका था और ईस्ट इंडिया कंपनी का स्पर्श उसे और अधिक विकसित होने का अवसर नहीं दे सकता था, क्योंकि इससे उस सुगठित समाज पर शासन करना कठिन होता। अत:, इस कहानी में उस युग को दर्शाया गया है, जिसमें हमें जनसामान्य पर 1857 में प्रथम स्वाधीनता संग्राम के संधिकाल का प्रभाव दिखाई पड़ता है। इस ढाँचे के भीतर से एक ऐसी फिल्म को निकलना था, जो कहानी के मर्म का स्पर्श करती और दूसरे से अलग अपनी पहचान बनाती। अत: यह चतुर्मुखी अधिगम हो गया। पहला, उमराव के चरित्र और नारी के भीतर के कलाकार का जन्म और विकास, दूसरा, उस परिवेश का पुनर्निर्माण, तीसरा इतिहास का द्वंद्व, और चौथा, ऐसे सिनेमाई वक्तव्य का निर्माण, जो सीधे दर्शक के हृदय का स्पर्श करता।

उमरावजान का अनुभव और निर्माण केवल उसी कालखंड में हो सकता था। सोलहवीं शताब्दी की कश्मीर की कवयित्री रानी पर आधारित द्विभाषी महाकाव्यात्मक फीचर फिल्म **जूनी** अभी भी अपूर्ण स्वप्न है। मैरी मैक्फेडन की वस्तुसज्जा और जेम्स किलव के स्क्रीनप्ले (फिल्म नाटक) के साथ घाटी की चार ऋतुओं में फिल्माई गई **जूनी** भारत, कश्मीर और शेष विश्व के बीच सबसे महत्त्वपूर्ण सेतु हो सकती थी। फिर भी शिल्प और रहस्यवादियों के संगीत की दृष्टि से कश्मीर का अनुभव बहुत समृद्धिदायक था।

अध्यात्मवादी आत्मा के संगीत (नाद) में डूबा होता है...। उसके मस्तिष्क की तरंगें कई स्तरों पर सर्वोच्च स्तर का आर्केस्ट्रा अथवा वृंदवाद्य करती हैं। अभिनव परिवर्तन भी उसी गति से होता है, जिस गति से आवर्तन अथवा पुनरावृत्ति। बेसुरापन भी उतना ही अर्थपूर्ण होता है, जितना स्वरमाधुर्य अथवा संगीत।

धीरे-धीरे, संगीतकारों के साथ अपनी फिल्मों के लिए संगीत रचना में मेरी गहन रुचि ने मुझे रहस्यवादी अपील के साथ, अपना संगीत रचने की प्रेरणा दी। संगीत का तो जन्म ही गति और ध्यान द्वारा शरीर और आत्मा को एकाकार करने की मनुष्य की उत्कंठा से हुआ है। इसका कोई निर्धारित ढाँचा (संरचना) नहीं है और यह भावानुसार उद्भूत होता है। इसमें एक ध्वनि से दूसरी ध्वनि, एक गति से दूसरी गति, एक अवस्थिति से दूसरी अवस्थिति के बीच, हर स्तर पर सहसंबंध की आवश्यकता होती है। जब तक यह शृंखला नहीं टूटती,

तब तक सिस्टम में संगीत बना रहता है।

मैं विश्वास करने लगा कि आप ध्वनि को उसी तरह रेखांकित कर सकते हैं, जैसे किसी दृश्य को सुन सकते हैं। फिर भी तकनीकी और वायवीय के बीच एक अंतर है। वही अंतर, जो शब्द और वस्तु के बीच, ध्वनि और लेखन के बीच है। प्रमस्तिष्कीय होने की उत्कंठा ही सुलेख को जन्म देती है, जहाँ लिखित शब्द एक डिजाइन हो जाता है–कविता को जन्म देती है, जहाँ विचार शब्द हो जाता है, माधुर्य ध्वनि हो जाता है। ध्वनि गति हो जाती है, नृत्य हो जाती है, नृत्य वासनामय हो जाता है। आध्यात्मिक हो जाता है। इन सबका जन्म प्रकृति के साथ रूमानी संबंध की खोज से होता है, एकाकार होने के भाव से होता है, जिसमें सभी कलाएँ एक हो जाती हैं।

सौंदर्य बोध एक आभ्यंतरिक खोज है। यह आंतरिक खोज विभिन्न रूपों–सिनेमाई, बिंबों, शब्दों, संगीत, सुगंध... आत्मा की कविता में व्यक्त होती है।

वृक्ष हो जाता है
हवा,
हवा पत्तियाँ।
पत्तियाँ हो जाती हैं
जल।
जल हो जाता है फूल,
जल हो जाता है धरा।
धरा हो जाती है बरखा
बरखा होती गंध
गंध बदलती ध्वनि में।
आँखें हो जातीं हृदय,
हो जातीं अंग
आत्मा हो जाती पेड़
हवा हो जातीं पत्तियाँ।

–मुज़फ्फर अली

मनुष्य की सर्जकता प्रकृति के प्रति अपने भीतर और अपने बाहर उसका समर्पण है। यह प्रकृति के प्रति उसका वह समर्पण है, जो निरंतर जीवंत कला की आधारशिला है, जो लोगों के हृदय और मस्तिष्क में विराजती रहती है। यह उस कला से भिन्न है, जो प्रकृति के नियमों को नकारकर जन्म लेती है, जो जीवन से बड़ी है, जो मानवीय संवेदनाओं को बौना कर देती है, जो बड़े पैमाने पर उपभोग के लिए निर्मित की जाती है और इसीलिए असमय काल के गाल में समा जाती है। रहस्यवादियों की अमरकला इसके विपरीत होती है। संगीत, गायन, चित्रकला, फिल्म, जीवनशैली और स्थापत्य सबमें यही सिद्धांत दिखाई देता है।

मेरे लिए सबसे सुंदर क्षण लोगों के साथ काम करना है। मैं मानवीय सत्ता को व्यक्तिरूप में अथवा समूह रूप में अपने को व्यस्त करते हुए; कला की एक विशिष्ट रचना के रूप में देखता हूँ। मानवीय वृंदवाद्य, मानवीय मार्च, मानवीय नृत्य, मानवीय गीत, मानवीय चेहरा और आवाज इन सबके संघटन की सुंदरता और अलगाव के दुःख से सिनेमाई कला का जन्म होता है।

पूरी क्षमता के साथ मानव मस्तिष्क का विकास शोषक और दमनकारी होने के खतरे से हर बिंदु पर बचते हुए होना चाहिए। भारत का दुर्भाग्य यह रहा है कि यहाँ बौद्धिक क्षमता को जीवन-यापन के साथ जोड़ दिया गया और प्रभुत्व वाले मानव मस्तिष्कों ने शक्ति की खोज में आपस में लड़ते हुए, प्रकृति के सभी समत्वकारी सिद्धांतों को अतिक्रमित करते हुए, कभी न तोड़ी जा सकने वाली दीवारों को खड़ी करते हुए, समाज को घृणित/अप्रीतिकर जातीय समूहों में बाँट दिया, जिसमें निम्नतम जातियों के लोग अपने मृतकों को दफन नहीं कर सकते थे और गड्ढे में लटकाकर छोड़ देते थे। पवित्र धर्मग्रंथों को शब्दों का उच्चारण करने पर उनकी जीभ काट ली जाती थी और सुनने पर कानों में पिघला शीशा डाल दिया जाता था। ऐसे में कविता और संगीत ने लोगों को शोषक बुद्धि और विशिष्टवर्गीय आध्यात्मिकता से मुक्ति दिलाई।

मजनूं ओ पागल प्रेमी
तुम नहीं जानते, किसलिए बने हो तुम।
तुम्हीं संदेश हो,
संदेशवाहक हो,
संदेश प्राप्तकर्ता हो,
तीनों तुम्हीं हो।
हम तुम्हें वैसे ही देखते हैं
जैसे हम अपने को देखते हैं।
अपने आभ्यंतर में झाँको
सृष्टि के स्थिर जल में
उनमें अपनी परछाईं देखो।
निस्तब्धता बहुत कुछ कहती है
उसे सुनो।
वह प्रतिध्वनि
तुम्हारे उसी मित्र की

आवाज है
जिसे तुम
ढूँढ़ रहे हो।
फिर बाहर देखो
और हर जगह उसे देखो।

–मुज़फ्फर अली

शिल्प की संकल्पना मध्यकालीन होते हुए भी समतावादी है। मस्तिष्क की दुरभिसंधि के आगे मानव प्रयास का कोई मूल्य न था; और इस प्रक्रिया में एक शोषक अधिरचना खड़ी हो गई। मध्ययुग में जबकि दरबार ने शिल्प को बढ़ावा दिया, असहायता की गरिमा ने शिल्पकार को उसकी आध्यात्मिक शक्ति दी। आज हमारे सामने दोहरा कार्य है–पहला, कलाकार को स्तरीय जीवन देना और दूसरा, आधुनिक उपयोगिता का नया आयाम देना।

ऊन का एक टुकड़ा
शुद्ध, सुंदर जैसा उसने बनाया।
आँखों के द्वारा
हाथ में आया
जैसा उसने बनाया।
हाथ, आँखें, ऊन, करघा
मिल जाते हैं 'अलिफ़' में
ऐक्य में
सत्य के उस क्षण में
जिसे हम सदा खोजते रहते हैं।
जबकि भेड़ अपनी प्रेमिका को
देखती रहती है।
कविता हमारे द्वार पर
सदा दस्तक देती रहती है
जबकि हम ग्रंथगारों में
अच्छी पुस्तकों में
उधार का संगीत
खोजते रहते हैं।

–मुज़फ्फर अली

चिकन कुशल उँगलियों में पकड़े गए *धागों की भाषा* है। इसमें शब्द हैं, सुइयाँ मुहावरे अभिप्राय, बिंब और आकार। यही वह समझ है, जो चिकन को दुनिया के किसी दूसरे हिस्से की कसीदाकारी से अलग करती है। मेरे लिए चिकन अतीत का सुख-दुःख दोनों देने वाला मोह है, अतीत की एक सुगंध है। कोमल उँगलियों और कमजोर होती आँखों से इसे बनाने वाले मेरे लिए वे नहीं हैं जिन्हें दुनिया देख कर भूल जाती है। इस शिल्प के इसी धुँधलाते और भविष्यवादी भाव को मैंने 1986 में बनी अपनी फिल्म **अंजुमन** में पुनर्रचित करने की कोशिश की है। तब से यह लखनऊ और कोटवारा की जीवनशैली, मुहावरों और रूपकों को मिलाते हुए आकृति और भाव में चलने वाली अनवरत खोज हो गई है। कोटवारा में हमने चिकन के प्रति प्रेम को, आकृति बुनावट और वस्त्र की सादगी को, पुनर्रचित किया है, जो पहनने वाले की भावप्रवणता को दिखाता है; उस संतुलन और वैयक्तिकता को तत्काल अनुभूत और व्यक्त कराता है। संगीत, कविता और शिल्प में बड़ा गहन संबंध है–ये सभी शाश्वत होना चाहती हैं। वे सभी एक भाव, भक्ति और समर्पण पर आधारित हैं, ये सभी वैचारिकी और सर्जना में शाश्वत हैं। जब आप एक वस्त्र निर्माण करते हैं, तब सूफी संस्कार आपको आँखों को पढ़ना सिखाता है। आँखें विनम्रता और लालित्य को प्रतिबिंबित करती हैं और इसी से शिल्प में सौन्दर्य अमरत्व प्राप्त करता है। एक फूल की व्याख्या करना एक शब्द की व्याख्या करने जैसा है। **सौंदर्य शास्त्र मानवीय प्रयास की विशेषता और उसके अनुप्रयोग पर आधारित है।** बढ़ते मशीनीकरण के साथ बदलते हुए समय में इसका मूल्य बढ़ना ही है। लेकिन इसके साथ-साथ शिल्पकार के जीवन का स्तर भी बढ़ना चाहिए। पिछले वर्ष में कोटवारा ने फैशन में एक नई शैली का प्रतिनिधित्व किया है जिसमें विवरण और विशेषता दोनों सन्निहित हैं; जो फिलहाल अब तक आधुनिक भारतीय फैशनपरस्त वस्त्रसज्जा की कंपनियों में नहीं दिखाई पड़ती।

हम कोटवारा में प्रतिदिन भविष्योन्मुखी स्वप्न देखते हैं–न केवल शिल्प में बल्कि शिल्पकारों के जीवन, उनके बच्चों, उनकी शिक्षा, दृष्टिकोण और आजीविका के बारे में भी।

भारत को औपनिवेशिक शासन से आजाद हुए 50 से अधिक वर्ष हो चुके हैं, फिर भी भारतीय ग्रामीण की आर्थिक और मानसिक आजादी से हम अब भी बहुत दूर हैं। वह अब भी शुद्ध है, शहरीकरण के दुष्प्रभाव से बचा हुआ है, निर्मल हृदय वाला है, फिर भी हर तरह से बहुत नाजुक है।

भविष्य तो गतिमान होने में है, असहाय लोगों के जीवन को सामूहिक रूप से बदलने के स्वप्न में है। इस स्वप्न का सबसे महत्त्वपूर्ण उद्देश्य किसान अथवा शिल्पकार के बच्चों को शिक्षा देना है, उनको उनके दरवाजे पर रोजगार उपलब्ध कराने में है, विघटित समाज में मानवीय दृष्टिकोण रखने में है। मेरे पिता, राजा साजिद हुसैन के मानवीय दृष्टिकोण से प्रेरणा

लेकर कोटवारा ने एक निश्चित आकार ग्रहण करना शुरू किया।

भारत की एक अरब आबादी का 69.5 प्रतिशत गाँवों में ही रहता है। उन गाँवों में जो सदियों से उस विकास से वंचित रहे हैं जिसने देश में साक्षरता दर को 25.3 प्रतिशत से 52.2 प्रतिशत तक पहुँचा दिया, जहाँ लोकतंत्र जातीय और सांप्रदायिक विभाजन का शिकार रहा है, जहाँ वास्तविक मुद्दे कभी भी चुनावी गतिविधियों का हिस्सा नहीं बनते।

इस विषय पर उनके विचार बहुत गंभीर थे और समाचार-पत्रों के माध्यम से उन्होंने लोगों का ध्यान इस ओर आकृष्ट किया। ये चिंताएँ इतनी सशक्त थीं कि उन्होंने उनकी पूरी सोच को प्रभावित किया और बढ़ते हुए बच्चे के रूप में मेरे ऊपर भी महत्त्वपूर्ण असर डाला। भारत ने और विशेष रूप से उत्तर प्रदेश ने 1857 के प्रथम स्वाधीनता संग्राम से लेकर 1947 में स्वाधीनता और उसके बाद सांप्रदायिक आधार पर देश विभाजन तक बहुत से उतार-चढ़ाव देखे।

1991 में पिता के देहावसान के बाद मुझे कोटवारा की जिम्मेदारी का निर्वाह करना पड़ा, जिसे मैंने आसानी से तब तक छोड़ रखा था। लगभग उसी समय मेरा विवाह वास्तुविद मीरा से हुआ था और जिनकी वचनबद्धता के बिना इतने बड़े काम का बीड़ा उठाना संभव न था। **गमन** और **आगमन** की शूटिंग के दौरान बचपन की गृहविरही यादों से प्रेरित होकर भी अपनी फिल्म में पात्रों की भूमिका निभाने वाले असहाय लोगों के जीवन को व्यवस्थित करना; आसान काम नहीं था। ग्रामीण लोगों के लिए मेरे पिताजी की गहन मानवीय संवेदना और मेरी माँ का शिल्प के प्रति मानवतावादी दृष्टिकोण ये दोनों ही मेरे लिए दिशा-निर्देशक तत्त्व बन गए। आगे आने वाली चुनौतियों के संदर्भ में उनके भावों और कार्यों की प्रासंगिकता को मैं देखने लगा। मेरे पिताजी उन गहन चिंताओं के साथ बढ़े थे, जिनसे सारी मानवता और दुनिया जूझ रही थी। मुकुलित होते भारतीय लोकतंत्र की ज्वलंत समस्याएँ भी उनमें थीं।

दृश्य-श्रव्य और प्रिंट मीडिया की धूम से उन्होंने ज्ञान प्राप्त किया और बड़ी अपेक्षा से वैश्विक विकास को देखा कि भारत में आकर यह निरक्षर ग्रामीण जनता की जनसंख्या की समस्या और परिवार नियोजन, खाद्यान्न और सिंचाई, दृश्य-श्रव्य शिक्षा और तकनीकी प्रशिक्षण, भाषा और सांप्रदायिकता, अहिंसा और साम्राज्यवाद आदि के बारे में शिक्षित करेगा।

1991 में पिताजी की मृत्यु के साथ ही धार्मिक असहिष्णुता जिसका चरम बिंदु 1992 में अयोध्या में बाबरी मस्जिद के ध्वंस से हुआ, के बढ़ने पर मेरा झुकाव राजनीति की ओर हो गया। तब से अब तक होने वाले प्रत्येक चुनाव को मैंने लड़ा, जिनमें लखनऊ से लेकर हिमालय तक के तीन चुनाव क्षेत्र रहे हैं। मैं लोगों के पास गया और उनकी समस्याएँ देखकर अचम्भित रह गया। उनमें थारू, आदिवासी, विभाजन के बाद तराई में बसने वाले सिक्ख, बांग्लादेश बनने के बाद वहाँ से आए बंगाली शरणार्थी, मुसलमान और अनुसूचित जातियों के लोग थे। इनकी सबसे कठिन समस्याओं में बेरोजगारी, स्वास्थ्य सुविधाओं और नागरिक सुविधाओं का अभाव और अच्छे शैक्षिक संस्थाओं का न होना था। लोग असहाय होकर, कठोर और उच्छृंखल होकर कुरूपता की ओर बढ़ रहे थे। हमारी लोकतांत्रिक प्रणाली अभी भी स्वस्थ परंपराओं से बहुत दूर थी; और राजनीति तथा चुनाव में भ्रष्टाचार एकदम साफ दिखता था।

राजनीति बड़े व्यापारिक हितों द्वारा नियंत्रित थी, जिससे वास्तविक विकास निष्प्रभावी हो जा रहा था। उदाहरण के लिए, गन्ने की खेती ने दूसरी लाभप्रद कृषि उपजों को बौना बना दिया था। ग्रामीण अर्थव्यवस्था से बचत का पैसा निरंतर निकलकर कुटीर उद्योगों को, जिन्हें महात्मा गाँधी ग्राम मुक्ति और विकास की रीढ़ मानते थे, प्रभावी कर रहा था। इसकी परिणति यह हुई कि ग्रामीण क्षेत्रों से बहुत बड़ी संख्या में निकलकर लोग शहरों की ओर गए। इससे बड़े शहरों में अराजकता फैली और मलिन बस्तियाँ अस्तित्व में आईं; जिससे ग्रामीण लोकतंत्र, सांस्कृतिक मूल्य और सौंदर्यबोध को धक्का लगा। इसी अनुभव की तीव्रता–एक असहाय ग्रामीण द्वारा अपनी नवविवाहिता पत्नी को छोड़कर शहर में रहने से उपजी संवेदना–मेरी पहली फिल्म **गमन** का विषय है।

इन मुद्दों के सांख्यिकीय संकेत जिन्हें एक व्यक्ति लघु स्तर पर अनुभव करता है, राष्ट्रीय स्तर पर चौंकाने वाले हैं। भारतीय मध्यवर्ग में हुई प्रभावकारी सहसावृद्धि उसी तेजी से बढ़ती हुई अमीरी-गरीबी की खाई के साथ द्रष्टव्य है। जहाँ जन्म दर 32.5 प्रति हजार और मृत्यु दर 11.4 प्रति हजार है; वहीं रोगी और चिकित्सक की दर 2440 के मुकाबले 1 है।

इसी चिंता से समान विचार रखने वाले लोगों ने कोटवारा को घरिया के रूप में देखना शुरू किया। एक विद्यालय चलाने के लिए हमने 'द्वार पे रोजी' कार्यक्रम शुरू किया। शुरुआत में यह स्कूल महल में ही खोला गया। इसके बाद मैंने 14 एकड़ के रमणीय आम के बाग को अपनी पत्नी मीरा द्वारा बनाई गई डिजाइन पर बनने वाले भवन के लिए दान कर दिया। 'द्वार पे

रोजी' विद्यालय में कोटवारा के आसपास के पाँच गाँवों के 300 बच्चे हैं। इसके अतिरिक्त 'द्वार पे रोजी सोसाइटी' पास-पड़ोस के गाँवों में कई शिल्प प्रशिक्षण केंद्र भी चलाती है। यूनेस्को ने सोसाइटी को एक कार्ययोजना प्रदान की जिसमें धुर्री बुनाई की परंपरा को आगे बढ़ाने के लिए युवकों को सहायता दी गई; जिससे वे नए व्यवसायों की ओर न मुड़कर अपने शिल्प जिसे वे अच्छी तरह जानते हैं को न छोड़ें। प्रतिवर्ष हम समारोहों, मेलों और अन्य कार्यक्रमों का आयोजन करते हैं, जिससे हमारे कार्यक्रमों में लोगों की रुचि बढ़े और प्रयोगधर्मिता के लिए हमारा कोश भी अधिक हो।

कोटवारा दुनिया के विभिन्न क्षेत्रों से, विभिन्न ज्ञानविधाओं से, जीवन के विभिन्न क्षेत्रों से मित्रों को एक छत के नीचे सौंदर्यशास्त्र और मानवता से प्रयोग के लिए इकट्ठा करती है। इस प्रक्रिया में शरीर और मस्तिष्क तथा आध्यात्मिक और भौतिक जगत के सहकार से वे अपने को स्वस्थ करते हैं। कोटवारा मेरी फिल्मों की मेरे मानव मूल्यों की, मेरे गृहविरह की प्रेरणा रही है।...यह मेरे कई धारावाहिकों और वृत्तचित्रों की स्थली रही है।

मक़्बूल फ़िदा हुसैन

अखिलेश

हुसैन साहब से, जिन्हें घर और नज़दीकी लोग बाबा कह कर संबोधित करते हैं, पिछले कई वर्षों की मुलाक़ात और बातचीत के परिणाम में यह जीवन चरित सामने आया है। हिंदी भाषा में हिंदुस्तान के सबसे प्रख्यात चित्रकार मक़्बूल फ़िदा हुसैन के ऊपर रचनात्मक सामग्री लगभग नहीं के बराबर उपलब्ध है। हिंदी में बाबा के संबंध में विवाद व गप्प के अलावा कुछ भी नहीं है। बाबा के रचनात्मक पहलू पर अंग्रेजी में कई पुस्तकें हैं, उर्दू में बाबा खुद लिखते हैं और काफी लिखित सामग्री उपलब्ध है। मराठी और बंगला भाषा के प्रति बाबा के प्रेम के चलते बहुत-सी सामग्री इन भाषाओं में भी उपलब्ध है। अपने समय के सबसे महत्त्वपूर्ण चित्रकार के बारे में जानने के लिए हिंदी भाषा के समुद्र में यदि आप छलाँग लगाएँ तो कीचड़ के अलावा आपके हाथ कुछ नहीं आएगा।

पिछले कुछ वर्षों से बाबा उर्दू में 'आप बीती' लिख रहे हैं। इसी उर्दू आप बीती की हिंदी तर्जुमे के संपादन के कार्य में आई रुकावट के चलते मैंने उनका जीवन चरित लिखना शुरू किया। इसके लिए बाबा पर उपलब्ध पुस्तकों का अध्ययन, वे प्रदर्शनियाँ देखीं जिन्हें 'ऑटोबायोग्राफी' शीर्षक से बाबा ने पिछले पंद्रह वर्षों में लगाई, और पिछले दो वर्षों में बाबा से लंबी बातचीत की। इसके साथ ही बाबा के ऊपर बनी फ़िल्में, कुछ संस्मरण, चित्रों आदि सामग्री को देखा व सुना।

इन सबके पश्चात् जो छवि मेरे मन में उपजी उसके आधार पर मैंने यह 'जीवन चरित लिखना शुरू किया। यह कार्य अभी अधूरा ही है और उसका प्रमुख कारण बाबा की रचनात्मक सक्रियता और कुछ मेरा आलस है। इस 'आप बीती' के कुछ अंश पहली बार महात्मा गांधी अंतर्राष्ट्रीय हिंदी विश्वविद्यालय की पत्रिका 'बहुवचन' के चौथे अंक में छप चुके हैं। उससे आगे के अंश यहाँ प्रस्तुत हैं।

मालवा

फ़िदा हुसैन के परिवार में संख्याओं का बढ़ना, बच्चों की उम्र का बढ़ना, मक़्बूल के कामों को बढ़ा रहा था। अब मक़्बूल पहले आटा गूँधता फिर रोटियाँ बनाता। फ़िदा हुसैन उसे अक्सर रसोई में काम करते देखते रहते। उन्हें दुःख होता। उनकी इच्छा थी मक़्बूल चित्र बनाए या फिर फोटोग्राफी करे।

रसोई के काम में सना मक़्बूल कुछ और करने की सोच नहीं पाता।

घर में सब जानते थे। मक़्बूल को चित्र बनाना बेहद पसंद है।

एक दोपहर फ़िदा हुसैन ने एलान किया–

'अब से मक़्बूल पास के मकान में रहेगा। मकान में एक कमरा उन्होंने खासतौर से मक़्बूल के लिए किराए पर लिया है। वहाँ वो अपनी मर्जी से काम कर सकेगा। रोटियाँ बनाने की जिम्मेदारी अब किसी और को सौंप दी जाए।'

मक़्बूल बहुत खुश हुआ। उसका अपना कमरा। उसकी अपनी जगह। जहाँ वह अपनी मर्जी से रह सकता है। अपनी मर्जी से आ-जा सकता है। चित्र बना सकता है।

दिन भर चित्र बना सकता है।

रोटियों की जिम्मेदारी किसी और को सौंप दी गई।

इन्हीं दिनों उसने पिता के मित्र फरहत अली से अंग्रेजी पढ़ना शुरू कर दिया। फरहत अली ने उसे कई पुस्तकें पढ़ने के लिए दीं। इन पुस्तकों को मक़्बूल पिता से छिपाकर पढ़ता। पिता को पसंद न था 'आसमानी किताब' के अलावा कोई और पुस्तक पढ़ी जाए। उनका ख्याल था रोमांटिक और भावनात्मक कहानियाँ बच्चों पर बुरा प्रभाव डालती हैं।

मक़्बूल को उन्होंने बचपन में कभी कोई कहानी नहीं सुनाई।

मक़्बूल का बचपन कहानियों के नायक चित्रित करने में बीता।

किस्से में राजकुमारी माँ है।

किस्से की इस राजकुमारी को किसी ने देखा नहीं।

मक़्बूल के पढ़ने का शौक बढ़ गया। वह अपने दोस्त के साथ क्रिश्चियन कॉलेज की लायब्रेरी जाने लगा।

यहाँ पुस्तकों का विपुल भंडार था।

कविता, नाटक, कहानियाँ, उपन्यास।

मक़्बूल पागलों की तरह पढ़ता। अंग्रेजी की कक्षाओं में जाकर बैठ जाता।

अवनींद्र नाथ टैगोर, नंद लाल बोस, चुगताई के चित्र देखे।

रेम्ब्राँ, टर्नर, वेलास्कयूग से परिचय हुआ। इन पुस्तकों ने मक़्बूल का हौसला बढ़ाया। दादा के कारखाने में बनाए अपने पहले लैम्प की रोशनी में वह इन चित्रों की हूबहू नकल बनाता।

उसके इन चित्रों की सभी तारीफ करते।

मक़्बूल इन चित्रकारों के बारे में और जानना चाहता है। इस पुस्तकालय में चित्रकला पर पुस्तकें नहीं के बराबर थीं।

इस बीच उसने पिता को राजी कर लिया। अब वह उर्दू शायरी सीखने जाने लगा।

उसकी बढ़ी हुई व्यस्तता देख पिता ने एक सायकिल खरीद दी। मक़्बूल की आवारगी का दायरा बढ़ गया।

इंदौर के आस-पास के गाँवों में लैंडस्केप के लिए जाना दिनचर्या में शामिल हो गया।

मालवा का धूसर दृश्यचित्र और इस दृश्यचित्र में शोख रंग के कपड़े पहने स्त्रियाँ, यह विरोधाभास उसे बहुत भाता।

सुर्ख रंगों का धूसर करना उसका प्रिय शगल बन रहा था।

X X X

मक़्बूल के शौक बढ़ रहे थे।

मक़्बूल की रुचियाँ बढ़ रही थीं।

मक़्बूल का सब्र घट रहा था।

मक़्बूल हॉकी खेलने जाने लगा।

उषा-क्लब की तरफ से फुटबाल खेलने जाने लगा।

पिता के साथ टेनिस खेलने जाने लगा।

अभी भी छोटी प्रतियोगिताएँ आयोजित करना और अपने हाथ से तमगे बनाना जारी था।

होल्कर राज्य चित्रकला प्रदर्शनी में इस बार मक़्बूल ने अपना चित्र भेजा। यह पहला सार्वजनिक प्रदर्शन होगा उसके चित्र का। उसे उम्मीद थी उसका चित्र सभी पसंद करेंगे। प्रदर्शनी के लिए मालवा का दृश्यचित्र उसने खासतौर पर बनाया।

मक़्बूल दिन भर व्यस्त रहता था।

पढ़ने के लिए क्रिश्चियन कॉलेज जाओ।

शायरी सीखने उस्ताद के घर।

खेलने संयोगितागंज स्कूल के मैदान।

अंग्रेजी फरहत अली के मूड पर।

फुटबाल मदन लाएगा तभी।

टेनिस कोर्ट पिता के साथ।

यह सभी कुछ करने के लिए दूसरे पर निर्भर रहो। चित्र बनाने के लिए जादुई लैम्प का उजाला हरदम फैला रहता।

कहीं भी शुरू कर सकते हैं।

उसे ये सब भी करना है। इन सबमें तालमेल बैठा रहे इसलिए इधर उसने अपनी दिनचर्या को रातचर्या से बदल लिया।

रात होते ही वह सायकिल पर लैंडस्केप का सामान और एक लालटेन लेकर शहर के आस-पास गाँवों में चला जाता। रात में दृश्यचित्र बनाना उसके लिए नया रोमांच है। रात में शोख, सुर्ख रंग, धूसर रंग सब गड्ड-मड्ड हो जाते।

रात में सारे रंग एक से दीखते। वह अंदाज से रंग लगाता। वह सोचता लाल और लगाता लाल।

अँधेरे में काला रंग लगाना, अँधेरे को छूना जैसे है।

इस खेल में उसे मजा आने लगा। इसमें रोचक भूलें होतीं। वह अंदाज में फिर वही रंग लगाता।

दूसरे दिन दृश्यचित्र को दृश्य से मिलाकर देखता।

उसके अंदाजे गलत निकलते।

धीरे-धीरे उसने जाना कि लालटेन की जरूरत बैठने की जगह ढूँढ़ने, सामान निकालने आदि के लिए भर है। मक़्बूल उसे थोड़ी दूर रख देता।

इस तरह मँडराने वाले कीड़े भी दूर हो जाते।

अँधेरे में अँधेरे को देखता, रंगों को पहचानता, आत्मसात करते हुए वह चित्र बनाना शुरू करता।

उसका ख्याल था अँधेरे में उभरने वाले आकार चित्र में अपना आकार खुद ले लेंगे।

आकारों का एक-दूसरे में घुला-मला होना, अँधेरे की ताकत है।

उनका अस्तित्व पहचानना मुश्किल होता।

परिचित आकार अपरिचित हो जाते हैं। दीख भी रहा है और देख नहीं पा रहे हैं। रंगों की हालत भी बदतर है। कहाँ चले गए पता नहीं लगता। सारे रंग एक से दीखते।

लालटेन की धीमी रोशनी में अपना परिचय देने में झिझकते।

दिन में देखे अनुभव के आधार पर दृश्य में रंगों का अहसास है किंतु पैलेट पर अनुभवहीनता छाई रहती।

मक़्बूल अनुभव को छोड़ अभी जो दीख रहा है उसे दृश्यचित्र में कैसे देखा जाए इस पर अपना ध्यान लगाता।

वह जानबूझकर दिन में देखे की तरह नहीं बनाता।

रात के अनदेखे को देखना उसके लिए चुनौती है।

सुबह के उजाले में रात का किया बेजान मालूम होता।

वह कोशिश करता। ठीक-ठीक देखने की।

सही रंगों को चुनने की।

इस घटाटोप अँधेरे में अपना पहला जादुई लैम्प जलाए रखता।

रात के अँधेरे में दो चमकीले सितारे उसे दिख रहे थे, उसे लगा कि माँ आशीर्वाद दे रही है।

X X X

इन्हीं दिनों पिता ने छोटे भाई मुराद को रानीपुरा में जनरल स्टोर खुलवा दिया। मक़्बूल को सख़्त हिदायत थी हर इतवार दुकान पर बैठने की।

मक़्बूल की व्यस्त जिंदगी और व्यस्त हो गई।

दिन भर दुकान पर बैठता नुकसान चचाजान का होता। नतीजा में जनरल स्टोर बंद हो गया। अब नई दुकान कपड़ों की खुली। उसका भी वही हश्र हुआ। मक़्बूल का ध्यान चित्र बनाने में रहता। कपड़ा गाय खा जाती।

पहले मक़्बूल छुट्टी के दिन बैठता था। अब चचाजान छुट्टी के दिन बैठने लगे। मक़्बूल का ध्यान चित्रों में था। चचाजान का ध्यान कहीं न था। कपड़े की दुकान कब रेस्तराँ में तब्दील हुई यह मक़्बूल को याद नहीं। अब रेस्तराँ के काउंटर पर बैठ मक़्बूल को रेखाचित्र बनाने में ज्यादा सुविधा थी।

मक़्बूल की आवारगी पर लगी रोक ज्यादा समय टिक न सकी, रेस्तराँ बंद होने को है। उसका खुला रहना बंद रहने के काफी करीब आ गया।

मक़्बूल मौका पा भटकता रहता। पिता ने उसे कई जेबों वाली कमीज सिलवा दी थीं। इन जेबों में रंग, ब्रश, पेंसिल आदि सभी सामान रखा रहता।

बर्तन बाजार, बड़ा सर्राफा, छोटा सर्राफा, मरोठिया बाजार, लाल कुआँ, बंबई बाजार, हरसिद्धि, जूनी इंदौर आदि जगहों के अनेक दृश्यचित्र बनाए।

इन्हीं भटकनों के बीच एक दिन वह बर्तन बाजार में जा अटका। उसने देखा वहाँ उसके अलावा कोई और भी है। चित्र बना रहा है। मक़्बूल धीरे से जाकर उसके पीछे खड़ा हो गया।

यह व्यक्ति शांत भाव से बर्तन बाजार का दृश्य चित्रित कर रहा था। मक़्बूल का ध्यान कागज की तरफ गया। यह सफेद रंग का नहीं था। जैसा वह इस्तेमाल करता है। हल्के ग्रे रंग के कागज पर आहिस्ता-आहिस्ता एक के बाद दूसरा रंग चढ़ाया जा रहा था।

मक़्बूल को यह ढंग पसंद आया। एक रंग के ऊपर दूसरा रंग फिर तीसरा। यह नया तरीका था। पहले गहरे रंग फिर हल्के। रंगों को उल्टा लगाया जा रहा था। मक़्बूल ध्यान से देखता रहा।

रंग वही थे जिन्हें वह खुद भी इस्तेमाल करता है।

धीरे-धीरे दृश्यचित्र उभरने लगा।

तफ्सील आकृतियों की नहीं बनाई गई। तफ्सील से रंग लगाए गए।

दृश्यचित्र में सभी था। हू-ब-हू।

वह देख रहा था गैरजरूरी विवरण रंगों से हटा दिए गए।

आकृतियाँ नहीं बनाई गईं और वे दीख रही हैं।

वह ध्यान से देख रहा था।

उसका ध्यान एक तीखी तेज आवाज से टूटा–

"क्यों तुम भी चित्र बनाते हो?"

"जी"

"क्या नाम है?"

"मक़्बूल"

"मेरा नाम बेंद्रे है। नारायण श्रीधर।"

"आप रंग बहुत अच्छा लगाते हैं।"

"कैसा लगा मेरा चित्र?"

"बहुत अच्छा। मुझे सिखाएँगे?"

"किससे सीखते हो?"

"किसी से नहीं।"

"मुझे सिखाएँगे? आप रंग बहुत अच्छा लगाते हैं।"

"नहीं। मैं पहले तुम्हारे चित्र देखूँगा।"

"चलिए। छावनी में मेरा घर है।"

"नहीं। बाद में कभी आऊँगा।"

"मैं कहाँ मिलूँ आपको?"

"कहीं भी।"

मक़्बूल तड़प उठा। वह चाहता था बेंद्रे अभी घर चलें और उसके चित्र देखें। उसे पहली बार यह मौका मिला है किसी चित्रकार को अपने चित्र दिखलाने का। यह मौका चूकना नहीं चाहता है।

कई दिनों बाद बेंद्रे घर आए। मक़्बूल के चित्र देखे। बहुत खुश हुए। बड़ी देर तक चित्रों पर बात करते रहे।

होल्कर राज्य प्रदर्शनी में मक़्बूल को गोल्ड मेडल मिला। बेंद्रे उस चित्र से बहुत प्रभावित हुए। बल्कि वह चित्र बेंद्रे के घर आने का सबब बना।

मक़्बूल और बेंद्रे की दोस्ती परवान चढ़ी।

बेंद्रे ने मक़्बूल को अभ्यास करना सिखलाया।

वे दिन भर चित्रों पर बात करते।

मक़्बूल ने रंगों को लगाने का ढंग सीखा। जलरंग और तैलरंग का भेद जाना। बेंद्रे के साथ आर्ट स्कूल गया। यहाँ उसने बहुत से चित्रकारों की कला-कृतियाँ देखीं। हम उम्र चित्रकारों से मिला। आर्ट स्कूल का माहौल उसे पसंद आया। चित्रकला पर कई किताबें देखने को मिलीं।

मक़्बूल ने बेंद्रे को अब्बा से मिलवाया।

"आप इसे आर्ट स्कूल क्यों नहीं भेजते?"

"क्या यह कुछ कर सकेगा?"

"इसके हाथों में सफाई है। समझ बहुत ज्यादा है। आप इसे आर्ट स्कूल जरूर भेजिए।"

फ़िदा हुसैन अब तक जान चुके थे मक़्बूल की गति चित्रों में ही है। होल्कर राज्य प्रदर्शनी में मिले 'गोल्ड मेडल' ने इस बात की ताईद भी कर दी थी। उन्हें बेंद्रे की बात जँच गई।

मक़्बूल का दाखिला इंदौर स्कूल ऑफ आर्ट में हुआ।

बेंद्रे तीसरे दर्जे में थे।

मक़्बूल के लिए आर्ट स्कूल में माहौल के अलावा नया कुछ भी न था। वहाँ जो भी पढ़ाया जा रहा था, आसान था। दूसरे छात्र एक चित्र को कई दिन तक बनाते। वह एक दिन में कई चित्र बनाता। मक़्बूल के सिर पर भूत सवार था।

रेखाचित्र बनाना।

पुस्तकें पढ़ना।

चित्र देखना।

दूसरों के चित्रों पर बात करना।

इसमें वक्त तेजी से गुजर जाता।

रात में मक़्बूल सायकिल और लालटेन लेकर रातचर्या के लिए निकल जाता।

X X X

स्कूल के प्राचार्य डी. डी. देवलालीकर की रेखाओं ने मक़्बूल को आकर्षित किया। रेखाओं में सादगी थी। रेखाओं में वैभव था। मक़्बूल की आँखें रेखाओं के जाल में उलझ जातीं। सादी रेखाओं की वक्रता में उसे ताकत नजर आई।

दिन में स्कूल के दोस्तों के साथ रात में अकेले मक़्बूल ने मालवा अंचल के सभी गाँव, देहात, कस्बे रंग डाले।

मक़्बूल के ब्रश में बेंद्रे की समझाइश देवलालीकर की परिशुद्धता का समावेश होने लगा था।

मक़्बूल ने तैलरंगों का इस्तेमाल पहली बार किया। अब्बा ने विंसर न्यूटन के रंग मँगाकर दिए। तैलरंग में चित्र बनाने का सुख अभी सूखा नहीं था कि किसी ने बर्तन बाजार में उसका बनाया दृश्यचित्र खरीदा।

मक़्बूल खुश हुआ। मक़्बूल के चित्रों की सभी प्रशंसा करते। मक़्बूल को एक गम भी था। कभी-कभी उसके दोस्त उसे मक़्बूल के बजाय हुसैन के नाम से पुकारते। बातचीत में भी उसे हुसैन ही कहते।

"हुसैन ने खजराना का चित्र बहुत अच्छा बनाया।"

"हुसैन मांडू चले?"

"हुसैन को उज्जैन बहुत पसंद है।"

"पातालपानी में हुसैन ने गाँव की दीवार पर खूबसूरत चित्र बनाया।"

"राऊ कचौरी खाने चल रहे हो हुसैन?"

उसके दोस्त बात करते। उसकी तारीफ करते और मक़्बूल हुसैन से परिचित न था।

उसके दोस्त अनजाने में उसे अकेला करते जा रहे थे।

मक़्बूल का मन आर्ट स्कूल में नहीं लगता था।

मक़्बूल भटक रहा है।

'मक़्बूल के पाँव चकरी है।' उसे जानने वाले कहते।

मक़्बूल बेचैन था।

मक़्बूल कोशिश करता सब्र करने की।

'सब्र अल्लाह की सबसे बड़ी नेमत है।'

उसे दादा की बात याद आती।

मक़्बूल बेसब्र है।

ढेरों चित्र। लगातार घूमना। उसके हाथ थमते नहीं। पैर थकते नहीं।

मक़्बूल बेबस था।

बेसब्र था।

खबरदार बेखबर था।

बे-खुद था।

बे-गम था।

एक शाम मक़्बूल नौलखा के बीच से निकलती उस सड़क पर जा पहुँचा जो किसी एक तरफ आगरा जाती थी दूसरी तरफ बंबई। अब हुसैन जानता था पुल की तरफ जाने वाली सड़क बंबई जाती है।

खान नदी के पार एक दूसरा संसार है जो उसका इंतजार कर रहा है।

बाख्वाब, बाखुदा, बाएहसास मक़्बूल ने इंदौर छोड़ दिया।

जेनेसिस

मक़्बूल, बंबई मुकद्दर।

मक़्बूल, मुम्बा देवी मुकद्दर।

बंबई में मक़्बूल का मुकाम न था।

मक़्बूल को मुकाम से ज्यादा काम की जरूरत थी। काम की तलाश में दिन भर भटकना, नए लोगों से मिलना, बिना मतलब बातें करना मजबूरी थी। मक़्बूल ने अनुभव किया यहाँ अजनबी लोग अपनापे से बात करते हैं। उसे मुश्किल होती। अजीब लगता। अजनबी का अपनापन।

अजनबी अपनापन।

इस जगह उसकी पहचान न थी।

कुछ काम न था। दिन भर भटकना। शाम को फुटपाथ पर सोना। भीड़ में गायब होने से बचे रहना।

दूसरी मुश्किल भी थी। खुद को अजनबी की तरह देखना। उसने अपने आपको हुसैन की तरह जाना। इंदौर में हुसैन पुकारना मक़्बूल की तरह ही सुनाई पड़ता था। यहाँ कोई भी मक़्बूल नाम से नहीं पुकारता।

हुसैन। कई बार हुसैन को लगता उसे नहीं किसी और को बुलाया जा रहा है। उससे नहीं, हुसैन से बात की जा रही है।

एम. एफ. हुसैन।

मक़्बूल एम. में जा छिपा।

नाम लेना बदतमीजी है। बद-जबानी है।

हुसैन उसका नाम हो चला था।

कुछ यार-दोस्त एम. एफ. बुलाते।

वह तरसता। मक़्बूल सुनने को।

यहाँ किसी को दिलचस्पी नहीं है एम. एफ. से बनने वाले शब्दों में। इतने दिनों में किसी ने उसका पूरा नाम पूछने की कोशिश न की।

हुसैन की पहचान का संकट मक़्बूल के लिए ज्यादा दिन नहीं रहा।

खाने का संकट।

रहने का संकट

कमाने का संकट ज्यादा बड़ा और शाश्वत है।

हुसैन को बंबई आए तीन बरस हो चुके हैं। इन तीन सालों में उसने अपने लिए अच्छा-खासा मुकाम बना लिया। दादर और अँधेरी में मौजूद फिल्म कंपनियों से उसे सिनेमा होर्डिंग बनाने के लिए शहर भर में भेजा जाता है। यदा-कदा नई फिल्मों के पोस्टर भी बनाने को मिलते। इन तीन सालों में उसने सैकड़ों होर्डिंग्स बंबई शहर के कोने-कोने में पोते।

एक सीढ़ी, सायकिल और रंग-ब्रश लिए हुसैन बड़े-बड़े होर्डिंग्स पर देखते-देखते सुरैया, काननबाला, कुंदनलाल, जमुना देवी उतारता चला जाता।

अक्सर उसके पैरों में चप्पल नहीं होती।

कमाई के पैसों से खाने, रहने का इंतजाम हो जाता।

चप्पल विलासिता है।

हुसैन की चौकन्नी निगाहें। कुशल हाथ, जिस्मानी फुर्ती बड़े से बड़े बैनर को पलक झपकते पूरा कर देते।

हुसैन कुशलता, परिशुद्धता और तत्परता की तारीफ होती।

हुसैन इन तारीफों से निर्लिप्त दो आकारों के पास आने से पैदा हुए तीसरे आकार की आकस्मिकता से मुग्ध था।

इस बीच कुछ दोस्त बन गए।

रहने की जगह उसके पास न थी। दोस्तों के कमरों में रात गुजारता या फिर देर रात तक होर्डिंग बनाता रहता। थक कर वहीं सो लेता। सुबह जब भी कभी नींद खुली, होर्डिंग बनाना शुरू।

हुसैन के पास समय था सब्र न था।

बदरबाग। बदरबाग की सुलेमानी बिल्डिंग। यहाँ कई परिवार सुलेमानी संप्रदाय के रहते हैं। हुसैन यहाँ एक बड़ी सी दीवार पर होर्डिंग रखकर बनाता। यहाँ रहने वाले कई उसके दोस्त बन चुके थे। सुलेमानी बिल्डिंग के लोग हुसैन को फिल्मी सितारे चित्रित करते देखते। हुसैन का आर्कषक व्यक्तित्व। चित्रकला में गंभीर रुचि। खुला व्यवहार। वहाँ रहने वालों के बीच जल्द ही प्रसिद्ध हो गया।

बिल्डिंग के जिस अहाते में हुसैन चित्र बनाता उसके सामने दूसरी मंजिल पर महमूदा बीबी अपनी बेटी फजिला और बेटे खुर्शीद के साथ रहती। महमूदा बीबी खिड़की से अक्सर इस नौजवान को अपने काम में डूबा हुआ देखती। लंबा छरहरा शरीर। काली दाढ़ी। लंबे बाल। चित्र बनाने में बला की फुर्ती।

धीरे-धीरे हुसैन को अहसास होने लगा दो जोड़ी आँखें उसकी पीठ पर चिपकी हुई हैं।

दो जोड़ी आँखें उसकी सलामती चाहते हुए उसे देख रही हैं।

हुसैन के दिल में खलिश सी उठी।

उसे लगा सितारों से भरा आसमान जगमगाने लगा है।

आसमान में दो सितारे चमकते हुए उसे देख रहे हैं।

पीली चमकीली धूप में गर्माहट है।

उसे माँ की मौजूदगी का अहसास होने लगा।

इस अजनबी शहर में उसे पहली बार अपनी मौजूदगी का अहसास हुआ। सुलेमानी बिल्डिंग में जाते ही उसे चारों तरफ एक ख़ास मौजूदगी का अहसास होता।

पहली बार बंबई में सुकून मिला।

उसे लगने लगा कुछ ऐसा होने वाला है जो उसके जीवन को बदल देगा। वह यहाँ सुरक्षित महसूस करता।

अब वह होर्डिंग की कमाई से चित्र बनाने के लिए जरूरी सामान खरीद कर रात में चित्र बनाया करता। यहाँ आकर उसे लगता माँ उसके चित्र देखने आई हैं।

उसके सर पर हाथ फेरने आई है। हुसैन को अपने चारों और माँ के आँचल का सुरक्षा कवच महसूस होता।

उसके मन से आशंका उड़ चुकी थी। उसे अपने भीतर गहरे विश्वास का अहसास होने लगा। ऐसा उसने पहले कभी महसूस नही किया।

उसकी निगाहों में जोश जुनून और जुस्तजूँ थीं।

वे चमकते सितारे उसकी आँखों में तैरने लगे।

उसे अपने अंदर खौलता लावा बहता महसूस होता।

हाथों में नई ताकत समाती नजर आती।

उसे लगता वह दुनिया को पलट सकता है।

चित्र बनाते वक्त उसे देखने की जरूरत न पड़ती। उसके इरादों से चित्र बन जाया करते। काननबाला बनाते वक्त वह सोचता काननबाला और बन जाती।

यह सुलेमानी बिल्डिंग का अहाता एक ऐसी जगह थी जहाँ उसे अहसास-ए-खुदा, अहसास-ए-खुद होता।

यहाँ उसे माँ का अहसास होता।

महमूदा बीबी ने एक दोपहर हुसैन को अपने घर खाने पर बुलाया। कुछ संकोच, कुछ आत्मविश्वास, कुछ अनजाने भय से हुसैन महमूदा बीबी के मकान की सीढ़ियाँ चढ़ रहा है।

उसे चारों तरफ वही सुरक्षा महसूस हुई जो नौलखा बगीचे में घूमते वक्त महसूस होती थी।

हुसैन ने आहिस्ता से दरवाजा खटखटाया।

महमूदा बीबी ने दरवाजा खोलते हुए खुशी से इस्तकबाल करते हुए कहा–"आओ, मक़्बूल आओ।"

मक़्बूल।

हुसैन का दिल धड़क उठा। बंबई आने के बाद पहली बार उसने अपना नाम सुना। उसे लगा माँ ने पुकारा है। उसने महमूदा बीबी के चेहरे में माँ का चेहरा देखना चाहा।

उसे दो चमकती आँखें दिखाई पड़ीं।

रस से भरी हुईं। वात्सल्य में डूबीं।

"आओ, मक़्बूल। अंदर इधर आओ। अल्लाह तुम्हें सलामत रखें तुम्हारे हाथों में जादू है। करिश्मा है। जब तुम्हें तस्वीर बनाते देखती हूँ अल्लाह से दुआ करती हूँ। अल्लाह तुम्हें बरकत दे। तुम्हारी तस्वीरों को दुनिया के कोने-कोने तक पहुँचाए। तुम सारी दुनिया में नवाजे जाओ।"

"तुम्हारी तस्वीरें, माशाअल्लाह क्या करिश्मा हैं।"

"जी चाहता है तुम्हें सामने बिठाए रखूँ। तुम्हारी बलाएँ ले लूँ।"

हुसैन को बंबई में इतने खुलूस से प्यार करने वाला न मिला था। अल्लाह से सारी खुशियाँ बेलौस माँगने वाला न मिला था।

बंबई में अकेलापन ही उसका साथी था।

पहली बार इतनी मोहब्बत से किसी ने नाम लिया। दुआएँ दीं।

बलाएँ लीं।

उसकी आँखें नम हो आईं।

"अम्माँ, पहली बार बंबई में आपने मुझे 'मक़्बूल' नाम से बुलाया। पहली बार मुझे अहसास हुआ अकेले होने का। आपने मुझे माँ की तरह चाहा। मैं शुक्रगुजार हूँ।"

"मक़्बूल, तुम्हें यह नहीं सोचना चाहिए, तुम अकेले हो। लाओ, मैं तुम्हें तावीज़ बाँध दूँ। पहले कुछ खा लो।"

मक़्बूल के लिए खाना लगा। महमूदा बीबी पास बैठकर इसरार से खिलाने लगीं।

घर का पका खाना। माँ का अहसास। महमूदा बीबी का इसरार। मक़्बूल जन्नत में था।

उसे इतने प्यार की अपेक्षा न थी।

खाने के बाद महमूदा-बीबी ने दुआएँ दीं। तावीज बाँधा। आशीर्वाद दिये। मक़्बूल अपने घर में था।

उसने अपना सर माँ की गोद में रख दिया।

आसमान में चमकीले सितारे थे।

महमूदा बीबी मक़्बूल से बातें कर रही थीं।

मक़्बूल मदहोश था।

X X X

हुसैन को बंबई में घर मिले छः घंटे हो चुके थे। मोरलैंड पर उस्मान भाई विक्टोरिया वाले के गैराज में रहने लायक पैसा बचने लगा था। दिन भर की कड़ी मेहनत, कई स्टूडियो के चक्कर लगाने पर जो काम मिलता उसे वह ज्यादा से ज्यादा करने की कोशिश करता। चार आने वर्ग फीट के हिसाब से होर्डिंग के पैसे मिलते। ज्यादातर पैसे रंग, कपड़ा खरीदने में खर्च होता। लकड़ी का फ्रेम हुसैन खुद बनाने लगा। कुछ पैसों की बचत होने लगी।

दोनों वक्त का खाना महमूदा बीबी के घर खाने जाता। उसे बंबई में एक घर मिल गया था जहाँ वह खुद को महफूज़ समझता था।

इन्हीं दिनों उसने ख्याल किया कि उसका ध्यान महमूदा बीबी की लड़की फजिला पर ज्यादा रहने लगा है बजाय खाने के।

हुसैन और फजिला के बीच आकर्षण पैदा हो रहा था। वह बैनर बनाते वक़्त महसूस करता कोई उस पर नज़र रखे है। मुड़कर देखता छत पर दो चमकती आँखें पाता।

एक दिन वह छत पर जा पहुँचा। वह देखता है एक लड़की मुँडेर पर लगभग आधी झुकी उसके होर्डिंग को देख रही है। यह फजिला थी। हुसैन ने कहा–

"कल जुमेरात है। अम्माँ, मगरिब की नमाज से पहले मौलवी साहब के यहाँ फातिहा पढ़वाने जाती हैं। तुम बाल्कनी में लाल साबुन की डिबिया रख देना। मैं तुमसे अकेले में मिलना चाहता हूँ। कुछ खास बात है।"

हुसैन का स्वर शांत और सधा हुआ था। उसे खुद अपनी आवाज़ की सफाई पर एकबारगी भरोसा न हुआ।

जुमेरात की उस मुलाकात के बाद बदरबाग की तीनों बिल्डिंग मक़्बूल और फजिला के प्रेम का गवाह बनीं।

महमूदा बीबी ने दोनों का निकाह करना तय किया।

कई लोगों ने महमूदा बीबी को समझाया। फटेहाल, बे-रोजगार नवयुवक में ऐसा क्या है जिसे देख रिश्ता तय कर रही हैं।

जितने मुँह उतनी ही बातें।

हुसैन और फजिला इन सबसे बेखबर अपनी छोटी-छोटी मुलाकातों का सबब ढूँढ़ते रहते।

शाईस्ता फजिला होने वाले शौहर के हुनर से ज्यादा एक फक्कड़ नौजवान के जेहनेरसा की कायल हैं।

हर मसले पर मक़्बूल का सोचना दीगर होता।

उसे मक़्बूल की हर अदा निराली लगती।

वे दोनों सपनों के आसमान में विचरते रहते।

हुसैन का निकाह तय हो गया।

निकाह

महमूदा बीबी के घर हुसैन का आना-जाना बढ़ गया। दोनों वक़्त का खाना और फुर्सत के क्षण गुजारने हुसैन आता।

माँ के वात्सल्य और ममता का स्वाद यहीं चखा।

महमूदा बीबी को मक़्बूल बेटी के शौहर के रूप में माकूल लगा।

उन्होंने दोनों का निकाह 11 मार्च 1941 को करना तय किया।

आज हुसैन का निकाह है। निकाह की खबर उसने इंदौर नहीं भेजी। इस वक़्त निकाह के लिए कुछ अतिरिक्त पैसे कमाने के उद्देश्य से फिल्म 'लगन' का बैनर बना रहा है। फलक पर काननबाला का चेहरा उभर रहा है और मक़्बूल का मन सुलेमानी बिल्डिंग और नौलखा के बगीचे में भटक रहा है।

काम खत्म कर उसने बैनर के पैसे लिए। पहली बार बंबई में टैक्सी कर हुसैन बदरबाग अपने निकाह में शामिल होने चल पड़ा।

रास्ते में एक अगरबत्ती का पुड़ा खरीदा। एक यही सामान बाकी रह गया था। नई गृहस्थी के लिए जुटाए गए सामानों में।

घर, यमनी बिल्डिंग में रहने वाले पोस्टमैन मित्र मोहम्मद नासिर ने उपलब्ध कराया। मोहम्मद नासिर अकेला था और दो कमरों के मकान में रहता था। नासिर को लगा उसके पास एक कमरा ज्यादा है और यह ज्यादा कमरा हुसैन को दिया जा सकता है।

हुसैन की गृहस्थी के लिए यह कमरा ज्यादा ही था। हुसैन को कमरा पसंद आया। दोनों ने मिलकर कुछ जरूरी सामान जुगाड़ा। एक पलंग। एक कुर्सी। एक मेज। रसोई घर के लिए कुछ सामान, स्टोव, पतीली और जरूरी बर्तन।

इस सबके बाद दोनों ने तय किया बाकी सामान दुल्हन अपनी पसंद से लाएगी।

कुरान-शरीफ और रहल नासिर ने शादी के तोहफे के रूप में कमरे में लाकर रखीं। अगरबत्ती होना चाहिए। दोनों नहीं लाए थे।

कमरा साफ किया गया।

कई तरह से जमाया गया। धोया गया।

देर रात तक दोनों बातें करते रहे।

साफ-सुथरी जमी हुई गृहस्थी देख हुसैन को कुछ अजीब लगा। इंदौर छोड़ते वक्त उसे गुमान न था। निकाह करेगा। बंबई में घर बसाएगा।

कल निकाह है। उसने सोचा।

आज निकाह है। उसने देखा कुछ बाराती आए हैं। बदरबाग में ही रहने वाले। निकाह के लिए क्या किया जाना है उसे पता न था और जो जानता है वह कल कर चुका था। अगरबत्ती रह गई थी सो ले आया है।

इन्तजाम महमूदा-बीवी ने बड़ी नफासत से किया हुआ है।

हुसैन का निकाह बा-एवज चालीस रुपए मेहर के फजीला बिंत महमूदा बीबी के साथ निहायत ही सादगी से हुआ।

नए जीवन के नामालूम हिस्सों से मक़्बूल रू-ब-रू था।

उसकी आँखों में अब्बा के निकाह का दृश्य रहा था।

लाल तुर्क टोपी। सारे बाराती लाल तुर्क टोपी पहने सिद्धपुर के प्लेटफार्म पर खड़े हैं।

यहाँ कोई लाल तुर्क टोपी नहीं पहने है।

बारात रेलगाड़ी में जा रही है। डिब्बे में चहल-पहल, खाना-पीना, हँसी-मज़ाक हो रहे हैं।

यहाँ धीरे-धीरे लोग आए। पाँच-सात बाराती।

बैंड-बाजे, रोशनी, पकवानों की खुशबू। सजे-धजे बाराती। सेहरा पहने अब्बा। बारात।

यहाँ सब कुछ वही है। जैसा रोज़ दिखता था। कुछ भी नहीं बदला।

बाराती सफेद पोशाकों में। मस्जिद में निकाह सादगी से पूरा हुआ।

लोगों ने बधाई दी। तोहफे दिए। गले मिले।

हुसैन दुल्हन देखने को बेताब है।

शादी का जश्न मनाते दोस्तों से विदा लेने के बाद हुसैन देर रात अपने घर में कदम रखता है। काले आसमान में चमकीले सितारे डबडबा रहे थे।

नए घर में पहला कदम।

खुद के जीवन में पहला कदम।

नए घर का मुआयना, इंतजार में दुल्हन कई बार कर चुकी है।

सुरमई आँखों से हुसैन का घर में आना देखती है।

नई गृहस्थी। नई दुल्हन। नया दूल्हा। शेष रात दोनों नए सपने देखते काटते हैं। सारी रात बातें करते गुजारते हुए। मक़्बूल की जेब में एक पत्र भी है।

रात भर की बातचीत में फजिला को पता लगा हुसैन का घर आने का इंतजार उसके संसार की बुनियाद में है।

x x x

हुसैन की ब्याही जिंदगी, बाहरी जिंदगी में कोई फर्क पैदा न कर सकी। थोड़ा बदलाव आया। हुसैन ने घर की दुछत्ती पर अपना स्टूडियो बनाया।

घर लिंसिड आइल की महक से भरा रहने लगा।

विमर्श

साधना के समर्थ उपाय के रूप में संगीत

प्रेमलता शर्मा

भारतीय संगीत-शास्त्र का यह वैशिष्ट्य है कि उसके ग्रंथों में संगीत के लिए, विशेषतः गीत के लिए अनेक ऐसे उल्लेख मिलते हैं; जिनमें आध्यात्मिक-जीवन में उसकी उपयोगिता का महत्त्व बताया गया है। इन उल्लेखों को स्थूल रूप से निम्नलिखित शीर्षकों में रखा जा सकता है–

1. नाद-प्रशंसा

यथा– नादादभिव्यज्यते वर्णः, पदं वर्णात्पदाद् वचः।
वचसो व्यवहारोऽयं नादाधीनमतो जगत्।।

(सं. र. 1-2-2)

नाद से वर्ण की, वर्ण से पद की और पद से वचन (वाक्य) की अभिव्यक्ति होती है। सब व्यवहार वाणी से ही चलता है, इसलिए जगत् नाद के अधीन है।

2. नादोपासना की प्रशंसा

यथा– नादोपासनया देवा ब्रह्मविष्णुमहेश्वराः।
भवन्त्युपासिता नूनं यस्मादेते तदात्मकाः।।

(सं. र. 1-3-2)

नाद की उपासना से ब्रह्मा, विष्णु और महेश्वर इन देवों की उपासना हो जाती है, क्योंकि ये नादात्मक हैं यानी इनका स्वरूप नाद है।

3. देवत्व की विभिन्न अभिव्यक्तियों में गीत के प्रति प्रेम

यथा– गीतेन प्रीयते देवः सर्वज्ञः पार्वतीपतिः।
गोपीपतिरनन्तोऽपि वंशध्वनिवशंगतः।।
सामगीतिरतो ब्रह्मा वीणाऽसक्ता सरस्वती।।

(सं. र. 1-1-26, 27)

सर्वज्ञ देव पार्वतीपति गीत से प्रसन्न होत हैं, अनंत भी वंशी-ध्वनि के वश में है, ब्रह्मा समागान में रत हैं और सरस्वती वीणा में आसक्त हैं।

4. चारों-पुरुषार्थों की गीत में साधकता

यथा– तस्य गीतस्य महात्म्यं कः प्रशंसितुम् ईशते।
धर्मार्थ-काम-मोक्षाणामिदमेवैक-साधनम्।।

(सं. र. 4-1-30)

गीत का माहात्म्य कौन कह सकता है? धर्मार्थ काम मोक्ष का यही एक साधन है।

संगीत-शास्त्र के ग्रंथों के अतिरिक्त स्मृति पुराण आदिकों में एवं तत्संबंधी साहित्य में संगीत के प्रशंसात्मक अनेकों वाक्य मिलते हैं। उदाहरण के लिए–

वीणावादनतत्वज्ञः श्रुतिजातिविशारदः।
तालज्ञश्चा-प्रयासेन मोक्षमार्गं निगच्छति।।
गीतज्ञो यदि गीतेन नाप्नोति परमं पदम्।
रुद्रस्यानुचरो भूत्वा तेनैव सह मोदते।।

(याज्ञ. स्मृति 3-4-115, 116)

जो वीणावादन के तत्त्व या सार को जानता है, जो श्रुतियों और जातियों (के प्रयोग) में कुशल है, जो ताल का ज्ञाता है, वह मोक्ष मार्ग को प्राप्त होता है। गीतज्ञ यदि गीत के द्वारा परम पद को प्राप्त नहीं होता तो वह रुद्र का अनुचर बनकर उनके संग में आनंद पाता रहता है।

एक विख्यात पौराणिक उक्ति इस प्रकार है–

अर्चनादधिकं ध्यानं ध्यानात् कोटिगुणं जपः।
जापात् कोटिगुणं गानं गानात् परतरं नहि।।

ध्यान पूजा से अधिक है, जप ध्यान से अधिक है, गान जप से अधिक है और गान से अधिक कुछ भी नहीं है।

ऊपर उद्धृत वाक्यों से निम्नलिखित निष्कर्ष निकल सकते हैं–

(1) संगीत न केवल उपासना और साधना का एक उपाय है, अपितु उत्कृष्ट उपाय है।

(2) देवत्व की विभिन्न अभिव्यक्तियाँ (देव-देवी) न केवल संगीत से प्रेम रखती हैं, अपितु उनकी सर्वोत्तम धारणा यही हो सकती है कि वे नादात्मक हैं।

(3) संगीत की साधना के विभिन्न स्तर हैं। उसके निम्न स्तरों में धर्म, अर्थ, काम की प्राप्ति होती है और उच्च स्तर में मोक्ष की।

हम संगीत के माहात्म्य के इन तीनों पहलुओं को कुछ विस्तार से समझने का यत्न करेंगे और इस परंपरा की दार्शनिक भित्ति का भी संधान पाना चाहेंगे। ये तीनों पहलू एक दूसरे से जुड़े हुए हैं। इसलिए इन्हें पृथक्-पृथक् रूप से लेना संभव नहीं होगा, किंतु उपसंहार में इन तीनों के साथ पूरी बात को संबद्ध करने का यत्न किया जाएगा।

मौलिक सत्ता अथवा परम तत्त्व को ब्रह्म कहा जाता है और वह निरपेक्ष, तर्कातीत तत्त्व है। यह सत्ता हमारे उच्चतम अनुभव में 'अस्ति' (विशुद्ध विरुपाधिक सत्ता), 'भाति' (चित्) और 'प्रियं' (आनंद) के रूप में प्रकट होती है।

'आनंद' के प्रसंग में ब्रह्म को 'भूमन्' और कभी-कभी 'मधु' भी कहा जाता है। इस प्रकार वह आनंदात्मक चैतन्य है–

यो वै भूमातत्सुखम्। नाल्पे सुखमस्ति।

(छांदोग्य. 7-23-1)

यह आनंद अथवा रस सत्तामात्र की व्यापक पृष्ठभूमि है। अनंत आकाश अथवा असीम अर्णव की भाँति यह आनंद विश्व में सभी सत्ताओं का आधार है। इन दो उपमाओं में आकाश विशेषत: सत् और चित् के वर्णन में उपयोगी है और अर्णव विशेषत: आनंद का सूचक है। वास्तव में ये दो पहलू पृथक् नहीं किए जा सकते। आकाश नि:स्पंद अधिष्ठान का द्योतक है और अर्णव मूलस्पंद का। महामौन को मूलवाक् में अभिव्यक्त करता है महानंद,, जिसे ॐकार या प्राणब्रह्म भी कहा जाता है। इस प्रकार ॐकार के रूप में महानाद सृष्टि की प्रथम अभिव्यक्ति है। इसका न केवल सत् और चित् से अपितु आनंद से संबंध है, अर्थात् यह तीनों की अभिव्यक्ति है। आनंद का मूलस्पंद से सीधा संबंध है और सत् + चित् उसका अधिष्ठान है; इसलिए आनंद को ही समग्र सृष्टि का उद्गम-स्थान, पोषक और विलय-स्थान कहा जाता है।

आनंदाद् ह्येव खल्विमानि भूतानि जायन्ते। आनन्देन जातानि जीवन्ति। आनन्दं प्रत्यभिसंविशन्तीति।

(तैत्ति. 3-6)

भूमा की प्रथम आत्माभिव्यक्ति है महानाद और भूमा तो रस अथवा आनंद से अभिन्न है। भूमा अथवा आनंद उस मूलस्पंद का समग्र स्वरूप है, जिससे सृष्टि का आरंभ होता है, जिस पर वह स्थित रहती है और जिसमें विलीन होती है।

रस अथवा आनंद समग्र सृष्टि का 'हृत्' (सारभूत केंद्रबिंदु) है। संगीत द्वारा इस 'हृत्' तक पहुँचना सुगम हो सकता है क्योंकि (1) यह नादात्मक है, अत: मूलस्पंद अथवा महानाद के अनुभव का यह सुखद और सुगम मार्ग हो सकता है। (2) स्थूल स्तर पर भी संगीत हर्ष की स्वाभाविक और सार्वभौम अभिव्यक्ति के रूप में सर्वमान्य है। हाँ, यह अवश्य है कि उपर्युक्त अनुभूति के लिए उचित भाव, मन और शरीर की शुद्धि तथा अनन्य लगन सर्वथा आवश्यक है।

सृष्टि के आरंभ की बात यहाँ तक हुई। जहाँ तक सृष्टि के विस्तार का प्रश्न है, उसके लिए यह उल्लेखनीय है कि सृष्टि का क्रम ऋजु, सम और अखंड नहीं है अपितु वह आवर्तनात्मक है जो तरंग का, चक्र का अथवा सर्पिल कुंडली का आकार धारण करता है। उदाहरण के लिए बीज से वृक्ष और वृक्ष से पुन: बीज यह एक चक्रिक क्रम है। तदनुसार महानाद बीजरूप 'बिंदु' बनता है और वही 'कला' के रूप में उस बिंदु की क्रमबद्ध अभिव्यक्ति भी बनता है। अभी जिन तीन आकारों का हमने उल्लेख किया वे सभी संगीत में स्पष्ट रूप से मिलते हैं। यथा–ध्वनि तरंगों से तरंगवत् क्रम, ताल से चक्रिक क्रम और स्वर अष्टकों के संबंध में सर्पिल क्रम का सादृश्य पाया जाता है।

सृष्टि-विकास के उपर्युक्त क्रम के अनुसार महानाद अथवा परनाद अपने आपको सुषम छंद (विविध होते हुए भी एकता के सूत्र से आबद्ध) के ढाँचे में अभिव्यक्त करता है। विविधता और एकता का यह समन्वय भारतीय संगीत के राग और ताल में बहुत उत्कृष्ट रूप में पाया जाता है।

रस अथवा आनंद मूलत: स्वसमाहित अवस्था का द्योतक है जिसे 'स्वलसित' कहा जा सकता है। यही अपने आपको 'उल्लसित' अथवा 'विलसित' बनाता है। संगीत की भाषा में बात करें तो ॐकार या परनाद स्वरसप्तक के रूप में अपनी अभिव्यक्ति करता है। (प्राचीन संगीतशास्त्र में मौलिक स्वरग्राम को षड्जग्राम कहा गया है और उसमें षड्ज, ऋषभ, गांधार का श्रुतिक्रम 4, 3, 2 है। यही श्रुतिक्रम प, ध, नि में पुनरावर्तित होता है। ये दोनों त्रिक के समान हैं और दोनों के बीच में जोड़ने वाली कड़ी के रूप में मध्यम पड़ा हुआ है। स्पष्ट है कि इस ग्राम में दूसरा त्रिक पहले का ही पुनरावर्तन है।) यह

स्वलसित का स्तर है। उल्लास के लिए स्वर आधारभूत 'सुर' (ड्रोन) बनता है और विलास के लिए वह स्वरसन्निवेशात्मक 'धुन' का रूप लेता है। अभिव्यक्ति का यह क्रम जो एक अखंड नाद से आरंभ होता है, संगीत के स्थूलतम स्तर पर भी इन्द्रियगोचर हो सकता है और योगजन्य अनुभव के सूक्ष्म स्तरों में भी अवगत हो सकता है। सृष्टि की अभिव्यक्ति का अनुलोम क्रम और लय का विलोम क्रम–ये दोनों संगीत के द्वारा जितनी सुगमता से अवगत हो सकते हैं, उतने शायद किसी अन्य साधना से नहीं।

यदि उपर्युक्त अनुभूति को संगीत का लक्ष्य मान लिया जाए तो फिर किसी राग को गाते बजाते समय यही काफ़ी नहीं है कि स्वरों का यथोचित सन्निवेश किया जाए अपितु यह भी आवश्यक होगा कि स्वरों को नाद के अधिष्ठान अथवा भित्ति पर अभिव्यक्त किया जाए। 'नाद' में अभिव्यक्ति का क्रम और 'बीज' में विलय का क्रम अनुस्यूत है और संगीत में इन दोनों का स्थान है।

संगीत द्वारा अध्यात्म साधना का लक्ष्य है वितान अथवा विस्तार और विलय के क्रम का अनुभव करना। नादात्मक अभिव्यक्ति (स्वरोदय) और बिंद्वात्मक लय (स्वरविलय) की मात्रा अथवा नाप होना बहुत आवश्यक है। 'अमेय' का 'मान' आवश्यक है और यही संगीत गें ताल का आधार है।

सुषम छंद के ढाँचे में अभिव्यक्ति की जो बात हमने ऊपर कही उस पर पुनः ध्यान दें तो यह कहा जा सकता है कि जिसे मोक्ष या मुक्ति या योग कहा जाता है उसका सत्व है सभी मानसिक, बौद्धिक, भावनात्मक, शारीरिक संघर्षों, दबावों या तनावों का अंत। 'समत्वं योग उच्यते'। हम लोग विषम स्तर पर पड़े हुए हैं और इससे हमें सुषम स्तर पर जाना है। इसी बात को योग की भाषा में यों कहा जाता है कि इडा और पिंगला की गति वक्र है और सुषुम्ना की गति सरल, सीधी है। सुषुम्ना के पथ में प्रवेश ही योगी का साध्य होता है। संगीत मोक्ष का साधन बन सकता है यदि वह इस पथ को खोलने में सहायक हो और सुप्त शक्ति (कुण्डलिनी) के जागरण में प्रेरक हो। इस लक्ष्य की सिद्धि के लिए स्वर और छंद की साधना जो कि संगीत का सत्व है, महत्त्वपूर्ण है।

भारतीय संगीत में राग को साधना का फार्मूला माना जा सकता है। निरुक्त पद्धति से 'राग' के घटक 'र', 'आ', 'ग'–इन तीनों की निम्नलिखित व्याख्या की जा सकती है।

'र' को अग्नि के बीजाक्षर 'रं' का प्रतिनिधि माना जा सकता है। मनुष्य के शरीर में अग्नि अथवा तेज का स्थान है मणिपूर चक्र जहाँ से नाद उठता है। नाद के उत्थान से पहले मूलाधार में अग्नि का सुलगना आवश्यक है। मूलाधार से स्वाधिष्ठान चक्र तक उस सुलगी हुई अग्नि में प्रवाहिता आनी चाहिए क्योंकि स्वाधिष्ठान 'अप्' या जल का स्थान है। सच्चे संगीत की बात छोड़ दें तो हमारी साधारण वाक् का व्यापार कंठ में ही होता है और उसका नियमन इडा, पिंगला की विषम गति द्वारा ही होता है। इस गति का समान होना आवश्यक है (प्राणापानौ समौ कृत्वा)। इस समानता के बिना सुषुम्ना का पथ नहीं खुलेगा और शक्ति रूपा अग्नि गतिशील नहीं होगी, कुल कुण्डलिनी में गति नहीं आएगी। सुषुम्ना की अग्नि की गति अभिव्यक्ति के क्रम में बिंदु + नाद + कला है और विलय के क्रम में कला + नाद + बिंदु है।

'र' और 'ग' के बीच में जो 'आ' पड़ा हुआ है वह इस बात का द्योतक है कि 'र' अचल नहीं है बल्कि वह परनाद, पर बिंदु और सुषम कला के रूप में अभिव्यक्त होता है।

'ग' गति का प्रतिनिधि है और जैसे 'कं ब्रह्म'=भूमा अथवा 'खं ब्रह्म'=आकाश, वैसे ही 'गं ब्रह्म'=प्राण ब्रह्म। 'राग' में 'ग' इस बात का द्योतक है कि मुख्य प्राण के रूप में प्राणब्रह्म को प्राण अपान के दासत्व से मुक्त होकर 'अर्धमात्रा'[1] अथवा कुलकुण्डलिनी को जगाना है ताकि रजस् तमस् के निम्न स्तरों से उन्नत शक्ति के स्तर प्रज्ञान और आनंद तक पहुँचा जा सके।

राग की साधना यदि ठीक ढंग से की जाए तो इस ऊर्ध्व गति में सहायक हो सकती है। इस प्रकार राग अपने उच्चतम स्तर में रस अथवा आनंद की अपनी अलसित (अव्यक्त) स्थिति से स्वलसित, उल्लसित और विलसित स्तरों तक की गति का द्योतक है। अतः राग आनंद समाधि अथवा महाभाव का साधन हो सकता है, जो कि परमलक्ष्य है।

सृष्टि का हृत् (सारभूत केंद्रबिंदु) जो कि रस अथवा आनंद है उसकी बात फिर से की जाए तो यह समझना होगा कि इस हृत् की अपनी हृल्लेखा (आंतरिक आलेख्य) है। इस आलेख्य को काल के प्रसंग से अबाधित प्रवाह के रूप में समझा जा सकता है और देश के प्रसंग से निर्धारित स्थिति के रूप में। इनमें से प्रथम (काल-संबंधी) चल है और वह ऋत के रूप में कार्य करती है और दूसरी (देश संबंधी) अचल है, जो सत्य के रूप में कार्य करती है। इस द्विविधता में हृत् अपने चल रूप में 'हृदय' बनता है और अचल रूप में 'हृद्देश' बनता है। भारतीय संगीत के प्रबंधों में, जैसे कि ध्रुपद में, ध्रुव अथवा स्थायी को 'हृद्देश' का प्रतिनिधि कहा जा सकता है क्योंकि वह

पुनरावर्तित होने के कारण एक प्रकार का अचलत्व धारण करता है और गीत के अन्य खंड, जैसे कि अंतरा, संचारी, आभोग, जो कि अधिक पुनरावर्तित नहीं होते, उन्हें 'हृदय' अर्थात् चलता का प्रतिनिधि माना जा सकता है। इसी प्रकार राग में किसी एक स्वर को (प्राचीन परिभाषा के अनुसार) वादी, अंश अथवा स्थायी बनाना होता है और शेष स्वर उसके संवादी अथवा अनुवादी होते हैं। इस प्रकार किसी राग के वादी अथवा स्थायी स्वर को उसका 'हृद्देश' कहा जा सकता है क्योंकि वह स्थिर है और उसे अपने आपको 'हृदय' में भी परिणत करना होता है अर्थात् जो स्वर स्थायी नहीं है, उसकी चलता से वादी स्वर को गति मिलती है और इस प्रकार स्वलसित रस का उल्लसित और विलसित में विकास होता है। इस प्रकार की प्रस्तुति के लिए नाद-ब्रह्म + बिंदुब्रह्म का कलाओं में विस्तार अपेक्षित है, जिसे सुषम कला वितान कह सकते हैं। कलाओं की अभिव्यक्ति के क्रम में स्वर का विवाह छंद से हो जाता है, 'अमेय' का गठबंधन 'मेय' से हो जाता है।

हिन्दू संगीत की कला और विज्ञान का आधार दर्शन में किस प्रकार मिल जाता है इसका संकेत ऊपर दिया गया है। इसी प्रसंग में कुछ अन्य उदाहरण भी दिए जा सकते हैं, यथा–

(1) कलनी शक्ति, जो कलाओं को रूप में अभिव्यक्ति का क्रम बनाती है, मूलत: षडंग योजना के अनुसार कार्य करती हैं ये छ: अंग 'रं' 'लं' 'वं' इत्यादि छ: बीजाक्षरों में अनुस्यूत हैं। गूल राग भी छ: ही हैं–राग-रागिणी-पद्धति में तो वैसा हैं, ही, प्राचीन ग्राम-राग-पद्धति में भी शुद्ध राग छ: ही हैं। मूल रागों की यह संख्या (6) मनुष्य-शरीर में छ: चक्रों से भी संबद्ध है। राग-रागिणी-पद्धति के छ: रागों के साथ छ: बीजाक्षरों का संबंध जोड़ा जा सकता है। उदाहरण के लिए–'ॐ वं' को मेघ राग का बीज माना जा सकता है क्योंकि 'वं' जल का बीजाक्षर है; उसी प्रकार 'ॐ रं' दीपक राग का बीज हो सकता है क्योंकि 'रं' अग्निबीज है।

(2) 'गमक' का भारतीय संगीत में महत्त्वपूर्ण स्थान है। गमक के द्वारा ही 'नाद' की 'मूर्च्छा' टूटती है और आलाप से स्वरों का 'नृत्य' आरंभ होता है। 'गमक' = 'गमन' कराने वाला यानी ज्ञान कराने वाला। स्वर का वैचित्र्य-विलास गमक से ही होता है। यह शब्द शास्त्रीय दृष्टि से बहुत सार्थक है।

(3) भारतीय संगीत की प्राचीन पद्धति में मूर्च्छना शब्द का मौलिक महत्त्व है। 'मूर्च्छ' धातु के दो अर्थ हैं–मोह और उभार। दोनों अर्थों का सांगीतिक मूर्च्छना में स्थान है। मूर्च्छना के द्वारा ही नाद अपनी अलसित (मूर्च्छित) स्थिति में से जागता है अथवा अव्यक्त बीजरूप बिन्दु का सुषम कलाओं में विकास होता है। पारिभाषिक शब्दों में कहें तो मूर्च्छना ही ग्राम के सातों स्वरों की संभावनाओं को व्यक्त करती है। विलोम क्रम में ग्राम पुन: अव्यक्त बन जाता है। इस प्रकार 'मूर्च्छ' का उभार अर्थ मूर्च्छना में लागू होता है। कमल की पंखुड़ियों का विकास और संकोच उदाहरण के रूप में यहाँ समझा जा सकता है। अभिव्यक्ति के क्रम में 'अखण्ड' और 'अमात्र' रस खंडित और विलोम क्रम से खंडित और मात्रिक रस पुन: अखंड और अमात्र हो जाता है।

'प्रिय' अथवा आनंद ही तो अस्ति भाति का 'हृत्' है और सृष्टि एवं विलय में उसका एकमात्र काम है सुषमता लाना अथवा मधुच्छन्द: बनना। सुषमता ही तो संगीत का प्राण है। सृष्टि क्या है–निर्दोष ताल में 'नृत्य' है, आंतरिक घनिष्ठता में 'वादन' है, और आनंदातिरेक में गान है। नृत्य और वादन में निर्दोष 'मात्रा' (नाप) की आवश्यकता है और गान में उन दोनों (नृत्य-वादन) का उत्कर्ष है अमेय आनंद में। नृत्य और वादन का व्यापार सुषम कलाओं में चलता है और गीत में नाद बिंदु का संयोग है, जहाँ से कि कलाओं का उद्‌गम होता है। नृत्य-वादन में व्यासवृत्ति प्रधान है अर्थात् काल और देश के प्रसंग में पृथक्करण प्रमुख है और गान में समास अथवा समाहृति प्रधान है अर्थात् एकीकरण प्रमुख है। प्राणन=प्राणव्यापार का तालात्मक नि:सरण नृत्य है, मनन की वाद्यों से घनिष्ठता वादन है अर्थात् मन में कल्पित स्वर सन्निवेश की वाद्य पर अवतारित रूप के साथ घनिष्ठता है, और गीत में गति, भावन और आह्लादन है, जो नृत्य और वादन की भी मौलिक प्रेरणा बनते हैं। वाक्-प्राण-मन के वैदिक त्रिक की भाषा में कहें तो नृत्य में प्राण प्रधान है, वादन में मन और गान में वाक्। नृत्य का संबंध हमारे शरीर से, वादन का मस्तिष्क (बुद्धि) से और गीत का हृदय से कहा जा सकता है। इसीलिए हिंदू संगीत की परंपरा में गान में आलाप के द्वारा 'राग' का संवेदन-आवेदन सर्वोत्कृष्ट रूप से हो सकता है, क्योंकि उसमें एकीकरण की उच्चतम अवस्था की संभावना है।

उपसंहार से पूर्व यह कहना आवश्यक है कि ऐसे लघु लेख में केवल उदाहरण-रूप से कुछ संकेत देना ही संभव है जिससे हिंदू संगीत के वैदिक और तांत्रिक (यौगिक) आधार का दिक्सूचन हो सके। इस विराट् विषय के साथ कुछ भी न्याय करना संभव नहीं। यहाँ इतना ही कहना पर्याप्त है कि हिंदू संगीत का एक ओर शरीर-मूलक हठयोग से घनिष्ठ संबंध है और दूसरी ओर मनोमूलक राजयोग से। संगीत में वाक्, प्राण,

मन का सभी स्तरों पर समत्व साधा जाता है। अतः संगीत बड़ी सुगमता से किसी भी साधना-पद्धति का सहगामी बन सकता है, जो शरीर को, मन को अथवा वाणी को आधार मानकर चलती हो।

इस लेख के उपक्रम में जो तीन निष्कर्ष रखे गए थे उन्हें यहाँ उपसंहार में दोहरा लेना उचित होगा।

(1) हिंदू संगीत साधना का उत्कृष्ट उपाय है क्योंकि उसकी संकल्पनाएँ वैदिक दर्शन, योग और तंत्र पर आधारित हैं।

(2) देवत्व की विभिन्न अभिव्यक्तियों की धारणा उन्हें नादात्मक समझने से सर्वोत्कृष्ट रीति से हो सकती है क्योंकि नाद मौलिक अभिव्यक्ति भी है और बीजरूप बिंदु भी है। देव-देवियों की धारणा या तो मौलिक शक्तियों की अभिव्यक्ति के रूप में होती है अथवा इस व्यक्त सृष्टि के बीज के रूप में।

(3) हिंदू संगीत की संकल्पना ऐसी है कि उसमें निम्नतम से लेकर उच्चतम स्तरों की साधना के लिए अवकाश है और मुक्ति का संबंध स्वाभाविक रूप से उच्चतम स्तर के साथ है।

1. 'अर्धमात्रा' में 'अर्ध' का अर्थ आधा नहीं है। उसका अर्थ है ऋध्यमान = सदा वृद्धि को प्राप्त होता हुआ, सदा विस्तृत होता हुआ।

कुडियाट्टम् रंग–नृत्य शैली और महाकवि भास

डी. अप्पूकुट्टन नायर

हिंदी अनुवाद–संगीता गुंदेचा

कुडियाट्टम् संस्कृत की संभवतः प्राचीनतम रंगशैली है। इसलिए यह संयोग नहीं है कि संस्कृत के प्राचीनतम नाटककार शायद पहले महाकवि भास के नाटकों का मंचन इस शैली में सदियों से होता चला आ रहा है। भास की नाट्यलेखन की अनोखी संक्षिप्तता को देखकर हम अनुमान कर सकते हैं कि वे किसी रंगमंडल से जुड़े रहे हों और उसके लिए उन्होंने उन नाटकों की रचना की हो जिन्हें हम 'भास नाटक चक्र' कहते हैं। या भास के नाटकों का अभिनय करने के लिए रंगनिदेशकों और अभिनेताओं को अपने हर अंश में भरत के नाट्यशास्त्र का पूरी तरह अनुसरण न करने वाली एक ऐसी रंगशैली आविष्कृत करने की ज़रूरत महसूस हुई हो, जिसे हम आज 'कुडियाट्टम्' के नाम से जानते हैं। दूसरे शब्दों में हम यह दुस्साहसीय अनुमान लगा सकते हैं कुडियाट्टम की उत्पत्ति में शायद भास के नाटकों ने किसी हद तक स्त्रोत का काम किया हो। कुडियाट्टम् में भास के अलावा शक्तिभद्र, बोधायनादि के नाटक भी किए जाते हैं। इसमें रंगमंच पर आने वाले मुख्य अभिनेताओं को चाक्यार कहा जाता है, जो पुरुष पात्र होते हैं। स्त्री पात्रों की भूमिका नांग्यार निभाते हैं, जो विशेष श्लोकों का पाठ करने में भी सहायता करते हैं। तीसरे नाम्ब्यार होते हैं, जिन पर वेशभूषा, सज्जा, रंगमंच की सामग्री यानि आहार्य की व्यवस्था का भार होता है। कुडियाट्टम् केरल के जिस पारंपरिक रंगमंच पर किया जाता है उसे 'कुत्तम्पलम्' कहते हैं। कुडियाट्टम् में अभिनय करने वाले चाक्यारों में परमेश्वर चाक्यार, इट्टियम्मा चाक्यार, मणि माधव चाक्यार आदि कुछ ऐसे नाम हैं जिन्होंने इस रंग-नृत्य शैली में अभिनय के चरम को छुआ और उसे समकालीन रंगजगत में स्थापित करने में अपना विशेष योगदान दिया।

–संगीता गुंदेचा

वे दर्शक जिन्हें नाट्य प्रदर्शन में नाटक के संवादों की मौखिक प्रस्तुति, चरित्रों के योग्य वेशभूषा पहने हुए अभिनेताओं, रंगस्थिति दर्शाते चित्रित परदों, पुतलों व अन्य रंग सामग्री से सज्जित रंगमंच को देखने का अभ्यास है, वे कुडियाट्टम् देखकर चकित हो जाएँगे। ऐसा इसलिए होगा क्योंकि–

(1) कुडियाट्टम् में किसी भी चरित्र को प्रस्तुत करने के लिए उसकी बाहरी बनावट व व्यवहार का अनुकरण नहीं किया जाता। इसमें आहार्य, वाचिक व अन्य अभिनय प्रतीकात्मक होने के कारण शैलीकृत 'स्टाईलाईज्ड' होते हैं। यहाँ रंगमंच भी सूना होता है और अर्थपूर्ण भंगिमाओं के सहारे ही रंगदृश्यों का सृजन किया जाता है।

(2) इसका प्रदर्शन विस्तार से होता है। नाटक के एक अंक का प्रदर्शन पाँच से लेकर इकतालीस रातों तक होता है।

(3) नाटक की स्थापना का विस्तार इस तरह किया जाता है कि वह उसकी कथा और पात्रों को ठोस आधार प्रदान कर सके। इसे निर्वाहणम् कहा जाता है, जिसे करने में कई दिन लग जाते हैं।

(4) यहाँ एक ही अभिनेता अनेक भूमिकाएँ निभाता है।

(5) इसके प्रदर्शन में कई तत्त्व बार-बार आते हैं।

(6) कई पात्र रंगमंच पर नहीं आते। उन्हें या तो मशाल उपस्थित करती है या उनकी भूमिका वे निभाते हैं, जो अन्य भूमिकाएँ निभा रहे होते हैं।

कुडियाट्टम् के ये असाधारण लक्षण विशेषकर संस्कृत नाटकों के संदर्भ में उचित ही हैं, क्योंकि उनमें लिखित पाठ के विशेषकर काव्यांशों की केवल मौखिक प्रस्तुति नाट्यपाठ के काव्यशास्त्र को प्रकट करने में अक्षम रही आती है। यह भी है

कि जिन अवस्थाओं को चित्रित करने रामायण में राम और रावण जैसे स्वरूपों को आरोपित किया गया है, उनके प्रदर्शन के लिए सहज मानवीय लक्षणों को तिरस्कृत कर प्रतीकात्मक शैली अपनाई जाती है। इसलिए कुडियाट्टम् में नाट्यधर्मी तत्त्व भरत के वर्णन से कहीं अधिक प्रभावशाली हैं।

भरत ने नाटकों के जो विभिन्न लक्षण निरूपित किए हैं, वे भी कुडियाट्टम् में दिखाई देते हैं, जैसे–

(1) नानाभावोपसंपन्नं–अनेक भावों से संपन्न–यानि अमूर्त या अनभिव्यक्त अवस्थाओं का मूर्त या अभिव्यक्त रूपाकारों और नामों में भावांतरण।

(2) नानावस्थांतरात्मकं–उपरोक्त अमूर्त अवस्थाएँ या प्रत्यय विभिन्न रंग स्थितियों और घटनाओं की अंतरात्मा हैं।

(3) लोकवृत्तानुकरणं–इंद्रिय या मनस् ग्राह्य ऐसी कथा या लोकवृत्त जिसमें भावना या कल्पना का अनुकरण हो।

कुडियाट्टम् में आंगिक अभिनय या भंगिमाओं के संकेतन का विशेष स्थान है, विशेष कर प्रकृति, प्राणियों व लोक कार्य-व्यापार के चित्रण में। इसमें वाचिक अभिनय नाट्यधर्मी होता है, जो वेदपाठ के समान है, लेकिन सामान्य जीवन में प्रयुक्त वाणी और गीतों से अत्यंत पृथक है। आहार्य अभिनय में अभिनेता की सज्जा सामग्री व वेशभूषा चरित्रों की बाहरी प्रकृति से मेल नहीं खाती, जो अधिकतर महाकाव्यों से आते हैं और मानवेतर होते हैं। इसलिए अभिनेता के व्यक्तिगत मानवीय लक्षणों को उन मानवेतर लक्षणों के आरोपण से पूरी तरह ढँक दिया जाता है; जिनमें अंतरात्मकत्वम् या चरित्र की आंतरिक अवस्था के तत्त्व होते हैं और जिनमें सात्विक और आंगिक अभिनय के अतिरेक की संभावना रहती है। चेहरे के सबसे प्रभावशाली अंग आँखों और होठों को गहरे हरे कपोलों और सफेद किनार से घिरी चौड़ी काली भवों व बरोनियों के विपरीत लाल रंग का बनाकर उभारा जाता है। सूना रंगमंच विभिन्न भंगिमाओं के संकेतन के सहारे विभिन्न रूपाकारों से स्पंदित हो उठता है, जो चित्रित परदों या पुतलों की तुलना में कहीं अधिक सजीव जान पड़ते हैं।

सात्विक अभिनय अपनी संपूर्णता में सिर्फ कुडियाट्टम् और कथकली में ही पाया जाता है। मैंने 'संपूर्णता' इसलिए कहा; क्योंकि सात्विक में ये तीनों तत्त्व शामिल होते हैं–

(1) प्राणमय कोष का प्रणन्

(2) मनोमय कोष का मनस्

(3) विज्ञानमय कोष का विज्ञानम्

यदि आंगिक, वाचिक और आहार्य पंचकोष के अन्नमय कोष या स्थूल पक्ष के अंग हैं, तो सात्विक, मनोमय कोष और विज्ञानमय कोष के सूक्ष्म प्राणमय कोष का अंग है। अभिनेता के साँस लेने, साँस छोड़ने और स्नायुतंत्र के विभिन्न स्थलों पर दबाव डालने से श्वास का नियंत्रण करने पर प्राणमय कोष सक्रिय होता है, जो विभिन्न संवेगों, क्रियाओं और वाणी की अभिव्यक्ति को सजीव बना देता है। यह श्वसन-क्रिया व्यापार अत्यंत नाजुक और खतरनाक है, जिसका अभ्यास कड़ी निगरानी में किया जाता है। मनोमय कोष, मानसिक व्यापार में सक्रिय होता है जहाँ भाव या मनोरचना, अंतहीन भावना या कल्पना का अध्यारोपण होता है। मानसिक सृजन कुडियाट्टम् की खासियत है। रावण या शंकुकर्ण कैसे हमारे मन की आँखों के सामने कैलाश पर्वत की रचना कर देते हैं, इसे सिर्फ अनुभव ही किया जा सकता है। मानसिक-सृष्टि मानव-रचित सृष्टि से उत्कृष्ट होती है। भरत कहते हैं। "दिव्यानां मानसी सृष्टि"। जहाँ तक कल्पना (भावना) का प्रश्न है, चाक्यार आपको नाटक के लिखित पाठ की तुलना में कितनी ऊँचाई तक ले जा सकते हैं, इसका अंदाज़ इससे लगाया जा सकता है कि मसलन भास के प्रतिज्ञायौगंधरायण के तीसरे अंक के एकालाप को करने में अनेक रातें लग जाती हैं, मात्र एक एकालाप को करने में 38 रातें। ऐसी उदात्त कल्पना (भावना) का नियंत्रण विज्ञानमय कोष करता है, जो इस सुविस्तृत रंगयात्रा और कल्पना की ऊँची उड़ान को प्रासंगिक बनाता है।

मैंने उपरोक्त भूमिका सिर्फ़ यह विश्वास दिलाने के लिए लिखी है कि कुडियाट्टम् उचित ही किसी भी संभावित रंगप्रस्तुति, विशेषकर संस्कृत रंगप्रस्तुति से नितांत भिन्न है।

कुडियाट्टम् रंगमंच पर भास के नाटक

कुडियाट्टम् की कुल बीस प्रस्तुतियों में से तेरह भास के नाटक हैं, लेकिन भास के नाटकों के जिन 35 अंकों को कुडियाट्टम्-रंगमंच पर किया जाता था, उनमें से अब सिर्फ़ चार किए जाते हैं। कुडियाट्टम् में खेले जाने वाले बीस नाटकों में शक्तिभद्र, कुलशेखर वर्मन, भास, श्रीहर्ष, महेंद्र विक्रम पल्लव, बोधायन और नीलकांत के नाटक शामिल हैं। इस पर ध्यान दें कि कालिदास और भवभूति के महान् नाटकों को कुडियाट्टम् रंगमंच पर स्थान नहीं मिल पाया है। यहाँ तक कि मृच्छकटिक और रत्नावली, जो भारत के अन्य भागों में संस्कृत रंगमंच पर अत्यंत प्रसिद्ध हैं? कुडियाट्टम् के लिए उपयुक्त नहीं समझे गए।

कुडियाट्टम् के प्रदर्शन के विस्तृत होने के कारण, जैसा

कि मैं पहले भी कह आया हूँ नाटक के सिर्फ़ एक अंक के प्रदर्शन में कई रातें लग जाती हैं। इसलिए एक बार में नाटक का सिर्फ़ एक ही अंक प्रस्तुत किया जाता है। हमें यह लग सकता है कि संपूर्णता के अनुभव के लिए पूरा नाटक प्रदर्शित किया जाना चाहिए, लेकिन नाटक का हर अंक निर्वाहणम् के द्वारा रंगमंच पर संपूर्ण बना दिया जाता है, जिसे स्थापना सुदृढ़ व सशक्त आधार उपलब्ध कराती है। ऐसा होने से नाटक के लिखित पाठ की तुलना में यह करना अंक को ज्यादातर अधिक संपूर्ण बना देता है क्योंकि निर्वाहणम् हमें वहाँ ले जाता है, जहाँ से जगत का या राक्षसों का या वानरों का उद्भव होता है। बालिवधनकम् में बालि के जन्म के पूर्व की घटनाएँ तक निर्वाहणम् में प्रस्तुत की गई हैं। कुडियाट्टम् के इस तरह के प्रदर्शन से एक विरोधाभासी स्थिति सामने आई : जिस समय पूरा संस्कृत रंग-जगत भास के नाटकों की खोज में लगा था, जिनका प्रशंसात्मक उल्लेख कालिदास ने भी मालविकाग्निमित्र में किया है, वे केरल के कुडियाट्टम् रंगमंच पर जीवंत और सक्रिय थे। जहाँ चाक्यार उन्हें विभिन्न अंकों के नाम से अभिनीत कर रहे थे, यह जाने बगैर कि इन नाटकों के रचयिता भास हैं। निश्चय ही उनकी रुचि हमारे अध्येताओं के बरक्स नाटकों में और उनके रंगप्रदर्शन की संभावना में अधिक थी बजाय लेखक के नाम, उसके जीवन और समय के।

केरल में चाक्यार निम्नलिखित अंकों को अभिनीत कर रहे थे–

(1) विच्छिन्नभिषेकनकम्, विलापनकम्, प्रतिमानकम्, अतवैमानकम्, रावणकम्, भरतनकम् और अभिषेकनकम्, यह जाने बगैर कि ये सात अंक भास के प्रतिमानाटक से हैं।

(2) बालिवधनकम्, हनुमद्दुतनकम्, तोरणयुद्धनकम्, समुद्रतारनकम्, मायासीतानकम्, और पट्टाभिषेकनकम्, यह जाने बगैर कि ये छः अंक भास के अभिषेकनाटक से हैं।

(3) महासेननकम्, मंत्रनकम् और अरट्टनकम् यह जाने बगैर कि ये तीन अंक भास के प्रतिज्ञायौगंधरायण से हैं।

(4) ब्रह्मचर्यनकम्, पंतात्तनकम्, पुत्तुदमकम्, शेफालिकनकम्, स्वप्ननकम् और चित्रफलकनकम्, यह जाने बगैर कि ये छः अंक भास के स्वप्नवासवदत्तम् से हैं।

(5) मल्लनकम्, यह जाने बगैर कि यह भास के बालचरित्र का एक अंक है।

(6) वेत्तनकम् और भीष्मदूतनकम्, यह जाने बगैर कि ये दो अंक भास के पंचरात्र से हैं।

(7) वसंतसेनानकम्, यह जाने बगैर कि यह अंक भास के चारुदत्त से हैं।

(8) अनोत्तनकम्, दूतनकम्, अभिसारिकानकम्, पर्वनकम् और मदमत्तकम्, यह जाने बगैर कि ये अंक भास के अविमारक से हैं।

इनके अलावा भास के दूतवाक्यम्, दूतघटोत्कच, कर्णभार, उरूभंग और मध्यमव्यायोग नाटक भी कुडियाट्टम् रंगमंच के कलाकारों द्वारा खेले जाते थे।

उपरोक्त में से, जैसा कि मैं पहले बता चुका हूँ अब केवल चार अंक ही प्रचलन में हैं। अभिषेकनाटक से बालिवधनकम् और तोरणयुद्धनकम्, प्रतिज्ञायौगंधरायण से मंत्रनकम् और स्वप्नवासवदत्ता से स्वप्ननकम् ही अब खेले जाते हैं। भास के नाटकों में दोबारा रुचि जाग्रत करने और उन्हें रंगमंच पर वापस लाने के लिए इन नाटकों के अट्टप्रकारों और क्रमदीपिका नामक प्रदर्शन और रंगनिर्देशन नियमावलियों के उद्धार का वास्तविक कार्य होना अभी बाकी है।

यह बात मुझे एक और प्रश्न पर ले जाती है। भास के नाटकों में ऐसी कौन-सी विशेषताएँ हैं जो उन्हें कुडियाट्टम् रंगमंच के लिए कालिदास, भवभूति, विशाखदत्त या शूद्रक के नाटकों से अधिक उपयुक्त बनाती हैं?

अपने नाटकों में कालिदास हमें भीनी गंध बिखेरता पूरी तरह खिला हुआ गुलदस्ता प्रदान करते हैं। लेकिन भास हमें पुष्पित हो सकने वाले उन वृक्षों के सिर्फ़ बीज उपलब्ध कराते हैं, जो भले ही छोटे हों लेकिन जब वे बोए जाएँगे और कोई चौकस माली ठीक से उनकी देखभाल करेगा, वे वृक्षों में परिणित होकर नियमित रूप से अनेक तरह की गंध और सुंदर पुष्प प्रदान करेंगे। कालिदास के पूरी तरह खिले हुए सुगंधित पुष्प अब सिर्फ़ मुरझा सकते हैं, क्योंकि वे कालिदास के हाथों ही अपने सौंदर्य के चरम पर पहुँच चुके हैं। लेकिन भास ने जो बीज चाक्यारों को सौंपे हैं, उन्हें उर्वर भूमि में बोना होता है, लंबे समय तक परवरिश करनी होती है; तब जाकर उनमें फूल आते हैं लेकिन इस सबके लिए विवेक, बहुत-से धैर्य और समय की ज़रूरत होती है। तभी उसका परिणाम फलप्रद होता है।

मुझे याद नहीं कि मुझसे यह किसने कहा था कि भास अपनी अभिव्यक्ति में अत्यंत संक्षिप्त और नपेतुले हैं। वे हमें उन चीजों के सहारे कहीं अधिक बताते हैं जो वे कहते नहीं बनिस्बत उन चीजों के जो वे कहते हैं। वे मौन के पुरोधा हैं। उनका यह मौन अर्थगर्भा है।

पेनीकुलम राम चाक्यार ने कुडियाट्टम् शैली में कालिदास

के शाकुंतल को अभिनीत करने का प्रयत्न किया था, जो मार्गी में सन् 1971 में पहली बार प्रस्तुत किया गया। लगभग 1982 में मणिमाधव चाक्यार ने दोबारा यह प्रयत्न किया, लेकिन वह भी विफल रहा। मुझे यह अहसास है कि मणिमाधव चाक्यार और पेनीकुलम राम चाक्यार को शायद इसकी सफलता के बारे में संशय रहा होगा, लेकिन उन्होंने इसे दबाव में किया था।

मैं कालिदास और भास की तुलना का एक उदाहरण देता हूँ, यह दशनि कि किस तरह कालिदास का शाकुंतल कुडियाट्टम् रंगमंच के लिए अनुपयुक्त है। जब शकुंतला दुष्यंत के साथ राजमहल में रहने के लिए वन छोड़ती है, तब उसे कण्व इस प्रसिद्ध श्लोक में समझाते हैं–

शुश्रूषस्व गुरून् कुरू प्रियसखीवृतिं सपत्नीजने आदि

पति के घर के सभी बड़े-बूढ़ों की सेवा करना। अपनी सौतों के साथ सखियों-सा प्रेम। पति के कदाचित निरादर करने पर भी क्रोध करके झगड़ना मत। दास-दासियों पर स्नेह रखना और सौभाग्य पर मत इतराना आदि।

ऐसी स्थिति में भास ने सिर्फ इतना कहा होता–"प्रिय पुत्री, तुम्हें उचित व्यवहार करना चाहिए" तब यह चाक्यार तय करते कि उचित व्यवहार क्या है? इसका विस्तार वे शास्त्रोक्त निषेधाज्ञाओं, जागतिक अनुभवों व दृष्टांत आदि के सहारे करते।

जैसा मैंने पहले कहा नाटक का लिखित पाठ सूत्र या सूक्तियों की तरह होना चाहिए। जिसमें विस्तार का अवकाश हो और बहुत सारी चीजें शामिल की जा सकें जैसे धर्मशास्त्र, अर्थशास्त्र, शुक्रनीति, बृहस्पत्यम्, आदि के उपदेश (जैसा मंत्रनकम् में है) या गह्यसूत्र, पूर्वमीमांसा, बौद्धधर्म, पातञ्जलि योगसूत्र और अभ्यास से निःसृत दर्शन और एकांतिक साधना आदि की बातें (जैसा भगवदज्जुकीयम् प्रहसन में चाक्यार करते हैं, जिसे वे 36 दिनों में संपन्न करते हैं।)

लेकिन भास से भी अधिक कुडियाट्टम् रंगमंच पर सफल नाटक शक्तिभद्र का अल्पज्ञात आश्चर्यचूड़ामणि है।

'भास सोपानम्' 1994, त्रिवेंद्रम।।

मलयाली से अंग्रेजी अनुवाद–सुधा गोपाल कृष्णन्

अँधेरे में कदम : नृत्य और ज्ञान

वागीश शुक्ल

मूल अंग्रेजी से हिन्दी अनुवाद : मदन सोनी

एक कथा है, जिसे परंपरा में बिना किसी छिद्रान्वेषण के स्वीकार किया गया है कि व्याकरण का रहस्य पाणिनी के समक्ष चौदह सूत्रों के रूप में प्रकट हुआ था जो भगवान शिव के नृत्य के अंत में उनके डमरू से निकले थे। दरअसल यह घटना पाणिनी की उस प्रदीर्घ तपस्या के अंत में घटित हुई थी, जो उन्होंने सिर्फ इसलिए की थी कि वे ज्ञान प्राप्त करना चाहते थे। भगवान शिव ने पाणिनी की तपस्या से प्रसन्न होकर उन्हें ठीक वही वस्तु, यानी ज्ञान, प्रदान कियां जो उन्होंने माँगा था। भारतीय समझ के अनुसार व्याकरण को ज्ञान का 'मुख' माना गया है, उसके अंतरंग का द्वार, उसकी अभिव्यक्ति के लिए शरीर की सीमाओं से बाहर निकलने का मार्ग।

जैसी कि कथा है, पाणिनी ने अपना व्याकरण, *अष्टाध्यायी,* भगवान शिव के वरदान से ही लिखा। मैं इस कथा पर थोड़ी देर ठहरना चाहता हूँ। जैसा कि परंपरा हमें बताती है, शिव अपना नृत्य रात्रि के प्रथम प्रहर, प्रदोष-काल में करते हैं—उस समय में जब अँधेरे का साम्राज्य शुरू होता है। जब सिर्फ और अँधेरा आने को होता है, और फिर और अँधेरा।

कथा से उभरने वाला एक और तथ्य यह है कि ज्ञान नृत्य का *परिणाम* है। ऐसा नहीं कि भगवान एकदम से प्रकट हुए और वरदान दे दिया। उन्होंने सूत्र महज 'बोल' नहीं दिए। उन्होंने नृत्य किया और पाणिनी को उसे देखने दिया। उन्होंने अपना डमरू बजाया और उसे पाणिनी को सुनने दिया। उन्होंने पाणिनी को प्रवचन नहीं दिया, उन्होंने पाणिनी को अपने रहस्यमय अनुभव में हिस्सा लेने दिया। अब यह पाणिनी पर था कि वे इस अनुभव को एक ऐसे संदेश में अन्वित, अंकित, अभिव्यक्त करते जो साधारण नश्वर प्राणियों के लिए सम्प्रेषित हो सकता। वे ऐसा कुछ कहने की स्थिति में नहीं थे कि "यह सब भगवान का बोला हुआ है।" वे पैगम्बर नहीं थे। वे सिर्फ यह कह सकते थे कि "भगवान का नृत्य देखते हुए और उनके डमरू का नाद सुनते हुए जो कुछ भी मैं समझ सका, यह वही कुछ है।"

इस प्रकार हमारे सामने एक ऐसा पाठ है, जिसका कोई कर्त्ता नहीं है : पद-गतियों की व्याख्या करती डमरू की थापें, अभ्यर्थना के उत्तर की व्याख्या करती पद-गतियाँ, डमरू की थापों की व्याख्या करता श्रोता। समूची योजना व्याख्यात्मक है, न कि कर्तृत्वपरक। *नृत्य पढ़े* जाने के लिए है, उसकी मुद्राएँ महज लिखावटें हैं। जैसा कि मिर्ज़ा बेदिल (1644-1720) कहते हैं :

ज़ि इज़्तिराब+ए+दिल् अह्ल+ए+ज़माना बेख़बर अन्द
बुवद् तपीदन्+ए+बिस्मिल् ब-पेश+ए+तिफ़्लन रक़्स
(इस ज़माने के लोगों को दिल की पीड़ा का अनुमान नहीं है। बलि का अधमरा शिकार जब दर्द से छटपटाता है तो अनजान बच्चे उसकी ऐंठन को नाच समझते हैं।)

क्या भगवान शिव अपने संध्या-नृत्य में, दरअसल दर्द से छटपटाते हैं, क्या वह मृत्यु-पीड़ा से गुजरता ब्रह्माण्ड है, और हम, ईश्वर के अनजान बच्चे, उसकी ऐंठनों को नृत्य की तरह पढ़ते हैं? तब क्या ज्ञान एक अप-पठन है, संपूर्ण वि-सर्जन से रची गई एक व्याकरण-पद्धति, एक आद्यपुनरुक्तिपरक विकल्प-उस चीज़ का जो पहले ही लुप्त हो चुकी है? क्योंकि प्रदोष का अर्थ, ईश्वर के नृत्य की उस काल-सीमा का अर्थ, सिर्फ संध्या नहीं है, उसका अर्थ लोप भी है।

2.

यह बात कि ज्ञान अँधेरे से अधिक अँधेरा है, वैदिक ऋषि पहले से जानता था। हमारे सामने एक प्रसिद्ध श्लोक है,

ईशावास्योपनिषद का बारहवाँ श्लोक :

अन्धं तम: प्रवशन्ति ये विद्यामुपासते।
ततो भूय इव ते तमो य उ विद्यारंता:।।

(वे जो अविद्या की उपासना करते हैं, अँधेरे में प्रवेश करते है। वे जो विद्या की उपासना करते हैं, उससे भी अधिक घोर अँधेरे में प्रवेश करते हैं।)

हम इसकी व्याख्या करते है :

अज्ञान प्रकाश का अभाव है। प्रकाश का अभाव अभाव अँधेरा है। इस तरह ज्ञान अँधेरे का अभाव है। प्रकाश मिटता है और अँधेरा अंकित होता है। फिर उसी तरह अँधेरा मिटता है और केवल शून्य रह जाता है। इसीलिए ज्ञान प्रकाश और अँधेरे का अभाव है। इसी अर्थ में ज्ञान अँधेरे से अधिक अँधेरा है। हमेशा ही पहले से प्राचीन यह पाठ, यह वैदिक ऋचा, जिसे अस्तित्व से भी पहले अस्तित्व में आया माना जाता है, स्वयं ही वेद-विद्या के नाम से प्रसिद्ध है। एक विद्या कही जाने वाली चीज़ का, विद्या ही कही जाने वाली दूसरी चीज़ के बारे में बात करना एक अधिस्थापनात्मक ढंग है, एक ऐसी सांकेतिकी, जिसमें संकेतक एक क्लोनीय समाकृति के अंतर्गुह्य अर्थ को संकेतित करता है। वेद की हर छान्दिक इकाई एक विषयान्तर[1] है, अनंत समाश्रयण की ऐसी योजना जिसमें ज्ञान ही ज्ञान को प्रगट करता है जो पुन: ज्ञान को ही प्रकट करता है। समूचा ज्ञान छद्मावरण है; जैसे ही आप एक छद्मावरण हटाते हैं वैसे ही आपके सामने दूसरा छद्मावरण प्रकट हो जाता है। जैसा कि इसी उपनिषद का पहला ही श्लोक कहता है :

ईशा वास्यमिदं सर्वं यत्किंच जगत्यां जगत।
तेन त्यक्तेन भुंजीथा मा गृध: कस्यस्विद् धनम्।।

(इस अखिल ब्रह्माण्ड में जितना भी जगत है वह सब का सब ईश्वर से व्याप्त है। उसे हटाकर शेष का उपयोग करो। क्योंकि परायी संपत्ति का लालच आपको क्यों करना चाहिए?)

वाकई, क्यों करना चाहिए? जगत ईश्वर से आविष्ट है। उसे हटाओ। यह झाड़फूँक का, शामानी मूकाभिनय का, आह्वान है, जो किसी तरह, किसी रहस्यमय तरीके से, लेकिन निश्चित तौर पर, ईश्वर को, यानी सत्य को, हटा देगा।

सत्य एक प्रयोज्य आवरण है। हर झटका, हर उछाल, हर पदाघात उसे उघाड़ देता है–इस तरह कि उसका एक छद्मावरण हटता है और दूसरा छद्मावरण सामने आ जाता है जिसे, अगर आप भ्रम में विश्वास करते हैं तो, 'अगला छद्मावरण' भी कह सकते हैं। और जिस विराट शून्य को इस प्रयोज्य आवरण ने ढँक रखा है, उस तक तो कभी नहीं पहुँचा जा सकता क्योंकि ब्रह्माण्ड के भीतर का यह ब्रह्माण्ड अनंत है, छद्मावरण के भीतर छद्मावरण एक अनंत समाश्रयण के रूप में संघटित है। और क्योंकि उस तक नहीं पहुँचा जा सकता, उसका अस्तित्व नहीं है। क्योंकि अस्तित्व अभिपुष्टि है, स्थरीकरण है, दृढ़ीकरण है। अस्तित्व एक ऐसा पाठ है जिसे मात्र पढ़ा जा सकता है, क्योंकि जो चीज़ एक बार रूप ले लेती है, उसे रूपहीन नहीं किया जा सकता। क्योंकि किसी चीज़ को अस्तित्व में आने के लिए उसका रूपायित होना जरूरी है, जरूरी है कि वह पहुँच में हो, हर तरह की गढ़न के अधीन हो, निर्माण के क्रमिक उद्यमों की यात्रा के लक्ष्य पर मौजूद हो। मुखौटों की शृंखला का अंत किसी अस्तित्व में नहीं, केवल मुखौटों की शृंखला में होता है।

इस प्रकार यह सेल्फ-इण्ट्रोजेक्शन है जिसके नाते यह समष्टि (uni-verse) विषम *(di-verse)* है। इसलिए यह संभव हो पाता है कि जहाँ सत्य सर्वत्र व्याप्त है, वहीं उसकी नाजुक कोख को व्याख्या के चाकू से चीरकर अनुकार, रूपक और आद्यपुनरुक्ति के लिए गुँजाइश निकाली जा सकती है।

3.

शिव, जिनका नृत्य ज्ञान को प्रतिफलित करता है, *नटराज* हैं, नर्तकों के राजा। कृष्ण, जिनका नृत्य आनंद को प्रतिफलित करता है। *नटवर* हैं, नर्तकों में श्रेष्ठ नर्तक। दोनों ही अपने नृत्य से विलोपन करते हैं–शिव अपने युगांतकारी नृत्य से जीवन और रूप का विलोपन करते हैं और कृष्ण अपने श्रांगारिक नृत्य से तमाम निर्धारित सीमाओं और प्रतिबंधों (जैसे कि गोपियों की विवाहपरक शब्दावली में परिभाषित निष्ठा और निष्ठाहीनता) का विलोपन करते हैं। दोनों ही नृत्यों के पारम्परिक नाम–शिव के युगांतकारी घूर्णन का नाम *ताण्डव,* और कृष्ण के श्रांगारिक वर्तुल का नाम *रास*-परस्पर विरोधी भावों को जगाते हैं : ताण्डव विनाश का भाव जगाता है और रास परितोष और परम आनंद का भाव जगाता है। फिर भी इस ओर ध्यान देना जरूरी है कि रास का व्युत्पत्तिपरक अर्थ 'विलाप' होता है।

गोपियाँ जैसे ही एक आलिंगन या चुंबन से स्वयं का तुष्ट कर लेती हैं, वे रोती हैं, तीव्र वेदना से तड़पती हैं क्योंकि उसकी खातिर उन्होंने उस समूची पारिभाषिकी को नष्ट कर दिया होता है जो उन्हें पत्नियों के रूप में परिभाषित करती थी, उन्होंने नामों के उस समूचे तंत्र को तोड़ दिया होता है

जो उन्हें परिवार से जोड़ता था, उस समूचे अर्थतंत्र को जो उन्हें साधारण स्त्रियों के रूप में पेश करता था। दिव्यता का एक स्पर्श मात्र उन्हें मनुष्य के संदर्भ में असंगत बना देता है, उन्हें उस देश-काल में फेंक देता है जो उनकी अपनी अवस्थिति और कालक्रम से परे है। उन्हें अमरता ने स्पर्श कर लिया होता है और इसीलिए वे निरी नश्वरता के हाथों के लिए अस्पृश्य हो जाती हैं। जैसी कि अनेक पौराणिक कथाएँ पुष्टि करती हैं, वे पार्थिव स्त्रियाँ नहीं हैं। वे प्रवासी हस्तियाँ, बल्कि असल में स्वयं वैदिक ॠचाएँ हैं। दूसरे शब्दों में, वे ज्ञान हैं। यह ज्ञान है जो स्त्री देहों को धारण कर स्वयं को उन गोपियों में बहुगुणित कर लेता है जिनमें से हर गोपी खुद को इस तरह दो रूपों में ढाल लेती है कि जो प्रतिकृति है वह तो निरे पति की नश्वर शैया पर सहवास करती है और जो प्रवासी है वह यमुना के किनारे कृष्ण के प्रतिरूप के साथ युगल रच कर महारास नाम के विराट क्रन्दन में शामिल होती है। महारास मृत्यु का वह नाच है जो इन भटकती हुई प्रवासी हस्तियों को मोक्ष की नित्यता की ओर ले जाता है।

नित्यता खुद ही नृत्य है। पारंपरिक संस्कृत शब्दकोषों में यह सूचना शामिल है–*नृत्यं स्यात् सततेऽपि च'*-'नृत्य नैरन्तर्य का भी द्योतक है।' तात्त्विक रूप से इसका अर्थ हुआ कि संस्कृत शब्द *नृत्य*, और *नित्य* परस्पर विनिमेय हैं। इस तरह हम प्रसिद्ध शब्द *नित्यवृन्दावन* की जगह नृत्यवृंदावन शब्द का प्रयोग भी कर सकते हैं।

नृत्य की गत्यात्मकता वह कालिक धुरी उपलब्ध कराती है जो वृंदावन की स्थिर दैशिकता को अनुप्राणित करती हुई उसे निरे लौकिक देश-काल के परे शाश्वत देश-काल का रूप प्रदान करती है।

4.

'नाट्य' और 'नृत्य' परस्पर विनिमेय शब्द हैं। वे एक दूसरे के पर्याय हैं। यही बात ग्रीक शब्द *(orchestike)* पर भी लागू होती है और जैसा कि भलीभाँति ज्ञात है, ग्रीक नाटक के मूल में डायनीशियन समूह-नृत्य ही हैं। हम पाते हैं कि भारतीय काव्यशास्त्र में नाटक की प्रदर्शनकारी कला की संगति ध्वनि से बिठाई गई है–भाषा की उस तीसरी शक्ति से जिसमें कविता का वास होता है। इस तरह नृत्य अपने पूर्ण अर्थविस्तार में कला मात्र है। नाटक के साथ एकात्म होने के नाते वह, अभिनवगुप्त के शब्दों में, *अनुकीर्तन* है–जो कुछ भी पहले से आख्यात है, उसका पुनराख्यान। अभिनवगुप्त (भरत के *नाट्यशास्त्र* 5/1/17 पर टीका) को ही फिर से उद्धरित करें तो, नृत्य ज्ञान की आत्मा है, *प्राणवेद*, जिसमें सारे वेदों का सार भरा है।

नृत्य आत्मा भले ही हो, किंतु वह देह की क्रिया है। नर्तक का शरीर एक पाठ है जो स्पेस में तड़पता, छटपटाता है, खुद को उस शून्य में अंकित करने के लिए, कुछ वैसे ही जैसे कोई पानी पर लिखने की कोशिश करे। हर मुद्रा एक अन्वेषणात्मक उद्यम है, अपने चारों ओर फैले वातावरण की तहकीकात, बाहर की कैसी भी हलचल को खींच लाती हुई एक खोजी शलाका।

लेकिन वह क्या खीच कर लाएगी? वह कौन से संकेत देगी? नर्तक या दर्शक के द्वारा किस चीज़ को ग्रहण किया जाएगा? अद्वैत वेदान्तियों का कहना है कि ज्ञान प्रेक्षण का सहवर्ती होता है : अगर एक रज्जु को देखते हुए आपको लगता है कि वह सर्प है तो दरअसल आपने सर्प को रच लिया है जो तब तक एक सर्प के रूप में ही क्रियाशील रहेगा तब तक कि आप उसे इस दूसरे पर्यवेक्षण के माध्यम से नष्ट नहीं कर देते कि वह एक रज्जु का टुकड़ा है। यह बात, अगर उपलब्ध पर्याप्त व्याख्यात्मक प्रेरणाओं का सहारा लेते हुए कहें तो, ऐसा कहने के बराबर है कि पढ़ने के सारे तरीके एकसमान हैसियत रखते हैं। 'व्याख्यात्मक नृत्य' नामक पद का प्रयोग उस आधुनिक नृत्य-रूप के लिए किया जाता है जिसमें हर चेष्टा, प्रतीकात्मक रूप से, किसी विचार या भावना को प्रतिबिंबित करती है। जिस सीमा तक यह चीज़ नृत्य को दो बुनियादी भाषाओं–नर्तक के शरीर की भाषा और प्रेक्षक की भावनाओं की भाषा–के बीच एक शाब्दिक मध्यस्थ के रूप में सरलीकृत करती है, जिस सीमा तक वह एक मानवीय विकल्प रचती है और किसी व्याख्या-विशेष के पक्ष में एक अधिमान्य यंत्र की तरह व्यवहार करती हुई उसे प्रभुत्व प्रदान करती है, उस सीमा तक वह एक हदबंदी करने वाली युक्ति है। लेकिन मैं चाहूँगा कि व्याख्या को एक ऐसे न्यायिक रणक्षेत्र के रूप में देखा जाना चाहिए जहाँ दो भाषाएँ ज्ञान के रूप में ज्ञात अस्तित्वहीन भ्रामक वास्तविकता के तीसरे पक्ष के खिलाफ अपनी वैध दावेदारी के लिए अंतराभिवाचन (interplead) करती हैं।

मार्था ग्राहम ने, जो कि आधुनिक नृत्य का मूर्तिमान रूप हैं, सोफोक्लियन नाटक *इडीपॅस रेक्स* पर आधारित अपनी नृत्य-संरचना के बारे में स्पष्ट करते हुए घोषित किया था :

मुझे लगा जिस वक्त जोकास्टा को अपने अपराध की

भीषणता का अहसास हुआ उस वक्त उसके होंठों से फूटती चीख भर पर्याप्त नहीं थी। उसे तो स्वयं उन जाँघों से निकली हुई चीख होना चाहिए था जिन्होंने अपराध किया था।

इस बात को जाँघों की चेष्टाओं का सहारा लिए बिना किसी और विधि से सम्प्रेषित नहीं किया जा सकता था। विषय-वस्तु यौनपरक थी। बहुत पहले, ग्राहम के गुरु और मार्गदर्शक रूथ सेण्ट डेनिस, जो कि सदा के लिए ग्राहम के आदर्श बने रहे, ने ग्राहम के नृत्य को 'संगीत का खुला हुआ उरु-संधि घराना' (*'open-crotch school of music'*) की संज्ञा दी थी। ग्राहम की व्याख्या को स्वीकार करते हुए कहा जा सकता है कि नर्तक जब शरीर के विशेष हिस्से पर वजन डालता है तो शरीर के उस विशेष हिस्से के पाप, शरीर की उस विशेष हिस्से की भूमिकाओं को भी बाधित कर सकते हैं; आखिर जाँघों का काम पाप करना ही तो है, न कि चीखना, जिसकी अपेक्षा होंठों से की जाती है। जिसे वे 'जाँघों से निकली हुई चीख' कहती हैं, उसे अल्प प्रशिक्षित समाज में 'हृदय से निकली चीख' कहा जाएगा। और यह केवल नृत्य-कला ही में संभव है जो समग्र देह के माध्यम से सम्प्रेषण की आकांक्षा कर सकती है। यह नृत्य के लिए ही संभव है कि वह जाँघों को चीखने पर विवश कर दे। यही कारण है कि गोपियों का भावविह्वल संयोग *रास* कहलाता है, ऐसा नृत्य जो विलाप भी है, उस भटकते हुए प्रवासी के अंग-अंग से फूटता हुआ विलाप जो अनश्वर के संपर्क में है।

इसलिए यह प्रेक्षण के माध्यम से अर्जित ज्ञान है, दर्शक जाँघों की चेष्टा को देखता है और उसे उस समय तक एक कामुक संकेत समझता रहता है जब तक कि उसका यह ज्ञान इस दूसरे ज्ञान से नष्ट नहीं हो जाता कि वह चेष्टा जाँघों से उद्भूत परिताप की एक चीख है, एक विक्रिया जो कलाकार द्वारा विकसित कला की विशेष विधि के निष्पादन के लिए अपेक्षित क्रिया की भूमिका निभाती है। क्योंकि समूची कला का काम ही विक्रियात्मक को उस सौंदर्य-विधान के पक्ष में क्रियात्मक बना देने का है जिसकी सृष्टि और पालन कलाकार करता है। जब आँखें देखती हैं तब कला नहीं होती। लेकिन जब आँखें बोलती हैं तब कला होती है। जब शब्द अर्थ सम्प्रेषित करते हैं तब कला नहीं होती। लेकिन जब शब्द चित्र रचते हैं तब कला होती है।

नृत्य की चेष्टाओं में कूटबद्ध ऐसा कोई ज्ञान नहीं होता जिसकी रचना प्रेक्षण की प्रक्रिया के अधीन न हो। नृत्य एक लेखकीय पाठ है। अद्वैत वेदांत की यह मान्यता कि सारा का सारा ज्ञान लेखकीय है, अभिनवगुप्त की इस मान्यता की पुष्टि करता है और उससे पुष्ट होता है कि सारा का सारा ज्ञान नृत्य है। नृत्य-संरचना निश्चय ही निर्देशात्मक (prescriptive) है, लेकिन वह स्वयं एक ऐसी अंतर्दृष्टि से निर्दिष्ट *(pre-scripted)* है जिसे दृष्टि को भीतर की ओर उत्क्रमित करके प्राप्त किया गया है ताकि वह भीतर की उत्तरोत्तर अँधेरी होती भूलभुलइयाओं में देख सके। यह अकारण नहीं है कि अनेक अनुश्रुतियाँ अंतर्दृष्टि को अन्धत्व से जोड़ कर देखती हैं : जो कुछ इडीपस और जोकास्टा नहीं देख सकते थे, वही अन्धा टाइरेसिया देख सकता है। और इसी में अनिधार्य का, यानि भीतर के अँधेरे का, सम्भाव्य निर्धारक स्थित है, वह सम्भाव्य निर्धारक जो इस अनिधार्य को तब निर्धारित करता है जब उसे उन आँखों द्वारा सम्मोहित कर लिया जाता है जिनकी रोशनी जा चुकी है, ऐसी आँखें जो बाह्यवर्ती जगत की किसी भी वस्तु को नहीं देख पातीं, और जो प्रकाश-कणों को अपना काम करने देने से इंकार करती हुई इस बाह्यवर्ती जगत की अवहेलना करती हैं। भीतर का अँधेरा बाहर के तमाशे[2] के लिए तर्कसंगति बन जाता है।

5.

वाल्टर बेंजामिन लिखते हैं :

इतिहास के देवदूत की कल्पना इसी तरह की जाती है। उसका चेहरा अतीत की ओर मुड़ा है। जिस जगह हम घटनाओं की एक श्रृंखला देखते हैं, उस जगह वह महज एक विध्वंस देखता है जो एक के बाद एक मलबे का ढेर लगाकर उसे उसके पैरों के पास पटक देता है। देवदूत ठहरना चाहता है, जागा हुआ और मृत, और जो कुछ भी खंड-खंड बिखर गया है उसे एक समग्र रूप देना चाहता है। लेकिन स्वर्ग से एक अन्धड़ उठ रहा है; वह उसके पंखों में उलझ गया है, इस बुरी तरह कि देवदूत उन्हें समेट नहीं सकता। यह अन्धड़ उसे उस भविष्य की ओर जबरन ठेल देता है जिसकी ओर उसकी पीठ है, और इधर उसके सामने पड़ा मलबे का ढेर उत्तरोत्तर ऊपर की ओर बढ़ता जाता है।

इस अन्धड़ को ही हम प्रगति के नाम से जानते हैं।

—इल्यूमिनेशन्स, पृ. 259-260

मैं इस तस्वीर को किंचित भिन्न तरीके से पढ़ना चाहूँगा। निश्चय ही भविष्य अज्ञात का और भूत ज्ञात का प्रतीक तो है, लेकिन वहाँ स्वर्ग से उठता कोई अन्धड़ नहीं, बल्कि संकुचन (Contraction) है। जैसा कि मार्था ग्राहम स्पष्ट करती

हैं, संकुचन की स्थिति आसमानों को निहारने जैसी है। यह एकदम सटीक व्याख्या है : चूँकि आसमानों को निहारना आसमानों के साथ एक अनुबंध (contract) में शामिल होना है। और संकुचन/अनुबंध (contract[ion]) के बाद उन्मोचन की स्थिति आती है। उन्मोचन, जैसा कि मार्था ग्राहम स्पष्ट करती हैं, किसी उत्तुंग शिला पर खड़े होकर पृथ्वी को देखने जैसा है। नृत्य की रचना संकुचन और उन्मोचन से, श्वास लेने और श्वास छोड़ने से सारे समय उत्तुंग शिला पर स्थित होकर आसमान को देखने और पृथ्वी का अवलोकन करने से, होती है। जो ज्ञात है वह तो अत्यंत धूल, अत्यंत मलबा, अत्यंत पार्थिव, अत्यंत दुनियावी है। जो देवदूत है वह इतिहास का देवदूत नहीं है, वह कला-मात्र का, खासतौर से नृत्य का, देवदूत है, जिज्ञासा का देवदूत जो अपनी राह आप खोजता उल्टे पैर उस भविष्य में तेजी से चलता चला जा रहा है जिसकी ओर उसकी पीठ है। जैसा कि मिर्जा बेदिल कहते हैं :

परवाज़-कमीनन्द चि ता' इर, चि नशेमन

(हर चीज, वह चाहे पक्षी हो या घोंसला, उड़ने की प्रतीक्षा में ठहरी हुई है।)

संकुचन और उन्मोचन। मार्था ग्राहम कहती हैं कि यह साँस लेना और साँस छोड़ना है। वे यह भी कहती हैं कि यह संकुचन श्रोणि में आरंभ होता है। भारतीय मामलों में उनकी खासी रुचि है और नर्तकी बनने का फैसला भी उन्होंने दरअसल तब लिया जब उन्होंने एक पोस्टर में रूथ सेण्ट डेनिस को राधा के रूप में देखा। यही वह नृत्य था जिसे वे देखने गयीं और कार्यक्रम के बाद उन्होंने नर्तकी बनने का निर्णय लिया। बिना इस प्रश्न में जाए कि 'संकुचन और उन्मोचन' का यह द्विक उन्होंने भारतीय योग-पद्धति से लिया या नहीं, इस 'संकुचन और उन्मोचन' में प्राणायाम की पद्धति के साथ इस कदर तुल्यरूपता और समानता है कि उसे महज संयोग कहकर खाजिर नहीं किया जा सकता। यह 'संकुचन और उन्मोचन' स्पष्ट ही 'पूरक और रेचक' है। मुझे यह भी संदेह है कि श्रोणि का बारंबार जिक्र भी षटचक्र के विचार से कहीं न कहीं जुड़ा हुआ है। हम याद करें कि इन छह चक्रों में से एक चक्र श्रोणि में अवस्थित माना गया है जिसे मूलाधार कहा जाता है, जहाँ मार्था ग्राहम के अनुसार, संकुचन की शुरूआत होती है।

लेकिन यह चाहे किसी सुविचारित योजना का अंग हो या कि महज एक विलक्षण संयोग हो, संकुचन और उन्मोचन *अजपा जाप* का एक रूप है, वह अवस्था जब ईश्वर का नाम-जाप करने के लिए जप-माला की जरूरत नहीं रह जाती, जब देह स्वयं एक जप-माला में बदल जाती है और श्वास-प्रश्वास की हर इकाई अपने आप में इस तरह पूर्ण मंत्र-जाप बन जाती है कि देह-सोते-जागते, चेतन-अचेतन हर अवस्था में मंत्र-जाप करती रहती है। इसलिए हर नृत्य एक जाप है, मंत्र के स्वर का मूकाभिनय, अज्ञात के अधिकार-क्षेत्र में एक हेत्वाभासी घुसपैठ।

6.

भारतीय परंपरा में *नाट्य, नृत्य* और *नृत्त* वैसे तो एक-दूसरे के पर्याय हैं, लेकिन तकनीकी तौर पर उनमें भेद है। *नाट्य* जिसे हम सामान्य तौर पर नाटक (drama) के रूप में समझते हैं, *रस* पर आधारित है, उस अपरिभाषेय 'आनंद के अनुभव' पर जो कला को अनुप्राणित करता है और जो किसी भाषिक पाठ (=वाक्य) के अनुसार किए गए अभिनय से निर्मित है। *नृत्य भाव* पर आधारित होता और पदार्थ के अनुसार किए गए अभिनय से प्रकट होता है। और *नृत्त ताल,* यानी सांगीतिक स्वर-रचना और लय, पर आधारित है और अभिनय के अभाव से प्रकट होता है।

लेकिन मैं इन तकनीकी पदों की जगह उन पदों का प्रयोग करता हूँ, जो मेरी समझ में मूल बात को बेहतर ढंग से पेश कर सकते हैं :

नाट्य रस पर, यानी उस अनभिधेय, आत्मप्रतिष्ठ, अलौकिक, आनंद पर आधारित है जो सुख और दुख के भ्रमों को ठोस रूप प्रदान करता है, और जो किसी वाक्य, यानी उस उच्चारणीय के अनुसार किए गए अभिनय से प्रकट होता है जो कि एक वाक्य-अर्थ-गत इकाई का अधोपाठ है। *नृत्य भाव* पर आधारित है और पदार्थ, यानी (अनुच्चारणीय के अंतर्गत आने वाली) किसी 'चेष्टा' के 'अर्थ' के अनुसार किए गए अभिनय से प्रकट होता है। *नृत्त ताल-लय,* यानी सांगीतिक देशकाल पर, आधारित है और 'अनभिनय' से प्रकट होता है।

सबसे पहले इस 'अनभिनय' की जगह मैं '*अ-भाव* के अनुसार अभिनय' पद का प्रयोग करूँगा। मेरा सीधा सा तर्क यह है : 'उच्चारणीय' का भी अस्तित्व में आना अनिवार्य है और इसीलिए वह भाव है, उस सीमा तक कि अगर मैं सार रूप में कहूँ तो उसे एक *भव* का परिणाम कह सकता हूँ, जो कि व्युत्पत्ति से *भाव* का ही पूर्ववर्ती है। इस तरह नाट्य जो किसी वाक्य के अनुसार किए गए अभिनय से, और नृत्य

जो किसी पदार्थ के अनुसार किए गए अभिनय से निर्मित होता है, दोनों ही भावानुवर्ती अभिनय हैं। इसीलिए अभिनय हमेशा किसी न किसी 'भाव' का, अनुवर्ती होगा, *अनुकीर्तन,* आख्यान का अनुवर्ती पुनराख्यान, और इसी प्रकार 'अनभिनय' 'अभाव का अनुवर्ती' होगा, अनाख्यान का अनुवर्ती पुनराख्यान। इस बिंदु पर मुझे यह स्मरण अनिवार्य प्रतीत होता है कि भारतीय दर्शन के एक अत्यंत प्रबल संप्रदाय, न्याय, के अनुसार अभाव भी एक पदार्थ, यानी पद का अर्थ है, और इसलिए अगर इस सम्प्रदाय का अनुसरण किया जाए तो 'अ-भावानुवर्ती अभिनय' को 'अनभिनय' की जगह रखना संभव नहीं होगा, क्योंकि अगर 'अ-भाव' भी एक पदार्थ है तो *नृत्त,* अगर उसे मेरे अर्थ में लिया जाए तो, पदार्थानुवर्ती अभिनय होगा और इसलिए *नृत्य* का ही एक विशेष प्रकार होगा। इसमें कोई अनर्थ की बात तो नहीं है लेकिन इससे बहस जटिल अवश्य ही हो जाएगी।

इसलिए मैं भारतीय दर्शन के एक दूसरे प्रबल सम्प्रदाय, मीमांसा का, अनुसरण करते हुए यह मान लेता हूँ कि 'अभाव' 'पदार्थ' नहीं है। इसका मतलब हुआ कि मैं *नृत्त* की स्वायत्त हैसियत और पहचान को जोखिम में डाले बगैर यह कहने के लिए स्वतंत्र हूँ कि *नृत्त* की परिभाषा में शामिल 'अनभिनय' का घटक 'अभावानुवर्ती अभिनय' ही है। यह कहते हुए मैं पाश्चात्य विचार-पद्धति के भीतर भव और भाव (being and becoming) के बीच के रिश्ते की बहस में, अगर ऐसी कोई बहस है तो, शामिल होने से भी परहेज़ कर रहा हूँ।

अस्तु, पाणिनी की जिस कथा से मैंने अपनी बात शुरू की थी, जिसमें वे भगवान शिव के नृत्य के अंत में चौदह सूत्र प्राप्त करते हैं, वह कथा *नृत्त* की बात करती है। इसकी पुष्टि बाद में अनिन्द्य आचार्य अभिनवगुप्त से भी होती है। भरत के *नाट्यशास्त्र* पर अपनी टीका *अभिनवभारती* के आरंभ में भरत के पहलू सूत्र, जिसमें भरत ब्रह्मा और शिव को प्रणाम कर रहे हैं, की चर्चा करते हुए अभिनवगुप्त कहते हैं : भरत ब्रह्मा के प्रति अपना आदर इसलिए व्यक्त करते हैं क्योंकि उनका संबंध *नाट्य* से है, और शिव के प्रति इसलिए क्योंकि उनका संबंध *नृत्त* से है। इस प्रकार हम यह निष्कर्ष निकाल सकते हैं कि शिव के जिस नृत्य के परिणामस्वरूप पाणिनी को ज्ञान प्राप्त हुआ वह एक *नृत्त* था। *नृत्त* को एक बाकायदा भिन्न विधा के रूप में स्वीकार करने के अपने फैसले के साथ हम यह निष्कर्ष निकाल सकते हैं कि इस नृत्य में कोई अभिनय नहीं किया गया था, यानी उसमें किया गया अभिनय अभावानुवर्ती था।

यह व्याख्या विनाश, समुच्छेद और विलोप के साथ शिव के संबंध की संगति में है। यह उनके नृत्य की कालिक अवस्थिति, संध्या, जो अपने हर अभिप्राय में 'दिन का अंत' है, के साथ भी संगत है। यहाँ यह भी उल्लेख किया जा सकता है कि ऊपर उद्धृत अपनी व्याख्या में अभिनवगुप्त भी इस कालिक अवस्थिति का जिक्र करते हैं, वे कहते हैं कि शिव प्रदोष-काल में नृत्य करते हैं।

इसलिए, शिव नृत्य करते हैं लेकिन अभिनय नहीं करते, और मैं याद करूँ कि मेरे कहने का अर्थ यह हुआ कि वे अभावानुवर्ती अभिनय करते हैं। हम इसे उलट कर एक परिभाषा के रूप में बरत सकते हैं : अ-भाव वह है जिसका अनुवर्तन करते हुए शिव, अपने नृत्य में, अभिनय करते हैं। इस बात को दिमाग में रखते हुए हम कथा के दूसरे हिस्से की ओर बढ़ते हैं।

भरत के अनुसार नृत्य की चार 'जननी' (वृत्तयो नाट्यमातरः) हैं। इनमें से प्रथम तीन हैं : 1. *भारती,* जो कि वाक् पर आधारित है, 2. *सात्त्वती* जो मन पर आधारित है, और 3. *आरभटी* जो काया पर आधारित है। भरत कहते हैं कि जब वे इन तीनों के इर्दगिर्द नृत्य का विन्यास कर रहे थे तब ब्रह्मा ने उनसे इनमें *कैशिकी* को शामिल करने को कहा था। अभिनवगुप्त इसकी व्युत्पत्तिपरक व्याख्या करते हुए कहते हैं कि *कैशिकी केश* से व्युत्पन्न है। उनका कहना यह है कि वाक्, मन और काया तीनों में से प्रत्येक का मनुष्य के प्रति कोई न कोई कर्त्तव्य होता है। लेकिन केशों का कुछ भी कर्त्तव्य नहीं है, वे महज सज्जापरक होते हैं। भरत के मूल नृत्य-प्रस्ताव में इसी सज्जापरक पक्ष की, इसी निष्फलनात्मक घटक की, कमी थी और इसीलिए इसे शामिल करने का निर्देश ब्रह्मा ने दिया। भरत कहते हैं कि *कैशिकी* को स्त्रियों के बिना नहीं लाया जा सकता था। भरत के द्वारा प्रस्तावित नृत्य की मूल संरचना में केवल फलनात्मक घटकों का ही समावेश था, और वह पूरी तरह से पुरुष का अधिकार-क्षेत्र था, फलन का अधिकार-क्षेत्र, प्रयोजन का अधिकार-क्षेत्र, उपयोगिता का अधिकार-क्षेत्र। तीनों जननी नैमित्तिक और तथ्यात्मक थीं। अब उसमें नृत्य की निर्णायक, एक तरह से अंतिम, जननी का प्रवेश होता है जिसके लिए शेष तीनों प्रतिनियुक्त जननियों की भूमिका निभाती हैं। यह कैशिकी है, निष्फलनात्मक, प्रतितथ्यात्मक, जिस पर सौंदर्य का भार है

और जिसे निष्पन्न कर पाना अन्य तीनों नैमित्तिक चरों की सामर्थ्य में नहीं था।

कैशिकी कहाँ देखी गयी थी? जाहिर है, शिव के अभिनय-रहित नृत्य में। भरत कहते हैं, उन्होंने भगवान को नृत्य करते देखा और वे इस निष्कर्ष पर पहुँचे कि सज्जा के लिए उन्हें अभिनेत्रियों की जरूरत है, न कि अभिनेताओं की। इसी का परिणाम था कि नृत्य की कला में अप्सराएँ शामिल की गयीं। इस बिंदु पर पाठ को लेकर कुछ विवाद है, कुछ पाठकों का जोर है कि कैशिकी का अधिष्ठान चूँकि स्त्रियों में ही हो सकता है अत: जिन्हें नृत्य करते हुए देखा गया वे निश्चय ही पार्वती रही होंगी। अभिनवगुप्त का जोर इस बात पर है कि पाठ-दोष जैसी कोई स्थिति यहाँ नहीं है, और यह कि जिन्हें सामान्यत: पुरुष माना जाता है, उन शिव के नृत्य में नितांत स्त्रियोचित लक्षणों को लक्ष्य किए जाने में कोई अंतर्विरोध नहीं है। यह पता लगाने की जिम्मेदारी वे हम पर छोड़ देते हैं कि यह अंर्विरोध क्यों नहीं है, लेकिन मुझे इसमें जरा भी अधिक संदेह नहीं है कि उनके मन में यह प्रसिद्ध धारण रही होगी कि शिव *अर्धनारीश्वर* हैं। शिव संयुक्त रूप से स्त्री और पुरुष दोनों हैं, वे पार्वती से कभी भी वियुक्त नहीं हैं, और इस प्रकार कैशिकी उनके नृत्य में अपने आप शामिल है। जब शिव नृत्यरत होते हैं तो पार्वती भी नृत्यरत होती हैं। मुद्दे की बात यहाँ यह है कि स्त्री में बद्धमूल यह सज्जात्मकता, यह निष्फलनात्मक कैशिकी, अभिनवगुप्त के अनुसार, नृत्य की असल प्राण-शक्ति है। अन्य हर चीज़ गौण है। अभिनवगुप्त के ही शब्दों में कहें तो, अन्य हर चीज़ फलनात्मक है। हम कह सकते हैं कि कैशिकी सौंदर्यमूलक आनंद है, जबकि शेष तीनों वृत्तियाँ यथार्थमूलक आनंद की रचना करती हैं।

ये शब्द मैंने बॉद्रिला से लिए हैं और इन्हें इनके अपने संदर्भ के भीतर देखना ही बेहतर होगा :

आनंद प्रत्येक देह के संदर्भ में अपनी अलग विशिष्टता रखने वाला वह स्वाभाविक गुण है जो अपने ही ऊपर तब तक उत्तरोत्तर ढहता रहता है जब तक कि वह अपना सारा अर्थ खो नहीं देता और इस तरह एक विशुद्ध और रिक्त रूप को विकीरित नहीं करने लगता। फैशन सुंदरता का आनंद है : निरंतर घटते हुए सौंदर्य का विशुद्ध और रिक्त रूप। अनुकरण यथार्थ का आनंद है।

अनुकरण और फैशन, वाक-मन-काया की फलनात्मक त्रयी और सज्जात्मक केश-नृत्य के संपूर्ण आनंद की रचना इनसे होती है। शिव के नृत्य का कोई प्रयोजन नहीं था। विनाश भी नहीं, वह विकीरित होता हुआ विशुद्ध और रिक्त रूप था, अपना समूचा अर्थ खो देने के क्षण तक अपने ही ऊपर ढहता हुआ। लगे हाथ हम इस पर ध्यान दें कि शिव का नृत्य जिस 'विनाश' का साधन बनता है उसे प्रलय कहा गया है, यानी विशुद्ध रूप के भीतर विलयन। लगे हाथ ही हम, कालिदास (रघुवंशम्-पहला श्लोक) के प्रमाण से इस पर भी ध्यान दें कि शिव का पुरुष तत्त्व अर्थ है और स्त्री तत्त्व शब्द है : प्रस्तुत संदर्भ में इसके लिए बेहतर पद ये होंगे कि पुरुष तत्त्व विषय-वस्तु है और स्त्री तत्त्व रूप है। इस प्रकार नृत्य प्रयोजनीयता या फलनात्मकता को उस क्षण तक रिक्त करता जाता है जब तक कि महज सज्जा शेष नहीं रह जाती। नृत्य शिव के पार्वती में रूपांतरण की प्रक्रिया है।

यह नृत्य, हम याद करें कि नृत्त है, जो विशुद्ध रूप से सांगीतिक देश और विशुद्ध रूप से सांगीतिक काल पर, चाहें तो कह लें, विशुद्ध और रिक्त रूप पर, आधरित होता है। यह अतिशय-यथार्थ अर्थात नृत्य, यथार्थ अर्थात देह को, एक भौगोलिक प्रवाह की अवस्था में ढल जाने पर विवश करता है। दैशिक अवरोध और सीमाएँ गायब हो जाते हैं। ऐहिक-कालध्वनिक पूर्वापरता अपने सामंजस्य को विकृत, विरूपित और विग्रह करने के लिए अपने ही ऊपर ढहती जाती है। 'अपनी धुरी से खिसका हुआ समय', जैसा कि हैमलेट कहता है। इसी वियोजन को प्रलय कहा गया है, संपूर्ण विलयन। इसके भीतर से एक व्याकरण गढ़ना, इस संपूर्ण अव्यवस्था के भीतर से एक व्यवस्था निचोड़ना, उस चीज के भीतर से अर्थ बटोरना जिसमें कोई अर्थ नहीं है–यह है एक पाणिनी की, एक हैमलेट की जिम्मेदारी। इसी विराट नृत्त से, इसी नृत्य से जिसमें अभिनय अभावानुवर्ती होता है, उस *नृत्य* को संयोजित होना होगा जिसमें अभिनय भावानुवर्ती होता है, इसी से उस काल-लेख को मुद्रित होना होगा जिसमें पाठ जब भी कहे 'न होना' तो उसे 'होना' पढ़ा जाए।

ज्ञान हेत्वाभास है जो सत्य के भाषा-खेलों को कभी भी स्थिर नहीं होने देता। ज्ञान उस जगह एक 'ईश्वर' पढ़ता है जहाँ केवल एक अपने ही ऊपर ढहती हुई सर्पिल बनावट है। ज्ञान उस जगह दृश्य और रोशनी को देखता/दिखाता है जहाँ केवल धुँधलका और अँधेरा होता है। जहाँ केवल अर्थहीन सुंदरता का स्त्री-फैशन है, ज्ञान वहाँ पर अर्थपूर्ण यथार्थ के पुरुष-अनुकरण को पढ़ता है। ज्ञान फैशन-परेड में महज़ एक मॉडल है, कैशिकी नामक लोमवस्त्र में सिमटकर

चलती वचन-मन-काया की त्रयी जिसे संतरणमिति (surfometry) के लिए बनाए गए उस साइबरनेटिक मापक यंत्र के रूप में विज्ञापन और विक्रय के हित में प्रक्षेपित किया गया है, जो त्वचा की कोमलता को मापता है, बजाय उसकी आकृति और आकृतिहीनता को भेदने के।

7.

नृत्य की उत्तरआधुनिकता दूसरी कलाओं की उत्तरआधुनिकता से भिन्न है। जैसा कि *Terpsichore in Sneakers* में सेली बेन्स ने कहा है, "प्रायः यह उत्तर-आधुनिक नृत्य की रंगभूमि ही रही है जहाँ दूसरी कलाओं के संदर्भ में आधुनिकतावाद के प्रश्न उठते रहे हैं।" "कला के रूप में नृत्य के मूलभूत गुणों का प्रकटीकरण" इन्हीं में से एक है, दूसरा है "विषय-वस्तु के रूप में बाह्य संदर्भों का विलोपन।" यह 'विश्लेषणात्मक उत्तरआधुनिक नृत्य' है जो दूसरे कला-रूपों की कथित 'आधुनिकता' के समरूप है। लेकिन एक 'रूपकात्मक उत्तराआधुनिक नृत्य' भी है, जिसके जाने-माने 'उत्तरआधुनिक' संघटक तत्त्वों में मिश्रण, क्रीड़ाभाव, फैशन-मूल्य जैसी चीज़ें शामिल हैं। जब विश्लेषण रूपक के सामने हथियार डाल देता है, जब व्याख्या सच की जगह ले लेती है, जब सौंदर्य वाणी-मन-काया की त्रयी को पीछे छोड़ देता है तब उत्तराआधुनिक नृत्य का जन्म होता है। तब होता है आपके सामने प्रति-स्मारकीकरण, संदर्भी वास्तविकता का नकार, आधारों और उद्‌गमों का तिरस्कार, हाशिये की अवस्थितियों पर ध्यान का विकेन्द्रण। ब्लांशों के शब्दों में कहें तो वह 'हाशियों पर लिखावट' है। वह शुरुआत है रात्रि की, 'रात्रि' जो कि 'पुस्तक' है। जैसा कि कहा गया है :

रात पुस्तक है : पुस्तक का मौन और निष्क्रियता, हर चीज के समर्पित हो जाने के बाद, हर चीज के मौन में लौट जाने के बाद, अकेला यह मौन ही है जो बोलता है...[1]

और फिर :

मध्यरात्रि ठीक वह घड़ी है जो तब तक नहीं आती जब तक कि पाँसे फेंक नहीं दिए जाते ऐसी घड़ी जो कभी नहीं आई, जो कभी नहीं आती, विशुद्धतः अग्राह्य भविष्य, शाश्वत रूप से बीत चुकी घड़ी।[2]

भगवान संध्याकाल में नृत्य करते हैं और पाणिनी को आमंत्रित करते हैं, उस रात्रि में प्रवेश के लिए जो पुस्तक है, जो कभी भी न आने वाला विशुद्धतः अग्राह्य भविष्य है, जो व्याकरण है, मिश्रण से निर्मित खालिस ज्ञान-पद्धति, वाणी, मन और काया पर सौंदर्य का शासन। यह नृत्य, यह निरुद्देश्य सौंदर्य का भीतर ही भीतर भरभरा कर ढहना, यह धुरी से खिसका हुआ समय-यही वह पाठीय क्षेत्र है जो उस पानी में बदल गया है जिस पर कोई लेखन संभव नहीं है। ज्ञान का सम्भार इस जल-सृष्टि में एक बुलबुला (bubble) है, एक बॅबल-जेट-प्रिण्टर-मुक्त भाव से एक ऐसे पाठ को छापता हुआ जो अन्यथा अपाठ्य है।

---

1. यहाँ वागीश शुक्ल ने di-verse शब्द का प्रयोग किया है। जिसे verse (श्लोक) के बरक्स पढ़ा जाना चाहिए, हिन्दी में यह खेल मेरे लिए संभव नहीं लगा।-अनुवादक
2. मूल वाक्य इस प्रकार है : ``The darkness within becomes the legitimization of the display without, for the dis-play which the play is," display और dis-play का यह खेल मुझे हिन्दी में संभव नहीं लगा।-अनुवादक
3. Maurice Blanchot *The Space of Literature*
4. वही

प्रदर्शन परंपरा और रूपांकन कलाएँ

सुरेश अवस्थी

रामायण और महाभारत महाकाव्यों की सांस्कृतिक कथा भूमि ने सभी प्रदर्शन और रूपांकन कलाओं के बीच सहज ही पारंपरिक विनिमय का जीवंत संबंध स्थापित कर दिया। इस प्रकार हमारी कला परंपराओं में सभी कलाओं के बीच अंतरावलंबन का संबंध उनका स्वभाव बन गया। एक कला दूसरी के व्यवहार और रूढ़ियाँ अपनाती है और प्रभावित करती है। कलाओं के इस अंतरावलंबन और अंतर्संबंध पर विष्णुधर्मोत्तर पुराण में, जो ललित कलाओं का ज्ञान कोश है, राजा वज्र और मार्कंडेय ऋषि के बीच हुआ वार्तालाप उल्लेखनीय है : एक दिन राजा वज्र ने ऋषि मार्कंडेय से कहा कि कृपा कर के मुझे मूर्ति निर्माण सीखने की कला का प्रबंध करा दीजिए जिससे मैं देवताओं की पूजा उनके ठीक रूप में कर सकूँ। ऋषिवर ने उत्तर दिया कि चित्रकला के ज्ञान के बिना कोई मूर्ति बनाना नहीं सीख सकता। तब राजा वज्र ने कहा कि तो फिर चित्रकला सीखने का प्रबंध कराइए। इस पर ऋषिवर बोले कि नृत्यकला में निपुणता प्राप्त किए बिना चित्रकला का ज्ञान नहीं हो सकता। राजा वज्र बोले कि तो फिर नृत्याचार्य का प्रबंध कराइए। ऋषिवर ने कहा महाराज ताल के ज्ञान के बिना नृत्य में निपुणता प्राप्त करना असंभव है। इस पर राजा बोले तो फिर इन सभी कलाओं के प्रशिक्षण का प्रबंध किया जाए। इस पर ऋषिवर ने कहा इन सबके पहले गायन में प्रशिक्षण लेना होगा।

हमारे शास्त्रीय नृत्यों में हस्त मुद्राओं और अंग भंगिमाओं में मूर्तिवत्ता का गुण मुखर है। मूर्तिकला परंपरा में मूर्तियों के उत्कीर्णन में मूर्तिकार ने गतिशीलता का भाव देने के लिए मूर्तियों को भावशील हस्तमुद्राएँ और नाटकीय भंगिमा दी है। नाट्यधर्मी परंपरा में विकसित संस्कृत नाटक हस्तमुद्राओं और भंगिमाओं के साथ इसी प्रकार मूर्तिवत्ता के गुण से संपन्न हैं जैसे कि अजंता के भित्ति चित्र (छठी-आठवीं शताब्दी ई. पूर्व) और ये दोनों समकालिक थे।

किसी भी संस्कृति के देश और काल की अवधारणाएँ कलाओं के व्यवहार और रूढ़ियाँ निर्धारित करती हैं। हमारी काल की अवधारणा चक्रात्मक है। अतः चित्रकला में कला का चित्रण अविरल होता है, और पारंपरिक नाटक में क्रिया-व्यापार निर्बाध चलता है, और बहुस्थल का विधान किया जा सकता है, और एक साथ कई व्यापार प्रस्तुत किए जा सकते हैं।

रामलीला और रासलीला नाट्य रूपों और रूपांकन कलाओं में हम कला व्यवहारों का संबंध और समानता देख सकते हैं : झाँकी या टैब्लों की रूढ़ि बहु-स्तरों का प्रयोग जिससे एक साथ कई स्थानों पर क्रिया-व्यापार प्रस्तुत किया जा सकता है और विभिन्न स्थानों और काल-खंडों का सन्निकर्षण (telescoping)।

काव्य-प्रेरित चित्रों में प्रायः चित्र के कोने में कवि का चित्र भी होता है। चित्र कविता का चित्रात्मक नाटकीकरण लगता है। जिस प्रकार बहुत से पारंपरिक नाट्य रूप जैसे रामलीला, रासलीला, यक्षगान, कथकलि जिनमें एक गायक या मंडली नाट्य आलेख का गायन करती है, प्रस्तुति आलेख गेयपाठ का नाटकीकरण लगता है। कभी-कभी चित्र के साथ कविता भी लिखी होती है। रामायण चित्र, सूरदास के पदों पर आधारित चित्र, रागमाला चित्र और नायक-नायिका चित्रों में प्रायः चित्र पर पाठ अंश अंकित होता है।

मूर्ति फलक में कलाकार प्रायः कथा के पात्रों को बड़ा और छोटा चित्रित करने की रूढ़ि का प्रयोग करके रंगमंच के दृश्य का प्रभाव पैदा करते हैं। बसौली के लघु चित्रों में नाटकीय गुण मुखर है। कमरे के बाहर और अंदर घटित होने वाला क्रिया-व्यापार बालकनी, दरवाजे, खिड़कियाँ, परदे और

क्रिया, व्यापार के लिए दृश्यांकन रंगमंच का आभास देते हैं। बहुत से लघु चित्रों में पात्रों का समूहन ऐसा होता है कि जैसे पात्र वार्तालाप कर रहे हों, जैसे कि रंगमंच पर नाटक के पात्र। परंपरिक चित्रकला में अविरल कथा-चित्रण की रूढ़ि के कारण वही पात्र अलग-अलग परिस्थितियों में कई बार चित्रित किया जा सकता है।

रामनगर की रामलीला में राम-रावण का युद्ध एक साथ कई स्थानों और कालों में प्रस्तुत किया जाता है, जैसी रूढ़ि पारंपरिक चित्रकला में है। राम और रावण का युद्ध तो एक ऊँचे प्लेटफार्म मंच पर होता है, और दोनों सेनाएँ समधरातल पर लड़ती हैं। शिव और विष्णु आदि देवता पात्र पास ही ऊँचे-ऊँचे मचानों पर बैठे हुए सत्-असत् का युद्ध देखते हैं। चित्र परंपरा में भी प्रायः सत्-असत् के युद्ध जैसी महान घटनाएँ देखने के लिए देवता ऊँचे आसनों पर बैठे हुए दिखाए जाते हैं। युद्ध स्थल में ही पास में एक मंडप के नीचे सीता भी दिखाई जाती है, यद्यपि वे युद्ध के समय रावण की अशोक वाटिका में बंदी है। इस प्रकार रामनगर की रामलीला के दृश्यों में कई कालों और स्थानों का सन्निकर्षण होता है।

चित्रांकन कलाओं का संबंध प्रदर्शन कलाओं के साथ इतना मूलबद्ध है कि मौखिक कथावाचन और गायन के बीज-रूपों से ही वह आरंभ हो जाता है। देश के कई क्षेत्रों में प्रचलित चित्रगायन (picture recitation) के कई रूपों और मंदिरों में पिछवाई के रूप में प्रयोग किए जाने वाल वस्त्रों और पटचित्रों में चित्रकला और कथावाचन का संबंध बहुत सीधा है। राजस्थान में नायक जाति के पौराणिक महानायक पाबूजी की पड़ चित्र और कथागायन के सहयोग का विकसित उदाहरण है। कथात्मक कला की किसी चर्चा और विवेचन में प्रदर्शन कलाओं का संदर्भ अनिवार्य है।

देश और काल की रूढ़ियाँ प्रदर्शन और रूपांकन कलाओं में समान होती हैं। दोनों में ही कई क्रिया-व्यापार एक साथ प्रस्तुत करने के लिए स्थलों और विभिन्न कालों का प्रयोग करके उनका सन्निकर्षण किया जा सकता है क्योंकि हमारी काल की अवधारणा चक्रात्मक है। सोलहवीं शताब्दी से उन्नीसवीं शताब्दी तक कोई तीन सौ वर्ष के राजपूत लघुचित्र महाकाव्यों और पुराणों के कथानक पर आधारित प्रदर्शनकारी कलाओं के व्यवहार और रूढ़ियाँ दर्शाते हैं। चित्रकारों ने रंगमंच पर कथा के पात्रों को रंगमंच के अगले और पिछले भाग में बिठाने का प्रभाव पात्रों को बड़ा और छोटा बनाकर दिखाया है। रामायण और कृष्ण आख्यान संबंधी बसौली स्कूल के चित्रों और नाट्य परंपरा में बड़ी समानता है। दोनों कला परंपराओं ने मिथकों और आख्यानों का चित्रण और प्रदर्शन करने के लिए देश-काल संबंधी समान युक्तियाँ और रूढ़ियाँ विकसित कीं। पारंपरिक चित्रकला कई इकाइयों में कार्य-व्यापार चित्रित करके उनका सन्निकर्षण उसी प्रकार करती है जिस प्रकार जुलूस शैली की रामनगर की रामलीला में। पट चित्रों (scroll) लोक चित्रों और मध्ययुगीन पांडुलिपि चित्रण सभी में यह रूढ़ि देखी जा सकती है।

टैब्लो या झाँकी एक ऐसा अभिप्राय है जिसका प्रयोग पारंपरिक थिएटर और रूपांकन कलाओं दोनों में बहुत हुआ है। रासलीला में राधा-कृष्ण की झाँकी लीला का अभिन्न अंग है। राम का राज्याभिषेक बहुत ही प्रभावशाली और चित्रमयी झाँकी के रूप में कई नाट्य रूपों और चित्र परंपरा में होता है। पुरूलिया छाऊ में महिषासुर-मर्दिनी नृत्य का अंत बड़े नाटकीय टैब्लों के साथ होता है। पारंपरिक नाट्य में एक व्यापार इकाई रोककर दूसरी व्यापार इकाई प्रस्तुत करने की रूढ़ि मध्ययुगीन लघुचित्रों में देखी जा सकती है। चित्र परंपरा में पात्रों और पेड़ों को छोटा कर दिया जाता है, और इस प्रकर दो दृश्यों और दो स्थानों की दूरी दिखाई जाती है।

एक लघु चित्र में सुदामा अपने बाल सखा कृष्ण से उनके महल में मिलते हैं। उसी चित्र में सुदामा का चित्र एक बार फिर कुछ छोटे आकार में दूरी पर दिखाया जाता है जब वह महल की दीवारों के बाहर पहुँच गए हैं। इस प्रकार एक ही फलक में सुदामा दो बार दिखाए जाते हैं। एक चित्र में मिट्टी खाने के लिए यशोदा ने कृष्ण के दोनों हाथ बाँध दिए हैं। चित्र के निचले भाग में नंद बाल कृष्ण को गोद में लिए बैठे हैं, और पास में एक कोने पर एक पड़ोसिन खड़ी है। दाहिने कोने पर कवि सूरदास एक मंडप के नीचे बैठे हैं। एक और व्यापार इकाई में दो गोपियाँ आश्चर्य भाव के साथ बाल कृष्ण की ओर देख रही हैं। शिव कैलाश पर्वत पर अपने नांदी के साथ बैठे हैं। कामदेव आम के पेड़ पर अपना फूलों का बाण शिव की ओर ताने हुए बैठे हैं। चित्र में शिव कामदेव की व्यापार इकाई जो मुख्य व्यापार इकाई से बिल्कुल असंबद्ध है इसलिए दिखाई। गई है कि पद में यह पंक्ति आती है कि कामदेव का विनाश करने वाले शिव भी कृष्ण की पूजा करते हैं।

रूपांकन कलाओं और प्रदर्शन परंपरा में विषयों, कला-व्यवहारों और रूढ़ियों का विनिमय बराबर होता रहा है, और एक-दूसरे को प्रभावित करती रही है। कोचिन (केरल, पंद्रहवीं शताब्दी) के महल के भित्ति चित्र कथकलि की

वेशभूषा और शीश सज्जा से मिलते हैं, और दोनों समकालिक थे।

यह बात भी रोचक है कि महाकाव्यों और पुराणों के जो कथानक प्रदर्शन परंपरा में अधिक लोकप्रिय रहे, उनका चित्रण रूपांकन कलाओं में भी हुआ है। सीता का अपहरण, रावण की अशोक वाटिका में सीता, रावण और जटायु का युद्ध, बालि-सुग्रीव युद्ध और राम-रावण युद्ध 'रामायण' के ऐसे ही प्रसंग हैं, जिनका प्रयोग दोनों ही परंपराओं में बहुत लोकप्रिय रहा है। महाभारत में सबसे अधिक लोकप्रिय कथानक जिनका दोनों कलाओं में प्रयोग हुआ है, वे हैं अभिमन्यु वध, जयद्रथ वध, दुःशासन वध, द्रौपदी वस्त्र-हरण और महाभारत के उपाख्यान जैसे 'नल-दमयंती' और 'किरातार्जुन'। रूपांकन कलाओं में महाकाव्यों और पुराणों के प्रसंगों का चित्रण प्रदर्शन परंपरा और क्षेत्र की मौखिक परंपरा से प्रेरित है।

मौखिक कथा-वाचन के विविध रूपों और मंदिरों की पिछवाई, कुंडली (scrolls) कथात्मक चित्रों में कला के व्यवहारों और रूढ़ियों में समानता है। आंध्र प्रदेश की कलमकारी और उसी क्षेत्र के कथावाचन के रूपों में व्यवहारों और रूढ़ियों में समानता है। दोनों ही महाकाव्यों और पुराण-कथाओं का उपयोग करते हैं। कथावाचक और कलमकारी कलाकार दोनों ही इन कथाओं से परिचित है। कलमकारी में 'सीता-विवाह', राम का राज्याभिषेक, शिव-पार्वती विवाह, कुरुक्षेत्र-युद्ध के प्रसंग सबसे अधिक प्रचलित हैं। इन कथा-प्रसंगों का प्रदर्शन भी कई रूपों में होता है। कलमकारी में कभी-कभी कलाकार पूरी 'रामायण' या पूरी 'महाभारत' भी लेते हैं, और मुख्य घटनाएँ चित्रित करते हैं। चित्र-प्रसंग का केंद्र टैब्लो होता है, और सभी फलक इसी टैब्लो पर मिलते हैं। कलमकारी चित्रण की यह विशिष्ट युक्ति और रूढ़ि है। रासलीला में टैब्लो (झाँकी) की रूढ़ि का यही प्रयोजन है। टैब्लो या झाँकी का अभिप्राण कलाओं में मध्ययुगीन शताब्दियों में प्रचलित धार्मिक जुलूसों, सिंहासनों और शोभा-यात्राओं से आया है।

प्रदर्शनकारी कलाओं की तरह कलमकारी के कलाकार भी चक्रात्मक काल की रूढ़ि के अनुसार चित्रण करते हैं जिस कलमकारी में शिव-पार्वती का तीन फलकों में चित्रण है, विवाह-फलक के बाएँ जो फलक है, वह पहला फलक है। चित्र नीचे से शुरू होकर ऊपर की ओर जाता है, और बाएँ से दाएँ। फलक में हाथी, ऊँट, घोड़े और बैलगाड़ियाँ हैं, और कोई भी एक जैसा नहीं है।

कथा कहने का भाव चित्र में इतना प्रबल है कि कभी-कभी चित्र का आदि और अंत ही नहीं मालूम पड़ता। एक बार कलम शुरू हो जाती है तो रुकती ही नहीं, और कलाकार इस डर से कुछ देर के लिए भी रुकता नहीं कि कहीं कथा का सूत्र न टूट जाए।

दोनों कला परंपराओं में एक सी कथाओं का प्रयोग होता है। कथावाचक बराबर कलमकारी कलाकारों को कथाओं से परिचित रखते हैं। आंध्र प्रदेश में कलहस्ती कलमकारी का एक मुख्य केंद्र है। रोज शाम को स्वानमुखी नदी के किनारे मार्कंडेय मंदिर में कलाकारों के लड़के पंडित सुब्रह्मण्यम् से पुराणों की कथा सुनते हैं। तीर्थ स्थानों और तीर्थ मार्गों में विशेषकर कथावाचन की परंपरा का विकास हुआ और आज भी सुरक्षित है। तीर्थ स्थान भी चित्रकला का केंद्र बन गए और साथ ही दूसरी पूजा सामग्री और शिल्प के। दोनों परंपराएँ सांस्कृतिक पृष्ठभूमि में पनपी हैं, और एक दूसरे को संपन्न करती रही हैं। नाथद्वारा की पिछवाई और उड़ीसा और पश्चिम बंगाल के पटचित्रों में भी कथावाचन और चित्र परंपरा का संबंध है।

रूपांकन कलाओं में काव्य और नाटकों का चित्रण भी कलाओं के अंतरावलंबन को प्रमाणित करता है। साहित्यिक परंपराओं के काव्यों के अतिरिक्त मौखिक परंपरा में प्रचलित काव्यों का चित्रण भी हुआ है। इनमें चंदायन (लोरिक चंदा) की लोकप्रिय कथा प्रमुख है। कवि अपने काव्यों के चित्रण के बारे में सजग रहे होंगे। सबसे अधिक और विविध शैलियों में शृंगारिक काव्य 'गीत-गोविंद' के चित्रण हुए हैं। काव्यों में 'चौर पंचाशिका' (दसवीं शताब्दी), 'अमरू शतक' और 'मेघदूत' उल्लेखनीय हैं। नाटकों में प्रबोध चंद्रोदय सबसे अधिक चित्रित हुआ है। 'शकुंतला' और प्राकृत सट्टक संदेश रासक का संस्कृत काव्यों में रघुवंश और कुमारसंभव का चित्रण महत्त्वपूर्ण है। चित्रों में क्रियाशील अथवा वार्तालाप में लगे हुए पात्र प्रदर्शन परंपरा से प्रेरित हैं। अजंता, भरहुत, साँची और खजुराहो के उत्कीर्ण चित्रों में गतिशीलता और हस्त-मुद्राओं की प्रेरणा प्रदर्शन परंपरा से आई है।

नाथद्वारा के शबीह चित्रों पर जब अठारहवीं शताब्दी की यूरोप की चित्रकला का प्रभाव पड़ा तो चित्रों में विक्टोरियन थिएटर के तत्त्व बड़े-बड़े खम्भे, भारी परदे और सजावट की चीजें सम्मिलित कर ली गईं। सभी क्षेत्रों की मौखिक कथावाचन परंपरा का चित्रण परंपरा से बराबर गहरा संबंध रहा है। चमड़े की पुतलियों का रूप-चित्रण (iconography) प्रदर्शन परंपरा से प्रभावित होता है, और साथ ही अपने क्षेत्र के भित्ति चित्रों से

प्रेरणा लेता है। आंध्र प्रदेश और कर्नाटक की रंगीन पारदर्शी चर्म पुतलियाँ लेपाक्षी मंदिर के भित्ति चित्रों से प्रभावित हैं। पैंथन के चित्रकथी के चित्रों का प्रभाव पिंगुली की चर्म पुतलियों पर पड़ा है।

प्रदर्शन और रूपांकन कलाओं के इस प्राचीन पारस्परिक संबंध का एक और रोचक प्रसंग है। 20 वीं शताब्दी के शुरू में राजा रवि वर्मा ने यूरोपीय चित्रकला और तैल चित्रों की तकनीक से प्रभावित होकर जिस आधुनिक चित्रकला का आरंभ किया उसमें उन्होंने कथा के संयोजन और पात्रों के समूहन के लिए रंगमंचीय यथार्थवादी चित्रण किया। राजा रवि वर्मा ट्रावन कोर राजघराने से संबद्ध थे, और उन्होंने जर्मनी, फ्रांसीसी और इतालवी चित्रकारों के अलबम देखे थे। उन पर केरल की रंगमंच परंपरा कथकलि आदि का भी प्रभाव था।

महाराजा के साथ सन् 1895 से 1901 तक उन्होंने देश भर का भ्रमण किया। इस यात्रा में बहुत से मंदिर देखे, दुर्ग देखे, संग्रहालय देखे और बड़े शहरों में पारसी कंपनियों के नाट्य प्रदर्शन देखे। बंबई में उस समय पारसी थिएटर अपने चरम विकास पर था। राजा रवि वर्मा ने अपने पौराणिक कथानकों का चित्रण रंगमंचीय दृश्यों की तरह किया। सुंदर आभूषणों, आकर्षक वेशभूषा और यथार्थवादी भंगिमाओं में रवि वर्मा के अनेक चित्र उस समय की प्रसिद्ध अभिनेत्रियों और बाइयों के हैं। गौहर और जौहर पारसी रंगमंच की प्रसिद्ध अभिनेत्रियाँ थीं। गौहर सीता वनवास में सीता की भूमिका के लिए प्रसिद्ध थी। रवि वर्मा ने जिन पौराणिक कथाओं पर चित्र बनाए वे सब पारसी थिएटर में भी मशहूर थे। महाकाव्यों और पुराणों की कथाओं पर आधारित रवि वर्मा के कथात्मक चित्रों पर पारसी रंगमंच की युक्तियों का समावेश है। नल दमयंती चित्र की पृष्ठभूमि में वन-चित्रित पर्दा है। यह पर्दा पारसी रंगमंच पर भी सबसे अधिक प्रयोग किया जाता था। सेतु-बंधन चित्र में राम हाथ में प्रत्यंचा चढ़ाए हैं और भयभीत सागर देवता वरुण सामने खड़े हैं। चित्र में बड़ी नाटकीयता है। बादलों और चमकती बिजली की कौंध ने दृश्य को और अधिक नाटकीय बना दिया है।

सीता भूप्रवेशम नामक चित्र रंगमंचीय दृश्यबंध के समान है। राम सिंहासन पर बैठे हैं, लक्ष्मण उनके पीछे खड़े हैं, लव और कुश राम के एक तरफ हैं, और दूर बाएँ ऋषिराज खड़े हैं, कुछ नीचे तल पर सीता माँ धरती की बाँहों में दिखाई गई है। राम, लक्ष्मण, धरती माँ और ऋषियों की शीर्ष सज्जा पारसी रंगमंच में प्रयोग की जाने वाली शीर्ष सज्जा जैसी है।

राजा रवि वर्मा ने 1884 में लीथोग्राफी का प्रेस खोला और अपने पौराणिक चित्रों की बड़ी संख्या में प्रतियाँ निकालने लगे। इन्हें ओलियोग्राफ कहा जाता था। इन प्रतियों का प्रचार कलेंडरों और पोस्टरों के द्वारा देश भर में होने लगा। गाँव-गाँव, घर-घर रवि वर्मा के चित्रों से कमरे सजने लगे। रवि वर्मा के चित्रकार जीवन के पहले चरण में पारसी थिएटर का प्रभाव पड़ा और कलेंडर आर्ट का प्रचार हो जाने पर उसका प्रभाव पारसी थिएटर पर उसके अंतिम चरण में पड़ा। देश के लोक नाट्य रूप भी कलेंडर आर्ट के प्रभाव से न बच सके। पौराणिक कथानकों वाले नाटकों पर प्राय: सभी क्षेत्र के नाट्य रूपों पर कलेंडर आर्ट का प्रभाव पड़ा, विशेषकर वेशभूषा पर। सिनेमा के आरम्भिक वर्षों में पौराणिक कथाओं के पात्रों की वेशभूषा कलेंडर आर्ट से प्रभावित हुई।

विसमादु रूप विसमादु रंग
जगदीश स्वामीनाथन की चित्रकला*

उदयन वाजपेयी

मित्रो, क्षमा करें, मैं सीधे-सीधे बोलने की जगह काग़ज़ की ओट से ही बोलूँगा। एक लेखक के लिए शायद यही मुफ़ीद होता है : उसकी आवाज़ काग़ज़ के पीछे से आए और वह अपने ही शब्दों के पीछे गायब हो जाए। मैं स्पिक मेके का आभारी हूँ कि उन्होंने स्वर्गीय जगदीश स्वामीनाथन के कृतित्व पर कुछ कहने मुझे यहाँ आमंत्रित किया है। उनके साथ मेरे जो संबंध रहे हैं, उसके चलते उनके नाम के आगे स्वर्गीय लगाना मुझे बहुत अटपटा लग रहा है। शायद यह इसलिए हो कि हम सब के जीवन में ऐसे कुछ ही लोग होते हैं, जो हमेशा ही हमारे भीतर जीवित रह जाते हैं। इन कुछ लोगों में एकाध दो ऐसे लोग भी होते हैं; जिनकी ओर कुछ भी करते वक़्त हम, चाहे-अनचाहे, ज़रूर मुड़ते हैं, यह सोचकर कि जिस परिस्थिति में अभी मैं हूँ, अगर वे इसी परिस्थिति में होते तो क्या करते और इस प्रश्न का उत्तर हमारे कुछ भी करते समय बहुत महत्त्व का होता है। या जब भी कोई विचार हमारे मन में आकार लेता है, हम उसे भी अपने भीतर मौजूद ऐसे ही व्यक्ति के विचारों के पास रख कर देखते हैं, तब जाकर स्वयं हमारे विचार हमारे अपने जीवन में स्थान पा पाते हैं। पारंपरिक जुबान में मन में हमेशा मौजूद ऐसे व्यक्ति को गुरु कहा जाता है और चूँकि उनकी आवाज़ हमें हमेशा ही सुनाई देती रहती है; इसीलिए गुरु के नाम के आगे स्वर्गीय लगाने का चलन नहीं है। वह अपने शिष्य के चारों ओर अदृश्य रूप में उपस्थित रहा आता है, हवा की तरह और इसी अदृश्य उपस्थिति से सुनते-सुनाते, लड़ते-झगड़ते, बहस-मुबाहिसा करते-कराते शिष्य अपनी तरह से अपना जीवन बिताता है, अपनी तरह से सृजन करता है।

जगदीश स्वामीनाथन के आगे स्वर्गीय लगाना मुझे इसलिए अटपटा लग रहा है।

लेकिन इसका एक दूसरा कारण भी है। एक महान कलाकार अपनी हर कृति में अपने एक दिन 'न होने' के निशान छोड़ता चला जाता है, जैसे उसकी हर कृति पर उसी अपनी नश्वरता की छापें हों, जैसे उसकी हर कृति पर उसकी अपनी मृत्यु के हस्ताक्षर हों। वह निरंतर नई दुनियाएँ गढ़ता है और फिर अपने ही सामने उन्हें खत्म होते देखता है। इस अर्थ में उसका समूचा जीवन ही एक से दूसरी मृत्यु की ओर जाते हुए बीतता है। आखिर एक महान कलाकार के नाम के आगे कितने स्वर्गीय लगाने होंगे।

जगदीश स्वामीनाथन हमारे समय के इसी पाये के भारतीय चित्रकार और चिंतक हैं।

वैसे तो वे सारे चित्रकार जो भारत के नागरिक हैं, उन्हें भारतीय चित्रकार कहा जाता है और एक तरह से ठीक ही कहा जाता है। लेनिक स्वामीनाथन किन्हीं विशिष्ट अर्थों में भारतीय चित्रकार हैं। उनके लिए महज भारत देश की नागरिकता काफ़ी नहीं रही, वह तो इस भूभाग में जन्म लेने भर से हासिल हो जाती है। उन्होंने गहरी निष्ठा से चित्रकला की भारतीय परंपरा में अपनी नागरिकता हासिल की है। इस नागरिकता की यह विशेषता है कि यह कम से कम अब हम आधुनिकों को निष्प्रयास प्राप्त नहीं हो सकती। और कला की दृष्टि से परंपरा की यही नागरिकता कहीं अधिक मूल्यवान है। यह ऐसे देश के कलाकारों के लिए और भी अधिक मूल्यवान हो जाती है, जो अभी तक उपनिवेश रहे आए हैं। मैं यह इसलिए कह रहा हूँ क्योंकि उपनिवेश रहे देशों में वहाँ के सृजनकर्मियों को स्वयं

*** यह व्याख्यान स्पिक मेके के भोपाल में हुए राष्ट्रीय अधिवेशन 1998 में दिया गया था। यह अधिवेशन स्वर्गीय जगदीश स्वामीनाथन और स्वर्गीय कृष्णराव शंकर पंडित को समर्पित था।**

अपनी सृजन परंपराएँ पाने के लिए अनेक स्तरों पर यत्न करने पड़ते हैं। जैसे किसी भुलावे में पड़कर वे अपने हाथों के स्पंदनों को ही न समझ पा रहे हों। उपनिवेशवादी देश किसी पराये देश पर महज शासन ही नहीं करता बल्कि वह वहाँ की पारंपरिक संस्थाओं, रीति रिवाजों, सृजन-परंपराओं आदि को स्वयं वहाँ के नागरिकों के लिए अजनबी बनाता जाता है। इस काम को अंजाम देने के लिए शिक्षा-दीक्षा के देशज केंद्रों को हटा कर नए केंद्र बनाए जाने लगते हैं। जैसे-जैसे ज्ञान-विज्ञान के पारंपरिक स्रोत सूखते जाते हैं, देशवासियों की स्वयं अपनी कलाओं, साहित्य या विज्ञान की समझ क्षीण होती जाती है। जैसे वही सब जो कुछ समय पहले तक अर्थमय था और जो उनके जीवन को अर्थ से भर दिया करता था, उपनिवेशवादी शिक्षा आदि की छाया में अर्थशून्य व अटपटा लगना शुरू हो जाता है। वे सारे रूपक, संकेत, लक्षणाएँ आदि जो हमारे लिए शताब्दियों के आर-पार अनगिनत अनुभूतियाँ खींच लाते थे, धीरे-धीरे खाली होते जाते हैं। दूसरे शब्दों में उन्नीसवीं शती के अंत तक अनेक भारतीयों को, जहाँ तक चित्रकला की परंपरा का भी प्रश्न है, भारत की अत्यंत सृजनात्मक शैलियाँ स्वयं शर्मनाक लगने लगीं। उपनिवेशवादी कला-शिक्षा और भारतीय कला-परंपराओं पर पश्चिमी विद्वानों की गहरी आलोचना की रोशनी में स्वयं भारतीय चित्रकार अपनी परंपरा में से नई सृजनात्मक राहें खोजने के स्थान पर पश्चिमी चित्रकला की छाया मात्र को कला मानने पर विवश हो गए। यह इसलिए क्योंकि उपनिवेशवाद किसी देश की वास्तविकता पर ही कब्जा नहीं करता, बल्कि उस वास्तविकता को अनुभव करने के उस सभ्यता द्वारा विकसित तरीकों को भी निष्प्रभावी कर देता है। अब बिना उपनिवेशवादी मानकों या पैरामीटर्स के उपनिवेशित नागरिकों को स्वयं अपनी चीजें वास्तविक नहीं लगती, या इसे ऐसे भी कह सकते हैं कि उपनिवेशवाद के शिकंजें में फँसने के बाद उपनिवेशित समाज अपनी हर वस्तु की वास्तविकता के लिए उपनिवेशक सभ्यता के हस्ताक्षरों का मुहताज होता चला जाता है।

भारत में चित्रकला के साथ भी बहुत कुछ ऐसा ही हुआ है। जब तक कोई चित्रकला पश्चिमी चित्रकला परंपरा की कसौटी पर खरी नहीं उतरेगी, उसे 'वास्तविक कला' का दर्जा तक हासिल नहीं हो सकेगा। यह कहते समय मेरे मन में पश्चिमी कला-आंदोलनों के प्रति ज़रा भी शिकायत नहीं है, वे कला-आंदोलन आज जहाँ भी पहुँच गए हों; लेकिन उनकी अपनी महत्ता है। और उनमें जिस तरह के अन्वेषण हुए वे मुझे आज भी आकर्षित ही करते हैं। लेकिन भारत में चित्रकारों को जो संबंध उनसे बनाने पड़े, उसकी पृष्ठभूमि में उपनिवेशवादी शिक्षा और संस्कार थे। उसे आप चाहें तो इसे गुलाम की मजबूर मानसिकता भी कह सकते हैं। इसी मानसिकता के वशीभूत और इसी के सहारे अपनी सृजनशीलता प्राप्त करने पिछली शती के अंत में ट्रेवनकोर के महाराजा के आश्रय में रहकर राजा रवि वर्मा ने एक अंग्रेज कला-शिक्षक से चित्रकारी सीखी। धीरे-धीरे राजा रवि वर्मा के आलियोग्राफ्स आत्मविस्मृत भारतीयों के घर-घर में पहुँच गए। पश्चिम में उत्पन्न और वहाँ ही गहरे तक प्रश्नांकित एकरैखिक परिप्रेक्ष्य (Linear perspective) में चित्रित राजा रवि वर्मा के पौराणिक देवी-देवताओं की भीड़ में भारतीय पारंपरिक चित्रशैलियाँ ओट हो गईं। अब पश्चिम के एकरैखिक परिप्रेक्ष्य में, जो पश्चिम की एकेश्वरवादी धार्मिक परंपरा का ही चित्रकला के संसार में अवतरण था, भारतीय बहुदेववादी परंपरा के चरित्रों का चित्रण होना शुरू हो गया और इस विचित्र विडंबना को सहज ही अनदेखा कर दिया गया। मधुबनी चित्र, मिनिएचर चित्र, तंजावोर शैली के चित्र, तांत्रिक रेखांकन आदि को आधुनिक भारतीय जीवन में कला का दर्जा मिलना कठिन होता गया। यह इसलिए क्योंकि इन सब पर उपनिवेशवादी कला शिक्षा के हस्ताक्षर नहीं थे। धीरे-धीरे कला का अभ्यास करना बहुत हद तक पश्चिमी कला-आंदोलनों द्वारा दिखाई राह पर चलना हो गया। क्षमा करें, यह मसला उससे कहीं अधिक जटिल और उलझा हुआ जैसा यहाँ दिखाई दे रहा है। लेकिन उन तमाम जटिलताओं और उलझावों में गहरे तक जाने का यहाँ अवकाश नहीं है। सिर्फ़ इतना कहना शायद काफ़ी हो कि बीसवीं शती में भारतीय चित्रकला परंपराएँ स्वयं भारतीय चित्रकारों को अनुपलब्ध होती चली गईं। जैसे उन्हें चेतना की किसी अँधेरी खाई में फेंक दिया गया हो।

मैंने यह सब किस्सा इसलिए कहा है कि इसी परिप्रेक्ष्य में जगदीश स्वामीनाथन का कलात्मक और वैचारिक अवदान समझा जा सकता है।

भारत के दुखद बँटवारे के दौरान और उसके बाद राजनैतिक कर्यकर्ता की तरह वर्षों काम करने के बाद स्वामीनाथन कहीं अधिक गंभीरतापूर्वक चित्रकला की ओर मुड़े। शायद मन में दबी कोई गहरी टीस स्वयं को प्रकट करने रूप-रंग माँग रही हो। दिल्ली में सेलोज़ मुखर्जी से चित्रकला और वार्सा, पौलेंड में छापाकला की शिक्षा लेने के बाद वे पूरी तरह भारतीय चित्रकला के समस्या बहुल संसार में प्रवेश कर गए।

अपने आरंभिक दौर में उन्हें तांत्रिक रेखांकनों ने अपनी ओर आकर्षित किया, जिसे आज नव्य-तांत्रिक चित्रकला कहा जाता है, उसके वे लगभग प्रवर्तक रहे हैं। बाद के वर्ष उन्होंने अनेक पारंपरिक चित्रकला शैलियों के गहन अनुभव और अध्ययन में बिताए। जहाँ तक मुझे याद है वे इन चित्रों की खोज में किन्नौर तक पैदल भी गए थे। पहाड़ी मिनिएचर चित्रों को डूबकर अनुभव करने के बाद, उनकी चित्रकला ने एक नया मोड़ लिया। उनकी चित्रकला के इस दौर को कलर ज्योमेट्री ऑफ स्पेस नाम से जाना जाता है। इस दौर में स्वामीनाथन पहाड़ी मिनिएचर चित्रों की प्रेरणा से स्पेस, रंग और ज्यामिति के पारंपरिक अंत:संबंधों को अपने चित्रों में एक नई तरह से पाने की कोशिश में लगे रहे और साथ ही उनमें अंतर्भूत अनुगूंजों को भी दोबारा मुखरित होने का अवकाश देने की चेष्टा करते रहे। इन्हीं कैनवासों से होते हुए वे अपने उन विशिष्ट चित्रों तक पहुँचे जिनमें पहाड़, पक्षी, सीढ़ियाँ, पेड़, अपने ही आर-पार झाँकते सपाट रंगों के बीच कहीं झूलते नज़र आते हैं। जैसे कैनवास पर चित्रित स्पेस अपनी अंतर्मुखी अर्थवत्ता में ठहरा हुआ हो। जैसे अगले ही क्षण कोई गहन रहस्यमयी घटना होने को हो। जैसे किसी मंत्र के वशीभूत पूरा जगत एक पल को ठिठक गया हो। जैसे यही ठहराव अस्तित्व की किसी गूढ़ पहेली को प्रकट होने का स्थान दे रहा हो।

अपने चित्रों को पारंपरिक चित्रशैलियों से सहज जोड़ने के अलावा स्वामीनाथन उन विरले भारतीय चित्रकारों में हैं जिन्होंने पश्चिमी कला के विविध आंदोलनों को केंद्र में रखकर की गई तमाम आधुनिक भारतीय चित्रकला का निर्मम विश्लेषण और तीखी आलोचना की। प्रसिद्ध कलाशास्त्री आनन्दकुमारस्वामी के बाद स्वामीनाथन ने जितनी शिद्दत से राजा रवि वर्मा जैसे चित्रकारों के कृतित्व को जितना दार्शनिक स्तर पर प्रश्नांकित किया उतना कम लोगों ने ही किया है, ऐसी अंतर्दृष्टि और सहज जोखिम उठा सकने वाली ऐसी मनीषा आधुनिक भारतीय चित्रकला में लगभग अकेली ही थी। औपनिवेशिक मानसिकता से बाहर आने की यह भी राह थी : उन कृतियों की सूक्ष्म व संवेदनशील पड़ताल जिन्होंने औपनिवेशिक अंतश्चेतना को अपनी कला के अंत:करण में प्रतिष्ठित किया हुआ था। इस अर्थ में स्वामीनाथन एक ऐसे कलाकार हैं जिनका कृतित्व और चिंतन भारतीय मन के सचमुच स्वतंत्र होने की दिशा में आत्यंतिक महत्त्व का है। इस तरह उन्होंने समकालीन आधुनिक चित्रकला का अपनी परंपरा से टूटा हुआ तार दोबारा जोड़ने का प्रयास किया। वे इस कार्य में कितने सफल हो सके या कितने विफल रहे, यह बहस का विषय हो सकता है; लेकिन उनके इस प्रयास की सत्यता पर प्रश्नचिह्न लगाना मुश्किल है।

कुछ लेखकों-कलाकारों के लिए अस्तित्वमात्र एक पहेली रहा है। ऐसी पहेली नहीं जिसका समाधान इतिहास के सीमांत पर हमारा इंतज़ार कर रहा हो, बल्कि ऐसी पहेली जो हमेशा ही पहेली बनी रहने को अभिशप्त हो। एक निरंतर पहेली जिसे बूझने से अधिक जिया जाना चाहिए। स्वामीनाथन भी ऐसे ही एक कलाकार हैं, जिन्होंने अस्तित्व को, होने को एक अबूझ पहेली के रूप में और कला को इस पहेली को प्रकट होने के अवकाश की तरह देखा और रचा।

जगदीश स्वामीनाथन की चित्रकला के लिए अस्तित्व अपने में विलक्षण है। हमारा पृथ्वी पर होना अंतत: एक विस्मय ही है। गुरु ग्रंथ साहिब का कहना है :

विसमादु नाद
विसमादु वेद
विसमादु जीअ
विसमादु भेद
विसमादु रूप
विसमादु रंग

यह अकथ कहानी है, एक ऐसी पहेली जिसका एहसास हरेक के पास है, लेकिन अंतिम हल किसी के पास नहीं। अस्तित्व को अबूझ पहेली की तरह बरतने वाले लेखकों-कलाकारों, ग्रंथों की परंपरा खासी समृद्ध है : योगवाशिष्ठ जैसे ग्रंथ, कबीर, मीरा, ग़ालिब, बोर्खेज़ जैसे लेखक, तांत्रिक रेखांकन और इस शृंखला के इस छोर पर खड़े स्वामीनाथन : उनके चित्र अपने रूप, रंग, आकारों में, अपनी लय, अपने अनोखेपन, अपने विस्तारों में अस्तित्व की इसी पहेली को, अस्तित्व की इसी उलझी हुई गाँठ को हमारी आँखों के सामने आने की जगह देते हैं। अस्तित्व अपने अबूझपन के संकेत छोड़ता है, वही जिसे स्वामीनाथन तांत्रिक रेखांकनों में, कभी आदिवासी चित्रों में महसूस करते हैं। शायद इसीलिए वे भारत में एक ऐसी अनोखी कला दीर्घा की कल्पना कर सके, जिसमें तथाकथित आधुनिक और तथाकथित लोक आदिवासी कलाएँ एक साथ प्रदर्शित की जा सकें। वे आदिवासी-लोक कलाओं को महज नृत्तत्त्व शास्त्री अध्ययन की वस्तु में संकुचित होने से एक हद तक रोक सके। इस तरह वे प्रसिद्ध स्पहानी चित्रकार पिकासो के काम को एक कदम आगे ले गए। अगर पिकासो ने अफ्रीकी

मुखौटे जैसी आदिवासी कला के पीछे पश्चिमी कला आंदोलन के विस्तार की संभावना का रास्ता देखा था और वहाँ से प्रेरणा पाकर अपने चित्र बनाए थे, तो स्वामीनाथन ने पहाड़ी मिनिएचर चित्रों, आदिवासी चित्रों आदि से प्रेरणा प्राप्त कर न सिर्फ़ अपने चित्रों में पारंपरिक अनुगूंज के पुनर्वास का मार्ग तैयार किया, बल्कि इन सारी कलाओं के जादू को सीधे-सीधे हमारे सामने लाने का भी उन्होंने प्रयास किया। भोपाल में भारत भवन की रूपंकर कला दीर्घा का निर्माण स्वामीनाथन की भारतीय चित्रकला परंपराओं की उसी पुनरुपलब्धि की अगली कड़ी है जिसकी पिछली कड़ी स्वयं उनकी अपनी चित्रकला रही है : परंपरा को प्रकट होने देने के अवकाश का सृजन! अपने उस दौर में पहुँचकर, जिसे आज हम उनके अंतिम दौर की तरह जानते हैं, स्वामीनाथन के चित्र जैसे अपने तमाम विलक्षण अलंकरण उतार कर रख देते हैं : ये वे चित्र हैं जहाँ वे अस्तित्व की पहेली को उतनी ही उलझी हुई, बिल्कुल ही अबूझ इबारत में चरितार्थ होने देते हैं, जैसे वे इस मुकाम पर पहुँचकर अस्तित्व के रहस्य का उसके नितांत निष्कवच, निरे निरलंकृत रूप में साक्षात् करना चाह रहे हों। जैसे अब रही-सही उम्मीद में भी ईश्वर की हँसी सुनाई दे रही हो! जैसे किसी परित्यक्त मकान की सूनी दीवारों पर कोई राहगीर (कौन है यह राहगीर जो हमेशा ही पहले जा चुका होता है?) कुछ रंग लगा गया हो, कुछ टूटे-फूटे अक्षर बिखेर गया हो, कुछ लकीरें उकेर कर कहीं चला गया हो। जैसे कोई जीवन के अंतिम छोर पर भी उसके अबूझपन को न भेद पाया हो और उसके यही विषाद और विस्मय किसी दीवार पर लताओं के अनोखे जाल की तरह फैल गए हों। यह उनकी कला का आखिरी पड़ाव है : कैनवस की प्रशांत करुण सतह पर भटकती हुई कुछ लकीरें, कुछ आकार, कुछ अक्षर जैसे कोई मानसरोवर की एकांतिक सतह पर किन्हीं भाषाओं की टूटी-फूटी लिपियाँ बिखेर गया हो। ये चित्र एक समूची सभ्यता के संकेतों की विस्मृति पर शोक भी हैं और उन्हें दोबारा स्मृति के दायरे में लाने के प्रयत्न की चमक भी। यह हमारे मन के अँधेरे में ओझल संसार को खोने का विलाप भी है और उसे दोबारा दिन के उजाले में लाने की आर्त्त-पुकार भी।

हो सकता है मैं स्वामीनाथन की कला के रहस्य को भेद पाने में पूरी तरह विफल रहा हूँ, यह बिल्कुल संभव है क्योंकि हरेक महत्त्वपूर्ण कला, जीवन की ही तरह, बनी ही इस तरह होती है कि उसका रहस्य पूरी तरह कभी भी न जाना जा सके। या एक बार जान लिए जाने पर वह अपने मर्म में एक नया रहस्य प्रतिष्ठित कर लेती है, जिसे जानना हमेशा ही बाकी रहा आता है। इसलिए यह बिल्कुल संभव है कि मैं स्वामीनाथन की कला के मर्म को जानकर भी न जान सका होऊँ। लेकिन अगर मेरा यह सब कहना आपको स्वामीनाथन जैसे चित्रकारों पर विचार की ओर उन्मुख कर सका और आपको इस विषय में अपनी समझ विकसित करने में मददगार हो सका, फिर वह समझ मेरी समझ से विपरीत ही क्यों न हो, मुझे गहरी सांत्वना होगी।

संस्कृत एवं प्राकृत की छोटी कविताओं का युग : कुछ कम परिचित आयाम

कमलेश दत्त त्रिपाठी

हम संस्कृत एवं प्राकृत की प्रबंधात्मक विधाओं से अपेक्षाकृत रूप में अधिक परिचित रहे हैं। 'इतिहास' के नाम से परिभाषित वाल्मीकि और व्यास के आर्ष-महाकाव्य 'रामायण' एवं 'महाभारत', कालिदास तथा अश्वघोष जैसे महाकवियों के महाकाव्य, दंडी, बाण और सुबंधु जैसे गद्यकवियों की 'कथा' एवं 'आख्यायिका' विधा की रचनाओं, भास, कालिदास, शूद्रक, विशाखदत्त और भवभूति जैसे समर्थ नाटककारों की नाट्यकृतियों तथा गुणाढ्य की 'बृहत्कथा' एवम् उसकी उपजीवी 'बृहत्कथा-मंजरी' तथा 'कथासरित्सागर' जैसी रचनाओं में जीवन का व्यापक, सर्वसमावेशी और समग्र चित्र उपस्थित हो सका है। उनका विराट् और प्रबंधात्मक स्वरूप स्पष्ट है। 'महाभारत' और 'रामायण' में पूरा का पूरा युग और समूची जातीय आकांक्षा ही मूर्त हो उठी है। आर्ष-महाकाव्य तथा गुणाढ्य की 'बृहत्कथा' परवर्ती युग में उपजीव्य रहे हैं। 'रामायण' और 'महाभारत' जातीय महाकाव्य हैं और वे न केवल साहित्य, अपितु मंच पर उपस्थाप्य तथा रूपंकर कलारूपों के भी सतत उपजीव्य रहे हैं। सच तो यह है कि 'रामायण' और 'महाभारत' को देश की सीमाओं के पार एशिया के अनेक देशों में उनके अपने-अपने जातीय स्वरूप एवम् आकांक्षा के वाहक के रूप में प्रतिष्ठा मिली। उनमें प्रतिबिंबित जीवन की विराट्ता देश और काल की सीमाओं को लाँघ कर सार्वकालिक तथा सार्वदेशिक बन गई। कालिदास और अश्वघोष के महाकाव्यों में महाकाव्य रचना कलात्मक परिष्कार की दिशा में अग्रसर हुई और इसीलिए इन्हें 'इतिहास' या 'आर्षमहाकाव्य' से पृथक् कर 'कलापरिष्कार परक महाकाव्य' ('इपिक ऑफ आर्ट') के अभिधान से कुछ आधुनिक समीक्षकों ने वर्णित किया है। किंतु कालिदास और अश्वघोष के बाद भारवि, माघ, श्रीहर्ष एवं रत्नाकर जैसे कवियों के महाकाव्य उत्तरोत्तर रूढ़ि में बँधते चले जाते हैं। और अब महाकाव्य की प्रबंधात्मक विधा अपने युग की सर्जनात्मकता में नवीन उन्मेष का प्रतिनिधित्व नहीं करती। अब यह गतिमय प्रबंधात्मक पक्ष आख्यान के रोमांस, नए बिंबों के विधान, मानवीय संबंधों के परिवर्तित रूपों तथा मनुष्य एवं प्रकृति के संबंधों के नए पक्षों के अन्वेषण की प्रवृत्ति के साथ छंदोविधान के बंध से विमुक्त, किंतु संस्कृत गद्य के अपने लयबंध से बँध कर दंडी और बाण की गद्य रचनाओं में प्रकट होता है। आर्ष महाकाव्य से गद्यकाव्य विधा के उदय की अवधि के बीच ही प्रबंधात्मकता का एक अन्य रूप संस्कृत-नाट्यसाहित्य की असाधारण समृद्धि में अपना आकार लेता है। भास, कालिदास, शूद्रक, विशाखदत्त, भवभूति, बोधायन, महेन्द्रविक्रम और हर्ष की नाट्यकृतियों का रचनासंसार कविता तथा रंगमंचीय प्रयोगपरता का अद्भुत सामरस्य प्रस्तुत करता है। इसी अवधि में 'बृहत्कथा' का उदय आख्यान की पुंखानुपुंखात्मकता और रंजनशीलता के साथ प्रबंधविधान की एक नितांत भिन्न भंगिमा में व्यक्त होता है। 'मेघदूत' जैसे महाकाव्य के 'एकदेशानुवर्ती' काव्य इसी प्रबंधपरता एक लघुरूप प्रस्तुत करते हैं। परंपरा के अनुसार 'रामायण' में 'आम्नाय' अर्थात् वेद से भिन्न एक नवीन कविता का और एक नए छंद का अवतार हुआ। लौकिक संस्कृत कविता यह प्रथम युग ईसा की सातवीं शती तक अपनी प्रबंध परंपरा में गतिशील हुआ।

सातवीं शताब्दी के बाद लंबी प्रबन्धात्मक रचना अपने समय की प्रतिनिधि विधा नहीं रह जाती। संस्कृत-काव्य का एक मूलतः भिन्न रूप प्राकृत-कविता के साथ हो रही अंतःक्रिया में 'मुक्तकों' के रूप में प्रकट हुआ। अब भी प्रबंध परंपरा चलती रही, किंतु संस्कृत कविता का सच्चे अर्थों में नई सर्जनशीलता से समृद्ध रूप 'मुक्तक', 'सुभाषित' और 'सूक्ति' अथवा 'सदुक्ति' नाम से अभिहित छोटी कविताओं में अभिव्यक्त

हुआ। यह सही है कि 'मुक्तकों' का उत्स वैदिक परंपरा में ही विद्यमान था। कालिदास की 'ऋतुसंहार' जैसी रचना में भी वह किसी न किसी रूप में उपस्थित था, किंतु ईसवीय युग की आरंभिक शताब्दियों में सातवाहन नरेश हाल के द्वारा 'कोटि' गाथाओं में चुनी और संकलित की गई 'सप्तशती' में वह आकार लेता दिखाई पड़ता है। भर्तृहरि के 'शतकत्रय' ('नीतिशतक', 'शृंगारशतक' और 'वैराग्यशतक') अमरुक के 'अमरुकशतकम्' तथा गोवर्धन की 'आर्यासप्तशती' में संस्कृत के मुक्तक नई भंगिमा के साथ प्रतिष्ठित हो गए।

काव्य विधाओं को परिभाषित करने का प्रयत्न करते हुए भामह ने काव्य के पाँच प्रकार बतलाए–'सर्गबंध' या 'महाकाव्य', 'अभिनेयार्थ' या नाट्य, 'आख्यायिका', 'कथा' और 'अनिबद्ध'। 'अनिबद्ध' अर्थात् प्रबंधात्मकता से रहित काव्य प्रकार में ही उन्होंने 'गाथा' और 'श्लोक' आदि को परिगृहीत किया–

"अनिवद्धं यथा पुनर्गाथाश्लोकमात्रादि'

(काव्यालंकार, 1/30)

अनिबद्ध की चर्चा भामह ने जिस संक्षेप में की, उससे यही लगता है कि उन्होंने उसे विशेष महत्त्व नहीं दिया। दंडी ने भी प्रबंधात्मक विधाओं के बरक्स 'मुक्तकों' को कम महत्त्व दिया। वह भी मुक्तकों को 'सर्गबंध' के अंश के रूप में ही देखना चाहते हैं। यद्यपि दंडी 'मुक्तक' की विधा में हो रहे विकास को सुस्पष्ट रूप में परिलक्षित करते हैं और 'मुक्तक', 'कुलक', 'कोश' तथा 'संघात' का उल्लेख कर मुक्तक, एक से अधिक मुक्तकों के समूह 'कुलक', उनके संग्रहात्मक रूप 'कोश' और 'संघात' के आकार में प्रस्तुत हो रहे इस नए काव्योन्मेष पर दृष्टि डालते हैं, फिर भी वह इसे 'प्रबंध' की तुलना में छोटा करके ही देखते हैं–

"मुक्तकं कुलकं कोशः संघात इति तादृशः।
सर्गबंधांशरूपत्वाद् अनुक्तः पद्यविस्तरः।।"

(काव्यादर्श, 1/13)

मुक्तकों का सटीक लक्षण और उनका समीचीन आकलन आचार्य आनंदवर्द्धन करते हैं। यह 'मुक्तक' को कथात्मकता में विद्यमान पूर्वापरता से निरपेक्ष तथा अपने आप में पूरी रहकर रसचर्वणा कराने में समर्थ रचना के रूप में पहचानते हैं। यही नहीं, अमरुक के एक-एक श्लोक में सौ-सौ प्रबंधों की उपस्थिति का उद्घोष कर वह 'मुक्तकों' के महत्त्व और उनकी स्वतंत्र सत्ता को पूरी तरह स्वीकार करते हैं। वस्तुतः उनके द्वारा प्रवर्तित 'ध्वनि सिद्धांत' ने 'प्रबंध' और 'मुक्तक' दोनों ही तरह की रचनाओं की समीक्षा में समर्थ निकष प्रदान किया, रचना में निहित अर्थ के समूचे संसार को प्रकाशित करने और उसके आस्वादन की विधि दी।

दसवीं शताब्दी में राजशेखर ने काव्यवस्तु के आधार पर मुक्तकों को पाँच प्रकारों में विभक्त किया–(1) शुद्ध–जिसमें इतिवृत्त का आश्रय न लेकर किसी भाव की अभिव्यक्ति की जाती है, (2) चित्र–जिसमें भाव के साथ कल्पना का भी वैचित्र्य रहता है, (3) कथोत्थ–जिसमें अतीत की घटना का वर्णन रहता है, (4) संविधानकम्–जिसमें घटना के संविधानक की संभावना रहती है, तथा (5) आख्यानवान्–जिसमें किसी घटना का विस्तार चित्रित रहता है। राजशेखर द्वारा प्रस्तुत यह वर्गीकरण अपने में समीचीन है, फिर इससे मुक्तकों का बहुत बड़ा संसार छूट जाता है।

मुक्तकों के इस विस्तृत रचना संसार में उत्कृष्ट रचनाएँ भी हैं और रूढ़िग्रस्त एवं परंपरामुक्त मुक्तक भी हैं। मुक्तक साहित्य की उत्कृष्ट रचनाएँ प्रबंध परंपरा की रचनाओं की तरह ही जीवन की उत्सवात्मकता को प्रतिबिंबित करती हैं। विश्व के प्रति एक समष्टिपरक और समन्वयमूलक दृष्टि के कारण जीवन को उत्सव मानना और उसे संरम्भ के साथ मनाना सहज और स्वाभाविक है। ऐसी रचनाओं में प्रेम की अत्यंत सुकुमार अभिव्यक्तियाँ भी हैं और वर्जनाओं से मुक्त संसार भी। व्यापक करुणा, वात्सल्य और सहानुभूति के स्वर भी हैं। संबंधों की कमनीयता के चित्र हैं। इनमें अभिजात नागर जीवन की छवियाँ भी हैं और ग्राम तथा वन के जीवन की उच्छृंखलता भी। पर इसी बात के साथ एक पहलू और भी जुड़ा हुआ है–वह है इन मुक्तकों में ऐसे अभिजात जीवन की उपस्थिति, एक ऐसे जीवन का प्रतिबिंबन जिसके राग और शोक, भय और द्वेष, संघर्ष और रोष की पृष्ठभूमि में कुलीन वर्ग की संपन्नता और समृद्धि झलकती है। भाषा का प्रकृति के साथ जो संबंध बनता है, उसमें भी यह यही दृष्टि और यही संबंध प्रस्तुत होता है।

संस्कृत एवं प्राकृत मुक्तकों के इस आयाम के काव्यात्मक समीक्षण को अत्यंत प्रतिभासंपन्न प्राचीन टीकाकारों ने विवेचित किया है। इन टीकाकारों में उदाहरण के रूप में 'अमरुशतक' के टीकाकार अर्जुन वर्मदेव और वेमभूपाल का नाम लिया जा सकता है। इनकी व्याख्याओं में अलंकार और ध्वनि के सिद्धांतों पर आधारित मनोरम व्याख्या है।

तो संस्कृत साहित्य के बारे में कई बार यह सवाल पूछा जाता है–क्या संस्कृत कविता में उसका समकालीन सामान्य

जन उपस्थित नहीं है? क्या संस्कृत कविता में एक भरे पूरे वर्ग का शोक, कष्ट उसके आमोद-प्रमोद के साथ तो दीख सकता है, पर जिंदगी के लिए लड़ते और तिल-तिल टूटते आदमी की कहीं कोई तस्वीर नहीं मिलती?

इसका यही जवाब हो सकता है कि सहस्राब्दियों में प्रसृत एक समृद्ध काव्यपरंपरा में जीवन का एक ही पक्ष मिले—यह बात तर्कसम्मत नहीं है। संस्कृत काव्य परंपरा अपने जनसमाज को उसकी समग्रता में प्रस्तुत करे—यही स्वाभाविक है।

इस दृष्टि से कविता को उसकी द्वंद्वात्मक कोटियों में देखना आधुनिक पाठक के लिए समान रूप से अभीष्ट है। पारंपरिक समीक्षा दृष्टि से परिचय के साथ ही आधुनिक संवेदना के साथ संस्कृत कविता को और विशेषत: मुक्तकों को देखना अधिक श्रेयस्कर है।

संस्कृत एवं प्राकृत के मुक्तक जहाँ एक ओर प्रबंधात्मक काव्य विधाओं के क्रमशः रूढ़िग्रस्त होते जाने की स्थिति से उबरने के लिए एक नई सर्जनात्मक चेतना के वाहक के रूप में उभरते हैं, वहीं उनमें भी अपनी ही रूढ़ियों में फँसते जाने की प्रवृत्ति भी साफ दिखलाई पड़ती है। काव्यवस्तु की ये ध्रुवीय कोटियाँ अभिजात जीवन तथा समाज के सीमांत पर खड़े जीवन की स्थिति के अंकन में देखी जा सकती हैं। रूप विधान के स्तर पर 'वक्रोक्ति' और 'स्वभावोक्ति' के द्वंद्व को देखा जा सकता है। 'स्वभावोक्ति' ही 'जाति' अलंकार के नाम से कहा गया है। यह आकस्मिक नहीं है कि संस्कृत और प्राकृत के सुभाषित-संग्रहों में मुक्तकों का वर्गीकरण दारिद्र्य पद्धति, एवं 'जातिव्रज्या' के रूप में किया गया है, जिनमें एक ओर अस्तित्व की दारुण और यातनापूर्ण स्थितियों का विस्मयजनक अंतर्दृष्टि के साथ निरूपण है, दूसरी ओर प्रकृति अथवा निसर्ग उन बिंबों की प्रस्तुति है जो अभिजात-दृष्टि से आधारभूत रूप से भिन्न निगाह से देखे गए हैं।

यह भी एक महत्त्वपूर्ण तथ्य है कि सामाजिक, आर्थिक और राजनीतिक सत्ता से बाहर और दबाए गए द्विजेतर समुदाय की स्थिति को वाणी देने वाले कवियों में कवि बौद्ध हैं या बौद्ध प्रतीत होते हैं। इस प्रकार का प्राचीनतम मुक्त संग्रह—'सुभाषित रत्न कोष' बंगाल के माल्दा जिले में स्थित जगछल बौद्ध विहार से प्राप्त हुआ है। उड़ीसा के सिद्धों और नाथों में बहुसंख्यक ऐसे लोग हैं, जो द्विजेतर जातियों से आए थे और इनके रूढ़िभंजक तथा विद्रोही स्वर उनकी प्रखर आध्यात्मिकता के अपभ्रंश कविता में प्राप्त होते हैं। बौद्ध कारुण्य के लिए यह अंतर्दृष्टि अत्यंत स्वाभाविक तथा तर्कसंगत थी। किंतु जीवन के यातनापूर्ण और दारुण पक्ष के अंकन में बौद्ध कवियों का एकाधिकार मानना भूल होगी। इनमें वैदिक परंपरा और जैन परंपरा के कवि भी सम्मिलित हैं। भर्तृहरि संस्कृत मुक्तक संकलन को प्रस्तुत करने वाले प्रथम कवि हैं, इन्हें कभी-कभी भ्रांत रूप से बौद्ध कहा गया है, किंतु वस्तुतः वह वैदिक परंपरा के कवि हैं। नीति, शृंगार और वैराग्य परम मुक्तकों के साथ ही उन्होंने विरल रूप में जीवन के करुणा भरे पक्ष पर भी दृष्टि डाली है। उनसे तीन-चार शताब्दी पहले ही ईसा की प्रथम द्वितीय शताब्दी में प्राकृत मुक्तकों का ताज़गी भरा स्वर मिलता है, जिसमें नागर जीवन की छवियों के साथ-साथ ग्राम और वन के सरल चित्र, सहज पारिवारिक संबंध और जीवन के संघर्षमय चित्र मिलते हैं। 'गाहासत्तसई' (गाथासप्तशती) नाम से प्रसिद्ध इस संकलन को सातवाहन नरेश हाल ने द्वितीय शताब्दी में किया। हाल का कहना है कि उन्होंने कोटि गाथाओं में से इन संकलित गाथाओं का चयन किया। ये गाथाएँ जहाँ एक ओर नागर जीवन के शृंगार, नायिकाओं की विभिन्न दशाओं, ऋतुओं, नदियों, सरोवरों, वनों और गाँवों के जीवन का वर्णन प्रस्तुत करती हैं, वहीं पारिवारिक जीवन के मार्मिक चित्र, हलवाहे, भील, पुलिन्द, शबर आदि जातियों के दैनंदिन जीवन का अंकन और विशेषत: विंध्य की शृंखलाओं और उन पर मँडराते मेघों का हृदयग्राही चित्र प्रस्तुत करती हैं। श्वेतांबर जैन जयवल्लभ के द्वारा किया गया एक अन्य संग्रह जो 'वज्जालग्ग' के नाम से प्रसिद्ध है, भी प्राकृत गाथाओं का 'गाहासत्तसई' से अनुप्रेरित होकर एक संकलन प्रस्तुत करता है, किंतु इसमें रूढ़िग्रस्तता के चिह्न मिलने लगते हैं।

वल्लभ देवकृत संस्कृत मुक्तक संग्रह 'सुभाषितावली' भगदत्त जल्हण कृत संस्कृत मुक्तक संग्रह 'सूक्ति मुक्तावली', श्रीधरदास कृत संस्कृत मुक्तक संकलन, 'सदुक्तिकर्णामृत' तथा शार्गंधर कृत संस्कृत मुक्तक संग्रह 'शार्गंधरपद्धति' संग्रहों की दृष्टि से उल्लेखनीय है। संग्रहों का यह क्रम दसवीं-ग्यारहवीं शती से आरंभ होकर चौदहवीं शताब्दी तक चलता रहा, किंतु इनमें सकलित रचनाएँ सामान्यतः व्यास और वाल्मीकि से आरंभ होकर चौदहवीं शताब्दी तक हुए कवियों का प्रतिनिधित्व करती हैं, किंतु विशेष रूप से इन संग्रहों में पाँचवीं छठी शताब्दी से बारहवीं, तेरहवीं शताब्दी तक के वे मुक्तक महत्त्वपूर्ण हैं, जो इस अवधि की सर्जनात्मक ऊर्जा और प्रवाह को प्रस्तुत करते हैं।

संस्कृत और प्राकृत मुक्तकों की अंत:क्रिया का एक

फल यह भी हुआ कि नागर और अभिजात जीवन के समानांतर ग्राम और अरण्य के सामान्यजन के जीवन के सजीव चित्र आए। वृक्षों, लताओं, पर्वतों, सरिताओं, जलाशयों, समुद्रों, पशुओं, पक्षियों, आँधियों, हवाओं, आकाश, मेघ आदि के रूप में चराचर प्रकृति के वर्णन के साथ ग्राम और अरण्य में रह रहे किसानों, हलवाहों, शिल्पियों, नटों, शबरों, पुलिंदों, किरातों के प्रामाणिक और सजीव चित्र हैं। बच्चे, भूख, झोंपड़ियाँ, भूमिपति के द्वारा उजाड़े गए लोगों के विवरण हैं। इनकी यातना और विपन्नता को 'जातिव्रज्या' और 'दारिद्र्य पद्धति' जैसे शीर्षकों में दिए संकलन में जगह मिली। 'प्रवास' और 'पथिक' भी इस काल की कविता के शक्तिशाली पक्ष हैं।

यह लक्षित करना आवश्यक है कि रचनाओं को लिखने वाले कवियों में से अनेक कुम्हार, जुलाहे जैसी द्विजेतर जातियों से आए। कवयित्रियों की भी एक लंबी शृंखला है, जो अभिजात पृष्ठभूमि से भी आई। और सामान्य सामाजिक पृष्ठभूमि से भी। मुक्तक कविता में वैराग्य सामान्य रीति, नीति, आचार-व्यवहार तथा शृंगार के प्रसंग, काम की भाव दशाओं तथा नारी के नख-शिख का रूढ़िबद्ध वर्णन भी है। किंतु नीति, वैराग्य, आचार-व्यवहार के संबंध में सार्वकालिक और सार्वदेशिक सत्य की काव्यात्मक मार्मिक अभिव्यक्ति और भावों के सुकुमार अंकन के अलावा लोक जीवन के स्वाभाविक चित्र शक्तिशाली कविता के उदाहरण के रूप में इन मुक्तकों में प्राप्त होते हैं।

प्रबंधात्मक काव्यविधा में कवि साक्षात् उपस्थित नहीं हो सकता था, किंतु मुक्तकों में कवि की साक्षात् उपस्थिति भारतीय कविता में 'व्यक्ति' को उपस्थित करने का एक अध्याय खोलती है। प्रबंध में यत्र-तत्र कवि की उपस्थिति के उदाहरण मिल सकते हैं, किंतु इन मुक्तकों में कवि अपने स्वयं के भोगे हुए सत्य को, 'मैं' और 'हम' की शब्दावली में प्रस्तुत करता है। संस्कृत कविता में कवि की यह आत्मपरक अथवा व्यक्तिपरक उपस्थिति ('सब्जेक्टिविटी') का तत्त्व इहलौकिकता को मुखर करता है। यद्यपि यह आत्मपरक तत्त्व स्तोत्रों में विद्यमान आध्यात्मिकता के भाव का वाहक बन कर आया, आचार्य शंकर के स्तोत्र इसके प्रथम प्रमाण हैं किंतु संस्कृत मुक्तकों में यह इहलौकिकता के निरूपण का आवेगमय माध्यम बन गया।

वैदिक कविता का केंद्रीय छंद 'गायत्री' था। लौकिक संस्कृत आख्यानात्मक प्रबंध काव्य में यह केंद्रीय छंद 'श्लोक' या 'अनुष्टुप्' बन गया। 'गायत्री' तीन चरणों का छंद है, जिसके प्रत्येक चरण में आठ अक्षर होते हैं, जबकि 'श्लोक' या 'अनुष्टुप्' यही चारण चार हो जाते हैं। प्राकृत कविता में केंद्रीय छंद 'गाथा' और अपभ्रंश कविता 'दोहा' और 'चौपाई' बन जाता है। आचार्य रामचंद्र शुक्ल ने हिंदी कविता के आदिकाल का निरूपण करते हुए कहा, "जैसे 'गाथा' कहने से प्राकृत का बोध होता था, वैसे ही 'दोहा' या 'दूहा' कहने से अपभ्रंश या प्रचलित काव्य भाषा का पद्य समझा जाता था" (हिंदी साहित्य का इतिहास, पृ. 7)। प्राकृत से अपभ्रंश तक की यात्रा और फिर उससे हिंदी कविता तक के सातत्य का निरूपण करते हुए उन्होंने पुनः कहा-"अपभ्रंश या प्राकृताभास हिंदी पद्यों का सबसे पुराना पता तांत्रिक और योगमार्गी बौद्धों की सांप्रदायिक रचनाओं के भीतर विक्रम की सातवीं शताब्दी के अंतिम चरण में लगता है।" (वही, पृ. 8)। इस काल की कविता की मुख्य प्रवृत्ति को पहचानते हुए उन्होंने लिखा-"आदिकाल की दीर्घ परंपरा के बीच प्रथम डेढ़ सौ वर्ष के भीतर तो रचना की विशेष प्रवृत्ति का निश्चय नहीं होता है-धर्म, नीति, शृंगार, वीर-सब प्रकार की रचनाएँ दोहों में मिलती हैं।" यह बात संस्कृत, प्राकृत और अपभ्रंश मुक्तकों पर समान रूप से लागू होती है। हिंदी कविता के आदिकाल में बाद में फिर से आश्रयदाता राजाओं के पराक्रमपूर्ण चरितों या गाथाओं के कहने की प्रवृत्ति का उदय होता है। इससे हिंदी कविता में पुनः प्रबंध परंपरा का उदय होता है। और यह उसके सर्जनशील स्पंदन का परिचय देता है, किंतु संस्कृत कविता का वह स्पंदनशील पक्ष अभी भी मुक्तकों में ही प्रकट होता रहता है।

संस्कृत मुक्तक-I

लिखन्नास्ते भूमिं बहिखनतः प्राणदयितो
निराहाराः सख्यः सततरुदितोच्छून नयनाः।
परित्यक्तं सर्वं हसितपठितं पञ्जरशुकै-
स्तवावस्था चेयं विसृज कठिने! मानमधुना।।

–अमरुकशतकम्–श्लोक सं.-7

जीवन जी का-
आँख झुकाये बाहर भूमि कुरेद रहा है-चुप बैठा है,
सतत रुदन से सूजे-सूजे नयनों वाली तेरी सखियाँ-
निराहार हैं,
पिंजरे के शुक
हँसना पढ़ना सब कुछ-सब कुछ छोड़ चुके हैं;

और, तुम्हारी यह हालत है!
अयि कठिने। तू–
छोड़ मान को अब तो, अब तो!

धीरं वारिधरस्य वारि किरतः श्रुत्वा निशीथे ध्वनिं
दीर्घोच्छ्वासमुदश्रुणा विरहिणीं बालां चिरं ध्यायता।
अध्वन्येन विमुक्तकण्ठमखिलां रात्रिं तथा क्रन्दितं
ग्रामीणैः पुनरध्वगस्य वसतिर्ग्रामे निषिद्धा यथा।।

–अमरुकशतकम्–श्लोक सं.-13

अर्ध रात्रि में वर्षण करते
जलधर की गंभीर गरज को
सुन-सुन यादें आती रहीं पथिक को बड़ी देर तक
दूर देश में पड़ी विरहिणी उस बाला की।
आँसू उमड़े, गहरी हूक उठी; फिर सारी रात
पथिक भी ऐसा रोया फूट-फूटकर मुक्त कंठ से
कि ग्रामीणें ने रोक दिया ही
राही का फिर वहाँ ठहरना।

कृतो दूरादेव स्मितमधुरमभ्युद्गमविधिः
शिरस्याज्ञा न्यस्ता प्रतिवचनवत्यानतिमति।
न दृष्टेः शैथिल्यं मिलन इति चेतो दहति मे
निगूढांतः कोपा कठिनहृदये! संवृतिरियम्।।

–अमरुकशतकम्–श्लोक सं.-14

मंदस्मिति से मधुर-मधुर स्वागत विधि
संपादित की दूर-दूर से, (भला उपचार निभाया!)
मेरी बातों के उत्तर में खूब झुके मस्तक पर
आज्ञाधारी, (मानो कोई बोझ कठिन हो!)
नज़र मिलाने में कोई आलस्य नहीं है,
(मन मिलने की बात दूसरी)
अरे कठिन हृदये! तेरा यह गोपन मेरा चित्त जलाता,
इसके भीतर कोप छिपा है!

एकत्रासन संस्थितिः परिहृता प्रत्युद्गमाद्दूरतः
स्ताम्बूलाहरणच्छलेन रभसा श्लेषोऽपि संविघ्नितः।
आलापोऽपि न मिश्रितः परिजनं व्यापारयन्त्यान्तिके
कान्तं प्रत्युपचारतश्चतुरया कोपः कृतार्थीकृतः।।

–अमरुक शतकम्–श्लोक सं.-18

देख दूर से–
स्वागत-अभ्युत्थान बहाने एक जगह बैठना बचाया,
बड़े वेग से आलिंगन के लिए बढ़ा तो–
पान-वीटिका लाने चल दी; इसी बहाने विघ्न कर दिया,
कुछ पूछा तो सेवक-जन को आस-पास व्यापारित कर के–
उत्तर से छुटकारा पाया,
प्रियतम के प्रति उपचार निभाकर चतुर नायिका–
अपना कोप सफल करती है।

बाले! नाथ! विमुञ्च मानिनि! रुषं रोषान्मया किं कृतं
खेदाऽस्मासु न मेऽपराध्यति भवान् सर्वेऽपराधा मयि।
तत्किं रोदिषि गद्‌गदेन वचसा कस्याग्रतौ रुद्यते
नन्वेतन्मम का तवास्मि दयिता नास्मीत्यतो रुद्यते।।

–अमरुकशतकम्–श्लोक सं.-57

"बाले!"
"नाथ!"
"रोष तुम छोड़ो मानिनि!"
"रोष से क्या कर पाई?"
"मुझमें खेद"
"आप न मेरे प्रति अपराधी, सब अपराध हमारे ही हैं!"
"तब क्यों रोती गद्‌गद स्वर में!"
"किसके आगे रोना?"
"यही हमारे!"
"भला तुम्हारी कौन?"
"प्रिया हो!"
"यही नहीं हूँ और इसी से तो रोती हूँ।"

प्रासादे सा दिशि दिशि च सा पृष्ठतः सा पुरः सा
पर्यंके सा पथि पथि च सा तद्वियोगातुरस्य।
हंहो चेतः प्रकृतिरपरा नास्ति मे कापि सा सा
सा सा सा सा जगति सकले कोऽयमद्वैतवादः।।

–अमरुकशतकम्–श्लोक सं.-102

वही भवन में,
दिशा दिशा में वही,
सामने वही, पीठ के पीछे भी वह,
वही सेज पर, राह-राह में वही वही है
उससे बिछुड़ा आतुर हूँ मैं,
और नहीं है प्रकृति दूसरी कोई मेरी,
सारे जग में वही-वही
बस वही वही ओ!

यह कैसा अद्वैतवाद है?

प्रयच्छाहारं मे यदि तव रहो वृत्तमखिलं
मया वाच्यं वोच्यैरिति गृहशुके जल्पति शनैः।
वधूर्वक्त्रं व्रीडाभरनमितमंतर्विहसितं
हरत्यर्धोन्भीलन्नलिनमनिलावर्जितमिव।।

–अमरुकशतकम्–श्लोक सं.-117

"मेरा भोजन मुझको दे दो या कि
तुम्हारी वह सारी रहस्य की बातें
कहूँ जोर से–"
पोषित शुक ने धीरे से यह कहा और तब
लाज भार से झुकी वधू ने भीतर-भीतर हँसते-हँसते
अपना आनन फेरा ऐसे
जैसे आधा खिला नलिन पीछे फिर आए
पवन झकोरे से झकझोरा।

अङ्गं चंदनपाण्डु पल्लवमृदुस्ताम्बूल ताम्रोऽधरो
धारायन्नजलाभिषेक कलुषे धौताञ्जने लोचने।
अंतः पुष्पसुगन्धिराजिकबरी सर्वाङ्गलग्नाम्बरं
कान्तानां कमनीयतां विदधते ग्रीष्मेऽपराह्नागमे।।

–अमरुकशतकम्–श्लोक सं.-124

चंदन पाण्डुर अंग, पान से अरुण अधर
किसलय से कोमल,
फौव्वारों की जलधारा में हुए स्नान से अरुण हो उठे
काजल धुले नयन और कुंतल
भीतर गुँथे कुसुम से सुरभित,
सारे अंगों से चिपके, अम्बर (महीन औ 'उजले-उजले')
ये सब कुछ कमनीय बनाते कामिनियों को
गरमी की रंगीन शाम में।

मन्दं मुद्रितपांसवः परिपतज्ज्ञातान्धकारा मरु–
द्वेग ध्वस्त कुटीर काग्र निपतच्छिद्रेषु लब्धान्तराः।
कर्मव्यग्रकुटिम्बिनी कुचभर स्वेदच्छिदः प्रावृषः
प्रारम्भे मदयन्ति कन्दल दलोल्लासाः पयोबिन्दवः।।

–अमरुकशतकम्–श्लोक सं.-126

घर के काम-काज में आकुल गृहिणी के कुचयुग में
ढलते स्वेदबिंदु अब दूर हो चले,
धीरे-धीरे शांत कर रहीं धूलि वेग को,
घिरते अंधकार से परिचित
वायुवेग से उकस गए छावन में होकर
गिरतीं कुटिया में छिद्रों से,
अंकुरदल उपजातीं जल की बूँदें मत्त बना जाती हैं
जब पावन वेला पधारती!

संस्कृत मुक्तक-II

वहति न पुरः कश्चित् पश्चान्न कोऽप्यनुयाति माम्
न च नवपदक्षुण्णो मार्गः कथंन्वहमेककः।
भवतु विदितं पूर्वव्यूढोऽधुना खिलतां गतः
स खलु बहलो वामः पन्था मया स्फुटमूर्जितः।।

–धर्मकीर्तिपाद–सुभाषित रत्नकोष-श्लोक सं.-1729

नहीं कोई ले जा रहा आगे
मेरे पीछे भी कोई नहीं आता दीखता
यह भी नहीं कि एकदम नए पैरों ने
तोड़ी है राह यह
फिर मैं क्यों रह गया एक–अकेला
तो जान लो
पहले का रचा गया इसका व्यूह
अब बेमानी-बंजर
वह गाढ़ा वाम (सुंदर) पंथ
साफ़ है
मैंने भरी है ऊर्जा इसमें

तातः सृष्टिमपूर्ववस्तुविषयामेकोऽत्र निर्व्यूढवान्
निष्णातः कविकुञ्जरेन्द्रचरिते मार्गे गिरां वागुरः।
रेवाविन्ध्य पुलीन्द्र पामरवधूझञ्झानिलप्रेषित–
प्रायेऽर्थे वचनानि पल्लवयितुं जानाति योगेश्वरः।।

–अभिनन्द–सुभाषित रत्नकोष-श्लोक सं.-1699

रचना की है
अनजाने-अपूर्व कथ्य को लेकर
और
परिपक्वता दी है उसे
केवल मेरे पिता ने
वागुर निष्णात है
कवि कुंजरों की राहों पर चलने में
विन्ध्य के पठारों

नर्मदा की घाटियों की भीलालिनों
अबूझ हलवाहों की औरतों की आँधी ने
भेजे हैं जो अर्थ
जानता है उनमें अपनी आवाज़ को फैलाव देना
योगेश्वर
और सिर्फ़ योगेश्वर

**अद्याम्भः परितः पतिष्यति भुवस्तापोऽद्य निर्वास्यति
क्षेत्रेष्वद्य यतिष्यते जनपदः सस्येषु पर्युत्सुकः।
नर्तिष्यन्ति तवोदयेऽद्य जलद व्यालोल पुच्छच्छद–
छत्राच्छादितमौलयो दिशिदिशि क्रीडालसाः केकिनः।।**

–सुभाषित रत्नकोष-श्लोक सं.-243

आज पड़ेगा पानी चारों ओर
आज ठंडी होगी धरती–तपन मिटेगी
आज भिड़ेंगे गाँव के लोग खेतों में
फ़सल की उतावली चाह से
और आज नाचेंगे हर दिशा में
क्रीडा से अलसाए मोर कूकते
अपनी कलंगियों पर
डोलते पंखों के छत्र ताने
ओ बादल,
आज जब ऊपर उठोगे तुम

**केदारे नववारिपूर्णजठरे किञ्चित्क्वणदददुरे
शम्बूकाण्डकपिण्डपाण्डरतप्रांत स्थलीवीरणे।
डिम्भादण्डकपाणयः प्रतिदिशं पंकच्छटा चर्चिताश्
चुभूचुभूरिति भ्रमन्ति रभसादुधायिमत्स्योत्सुकाः।।**

–सुभाषित रत्नको-श्लोक सं.-226

लग गया है लबालब धान के खेतों में
नई बरसात का पानी
कुछ-कुछ खनकती टर्र-टर्र मेढकों की
घोंघे धौले फैल गए हैं किनारों पर
और उतराते सरकंडे
कीचड़ से सने बच्चे हर सिम्त
डंडे हाथों में ऊँचा किए
चुभ-चुभ-चुभ, तेजी से दौड़ रहे हैं बेकल
उछली कोई मछली
हाथ तो लगे

**क्षुत्क्षामा शिशवः शवा इव तनुः मन्दादरो बान्धवो
लिप्ता जर्जरकर्करीतजुलवैः नो मां तथा बाधते।
गेहिन्यास्फुटितांशुकं घटियितुं कृत्वा सकाकुस्मितं
कुप्यन्ती प्रतिवेशिनी प्रतिदिनं सूर्ची यथा याचिता।।**

–सुभाषित रत्नको-श्लोक सं.-1307

भूख से सूखकर काँटा हुए बच्चे
मुर्दा बेजान देह
अपनों की ओर ढीला पड़ता आदर
बेपनाह टूटी और लाख से जोड़ी गई गगरी
यह सब मुझे इतना नहीं सालते
जितनी टीस उठती है तब
पड़ोसन से माँगती है घरवाली हर दिन
फसकती जाती ओढ़नी सिलने को सुई
वह ले आती है अर्थभरी मुस्कराहट
और नाराज़गी

**साक्रन्दाः शिशवः सपत्रपुटका वप्तुः पुरोवर्तिनः
प्रच्छन्ने च वधूर्विभागकुशला मध्येस्थिता गेहिनी।
कट्याच्छादन बन्धकेन कथमव्यासादितेनान्धसा
सिन्दूरारुणमण्डले सवितरि प्राणाहुतिर्दीयते।।**

–सुभाषित रत्नकोष-श्लोक सं.-1308

बोनी करनी है
और
सामने हैं पत्तों के दोने हाथ में लिए
चीखते बच्चे
ओट में है बहू
बाँट-चोट कर खिलाने में माहिर
बीच में खड़ी है घरवाली
कमर ढँकने का कपड़ा भी
गिरवी रखकर किसी तरह आज आया है यह अन्न
लाल हो गया है सूरज का गोला
और लाली जा रही है

**तस्मिन्नेव गृहोदरे रसवती तत्रैव साकण्डनी
तत्रोपस्करणानि तत्र शिशवस्तत्रेव वासः स्वयम्।
एतत्सोढवतोऽपि दुःस्थगृहिणः किं ब्रूमहे दुदर्शाम्
अद्य श्वो विजनिष्यमाणगृहिणी तत्रैव यत्कुन्थति।।**

–सुभाषित रत्नकोष-श्लोक सं.-1310

उसी कोठरी के भीतर रसोई

वहीं पर ओखली
और बर्तन-भांडे
वहीं बच्चे और खुद का रहना
यह सब तो सहा है बरबाद हुए उस गृहस्थ ने
कहें क्या उस विडंबना को
कि आज या कल जनम देगी शिशु को औरत
और वहीं पड़ी
कराहने लगी है

अद्याशनं शिशुजनस्य बलेनजातं
श्वो वा कथं नु भवितेति विचिन्तयती।
इत्यश्रुपातमलिनीकृतगण्डदेशा
नेच्छेद्दरिद्रगृहिणी रजनीविरामम्।।

—सुभाषित रत्नकोष-श्लोक सं.-1311

आज तो जैसे-तैसे
दिये हैं बच्चों को दो निवाले
कल क्या होगा
मलिन गालों पर ढुलक रहे हैं आँसू
निर्धन घरनी के
और सोचती जाती है वह
कभी खत्म न होती यह रात

मा रोदिश्चिरमेहि वत्स विफलं दृष्ट्वाद्यपुत्रानिमान्
आयातो भवतोऽपि दास्यति पिता ग्रैवेयकं वाससी।
श्रुत्वैवं गृहिणी वचांसि निकटे कुड्यस्य निष्किञ्चनो
निःश्वस्याश्रुप्लुताननमुखः पान्थः पुनः प्रोषितः।।

—सुभाषित रत्नकोष-श्लोक सं.-1314

मत रो मेरे मुन्ने
आ मेरे पास
मत रो देखकर आज
इन बच्चों को—बेटों को
आयेगा तेरा भी बापू
देगा कपड़ों के जोड़े
गले का कठुला
पास में दीवार से सटा
खाली हाथ आया
परदेसी
सुनता रहा घरवाली की बातों को
आँसुओं से भीगा मुख

एक गहरी साँस
उलट पड़े पैर

सक्तू न शोचति सम्प्लुतान प्रतिकरोत्याक्रन्दतो बालकान्
प्रत्युतसिञ्चति कर्परेण सलिलं शय्यातृणं रक्षति।।
दत्वा मूर्धनि शीर्णशूर्प शकलं जीर्णे गृहे व्याकुला
किं तद्यन्न करोति दुःस्थगृहिणी देवे भृशं वर्षति।।

—सुभाषित रत्नकोष-श्लोक सं.-1312

सोच करती है गीले हो गए सत्तू का
फिर बचाने को भागती है
रोते-बिलखते बच्चे
लग जाती है उलीचने में पानी खप्पर से
बचाती बिछौना पुआल का
सिर पर रखे टूटा हुआ सूप
ढहते घर में बेहाल
क्या-क्या है जो नहीं करती
दुखिया वह धरनी
बरस रहा मेह लगातार

कैश्चिद्वीतदयेन भोगपतिना निष्कारणोपप्लुत-
प्रक्षीणैर्निजवंशभूरिति मितैरत्यज्यमाना कुलैः।
ग्रामा निस्तृण जीर्णकुडयबहुलाः स्वैरं भ्रमद्बभ्रवः
प्रायः पाण्डुकपोतकण्ठ मुखरा रामे न यान्त्युत्कताम्।।

—सुभाषित रत्नकोष-श्लोक सं.-1175

बेवज़ह किया है बेदख़ल
निर्दय ज़मींदार ने
बचे हैं कुछ उजड़े-बरबाद कुनबे
छोड़ी नहीं जाती ज़मीन इनसे पुरखों की
नंगी खड़ी हैं दीवारें
छाजन नहीं बचे हैं फूस के इन पर
घूमते हैं नेवले बेरोकटोक
बगीचे में गूँजती है गुटरगूँ
धूसर कबूतरों की
कभी नहीं हुलसते हैं ये गाँव

ये जात्या लघवः सदैव गणनां प्राप्ता न ये कुत्रचित्
पद्भ्यामेव विमर्दिताः प्रतिदिनं भूमौ विलीनाश्चिरम्।
उत्क्षिप्ताश्चपलाशयेन मरुता पश्यान्तरिक्षे सखे
तुङ्गानामुपरि स्थितिं क्षितिभृतां कुर्वन्त्यमी पांशवः।

—सूक्ति मुक्तावली-वायुपद्धतिः—श्लोक सं.-5

जो हैं जन्म से ही छोटे
जिन्हें कभी कहीं गिना ही नहीं गया
पैरों से रौंदा गया जिन्हें हर दिन
धरती में ही समाए रहे हैं जो चिरकाल तक
देखो तो भिन्न।
वे ही ये धूलिकण
ऊपर उछाल दिया है इन्हें
चपल आशय वाली हवा ने
सिर पर जा बैठे हैं ये
उत्तुंग महीधरों के

लाक्षाभिः कुरु कंकणं रचय वा काचेन चूडामणिं
शिल्पिन कैतवकोविदोऽसि विपणी ग्रामेऽयमज्ञः प्रभुः।
नन्वेतत्तव साहसिक्यमधिकं निष्कम्प यत्तत्वतो
दाहारोपण शाणघर्षणविदामग्रेऽपि गर्वायसे।।

–सूक्ति मुक्तावली–रत्नपद्धतिः–श्लोक सं.–2

लाख से बनाओ कंगन
रचो काँच से चूड़ामणि
शिल्पी, चतुर हो चालबाज़ी में
बाज़ार गाँव का है
और
मालिक है नासमझ
लेकिन यह तुम्हारी हिम्मत, इन्तहा
निडर तुम
उनके सामने भी घमंड करते हो
जो जानते हैं तत्त्वतः
आग पर रखना, शान पर चढ़ाना

वंशः प्रांशुरयं घुणव्रणयुतो जीर्णा वरत्रा इमाः
कीलाः कुण्ठतया विशन्ति न महीमाहन्यमाना अपि।
आरोहव्यवसायसाहसमिदं शैलूष सन्त्यज्यतां
दूरे श्रीर्निकटे कृतान्तमहिषग्रैवेयघण्टारवः।।

–सूक्ति मुक्ता.–संकीर्ण वस्तुवर्णन पद्धतिः–श्लोक सं.–44

ऊँचा है यह बाँस
घुन से खाया गया
पुरानी रस्सियाँ ये
कीलें हैं भोथरी
चोट करने पर भी धरती गाड़ी नहीं जा सकती
छोड़ो साहस, मत करो प्रयत्न इस पर चढ़ने का
ओ बाजीगर नट
समृद्धि तो है दूर
सुनाई पड़ रहा है
यमराज के भैंसे के गले में पड़े
घंटे का निनाद

वामस्कन्धनिषण्ण शार्ङ्गकुटिलप्रान्तार्पिताधोमुख
स्यन्दच्छोणितलम्ब्मानशशकान् वेणीस्रवलच्चामरान्।
ज्यान्तप्रोतकपोत पोत निपतदक्ताक्ततूणीरकान्
सोऽपश्यत् केरिकुम्भ भेद जनितास्कन्दान् पुलिन्दान्पुरः।।

–सूक्ति मुक्तावली–जाति पद्धति : श्लोक सं.–4

देखा उसने सामने पुलिन्दों को भीलों को
बाएँ कंधे पर रखे धनुष के टेढ़े किनारे पर
उलटे लटके खरगोश
खून टपक रहा है उनसे
इनके बालों की चोटियाँ
झूलते चंपा के गुच्छे
धनुष की डोर में बँधे कबूतर के बच्चे
और उनके खून से सना तरकस
भील हैं ये
हाथी के माथे फाड़ देने के लिए
छलाँग लगाते

प्राकृत गाथाएँ

गिह्मे दवग्गिमसिमइलि आइँ दीसन्ति विञ्झिसिहराइं।
आससु पउत्थवइए ण होन्ति णवपाउंसब्भाइं।।

–गाहासत्तसई–प्रथम शतक–गाहा सं.–70

गर्मी के दिनों में
दावानल के धुएँ से
काले पड़ रहे
ये दीखते हैं विंध्य के शिखर
ढाँढ़स रखो प्रोषिपतिके,
ये नहीं हैं
वर्षा के उमड़ते नए मेघ

सव्वत्थ दिसामुह पसॉरिएहिँ अण्णोण्णकडअल ग्गेहिं।
छल्लिं व मुवइ विज्झो मेहेहिँ विसंघडन्तेहिं।।

—गाहासत्तसई—प्रथम शतक—गाहा सं.-15

चारों ओर
दिगंत तक पसरे हुए
पहाड़ पर अपनी निबिड़ता में उमड़ते-मिलते
फिर अलग होते
इन मेघों से
लगता है
विंध्य अपनी छाल छोड़ रहा है।

आलोअन्ति पुलिन्दा पव्वअसिहरट्ठिआ धणुणिसण्णा।
हत्थिउलेहिँ व विज्झं पूरिज्जन्तं णवब्भेहिं।।

—गाहासत्तसई—द्वितीय शतक—गाहा सं.-16

पहाड़ की चोटी पर खड़े
खिंचे धनुष धरती पर टिकाए
(हाथियों के शिकार के लिए तैयार)
ये पुलिंद
हाथियों जैसे ही नए मेघों से
भर रहे विंध्य को
(अचरज से)
निहार रहे हैं

भिक्षाआरों पेच्छइ णाहिमण्डलं सावि तस्स मुहअन्दम्।
तं चटुअं अ करङ्कं दोह्न वि काआ विलुम्पन्ति।।

—गाहासत्तसई—द्वितीय शतक—गाहा सं.-62

भीख के घूम रहा भिक्षुक
भिक्षादात्री के नाभिमंडल को
एकटक निहार रहा है
और
वह भी देख रही है उसके चंद्र जैसे मुख को,
गिर रहा है भिक्षा का भोजन
कटोरे से खप्पर में
खाली कर रहे कौए
कटोरे और खप्पर दोनों को ही

अज्ज म्मि हासिआ मामि तेण पाएसु तह पडन्तेण।
तीए वि जलन्तिं दीववत्तिमब्भुण्ण अन्तीए।।

—गाहासत्तसई—तृतीय शतक—गाहा सं.-64

उस तरह उसका पैरों पर गिरना
उसने आज हँसाया, मामी!
और उसने भी
जलते दीये की बाती को
उस तरह तेज से और तेज करते हुए
(ताकि मैं देख सकूँ मानिनी की
वह जीत)

सच्चं साहसु देअर तह तह चडुआरएण सुणएण।
णिव्वत्तिअकज्जपरम्मुहत्तणं सिक्खिअं कत्तो।।

—गाहासत्तसई—सप्तम शतक—गाहा सं.-88

सच सच बतलाना
देवर!
सीखा कैसे
उस तरह मनुहार करने वाले कुत्ते से
काम निकल जाने पर
मुँह फेर लेना

णिप्पण्णसस्सरिद्धी सच्छन्दं गाइ पामरो सरए।
दलिअण वसालितण्डुल धवल मिअङ्कासु राईसु।।

—गाहासत्तसई—सप्तम शतक—गाहा सं.-89

तैयार हो चुकी है भरपूर फसल
दयौ दिए गए हैं धान
चंद्र से धवल हो उठी है
शरद् की रात
चावल के ढेर पर बैठा गा रहा है
गाँव का किसान
उन्मुक्त स्वरों में

संकुयइ संकुयंते वियसइ वियसंतयम्भि सूरम्मि।
सिसरे रोरकुडुंबं पंकयलीलं समुव्वहइ।।

—वज्जालग्गं—14-9

सूरज के खिलने पर खिलता है
(फैल जाता है चारों ओर)
सूर्य किरणों के संकुचित होने पर
सिमट जाता है
जाड़े के दिनों में गरीबों का कुनबा
कमल की तरह हो जाता है।

बंदिश

भारतीय कविता का एक रूप गेय पदों एवं वाचिक कविता का रहा है। इस परंपरा से निकलने वाली पदावलियों, चर्या गीतियों, दोहों आदि ने कविता-परिदृश्य को रचनात्मक तरीके से प्रभावित किया है। इस पूरी कविता परंपरा को आरंभ से देखने पर आश्चर्यजनक रूप से इस धारणा को बल मिलता है कि संगीत के अन्यतम विकास में, साहित्य की केंद्रीय एवं महत्वपूर्ण भूमिका रही है। दक्षिण में आलवार संत और त्यागराजा, उड़ीसा में जयदेव, बंगाल में चैतन्य महाप्रभु एवं बाउल लोगों का अलौकिक संसार, गुजरात में नरसी मेहता, महाराष्ट्र में तुकाराम, बिहार में विद्यापति, राजस्थान में मीरां तथा उत्तर प्रदेश में हरिदासी सम्प्रदाय एवं पुष्टिमार्गी कवियों ने साहित्य के साथ-साथ, संगीत को भी अनुपमेय विस्तार दिया। बंदिशों की परंपरा भारत में अत्यंत प्राचीन है। बंदिश अर्थात् बाँधने की क्रिया या भाव, पहले से किया हुआ प्रबंध-गान, कविता, गीत आदि की शब्द-योजना। कविता में संगीत प्रमुख रूप से बारहवीं शताब्दी के उत्तरार्द्ध में जयदेव के 'गीत-गोविंद' के माध्यम से सामने आता है। बाद में, अमीर खुसरो, कालिदास, नानक, कबीर, निजामुद्दीन औलिया, स्वामी हरिदास, और अन्य प्रमुख कवियों एवं वाग्गेयकारों से संगीत की परंपरा उन्नत होती दिखाई पड़ती है।

इस खंड में पिछले हजार सालों की कविता से हमने कुछ नामों का चयन किया है, जिससे संगीत में बंदिश परंपरा के निर्माण एवं विकास पर एक छोटी सी झलक प्रस्तुत की जा सके। यह अवश्य हो सकता है कि इस उपक्रम में कुछ महत्वपूर्ण वाग्गेयकार छूट गए हों तथा कुछ अल्पज्ञात नामों का चयन हुआ हो। कुछ सांगीतिक विभूतियों मसलन तानसेन, बैजू बावरा, गोपालनायक, वाजिद अली शाह आदि को भी यहाँ शामिल किया गया है। इन सबके पीछे का ध्येय मात्र इतना है कि कालक्रम की प्राध्यापकीय अवधारणा से अलग, इस तथ्य की प्रासंगिकता रेखांकित हो सके, जिसमें कबीर और निजामुद्दीन औलिया, तुलसीदास और तानसेन, वाजिद अली शाह और पं. बद्रीनारायण चौधरी 'प्रेमघन' आदि की चिंतना की मिलनभूमि कितनी उभयनिष्ठ और व्यापक अर्थान्विति से प्रेरित है। यहाँ महत्वपूर्ण एवं कालजयी नामों के बारे में कुछ लिखना नितांत गैरजरूरी है, क्योंकि उनके नाम ही उनकी अभिव्यक्तियाँ हैं। कुछ अल्पप्रसिद्ध नामों के बारे में बताना यहाँ इस कारण प्रासंगिक हो जाता है, जिसके आधार पर यह अनुमान हो सके कि उनके कारण साहित्य व संगीत ने कितनी समृद्धि अर्जित की है।

इनमें प्रमुख रूप से विलास खाँ, जो तानसेन के पुत्र थे एवं सम्राट जहाँगीर के दरबार में प्रधान गायक के रूप में माने जाते हैं। इनका समय सोलहवीं शताब्दी का उत्तरार्द्ध है। इनकी संगीत को सबसे बड़ी देन 'विलासखानी तोड़ी' तथा 'विलासखानी कल्याण' रागों की सृष्टि है। इन्हीं से प्रसिद्ध रबाबियों का घराना चला है। इसी तरह बख्शू 'नायक' राजा मानसिंह तोमर के दरबारी गायक थे। अबुल फजल ने बख्शू 'नायक' को मधुरता में तानसेन के बाद दूसरा प्रधान गायक माना है। इन्होंने हजारों की संख्या में ध्रुवपदों की रचना की है। बख्शू ने 'नायकी कल्याण' और 'नायकी कान्हड़ा' नामक दो नए रागों की उद्भावना की थी। इनके एक हजार ध्रुवपदों का संकलन 'सहस रस' एवं 'राग-ए-हिंदी' है। इनमें 'सहस रस' उपलब्ध है। इनको श्रेष्ठ ध्रुवपद गायकों में गिना जाता है। तुलसी साहेब, रीतिकालीन भक्त कवि थे। इन्होंने एक पंथ चलाया, जिसे साहब पंथ कहते हैं। इनके लिखे हुए चार ग्रंथ मिलते हैं। घटरामायण, रत्नरामायण, शब्दावली तथा पद्मसार। इनके अनुसार राम घट-घट वासी हैं और मानते हैं कि राम और राम की माया सभी हमारे पिण्ड में ही समाविष्ट हैं। अयोध्या तथा अयोध्या के आस-पास के क्षेत्रों में इनके गीतों का गायन, लोकगीतों की तरह बहुतायत में होता है। आचार्य ईसुरी, लोकसाहित्य का महत्वपूर्ण नाम है। इनके जन्म का समय विक्रमी संवत् 1896 के आस-पास का ठहरता है। इन्होंने फाग-साहित्य प्रचुर मात्रा में लिखा है। 'ईसुरी प्रकास' एवं 'ईसुरी की फागें' इनकी रचनाएँ हैं। मुहम्मद शाह (1720 ई.) के समय में नियामत खाँ हुए, जो 'सदारंग के नाम से आज भी प्रसिद्ध हैं। ये ख्याल पद्धति के प्रमुख प्रवर्त्तक समझे जाते हैं। ये प्रसिद्ध बीनकर भी थे तथा इन्होंने सैकड़ों ख्याल के गाने बनाए, जिनमें राधाकृष्ण की लीलाओं का वर्णन है। इसी क्रम में, राजा चक्रधर सिंह रायगढ़ के नरेश थे। कथक नृत्य के आश्रयदाता तथा कलाकारों का सम्मान करने वाले, चक्रधर सिंह ने बड़े-बड़े कलावन्तों को अपने दरबार में बुलाकर कथक की, उनके मूर्धन्यों से शिक्षा दिलवाई। इस तरह इनके कथक नृत्य में शास्त्रीय गरिमा के साथ, लोकतत्व का योग हुआ और इस तरह एक नवीन घराने की नींव रखी गयी, जिसे कथक का रायगढ़ घराना कहा जाता है। इन्होंने पक्षियों के बोल आदि से ध्वनियाँ निकालकर परन विकसित किया था। इनके रचे कई ग्रन्थ मिलते है। इनमें प्रमुख रूप से नर्तन सर्वस्वम्, तालतोयनिधि, रागरत्नमंजूषा, मुरज परनपुष्पाकर तथा रम्यरास आदि हैं।

इस खंड के लिए हम पं. विद्यानिवास मिश्र, वागीश शुक्ल, अल्पना वाजपेयी, डॉ. जनार्दन उपाध्याय एवं कल्पना बर्मन के सहयोग के लिए आभार व्यक्त करते हैं।

–सम्पादक

1. भरत मुनि के नाट्यशास्त्र से

प्रवरं वरदं प्रणमत सततं
गजचर्मपटं मुनिजनसहितम्।
उमया सहितं भुजगवलयिनं
प्रणतोऽस्मि शिवं त्रिभुवनसहितम्।।

[निरंतर शिव को प्रणाम करो जो प्रवर (श्रेष्ठ) हैं, वर देने वाले हैं, जिन्होंने गजचर्म पहन रखा है और जिनके पास मुनि लोग उपस्थित हैं।

मैं शिव को प्रणाम करता हूँ जो साँपों से लिपटे हुए हैं, जो पार्वती के (और इस प्रकार) इस जगत् के साथ हैं।]

2. कालिदासकृत अभिज्ञानशाकुंतल से

ई सीसिचुम्बिआइं भमरेहिं सुउमारकेसरसिहाइं
ओदं सयन्ति दअमाणा पमदाओ सिरीस कुसुमाइं।।

[भँवरे जिनके परागवृंतों को थोड़ा-थोड़ा ही चूम रहे हैं, उन शिरीष के फूलों को युवतियाँ दया करती हुई ही अपने कान का आभूषण बना रही हैं।]

3. संगीतरत्नाकर से–

पवनविधूतबीचिचपलं
विलोकयति जीवितं तनुभृताम्।
वपुरपि जीर्यमाणमनिशं
जरावनितया वशीकृतमिदम्।।

[देहधारियों के प्राण तो वैसे ही अस्थिर हैं जैसे हवा से काँपती हुई लहरें। और यह शरीर भी तो बुढ़ापा रूपी स्त्री के वश में पड़ा हुआ दिन पर दिन क्षीण होता जा रहा है।]

(4) निजामुद्दीन औलिया

राग माँड

परबत बाँस मँगाव मेरे बाबुल! नीके मड़वा छाव रे!
सोना दीन्हा, रूपा दीन्हा, बाबुल दिल-दरयाव रे!
हाथी दीन्हा, घोड़ा दीन्हा, बहुत-बहुत मन चाव रे!
डोलिया फँदाय पिया लै चलिहै, अब सँग नहिं कोई आव रे!
गुड़िया खेलन माँ के घर रह गयी, नहिं खेलन को दाव रे!
'निजामुद्दीन औलिया' बहियाँ पकरि चले, धरिहौं वाके पाँव रे!

(5) अमीर खुसरो

(1)

हज़रत खाजा संग खेलिये धमाल
बाइस खाजा मिल बन-बन आयो तामें।
हज़रत रसूल साहब जमाल
अरब यार तेरो बसंत बनायो
सदा रखिए लाल गुलाल।

(2)

निज़ाम तोरी सूरत पै बलिहारी।
सब सखियन में चुन्दर मेरी मैली।।
देख हँसे नर-नारी
अब के बहार चूँदर मोरी रँग दे,
निज़ाम पिया रख ले लाज हमारी।।
निज़ाम तोरी सूरत पै बलिहारी,
सदका बाबा गंज शकर का।
रख ले लाज हमारी
मेरे घर निज़ाम पिया
निज़ाम तोरी सूरत की बलिहारी,
कुतब फ़रीद गिलि आए बराती
खुसरो राजदुलारी
निज़ाम पिया रख ले लाज हमारी।।

(3)

दइया री मोहे भिजोया री
शाह निज़ाम के रंग में
कपड़े रंगन ते कुछ ना होत है
रंग में मैंने तन को डुबोया री
दइया री मोहे भिजोया री
वाही के रंग से सुन बे शोख रंग
खूब ही मल-मल के धोया री
पीर निज़ाम के रंग में भिजोया री।।

(6) कबीर

(1)

चुनरिया हमरी पिया ने सँवारी,
कोई पहिरै पिय की प्यारी!

आठ हाथ की बनी चुनरिया
पंच रंग पटिया पारी।
चाँद सुरुज जामे आँचल लागे
जगमग ज्योति उजारी।
बिनु ताने यह बनी चुनरिया
दास कबीर बलिहारी।

(2)
दुलहिन अँगिया काहे न धोवाई।
बालपने की मैली अँगिया विषय-दाग परि जाई।
बिन धोये पिय रीझत नाहीं, सेजसें देत गिराई।
सुमिरन ध्यान कैं साबुन करि ले सत्तनाम दरियाई।
दुबिधा के भेद खोल बहुरिया मनकै मैल धोवाई।
चेत करो तीनों पन बीते, अब तो गवन नगिचाई।
पालनहार द्वार हैं ठाढ़ै अब काहे पछिताई।
कहत कबीर सुनो री बहुरिया चित अंजन दे आई।

(3)
बालम आवो हमारे गेह रे।
तुम बिन दुखिया देह रे।
सब कोई कहे तुम्हारी नारी, मोकों लागत लाज रे।
दिल से नहीं दिल लगायो, तब लग कैसा सनेह रे।
अन्न न भावै नींद न आवै, गृह-बर धरै न धीर रे।
कामिन को है बालम प्यारा, ज्यों प्यासे को नीर रे।
है कोई ऐसा पर उपकारी, पिवसों कहै सुनाय रे।
अब तो बेहाल कबीर भयो है, बिन देखे जिव जाय रे।

(4)
हमन है इश्क मस्ताना हमन को होशियारी क्या
रहें आजाद या जग से हमन दुनिया से यारी क्या

जो बिछड़े हैं पियारे से भटकते दर-ब-दर फिरते
हमारा यार है हम में हमन को इंतज़ारी क्या

खलक सब नाम अपने को बहुत कर सिर पटकता है
हमन गुरनाम साँचा है हमन दुनिया से यारी क्या

न पल बिछड़े पिया हमसे न हम बिछुड़ें पियारे से
उन्हीं से नेह लागी है हमन को बेकरारी क्या

कबीरा इश्क का माता दुई को दूर कर दिल से
जो चलना राह नाजुक है हमन सिर बोझ भारी क्या

(7) गुरु नानक

राग गौरी पूरवी

(1)
करों बिनती सुनो मेरे मीता संत टहिल की बेला।।
ईहां खाट चलो हरि लाहा आगे बसन सुहेला।।
औध घटे दिन सुरैना रे।।
मन गुरु मिल काय सवारे।।
यह संसार विकार संशय महिं तर्‌यो ब्रह्मज्ञानी।।
जिसहिं जगाय प्यावै यह रस अकथ कथा तिन जानी।।
जाको आये सोई बिहाझहु हरि गुरु ते मनहि बसेरा।।
निजघर महल पावो सुख सहजे बहुर न होयगो फेरा।।
अंतरयामी पुरुष विधाते सरधा मनकी पूरे।।
नानक दास इहै सुख माँगे मौकों कर संतन की धूरे।।

राग धनाश्री

(2)
गगन मय थाल रवि चन्द्र दीपक बने तारिका मंडला जनक मोती।।
धूप मलिआन लो पवन चवरो करे सकल बनराय फूलन्त जोती।।
कैसे आरती होय भव खंडना तेरी आरती अनहदा शब्द बाजन्त भेरी।।
सहस तव नयन नन नयन हैं तोहिको सहस मूरत नाना एक तोही।।
सहस पद विमल नन एक पद गंध विन सहस तब गंध इव चलत मीही।।
सबमें जोति जोति है सोय।।
तिसदे चानण सबमें चानण होय।।
गुर साखी जोत परगट होय।।
जो तिस भावै सो आरती होय।।
हरि चरण कमल मकरंद लोभित मनो अनदिनो मोहि आहि प्यासा।।
कृपा जल देहु नानक सारंग को होय जीते तेरे नाई वासा।।

(8) दरिया साहब

राग भैरव

(1)
कहा कहूँ मेरे पिउकी बात।
जो रे कहूँ सोई अंग सुहात।। टेक।।

जब मैं रही थी कन्या क्वाँरी।
तब मेरे कर्म हता सिर भारी।।
जब मेरी पिउसे मनसा दौड़ी।
सतगुरु आन सगाई जोड़ी।।
जब मैं पिउका मंगल गाया।
तब मेरा स्वामी ब्याहन आया।।
हथलेवा कर बैठी संगा।
तउ मोहिं लीनी बायें अंगा।।
जनदरिया कहै मिट गई दूती।
आपौ अरप पीवसँग सूती।।

(2)
प्रेम-धगा यह टूटता ना,
गर टूटि कंठी फिर बाँधना क्या।
यह तत्त-तिलक सतनाम छापा करु,
और विविध है साधना क्या।
ग्यान का दण्ड न डगमगैकर,
दण्ड लिये काहू मारना क्या।
यह झूलना दरिया साहेब कहा,
सतनाम सही, बहु पेखना क्या।।

(9) तुलसीदास

कहाँ के पथिक, कहाँ कीन्ह है गवनवा।।
कौन ग्राम के, धाम के वासी,
के कारन तुम त्यज्यो है भवनवा।।
उत्तर देसी है एक नगरी अयोध्या,
राजा दशरथ नृप, वहाँ है भुवनवा।।
उन्हीं के हम दोनों कुँवरवा,
मात वचन सुनि त्यज्यो है भवनवा।
ग्राम वधू पूछ सिया से कौन सो प्रीतम कौन देवरवा
सिया मुसकाई, बोलत मृदु बानी
साँवरो प्रीतम गौर देवरवा।
तुलसीदास प्रभु आस चरन की,
मेरो मन हर लीन्हो, जानकी रमणवा।।

(10) यारी साहब

(1)

राग दीपक

बिरहिनी मंदिर दियना बार।।
बिन बाती बिन तेल जुगतसों, बिन दीपक उजियार।
प्रान पिया मेरे गृह आये, रचि-पचि सेज सँवार।।
सुखमन सेज परम तत रहिया, पिय निरगुन निरकार।
गावहु री मिलि आनंद-मंगल, 'यारी' मिलके यार।।

(2)

राग सिंदूरा

हौं तो खेलौं पियासँग होरी।
दरस-परस पतिबरता पियकी, छबि निरखत भइ बौरी।।
सोलह कला सँपूरन देखौ, रबि ससि भे इक ठौरी।
जबतें दृष्टि पर्‌यो अबिनासी लागी रूप ठगौरी।।
रसना रटति रहति निसि बासर, नैन लगे यहि ठौरी।
कह 'यारी' यादि करु हरिकी, कोइ कहैं सौ कहौ री।।

(11) तानसेन

राग मेघ (ध्रुवपद)

(1)
घनघोर छायो मेघ दादुर शोर मयूर गावे।
शृंगार विद्युत किये जग निरख गात
अनोखी निरत भावे।
दामिनी कामिनी बादर वरण कियो
निरख झरोखे पवन लजावे।
तानसेन पपिहा पियु-पियु बोल कहे,
ऋतु मयंक उर अंक लगावे।।

राग भैरवी

(2)
बाजत वीण-रबाब-सितार-सारंग-तम्बुरादि,
'तत' बाजे कहियत बीनान।
मृदंग मरुज मर्द्दल पुष्कर पखावज तबेला
खंजीरी ढोल ढोलक 'बितत' जान।
ताल मंजीरा कठताल करताल झाँझ
झनकार ठोक 'घन' मान।
मुरली वंशी शृंगी सहनाई मुरछंग।
तानसेन 'सुशिर' बाजे च्यार सान।।

सोरठ-चौताल

(3)
अलख निरंजन आदि जोत अविनाशी
ताको कोउ न पावत पार।
जित तित चहूँ ओर भरपूर रहो।
वही सबन को करतार।
वाहीते पंचभूत अष्टाविंश तत्व
वही ते स्वर्ग मृत्यु पातार।
तानसेन के प्रभु करो वाको ज्ञान ध्यान
वाही ते जनम सुधार।

(4)
भले ही मेरे आए हो पिय, ठीक दुपहरी की बिरियाँ।
सुभ दिन, सुभ नक्षत्र, सुभ महूरत, सुभ पल छिन, सुभ घरियाँ।
भयो है आनन्द-कन्द मिट्यौ बिरह दुख द्वंद्व,
चंदन घिस लेपत अंग और पायन परियाँ।
तानसेन के प्रभु दया कींनी मों पर सूखी बेल, कींनीं हरियाँ।।

(12) स्वामी हरिदास

(1)

राग केदार

सुनि धुन मुरली बैन बाजै हरि रास रच्यो।
कुंज द्रुम बेली प्रफुलित मंडल कंचन मणिन रच्यो।
निर्तत युगल किशोर युवतिजन रास में राग केदार रच्यो।
हरिदास के स्वामी श्यामा कुंज बिहारी नीकेही आज गोपाल नच्यो।।

(2)

राग बसंत

फूली बनराई बेलरियाँ कोयल बोले अम्ब की डार।
भौंरा गुंजार करत ऋतु बसंत आई लों खिली बहार।
भाँति-भाँति के वृक्ष झुकत झुकत झूम रहे पपीहा पिया पिया कर पुकार।
बार-बार ग्वाल नार घिरत घिरत घूम रही हाथ लिए करवा फिरत हैं चहुँ ओर।
हरिदास के प्रभु मुदित मुदित भये मोतिन की माल गरे सज श्रृंगार।।

(13) पलटू साहब

झूलना

सतगुरु साहिब जब मिहर करी,
तब ज्ञान का दीपक बारा है जी।
भर्म अँधेरा छूटि गया,
दसहूँ दिसि भा उजियारा है जी।।
रैन दिवस टूटै नाहीं,
लागी ज्यों तेल की धारा है जी।
पलटू कहैं मोहिं दीख परा,
घट घट में ठाकुरद्वारा है जी।। 1।।

(14) सूरदास

(1)

राग परज

बंसुरी तू कवन गुमान भरी।
सोने की नाहीं रूपे की नाहीं नाहीं रतन जरी।
जात सिफत तेरी सब कोई जानै मधुबन की लकरी।
क्या री भयो जब हरि मुख लागी बाजत विरहे भरी।
सूर श्याम प्रभु अब क्या करिये अधरन लागत री।।

(2)

राग देश

कुब्जा ने जादू डारा जिन मोह्यो श्याम हमारा री।
निशिदिन चलत रहत नहिं राखे इन नयनन जलधारा री।
अब यह प्राण कैसे हम राखैं बिछुरे प्राण अधारा री।
ऊधो तबते कल न परत है जबते श्याम सिधारा री।
अबतो मधुबन जाय ले आवो सुन्दर नन्द दुलारा री।
सूरदास प्रभु आन मिलावो तन-मन-धन सब वारा री।

(15) मीरां

(1)

राग जंगला

आलि मोहिं लागत वृन्दावन नीको।
घर घर तुलसी ठाकुर पूजा दरसन गोविन्द जी को।
निरमल नीर बहत जमुना को भोजन दूध दही को।
रत्न सिंहासन आप विराजे मुकुट धर्‌यो तुलसी को।

कुंजन कुंजन फिरत राधिके शब्द सुनत मुरली को।
मीरां के प्रभु गिरधर नागर भजन बिना नर फीको।।

(2)

राग पहाड़ी

म्हारो प्रणाम बाँके बिहारी जी।।
मोर-मुकुट माथ्या तिलक बिराजा।।
कुंडली अलका-कारी जी।।
अधर-मधुर-धर बंसी बजावा।।
रीझि-रिझावा, ब्रज नारी जी।।
या छवि देख्या मोह्या-मीरां।।
मोहन-गिरिवर धारी जी।।

(16) बख्शू 'नायक'

(1)

भैरव-चौताल (ध्रुवपद)

पूज रे गणेश को गुणी।
ऋद्धि-सिद्धि के दाता विघन हरण दुनी।
जिन धायो तिन पायो मन इच्छामनी।
बख्शू के प्रभु को ध्यावत सुर नर मुनी।।

(2)

कलिंग-खेमटा

पिया छांड दे मोरी बहियाँ रे अपने गरज के सइयाँ।
लगर झगर के लिपट जात हो ठइयाँ।
हस हस कर रसबस पड़ गइलो ऐसे मन के छइयाँ।
गई सो गई मेरी वयस अकारथ अबहूँ समझ गुसइयाँ।
सब तज के धाम तेरे अइलो और आय परो पइयाँ।
अवगुन बख्शू नित दर्शन पइये चरण कमल बल जइयाँ।।

(3)

आदताल-मशहूर ब अठताला

अचानक पिय बाँह गही, मोहि कछु सुध न रही लै आलिंगन दीन्हो।
सेज समै सुरत कीन्ह अपने मन को सुख कीन्हो।।
कुच कँवलन पर कर कँवल धर मुख कमल पर मुख कमल धर, अधर अमृत रस लीन्हो।।
बल बल जैये साहजहाँ के इहँ बिध आनन्द भीनो।।

(4)

माइ मैं देख्यो री, सम्यो मनभावन को, हरी भूम पर हरे बिरबा नीके महल।
ता मध प्यारो प्यारी कीला करत हैं, झुक झुक परत हैं मदमाते, तामें राग की चहल।।
और रस बूँदन बरसे मेंह, तामें दीखत हैं बादर पहल।।
साहजहाँ पिया तुम बहुनायक हो, जाकी जात आगे रबि ससि सहल।।

(17) वाज़िद अली शाह

होरी धमाल दर सोरठ मिन आलम

(1)

नन्द के छैल छांड़ दे गागर मोरी
जिनि छुओ री गगरिया
हा हा करत हूँ पैंया परत हूँ
चल बसे मथुरा नगरिया
केसर रंग को मेंह बरसायो
अबीर गुलाल की छाई बदरिया
जैसी भीज मोरी सुरख चुनरिया
तैसी भिजोउँ पगरिया।।

साधरा, राग ताल ऐज़न, मिन आलम

(2)

मों पर करम कीजिए परवरदिगार
हूँ गुनहगार तू है सत्तार
भगत बछल जगदीस गुसाईं
नारायन निरंकार।

ध्रुवपद, दर खम्माच, ताल तिताला

(3)

धारे उधर गोबरधन
गिरधर ब्रज नट नागर
प्रगट करैया खेलत गौ

आल करत को तो दिल उभक उभक पग धरन धरन पग
तननम तननम बीन बजैया, बजत को

घनन घनन घुँगरू खनके, सनन सनन पवन
छलिया, गोबरतान, गोबरतान
तधोत तधोत थन बजत मृदंग
नचत कन्हैया।

(18) तुलसी साहेब

शुभ दिन लगन मुहूरत, राम जनम भयो हो
ए हो धगरिन चलई इतराय नारि नाँहीं छीनब हो

लेबे मैं सोने कय हँसुववा, मोतिन भरे आखत हो
साहब हेम रंचित गिरि लेबय कि लेबे अवधपुर हो

सोने रूपे सुपपा हँसुववा, मोतिन देदो आखत हो
धगरिन राज तुमहि नाँही चाही, राज जिन माँगहु हो

हम बगदाये नाँहीं मनबै, बहुत लै लहिने हो
साहब हिमपति लेबे गजराज कि लेबे अवधपुर हो

कर गहि कहिनि कौशल्या, सबै कुछ देवे हो
धगरिन सोने कय सुपवा ओलारव, तुरत नहवावहु हो

राम प्रिया धन्य धगरिन, सुपवा ओलारय हो
साहब जगपालन जगदीश तिनही नहवावहि हो।

जे यह मंगल गावहि, गाय के सुनावहि हो
दास तुलसी साहब बलि जाउ, सुनैया फल पावहि हो।

(19) बिंदादीन

(1)

राग हमीर (ठुमरी)

मोहे छेड़त मोहन गिरधारी
डगर चलत मोहे देखो देत गारी।
मैं जमुना जल भरन जात थी
बिन्दा देखो मैं हारी।।

(2)

राग सहाना

जाने दे मैंका सुनो सजनवा,
काहे करत तुम नित-नित हम सन रार?
नाहीं नाहीं मानूँगी अब मैं तोरी।
छेड़ करत नहीं माने,
बरजोरी करत गहे लीनी श्याम मोहे,
बिन्दा कहत तुम नित नित हम सन रार,
नाहीं नाहीं मानूँगी अब मैं तोरी।

(20) बैजू बावरा

(1)

राग केदार (ध्रुवपद)

राग रंग शुद्ध, मुद्रा शुद्ध, अक्षर शुद्ध, छंद पावत हैं,
साँचे गुरुन सौं पावै लेख।
सुरभेद, तालभेद, विचार कै साधे स्वराध्याय तालाध्याय,
वाद्य नृत्य प्रकीरण संगीतशास्त्र को भै देख।
ध्रुपद, प्रबन्ध, छन्द, गीत, संगीत जुगल बन्द,
देश-विदेश से भाषा संस्कृत विशेष।
कहे बैजू बावरो, सुनो हो गोपाल नायक,
हिरण बोलावे पाहन पिघलावे, तेरी लाख मेरी एक।

(21) **गोपाल नायक**

(1)

ध्रुवपद

प्रथम मणि ओंकार, देवमणि महादेव, ज्ञानमणि गोरख,
वेदमणि ब्रह्मा।
विद्यामणि सरस्वती, नदी मणि गंगा, भक्त मणि नारद,
रूप मणि रम्भा।
वृक्षन मणि कल्पवृक्ष, गजन मणि ऐरावत, बाजन मणि
मृदंग, तारमणि वीणा।
भनत नायक गोपाल लाल, सुनहु अलाप करत, दिन मणि
सूरज, रैन मणि चन्दा।

(22) अदारंग

राग नट मल्हार

ऐ सुहागपरी कारी बदरिया,
बरसन लागी अति जोर।
अदारंग बूँद-फुहार परन लागी,
कैसे मिलूँ चितचोर।

(23) विलास खाँ

(1)

विलासखानी तोड़ी

मेरे तो हरिनाम को आधार, जिन रचो संसार
काम-क्रोध-लोभ महाजंजाल।
जिन रचो अरस-कुरस जमीं आसमान
निरंजन निरंकार सांची क्यों न सेबो परवरदिगार।
काहे को हूजे गुनहेगार काहे को लीजे ऐतो भार।
सोई संवाद क्यों न तजिये जाके नाम राजगार।
प्रभु विलास कहे पाक साफ रहिये तयार
जनम जीव नहीं बार-बार।।

(1)

भैरवी

ललन भोर ही आए होरी खेलन को,
ग्वाल बाल लिए संग।
अबीर गुलाल केसर पिचकारी बाजत ताल मृदंग।
इत सखा उत सखी परस्पर छिरकत नाना रंग।
राग विलास गावत फगुवा आनंद बढ़त उमंग।।

(24) सदारंग

(1)

तुम बिन कौन मेरो,
पालनहार तुम सब के करतार।।
दीन दुनिया में तेरो जस गावे,
सदारंग तुम सबके आधार।।

(2)

काहे गुमान करत हो कर रही,
कान्हत सों।
सब सखियन मिलकर सिंगार,
चंद्रमुखी राधिका,
तू प्यारी मनभरी,
सदारंग मन भाए।।

(3)

राग दरबारी कान्हड़ा

तुम साईं करीम-रहीम-हकीम,
पाक परवरदिगार!
गरबी को गरब दूर कर डारत एक छिन में,
दुखियन को मोरे दाता!
जो भी मन की इच्छा हो सो,
पुजिबो साहेब सदारंग को दीजे,
दीन-दुनी के दाता!

(4)

राग हिंडोल

कर ले गिचकारी केसर भर,
अबीर गुलाल उड़ाये,
खेले धमार प्यारे मौमद शा!
सुगन्ध पवन हेरी सावन ऋतु बसन्त पंचम
नातिन के सदारंग।
बरस रहिलो भाई, प्यारे मौमद शा!

(5)

राग बहार

भँवर रे, लागी लो मन, आई ऋतु बहार।
जित-तित सदारंग बेलरी फूली,
और फूली कचनार!

(25) ईसुरी

(1)

फाग

हम पै डार गई मोहनियाँ, गोरे बदन की धनियाँ।
बाँह वरा बाजूबन्द सोहै, कर में जड़ी ककनियाँ।
नख-सिख सें सब गानों पैरें, पांयन में पैजनियाँ।
ईसुर कात चिता पै धर दओ, तो खां आज रजनियाँ।।

(2)

फाग

नैना भँवर भये वारी के, रंगरेजिन प्यारी के।
एक से दोउ भेस धरे हैं, रुचिर रेख कारी के।
सालिगराम बीच कमलन के, चितवन अनयारी के।
लेत सुगन्ध फूल नए फूले, मानस ससारी के।
ईसुर परे इशक के फन्दे, आशिक हैं यारी के।

(26) भारतेंदु हरिश्चन्द्र

(1)

कजली

प्यारी झूलन पधारो झुकि आए बदरा।
ओढ़ौ सुरुख चूनरि तापै श्याम चदरा।
देखो बिजुरी चमकै बरसै अदरा।
हरिचन्द तुम बिन पिय अति कदरा।।

(2)

राग आसावरी (ठुमरी)

अरे कोउ कहौ सँदेसो श्याम को।
हमरे प्रान पिया प्यारे को अरु भैया बलराम को।
बहुत पथिक आवत हैं या मग नितप्रति वाही गाम को।
कोउ न लायो पीउ को संदेसो हरीचंद्र के नाम को।।

(3)

हिंडोला

जमुना तट कुंजन बीन रहीं सब सखियाँ फूलों की कलियाँ।
एक गावत ताल बजावत हैं करतीं मिल के एक रंगरलियाँ।
मृगनैनी आय अनेक जुरीं छवि छाय रहीं बृज की गलियाँ।
हरीचन्द तहाँ मनमोहन जू सखि बन आए लखियो अलियाँ।।

(4)

राग आसावरी (सेहरा)

चलो सखी मिल देखन जैये दुलहिनि राधा गोरी जू।
कोटि रमा मुखछबि पैं वारों मेरी नवलकिसोरी जू।
घँघरी लाल जरकसी सारी सोधे भीनी चोली जू।
मरवट मुख मैं सिर पैं मौरी मेरी दुलहिया भोली जू।
नक बेसर कनफूल बन्यौ है छबि कापै कहि आवै जू।
अनवट बिछिया मुँदरी पहुँची दूल्ह के मन भावै जू।
ऐसे बनाबनी पै री सखि अपनो तन मन वारी जू।
सब सखियाँ मिलि मंगल गावत हरीचंद बलिहारी जू।

(5)

होली डफ की

मैं तो रंगोंगी अबीरी रे पिया की पगिया।
केसर सों सब बागो रंगिहौं लै जैहों बाबा की बगिया।
रंग उड़ाइ के गारी गैहों भागि कहाँ जैहे ठगिया।
हरीचंद मनमानी करिहौं प्रान पिया के गर लगियाँ।।

(27) बद्रीनारायण चौधरी 'प्रेमघन'

(1)

राग यमन

मंगल करहु दया करि देवी,
विमल ज्ञान दै, सुमति सुधारहु।
तमहिय हरहु दया करि देवी,
है अनुकूल प्रेमघन जन हित
सब सुख भरहु दया करि देवी।।

(2)

कजली

रिम झिम बरसै रे बदरिया मोरी चादरिया भीजी जाए।
कहाँ जाए अब हाय बचौ मैं! दैया! जिय घबराए।।
लै छाता तर, छाती से लगी, प्रीति रीति सरसाय।
पिया प्रेमघन! पैयाँ लागौं बेगि बचावो आय।।

(3)

कजली (गृहस्थिनों की लय)

सिर पर सही रे ओढ़नियाँ, ओढ़े खेलै कजरी
हिलि मिलि के झूला सँग झूलैं सब सखी प्रेम भरी
सजी प्रेमघन सावन के सुख मिरजापुर नगरी।

(28) निराला

(1)

सखि, वसन्त आया।
भरा हर्ष वन के मन,
नवोत्कर्ष छाया।
किसलय-वसना नव-वय-लतिका
मिली मधुर प्रिय-उर तरु-पतिका,
मधुप-वृन्द बन्दी
पिक-स्वर नभ सरसाया।
लता-मुकुल-हार-गन्ध-भार भर,
बही पवन बन्द मन्द मन्दतर,
जागी नयनों में वन-
यौवन की माया।
आवृत्त सरसी-उर-सरसिज उठे,
केशर के केश कली के छुटे,
स्वर्ण-शस्य-अंचल
पृथ्वी का लहराया।

(2)

छाये पलक पर प्राण कि बन्दनवार बने तुम।
उमड़े हैं कंठ के गान, गले के हार बने तुम।
देह की माया की जोत, जीभ की सीप के मोती।
छन-छन और उदोत, बसन्त-बहार बने तुम।
दुपहर की घनी छाँह, धनी इक मेरे बानिक।
हाथ की पकड़ी बाँह, सुरों के तार बने तुम।
भीख के दिन-दूने दान, कमल-कल-कुल की कान के।
मेरे जिये के मान, हिये के प्यार बने तुम।

(29) राजा चक्रधर सिंह

(1)

दादरा भावगीत

कमरिया लचके रे सैयाँ झूला धीरे-धीरे झूल
लरजे जियरा पेंगन मारो।
रसरिया तड़के रे सैयाँ।। झूला...
कारी बदरिया घिर घिर गरजत
बिजुरिया चमके रे सैयाँ।। झूला...
चक्रपिया तोरी पैयाँ परत हूँ
नज़रिया छलके रे सैयाँ।। झूला...

(2)

भावगीत नवरस

गोरी सलोने तोरे नैना, नवल मदमाते हँसत हैं,
तान-तानके तीर चलावे, यह डरन पावे मैना।।
नवल मद...
रोय मरत है तोरे सनेही, अजब गजब के है सैना।।
नवल मद...
रौद्र रूप बिरह की चोटन, नरक भयों है ऐना।।
नवल मद...
चक्रपिया अब प्रेमी निहारो, बकत बैरागी बैना।।
नवल मद...

(30) वाचिक परंपरा की कविता

(1)

कजली

कइसे खेले जाइब सावन में कजरिया
बदरिया घिरि आइल ननदी।।
घर से निकसी अकेली, सँग में एको ना सहेला
गुंडा रोकि लेले बिचहीं डगरिया
बदरिया घिरि आइल ननदी।।
कतना जाना फाँसी जइहें
कतना गोली खाके मुँइहें
कतना पीसत होइहें जेहल में चकरिया
बदरिया घिरि आइल ननदी।।

(2)

नकटा

ठाढ़ी मैं जमुना कै तीर मछरिया अय बेंदिया लय गई
जाई कहो मोरे बहिरे ससुर से जमुना मा जाल छोंड़ावयँ
मछरिया अय बेंदिया लय गई
जाई कहो मोरे लहुरे देवर से जमुना मा बंसी डरावयँ
मछरिया अय बेंदिया लय गई
जाई कहो मोरे बारे बलम से दूसर बेंदिया गढ़ावयँ
मछरिया अय बेंदिया लय गई।

(3)

विवाह

काहे बिनु सून अँगनवा ए बाबा, काहे बिनु सून लखराँव
काहे बिनु सून दुअरवा ए बाबा, काहे बिनु पोखरा तहार।।
धिया बिनु सून अँगनवा ऐ बेटी, कोइलर बिनु लखरावँ
पूत बिन सून दुअरवा ए बेटी, हंस बिनु पोखरा हमार।।
कइसे के सोहे अँगनवा ए बाबा, कइसे सोहे लखराँव।
कइसे के सोहे दुअरवा ए बाबा, कइसे से सोहे पोखरा तहार।।
धरम से ऐ बेटी, बेटी उपजिहें, सेवा से आम तइयार
तपवा से ए बेटी, पुतवा भेंटइहें, दान से हंसा मँझधार।।
का देइ बेटी समोधबऽ ए बाबा, का देइ अमवा के गाछ
का देइ पुतवा समोधबऽ ए बाबा, का देइ हंसा मँझधार।।
धन देइ बेटी समोधब ए बेटी, जल देइ समोधब लखराँव
भुँइ देइ पुतवा समोधब ए बेटी, अन देइ हंसा मँझधार।।
का देखि मोहे जनवासा ए बाबा, का देखि रसना तहार
का देखिए हियरा जुड़इहें ए बाबा, का देखि नैना जुड़ाय।।
धिया देखि मोहे जनवासा ए बेटी, अमवा से रसना हमार
पुतवा से हियरा जुड़इहें ए बेटी, हंसा देखि नैना जुड़ाय।।

(4)

बनरा

बनरा भीजेला हमार रे गुइयाँ
बनरी तो भीजे रंग महल में
बनरा घोड़े असवार रे गुइयाँ
बनरी तू भीजे सखियाँ सहेलर
बनरा के सजल बरात रे गुइयाँ
बनरी के भीजे माथे के सेनुरवा
बनरा के चन्दन ललाट रे गुइयाँ।
बनरी के भीजे सुरख चुनरिया
बनरा के लटपट पाग रे गुइयाँ।

(5)

मेले का गीत

किन मोरी अवध उजारी हो–बिलखै कउसिल्ला।।
कहाँ गए राम कहाँ गए लछिमन कहाँ गई जनकदुलारी हो।
–बिलखै कउसिल्ला।।
बन गए राम बनै गए लछिमन बन गईं जनकदुलारी हो।
–बिलखै कउसिल्ला।।
राम बिना मोरी सूनी अजोध्या लछिमन बिन चौपारी हो।
–बिलखै कउसिल्ला।।
सीता बिना मोरी सूनी रसोइयाँ राम लखन ज्योंनारी हो।
–बिलखै कउसिल्ला।।

(6)

देवी आह्वान गीत

आवौ न भवानी मइया, बइठो दुअरवाँ, देवौ सिर पगिया बिछाय,
तुहरे भरोसे मइया मैं जगि ठान्यौं, मोरी जगि पूरन होय।
आवौ न काली मइया बइठो मोरे अँगना, देवो सतरंगिया बिछाय,
तुहरे भरोसे मइया मैं जगि ठान्यौं, मोरी जगि पूरन होय।
आवौ न सीतला मइया, बइठो ओसरवाँ देवो अँचरवा बिछाय,
तुहरे भरोसे मइया मैं जगि ठान्यौं, मोरी जगि पूरन होय।

(7)

विवाह गीत

हटियन सेंदुरा महँग भइ बाबुल, चुनरी भई अनमोल रे।
यही रे सेंदुरवा के कारन बाबुल, छोड़ेउ मैं देस तुम्हार रे।
माया ने दीन्हा है अन धन सोनवाँ, बाबुल लहर पटोर रे।
भइया ने दीन्हा है हौंसिल घोड़वा, भउजि सेन्दुर भरि माँग रे।
माया क सोनवा मैं नौ दिन खइहौं, फटि जैहें लहर पटोर रे।
भइया क घोड़वा में नगर घुमइहौं, बाढ़े भउजी कै सुहाग रे।
माया के रोये ते छतिया फटत है, बाबुल रोये भरै ताल रे।
भइया के रोये ते पेटुका भिजत है, भउजी निठुर मुस्कात रे।
माया कहैं बेटी नित उठी आयो, बाबुल कहैं छठि मास रे।
भइया कहैं बहिनी काजे बियाहे, भउजी कहैं कउन काज रे।
महला के तरे-तरे निकरी है डोलिया, माया खड़ी बिलखाय रे।
अब कइसे रहबै मोरी देवर जेठनिया, बेटी चली है परदेस रे।
खिरकी लगे होइकै निकसी है डोलिया, भउजी खड़ी मुसकाय रे।
अब सुख सोउबै मोरी देवर जेठनियाँ, ननदी चली है ससुरारि रे।।

(8)

यात्रा गीत

मोरी नइया में राम सवार नदिया धीरे बहो।
काठे की मोरी नाव नेवरिया,
बाँस के लगे पतवार नदिया धीरे बहो।
राम लखन सिय बैठनवारे,
केवट खेवनहार नदिया धीरे बहो।

(9)

हिंडोले का गीत

बाबा निबिया क पेड़ जिनि काटेउ,
निबिया चिरैया बसेर–बलैया लेउँ बीरन।।
बाबा बिटियउ जिनि केउ दुख देउ,
बिटिया चिरैया की नाइँ–बलैया लेउँ बीरन।।
सब रे चिरैया उड़ि जइहैं,
रहि जइहैं निबिया अकेलि–बलैया लेउँ बीरन।।
सब रे बिटियवा जइहैं सासुर,
रहि जइहैं माई अकेलि–बलैया लेउँ बीरन।।

(10)

सोहर

कुँअवा खोदाये कवन फल हे मोरे साहेब!
झोंकवन भरैं पनिहारि तबै फल होइहैं।।
बगिया लगाये कवन फल हे मोरे साहेब!
राहे बाट अमवा जे खेहैं तबै फल होइहैं।
पोखरा खोदाये कवन फल हे मोरे साहेब!
गोआ पियैं जूड़ पानी तबै फल होइहैं।।
तिरिया के जनमे कवन फल हे मोरे साहेब!
पुतवा जन्म जब लेइहैं तबै फल होइहैं।।
पुतवा के जनमे कवन फल हे मोरे साहेब!
दुनिया अनन्द जब होइ तबै फल होइहैं।।

प्रासंगिक

'मीर' और उनका फ़िक्रो-फ़न

आमिल

किसी प्रकार की प्रतिबद्धता से चिपके साहित्यकारों के लिए यह यथार्थ न पचा पाने वाला कड़ुवा घूँट हो सकता है कि उर्दू अदब/साहित्य के महान शाइर मीर तक़ी 'मीर' उस भारतीय परिवेश और परंपरा के संवाहक और अलमबरदार थे, जो कई अर्थों में अपनी मिसाल आप थी।

यह सत्य भी समझ लेना अर्थपरक होगा कि 'मीर' को मात्र उनकी शाइरी भर से समझना सचमुच न्याय न होगा। उर्दू अदब की एक बड़ी शख्सियत ने अपने वक्तव्य में उल्लेख किया है कि 'मीर' की शाइरी को समझने के लिए पहले 'मीर' को समझना जरूरी है, शाइरी बाद में, यह कथ्य कसौटी पर सौ टंच खरा उतरता है और केवल 'मीर' पर ही क्यों...? इसे आप कभी भी, कहीं भी, किसी भी साहित्यकार/अदीब/रचनाकार/क़लमकार और फ़नकार आदि पर समानरूप से सिद्धांत स्वरूप स्वीकार कर, निष्कर्ष निचोड़ सकते हैं।

'मीर' को समझने के लिए दो लघुकाय पुस्तकों का उल्लेख सुभीते के साथ किया जा सकता है, (i) 'ज़िक्रे-मीर' और (ii) 'फ़ैज़े-मीर', पहली पुस्तक 'ज़िक्रे-मीर' में उस माहौल की निशानदेही (चित्रण) हैं, जिसमें 'मीर' रचे-बसे और जिए। 'मीर' की सीरत (चरित्र) और गुण पर प्रकाश दूसरी पुस्तक 'फ़ैज़े-मीर' से प्राप्त होता है, जो फ़ारसी में है। इन दोनों से छनकर जो निकलता है, वह 'मीर' की शाइरी की रूह (आत्मा) है।

शैशवकाल से ही जिस परिवेश ने उन्हें ('मीर' को) अपने आग़ोश (गोद) में पाल-पोस कर परवान चढ़ाया, उसमें उनके पिता की सूफ़ियाना चेतना के प्रति पूर्ण सजगता के साथ व्यावहारिक क्रियाशीलता का व्यापक एवं सर्वाधिक महत्त्व है। वह अल्पायु में ही पितृविहीन होने के बहुत बड़े हादसे से चोट खा चुके थे, कमसिनी पर यतीमी के इस हादसे ने 'मीर' के सामने मजबूरियों और महरूमियों का भरपूर ग़म परोसा। छोटी उम्र में रोजी-रोटी की फ़िक्र, अजीज़ों, रिश्तेदारों और संबंधियों की बेरुखी, नित नए प्रश्न, सुबह होती तो शाम की फ़िक्र और शाम आती तो एक अज़ाब (कष्ट) और परेशानी साथ लाती।

'मीर' के पिता एक नेक दिल इंसान, ईश्वर भक्त और मानवता (प्रेम) के प्रति तपोनिष्ठ व्यक्ति थे। संभवत: यही पुण्य 'मीर' की विरासत (पिता से प्राप्त गुण) थी, जिसके प्रभाव स्वरूप इनका पालन-पोषण मामु द्वारा हुआ। स्पष्ट है, इन समूची घटनाओं का 'मीर' पर कुछ प्रभाव तो अवश्य पड़ना था और प्रभाव 'मीर' के जीवन में स्पष्ट रूप से परिलक्षित भी अनुभव किया जा सकता है।

हालात जो इस प्रकार और इतने प्रतिकूल थे, इसमें भी 'मीर' जद्दोजहद (संघर्ष) करते रहे, आगे बढ़ते रहे और उस बरगद की भाँति जिए, जिसकी शाखें (डालें) और टहनियाँ तुंद (तेज़) आँधी के झोंकों को सोंख लेती हैं।

"ख़ूगर हुए हैं इश्क़ की गर्मी से ख़ारो-ख़स,
बिजली पड़ी रही है मिरे आशियाँ के बीच।।"

यह झेलने, सहेजने और जीने का दम-खम, अज़्म और हौसला 'मीर' में था, इस शेर को गवाही में परोसना न्याय प्रतीत होता है।

जिन आपदाओं, कष्टों और मुसीबतों को तह-ब-तह लपेटे हुए, 'मीर' ने जिंदगी की यात्रा के पड़ाव लाँघे उसकी आइनादारी (सच्ची) तस्वीर उनके इस शेर से साफ़ बयाँ होती है।

"'मीर' रोने की हक़ीक़त जिसमें थी,
एक मुद्दत तक वो काग़ज नम रहा।"
"हर इक मिज़गाँ पे मेरे अश्क के कतरे झलकते हैं,
तमाशा मुफ़्ते-खूबाँ है लबे दरिया तमाशा है।"

स्मरणीय है कि बारहवीं शताब्दी के आधे शतक तक उर्दू

शाइरी ने अपना मार्ग सुनिश्चित तथा प्रशस्त कर लिया था, यह वह कालावधि थी जब उर्दू शाइरी अपना विशेष रूप सँवारती जा रही थी या फि इसे यूँ भी कह सकते हैं कि इस विशेष रूप (स्थान) को प्राप्त करने के लिए कोशाँ (संघर्षरत) थी। दिल्ली जैसे शहर में शाइरी का बाजार नित्य नई आभा से प्रकाशमान था।

'निकातुश शुअरा' (जो अब अप्राप्य है) केवल कुछ ही लेखकों की पुस्तकों में उसका थोड़ा सा विवरण, वह भी अतीव संक्षिप्त रूप में उल्लिखित है, यह पुस्तक 1165 हिजरी में लिखी गई थी।

इस पुस्तक में शाइरों के कलाम, उसकी समीक्षात्मक विवेचना, व्यक्तित्व, माहौल और कथ्य पर विस्तार से नाप तौल की गई है, 'मीर' से संबद्ध यह भी अत्यंत सराहनीय और अछूता प्रयास रहा है।

'मीर' के संदर्भ जहाँ पक्षधरता सुभीते से सुलभ और पसरी नज़र आती है, वहीं विपरीत अभिव्यक्तियाँ भी कभी दानिश्ता (जानबूझकर) और कभी ग़ैरदानिश्ता (बिना जाने बूझे) भी चर्चा में रही हैं, इस संबंध में जो दूसरे पक्ष के पैरोकार रहे हैं, उनमें 'क़ासिम', 'मसूद' और 'आज़ाद' बढ़चढ़ कर थे।

परंतु निष्पक्ष आलोचकों ने यह स्वीकार कर कि मीर के साथ न्याय नहीं हुआ, उल्लेख करने में कोई कोताही नहीं बरती, उर्दू अदब की इस गराँक़द्र शख्सियत (अत्यंत सराहनीय व्यक्तित्व) के साथ न्याय नहीं हुआ, मूर्धन्य विद्वानों, आलोचकों और समीक्षकों ने अपने अकाट्य तर्कों द्वारा इस तथ्य को प्रमाणित किया है।

पूर्व पंक्तियों में यह स्पष्ट संकेत स्मरणीय है कि मीर तक़ी 'मीर' की मानसिकता फ़िक्रो नजर (सोच और समझदारी) तथा जीवन दर्शन में सूफ़ी मत का व्यापक प्रभाव स्पष्ट रूप से झलकता है, इस तथ्य की पुष्टि स्वयं 'मीर' की रचना 'फ़ैज़े-मीर' से भली प्रकार आँकी और समझी जा सकती है, यहाँ संक्षेप में कतिपय उल्लेख प्रासंगिक होंगे।

'मीर' साधु-संतों, फ़कीरों, दरवेश और सूफ़ियों के बड़े प्रशंसक तथा उनके प्रति हृदय से समर्पित भाव सहित पेश आने वाले अनुरागी थे, 'फ़ैज़े-मीर' में वह स्वयं कई स्थलों पर इस का विस्तार से वर्णन करते हैं। देखें....

"....मैंने सुना कि मुमताज गंज जो अकबराबाद का एक मोहल्ला है, उसके वीराने में एक वहशी (अपने में खोया रहने वाला) फ़कीर रहता था, जो कभी दिखाई देता और कभी निगाह से ओझल हो जाता। मुझे इसे देखने का इश्तियाक़ (शौक-प्रगाढ़भाव) हुआ....।"

बाज़ार वालों ने उसे दीवाना समझकर ढेले मारना शुरू किए, उसने कहा, देखो! ऐसा न हो कि मुझे कोई चोट पहुँचे और यह मोहल्ला जलकर खाक हो जाए....एक ढेला उसके कंधे पर लगा, ढेले का लगना था कि एक आग की चिंगारी, हवा से उड़कर रुई के एक ढेर पर जा पड़ी....एक शोला उठा ...और वहाँ जलकर सब राख हो गया, फ़क़ीर ने अपनी राह ली।

वह थोड़ी देर में नदी के किनारे पहुँचा और अपने पैर नदी में लटकाकर बैठ गया, मैं भी उसके पीछे दौड़ता-दौड़ता चला गया, उसके पास गया और साहस बटोरक़र उसका नाम पूछा, उसने कहा "एहसान उल्लांह" और लक़ब "राम"; पूछा वतन? कहा, "दक्खन" फिर पूछा यहाँ आने का सबब (कारण)? बोला, आवारगी....आगे उसने बताया-'एक बार मैंने एक साधु को देखा, जिसके हाथ में तस्बीह (माला) थी और वह उस पर कुछ जप रहा था', इस बात का मुझ पर बड़ा प्रभाव हुआ... इसके पश्चात् मैं एक पहाड़ के दामन में पहुँचा, रात-दिन रोता, न बोलता न सोता था।'

एक दिन मुझे एक खुदा-परस्त इंसान मिला, कुछ बातें हुईं, उसने बहुत कुछ समझाया और मैं उसके साथ हो लिया। 'मीर' का संपर्क देर तक इस फ़क़ीर से रहा, आगे वह बयान करते हैं।

उस जमाने में एक औरत खूबसूरत, खुशरंग, शोख-संग पानी भरने के बहाने, सुबह-शाम दरिया पर आया करती थी...वह बड़े नाज़ और अंदाज़ से फकीर के सामने आई, वह फ़क़ीर बोले, "ऐ! दिल और दीन को ग़ारत (बरबाद) करने वाली। जा.... राम-राम कहा कर" यह सुनते ही उसने अपने कपड़े फाड़ डाले, मुँह पर खाक मली और राम-राम कहती हुई इधर-उधर दौड़ने लगी....खाना-पीना खत्म हो गया और कुछ रोज़ में दिवंगत हो गई.... (फ़ैज़े-मीर/दूसरी हिकायत)

खाना खाने के बाद एक जोगी जिसका नाम 'नाथ' था आया और फ़क़ीर के सामने बैठ गया, उससे दिल्लगी की बातें करने लगे, रूह (आत्मा) और शरीर के विषय में चर्चा चली, आदमी मरा और खाक हो गया, रूह का (फिर लौटकर आना संभव नहीं...) इसी प्रकार की चर्चा विस्तार से चलती रही, (समाधान के तौर पर) उन्होंने कहा मैं इतना जानता हूँ कि रूह इंसानी अपनी ज़ात में क़दीम (अत्यंत पुरातन) है और मृत्यु का अर्थ रूह का अन्त नहीं, अपितु शरीर से इसका संबंध विच्छेद हो जाना है, शरीर एक सवारी से अधिक नहीं है, उसके बदल

जाने से सवार को क्या हानि?...(चौथी हिकायत) आदि, आदि अनेकों सच्ची घटनाओं के विवरण हैं, जिनका ज़िक्र 'मीर' ने किया है। इनका गहन अध्ययन 'मीर' के सोच, ग़ौर-फ़िक्र और चिंतन के रुझान पर पर्याप्त प्रकाश डालता है, जिससे इस देश के सारभौम चिंतन की गंध आती है। 'मीर' के अतिरिक्त भी और तमाम शाइर उर्दू में हुए हैं पर यहाँ उल्लेख रस्मन सिर्फ़ ग़ालिब तक सीमित है।

'मीर' और 'ग़ालिब' उर्दू अदब की दो ऐसी नामवर हस्तियाँ हैं, जिन पर काफ़ी कुछ लिखा-पढ़ा और कहा-सुना जाता रहा है। साहित्यकारों और इन दोनों शाइरों के 'फ़ैंस' में विवाद भी रहा है कि 'मीर' को 'ग़ालिब' पर तरजीह (वरीयता) दी जाए कि 'ग़ालिब' को 'मीर' पर, इस विवाद पर आगे नज़र डालेंगे, अभी यह देखना और समझना मुनासिब होगा कि शाइर होने की पूर्णता और उसकी समग्र पहचान का आधार क्या है।

माना जाता है कि ग़ज़ल, क़सीदा और मसनवी में शाइर की प्रतिभा झलकती है और यही कलाम उसे अदब में किसी स्थान पर प्रतिष्ठित करते हैं। यह तथ्य सैद्धांतिक आधार पर उर्दू शाइरी में महत्त्वपूर्ण है।

जहाँ तक 'मीर' का संबंध है उन्होंने इन तीनों विधाओं में अपने जौहर दिखाए तथा इससे अलग भी फ़ारसी गद्य लेखन शैली में अपनी विशिष्ट छाप छोड़ी, उनका फ़ारसी गद्य शाइरी को समोते और समेटते हुए आगे बढ़ता है।

ग़ालिब अपने फ़ने-सुखन (शेर-शाइरी की विधा) में अपना मुकाम/दर्जा रखते थे और सच मानिए, यह विवाद कि ग़ालिब "खुदा-ए-सुख़न हैं" है कि 'मीर'...? उनके द्वारा शुरू की गई बहस है, जो किसी न किसी एक धड़े के मुरीद हैं और दिल तथा दिमाग़ से अनजाने ही(?) अपनी प्रतिबद्धता की गुहार लगते हैं।

आखिर 'मीर'-'मीर' हैं और 'ग़ालिब'-ग़ालिब'। यह अवश्य कहा जा सकता है तथा इस यथार्थ को बिना नु-नुच के स्वीकारा भी जाता है कि ग़ालिब ने शाइरी का आरंभ फ़ारसी से किया था और यदि सभ्यतापूर्वक शिष्टाचार का सहारा लेते हुए कहा जाए कि वह उन्हें रास नहीं आई या फिर मान्यता स्वरूप उनकी कोई पहचान न बन सकी तो उनका रजू (रुझान) उर्दू शाइरी की ओर हुआ और यह परिवर्तन उन्हें काफ़ी बुलंदी तक पहुँचाने में सार्थक सिद्ध हुआ, उन्हें नाम और शोहरत दोनों हासिल हुए।

परंतु 'मीर' और 'ग़ालिब' में एक अतंर स्पष्ट है कि 'ग़ालिब' की यह कोशिश और 'मीर' बनने की प्रयासरतता, सफल नहीं हो पाई, एक प्रकार से यह सई-ए-राएगाँ (व्यर्थ की कसरत) साबित हुई, तभी तो उन्होंने खुले दिल से यह कहना पसंद किया, यह संभवत: सहज स्वाभाविक प्रतिक्रिया हो सकती है कि अपनी भरपूर उमंग भरी जवानी के आलम में 'ग़ालिब' 'मीर' को खातिर में न लाते रहे हों, परंतु पचास की प्रौढ़ अवस्था के आस-पास वह उस सच्चाई से न तो आँखें चुरा सके और न उसे झुठला पाने में ही समर्थ हो सके तथा उन्हें यह स्वीकारना और कहना पड़ा–

"रेख़्ते के तुम्हीं उस्ताद नहीं हो 'ग़ालिब',
कहते हैं अगले ज़माने में कोई 'मीर' भी था।।

अब आइए 'मीर' पर ध्यान केंद्रित करें तथा उनके शेरों पर दृष्टि डालें.....पर थोड़ी वज़ाहत (व्याख्या) आवश्यक प्रतीत होती है, इससे 'मीर' को समझने में सरलता भी होगी।

सिन्फ़े ग़ज़ल (ग़ज़ल विधा) की कसौटी पर सौ प्रतिशत खरी उतरने वाली ग़ज़लें हैं तो 'मीर' की, पर यह अर्थ ग्रहण करना उचित न होगा कि अन्य शाइर की नहीं हैं।

उर्दू ग़ज़ले के शिल्प में नज़ाकत, नफ़ासत, हुस्ने बयान और इन्शाइया (गंभीर विषय) के लिए ग़ालिब को ख्याति प्राप्त है, इनके शेरों से ज़हन को एक कसरत से गुजरना पड़ता है, जिससे शेर का उलझाव स्पष्ट हो सके, परंतु इसके उलट 'मीर' के शेर सीधे दिल में जगह बना लेते हैं तथा एक दीर्घकालीन प्रभाव की सर्जना करते हैं।

इससे पूर्व यहाँ 'मीर' के कलाम से कुछ शेरों को प्रस्तुत किया जाए, आवश्यक है उर्दू ग़ज़ल के बुनियादी सिद्धांतों को समझ लिया जाए, पाठकों को इससे सुभीते का बोध होगा। ग़ज़ल उर्दू की (और अब तो अन्य भाषाओं में भी) बड़ी प्रभावोत्पादक विधा है, यह और बात है कि शाइर जीवन भर किसी एक विधा में ही रचनाएँ करता रहे, पर यह भी सत्य है कि वह शेरी मश्क (शेर कहने का अभ्यास) ग़ज़ल से ही करता है। ग़ज़ल के जो मुख्य अजज़ा (तत्त्व) हैं वह इस प्रकार हैं।

मतला ग़ज़ल के पहले शेर (मुखड़े) को कहते हैं इसके दो मिसरे (पंक्तियाँ) हम काफ़िया तुकांत होते हैं, जैसे रोता, होता, खोता, सोता आदि, ग़ज़ल में जरूरी नहीं कि केवल एक मतला हो, दो-तीन मतले भी हो सकते हैं, मगर मतले के बगैर ग़ज़ल नहीं हो सकती।

शेर ग़ज़ल में मतले के पश्चात् ऐसे दो मिसरे, जिसकी दूसरी पंक्ति में क़ाफ़िए की पाबंदी हो, परंतु शेर की पहली पंक्ति क़ाफ़िए की पाबंद न हो, स्मरणीय है क़ाफ़िया युक्त

दोनों पंक्तियों को 'मतला' कहा जाएगा, शेर नहीं। आम चलन है शेर को बैत भी कहते हैं।

मक़्ता विशेष रूप से ग़ज़ल के तीन/पाँच/सात शेरों की ग़ज़ल के अंतिम शेर में शाइर अपने 'तख़ल्लुस' (उपनाम) का प्रयोग करता है, पर यह प्रयोग करना या न करना शाइर की इच्छा पर निर्भर करता है, इसकी अनिवार्यता नहीं है।

वैसे ग़ज़ल का हर शेर एक इकाई होता है, यह ज़रूरी नहीं होता कि उसका पूर्व शेर से कोई अर्थ परक संबंध हो।

ग़ज़ल में सब कुछ समोया जा सकता है, अभिप्राय है ग़ज़ल का मतला राजनीति से प्रभावित हो सकता है, दूसरा शेर, प्रेम-प्रणय से और तीसरा किसी हादसे या घटना आदि से, यूँ माना जा सकता है कि ग़ज़ल अपनी विषय वस्तु में स्वतंत्र होती है, उसे किसी मज़मून में नहीं बाँधा जाता, प्रायः चलन यही है।

ग़ज़लों की भावभूमि में विशेष रूप से यह क़दीमी (पुराना) रिवाज आज भी व्यवहार में लाया जाता है कि शेर के माध्यम से जो भी कहा जाए, उसकी बुनियाद में हुस्नो-इश्क़ और रंजो-ग़म के वसीले अयाँ (ज़ाहिर) होने चाहिए।

वास्तव में ग़ज़ल फ़ारसी से उर्दू में पहुँची, पंद्रहवीं और सोलहवीं सदी में भारत में मिली-जुली (मिश्रित) भाषा में रेख़्ता कहने का रिवाज और चलन व्यापक हो चुका था, परंतु 'मीर' से पहले उर्दू ग़ज़ल किसी महत्त्वपूर्ण स्थान तक न पहुँच पाई थी। और अन्त में बहुत सोच विचार के बाद 'मीर' ने उर्दू में रेख़्ता कहना शुरू किया, उनकी निम्न पंक्ति इसकी गवाही हैं।

"अब आखिर आखिर आन के ये रेख़्ता कहा,"

अलग भी, कहा है।

"किया था रेख़्ता पर्दा सुखन का,
वही आखिर को ठहरा फ़न हमारा।"

और देखें–

"रेख़्ते में तू हम से बात न कर,
ये हमारी ज़बान है प्यारे!"

'मीर' की शाइरी हर दौर में मुग़ल साम्राज्य, अवध की ऐश परस्ती का दौर, 'ओल्ड क्लासिकल शाइरी', अंग्रेजों का दौर, तरक़्क़ी पसंदी (प्रगतिशीलता) का दौर और उर्दू साहित्य के वर्तमान दौर में अपना सिक्का जमाए रही और लोहा मनवाती चली आ रही है।

'मीर' इस सीमा तक उर्दू साहित्य में विस्तार को प्राप्त हुए कि 'ज़ोय अंसारी' के दो टूक शब्दों में इसे पहचाना जा सकता है, उनका कथन है कि उर्दू के बड़े से बड़े शाइर ने खाममवाद (कच्चा माल) को मीर से लिया है। एक स्थल पर उल्लेख भी प्राप्त होता है–

"मीर के रंग में शेर कहे हैं 'कैफ़' तुम्हें क्या सौदा है।
'नासिख', 'ग़ालिब', ज़ौक़' ने जिसको अपना पेश इमाम किया।।

'मीर' अपने दौर (समय) के सच्चे और ईमानदार तर्जमान (प्रतिनिधि) थे, कल और वर्तमान में एक अर्थ में थोड़ा ही अंतर है, कल हम चीख़ और चिल्ला रहे थे और आज समाचार पत्रों के शीर्षक पढ़कर सकते के आलम में होते हैं, इसे इस ढंग से भी परखा जा सकता है कि 'मीर' की शाइरी अपने पाठक से बेझिझक रिश्ता बना लेती है, एक शेर पर ध्यान दें–

"किन नींदों अब तू सोती है ऐ चश्मे-गिरयः नाक
मिज़गाँ तो खोल शह्र को सैलाब ले गया।।"

इनका इश्क़ मजाज़ी होते महबूबीयत (प्यारेपन) की मंजिलें तय करता हुआ प्रतीत होता है, इसमें जिंसी तश्नग़ी (शरीर की भूख) भी है, शेर देखें–

"बेताबो-तवाँ यूँ के काहे को तलफ़ होता,
याक़ूती तिरे लब की मिलती तो सँभल जाता।।"

"दूर बहुत भागो हो हमसे सीखे तरीक़ ग़िज़ालों का,
वहशत करना शेवा है क्या अच्छी आँखों वालों का।"

"ग़ैर की हमराही की ग़ैरत जी मारे है आशिक का,
पास कभी जो आते हो तो साथ इक तोहफ़ा लाते हो।।"

'मीर' के पास मुशाहदे की क़ुव्वत ग़ज़ब की है और उनकी सबसे बड़ी विशेषता यह है कि वह आप बीती कहते हैं परंतु वह जग बीती बन जाती सिद्ध होती है।

इन्होंने सब्र, ग़म और इश्क़ को अपनी शाइरी में अमरत्व प्रदान किया, शायद यही कारण भी है कि वह इतनी दर्दनाक (दर्द से आलिप्त) जिंदगी जीने का हौसला रखते थे। अपनी नई उम्र के वलवले में मुहब्बत की नाकामी ने, इन्हें तपा-तपा कर कुंदन बना दिया और 'मीर' इस इश्क़ के सहारे वारदाते-क़ल्बी (दिल पर घटने वाली घटनाओं) को शेरों में ढालते रहे।

'मीर' की क़ुनूतियत (PASSIMISM) (जीवन के अंधकार मय पक्ष को ढोते रहना) अपनी लाचारी-औ-बेदस्तो पा जीवन यात्रा में, इस पस्त हौसले (निराशा और साहस के अभाव में) जो क़ुनूतियत तारी (सर पर हावी है/दिलो-दिमाग़ पर छाई है) उससे भी वह टूटते नहीं, बिखरते नहीं, अपितु उनके कलाम से (शेरो-शाइरी) से उस अज़ाईम(हौसला/साहस/उत्साह) के धारे फूटते नज़र आते हैं, जिसकी उर्दू शाइरी में शायद ही कोई

मिसाल मिलती नज़र आए। इस संदर्भ की गवाही में कुछ शेर पठनीय और चिंतनीय हैं–

"आगे किसू के क्या करे दस्ते तमा दराज़,
वो हाथ सो गया है सरहाने धरे-धरे।।"

इस शेर की भाव भूमि पर चिंतन करने से स्पष्ट होता है कि हाथ तो सर को ऊँचा रखने (इज्ज़त और आबरू) सम्मान तथा खुद्दारी को बचाए रखने की हिफ़ाज़त में कर्मशील है, फिर वो किस प्रकार दूसरों के सामने हाथ फैलाए।

फिर देखें, वह कहते हैं–

"पास हम को भी नहीं है अब कि 'मीर',
दूर पहुँची हैं मिरी रुसवाइयाँ।।"

इतना ज़बरदस्त और दिल को छू लेने वाली बेहिसी (ना उमीदी/निराशा) से भरपूर स्थिति का स्पष्टीकरण और स्वीकारोक्ति है कि पराकाष्ठा है, परंतु ग़ौर फर्माएँ, इसी शेर को किंचित लहजा बदलकर पढ़ने से शेर के भावार्थ में सलोने पन का एक निखार साफ़.अयाँ (ज़ाहिर) होता है, जैसे "पास हम को भी नहीं है अब"

यहाँ पास के अर्थ में (लिहाज़/विचार शून्यता), उससे बेखबरी निश्चित कर लेने पर शेर के अर्थ अपना प्रभाव बदल देते हैं।

और शेरों पर चिंतन केंद्रित करें–

"नाल-ए-इज्ज़ नक़्शे उल्फ़त है,
रंजो-मेहनत कमाल राहत है।"

इस शेर में 'मीर' की फ़िक्र, उनके हौसले, साहस और दृढ़ संकल्प की दाद देनी पड़ती है, यह सब किस ऊँचाई को छूते नज़र आ रहे हैं, ग़ौर करने के लिए बाध्य करता है।

एक शेर और पाठकों के चिंतन हेतु–

"खूब किया जो अहले करम ने जूद का कुछ न खयाल किया,
हम जो फ़कीर हुए सो हमने पहले तर्के सवाल किया।"

भाव है फ़कीरी साधी उसके प्रति समर्पित हुए तो पहला (उसूल/सिद्धांत) जीवन में इस संकल्प को बनाया कि सवाल करना माँगना छोड़ दिया, उसके प्रति लगाव नहीं रखा, जब कि फ़क़ीर का आचरण माँगने और सवाल करने से शुरू और अंत को पहुँचता है, यह नयापन (अनोखी फ़िक्र) और चिंतन 'मीर' के ही दम और हुनर का कमाल था, इसे यूँ भी ग़ौर करने की ज़हमत आवश्यक प्रतीत होती है कि जब तर्के सवाल का संकल्प किया, अर्थ, हाथ पसारना और माँगना त्याग दिया, यानि कभी किसी के सामने हाथ न पसारने का दृढ़तर संकल्प सिद्ध कर लिया तो फ़कीरी मिली, इस अलग की स्थिति को हाथ फैलाने और भीख माँगने के रस्मी और प्रचलित अर्थ बोध को 'मीर' खातिर में नहीं लाते, संभवत: उसे फ़क़ीरी (जोफ़क्र का मालिक है) से मुराद देते हैं, जो उस ईश्वरीय सत्ता से अद्वैत की सर्जना में तिल-तिल और पल-पल अपने को खाक कर रहा हो।

यहीं तक 'मीर' पहुँचे हों, ऐसा नहीं, उन्होंने हिंदी और क्षेत्रीय भाषाओं के प्रयोग से अपनी शाइरी में जो न मिटने और सजीव जीवंत बनी रहने वाले मनमोहक, भीनी और आकर्षक सुगंध भरी, उसका भी कोई जवाब नहीं, वह सच्चे अर्थों में उर्दू शाइरी में इस प्रकार की प्रयोगधर्मिता के जनक, संवाहक और पक्षधर थे, फिर तो जो हुआ होने लगा और उर्दू शाइरी में हो रहा है, वह उसके प्रेरणास्रोत सिद्ध होते हैं, उनकी यह मौलिकता आज चलन बन गई वह इस राह के राहबलद हैं, मीरे कारवाँ हैं।

इस प्रकार के शब्दों का बहुतायत से प्रयोग 'मीर' की शाइरी में भरपूर देखा जा सकता है, नि:संदेह कई स्थलों पर देखा जा सकता है कि उप्युक्त और वांछित शब्द के स्थल पर नामुनासिब शब्दों को भी मीर ने पकड़कर अपनी शाइरी में बाँधा और जकड़ा है, कुछ को सैद्धांतिक आधार पर 'मीर' का यह पक्ष कमज़ोर लग सकता है, पर ऐसे प्रयोग ने जो लज़्ज़त बख्शी है, वह अपनी मिसाल है, देखें–

"नै बुतकदा है मंज़िले मकसूद न काबा,
जो कोई   है तिरा आह! किधर जाए।"

यहाँ स्मरणीय है दूसरी पंक्ति में रेखांकित शब्द से मुराद मुतलाशी अर्थात् तलाश की जरूरत से तप्त है यहाँ 'तलाश' से 'तलाशी' अर्थात् 'खोजनेवाला' उसी प्रकार बनाया है जैसे 'सवाल' से 'सवाली'। 'मीर' फ़नकार की हैसियत में, इल्मे बलाग़त (अपने कलाम के कथ्य में पराकाष्ठा को छू लेना) तथा औचित्यपूर्ण चर्चा (शब्द समायोजन) के धरातल और पृष्ठ भूमि में 'मीर' का स्थान सर्वाधिक प्रतिष्ठा और सम्मानपूर्वक ऊँचा है, जिस तक पहुँचने के लिए शाइरों को अभी रियाज़ के बहुत पापड़ बेलना है।

इनके कलाम में दो शेर इस सच्चाई की नुमाइंदगी करते हैं, जिनकी गहराई में ग़ोते लगाकर पाठक स्वयं से अपना निष्कर्ष प्राप्त कर सकते हैं, अंशार मुलाहिज़ा हों–

"पहुँचा जो आपको तो मैं पहुँचा खुदा के तईं,
मालूम ये हुआ कि बहुत मैं भी दूर था।"

"महफ़िल में रात एक तिरे परतवे बग़ैर,
क्या शम्अ क्या पतंगा हरिक बे हुज़ूर था।"

अंतिम शेर को ग़ौर से समझने पर जो परिणाम उभरते हैं, उस में शब्द 'हुज़ूर' अपना लासानी (बेमिसाल) महत्त्व रखता है

यह दृश्य उस काल खंड का है, जब सृष्टि के रचनाकार खुदा/परमेश्वर ने चाँद, सूर्य और सितारों की सर्जना-संरचना नहीं की थी, इसे शाइर ने रात स्वीकार किया है, साथ ही पतंगा से भाव है प्राणधारी-मानव, पशु, कीट-पतंग, जीवजंतु यहाँ बे हुज़ूर पर गौर तथा गहराई से ग़ौर करने की आवश्यकता है, यह सिर्फ़ समझदार महानुभावों के लिए संकेत भर है, शेर की व्याख्या नहीं।

'मीर' नाज़ुक से नाज़ुक भाव को ऐसा शेरी जामा पहनाने में कमाल रखते थे कि लुत्फ़ आ जाता है, देखें फमति हैं–

"कितना खिलाफ़े-वायदा हुआ होगा वो कि मीर',
नौमेदियो-उमीद मसावात हो गई।"

"बरसों लड़ी रही हैं जब मेहो-मह से आँखें,
तब जाके कोई साहब, साहब नज़र बने हैं"

इंसान बस इंसान है और कुछ तो बाद में होता है और अपनी इस धारणा को कैसे पेश करते हैं मीर देखें–

"उसकी शुआअे-मेह्र का झमके है सब में हुस्न,
शम्अेहरम हो या हो दिया सोमनात का।"

"मीर के दीनो-मज़हब को तुम क्या पूछे हो उनने तो,
क़शक़ा खेंचा दैर में बैठे कब का तर्क इस्लाम किया"

एक बार पुनः वही शेर और इसी संदर्भ में जो उनकी बू-बाश को इस अज़्मत से दोबाला कर देता है, जिसमें बुग्ज़, अना और संकीर्णता, तंग-दिली और तंग-नज़री का खोट और कसैलापन कहीं दूर-दूर तक सेंधमारी नहीं कर पाता, फमति हैं–

"उसकी शुआअे-मेह्र का झमके है सब में हुस्न,
शम्अे-हरम हो या दिया सोमनात का"

क्या सोचेंगे आप ऐसे व्यक्तित्व के लिए जिसने उस पहचान के सब घेरे और बंद तोड़ दिए और सिर्फ़ अपनी ज़ात (स्वयं को उस प्रभु की पहचान) से वाबिस्ता/जुड़ जाने की साध का परिचय दिया।

और उससे पहचान और मिलन की तड़प जब उनमें गर्माहट पैदा कर व्याकुल, अधीर और बेखुदी तक ले जाती है, तो वह पुकार उठते हैं।

"इश्क़ ही इश्क़ है ज़माने में,
वही बंदा वही खुदा है इश्क़"

'मीर' ने अपने जीवनकाल में बहुत कुछ कहा है, जैसा कि अन्यत्र इस आलेख में उल्लेख हुआ है, परंतु अन्य विधाओं (मरसिए, मशनवियाँ आदि) के अतिरिक्त ग़ज़ल विधा में जो दर्जा और रुतबा उन्हें हासिल है, वह दुनिया के किसी शाइर से कम नहीं।

इन ग़ज़लों में उन्होंने बहरे मुतक़ारिब सोलह रूकनी को अपनाया और अधिकतर ग़ज़लें इसी वज़न (छंद) पर कहीं, यहाँ तक कि यह बहर (छंद) बहरे 'मीर' के नाम से जानी जाने लगी।

मेरे सम्मानित मित्र शमीम हैदर रुदौलवी ने अपने एक लेख में इस बहर के छत्तीस अवज़ान बताए हैं, अर्थात इसका एक मिसरा छत्तीस अवज़ान में कहा जा सकता है।

'मीर' ने सभी अवज़ान को अपनी शाइरी में बरता है, कुछ एक मिसरे नामौज़ूं (छंद की दृष्टि से शुद्ध नहीं) लगते, परंतु है वह बिल्कुल ठीक और दुरुस्त, देखें–

"मिलने वालो फिर मिलिएगा है वो आलमे-दीगर में,
'मीर' फ़कीर को सुक्र है यानी मस्ती का आलम अब।"

सुक्र से अर्थ-अभिप्राय है नशे की हालत में या फिर मृत्यु से कुछ पूर्व का समय, तात्पर्य है दोनों ही हालात में वह मिलने वालों से मिलना नहीं चाहता, दूसरे अर्थ में जो महबूब (मृत्योपरांत) से मिलने का आनंद है, उसे प्राप्त करने में किसी मिलने वाले से मुलाक़ात बाधक सिद्ध होगी।

अपने महबूब के लिए जो एहतराम (सम्मान) मीर के दिल में है, शायद ही कहीं देखने को मिले, वह कभी भी अपने महबूब को रुसवा (अप्रतिष्ठित, बदनाम) नहीं देखना चाहते, उदाहरण देखें–

"सरज़द हम से बे-अदबी तो वहशत में भी कम ही हुई,
कोसों उसकी ओर गए पर सजदा हर, हर गाम किया।"

"उसके ईफ़ाए अहद तक न जिए,
उम्र ने हमसे बेवफ़ाई की।।"

और एक बिंदु पर कुछ कहना आवश्यक है, पहले और विशेष रूप से फ़ारसी में फिर उर्दू में दूसरों की तुलना में शाइर अपने को ऊँचा (श्रेष्ठ) बताने की कोशिश करता था, अब यह रस्म, रिवाज नहीं है, कितने ही शाइरों ने इस ढंग से कहा भी, उदाहरणस्वरूप–

"'सौदा' तू इस ग़ज़ल को ग़ज़ल दर ग़ज़ल ही कह,
होना है तुझको 'मीर' से उस्ताद की तरफ़।"

(सौदा)

"लगा रहा हूँ मुज़ामीने नौ के फिर अंबार,
खबर करो मिरे खिरमन के खोशा चीनों का।"

(अनीस)

"हैं और भी दुनिया में सुखनवर बहुत अच्छे,
कहते हैं कि ग़ालिब का है अंदाज़े बयाँ और।"

(ग़ालिब)

"घटने का नहीं शोर सुख़न का मिरे हर्गिज़,
ताहश्र जहाँ में मेरा दीवान रहेगा।"

(मीर)

"जहाँ से देखिए इक शेर शोर अंगेज़ निकले है,
क़यामत का सा हंगामा है हर जा मेरे दीवाँ में।"

"उठ गए पर मिरे तकिए को कहेंगे याँ 'मीर'
हाले दिल बैठे कहानी सी कहा करते थे।"

मीर के शेरों में जो तासीर, भोलापन और सादगी और फन की विशेषताएँ हैं, उनका अपना एक आदर्श है, यह खूबी 'मीर' में बहुतायत से देखी जा सकती है कि वह एक ही प्रकार के हममायनी (समान अर्थी) शब्दों का अपनी शाइरी के लिए चयन करते हैं, परंतु विशेषता यह है कि इन शब्दों के अर्थ की तासीर में अंतर होता है और यह असाधारण बात है, जिसका औचित्य पूर्ण निर्वाह काफी सूझबूझ और परिश्रम से एक रस है, इसमें किंचित कोताही या लापरवाही अर्थ का अनर्थ कर सकती है।

आम चलन से विरक्त होते हुए 'मीर' ने अपनी शाइरी में बहुतायत से शेरो-सुख़न में प्रयुक्त होने वाले प्रचलित शब्दों का प्रयोग न कर, उन शब्दों के समकक्ष, उसी बात को पैदा करने के लिए दूसरे शब्दों को चुना और उनका प्रयोग किया, उदाहरणस्वरूप उर्दू शाइरी में 'महफ़िल' शब्द का बहुतायत से प्रयोग देखा जा सकता है, पर 'मीर' ने इस शब्द के बदले में 'मजलिस' शब्द का इस्तेमाल किया, देखें 'मीर' फरमाते हैं–

"मजलिस में रात एक तेरे परतवे बगैर
क्या शम्अ क्या पतंग, हरिक बेहुजूर था"

'मीर' ने 'ज़रा' शब्द को भी अपनी शाइरी में प्रवेश नहीं करने दिया, इसके स्थल पर वह 'टुक' या फिर 'तनुक' यानि 'तनी' अर्थात किंचित का प्रयोग करते हैं। एक शेर गौर तलब है–

"टुक देख सनमखान-ए-इश्क़ आन के ऐ शेख!
खुलता है अभी पल में तिलिस्मात जहाँ का"

चलन रहा है शेरों में 'सितम ढाए' बहुत प्रयुक्त हुआ है, 'मीर' ने इसके बदले में 'सितम खैंचे' का प्रयोग किया है।

इससे अलग और हट कर यदि 'मीर' की शाइरी पर गहरा चिंतन सँजोना संभव बन सके, तो एक तथ्य यह भी उभरकर सामने आएगा कि लफ़्ज़ (शब्द) 'क्या' का जो भी, जितना भी प्रयोग उन्होंने (मीर ने) किया, वह इस खूबसूरती के साथ कि पढ़ते-पढ़ते लगने लगता है कि 'क्या' यहाँ दो अर्थों में प्रयुक्त हुआ है, देखें–

"सहल है 'मीर' का समझना क्या"

यहाँ लफ़्ज़ 'क्या' एक सवाल भी है, जैसे–क्या समझते हो आसान है (सहल है) 'मीर' को समझना वहीं दूसरी तरफ यह भी भाव है कि 'क्या' अर्थात कितना सहल के भाव अर्थ में प्रयुक्त अनुभव किया जा सकता है।

एक यथार्थ और बरबस अपनी ओर आकर्षित कर लेता है जब आप 'मीर' को समझने और गहराई से समझने के लिए पढ़ते हैं, तो वह हैं 'मीर' का अंदाज़े बयाँ, जिसमें वह सवाल उकेरते हैं और बस! सवाल करके उसे छोड़ नहीं देते, तवज्जह बनाए रखते हैं और अपने उसी शेर में उत्तर को भी गुंफित कर गुज़रते हैं, उदाहरण देखें–

"दिल से उठता है जाँ से उठता है
ये धुआँ सा कहाँ से उठता है"

नोट–पाकिस्तान से जो दीवान 'मीर' का प्रकाशित हुआ है उसमें उपरोक्त तरह से ही शेर कहा गया है, परंतु कहीं-कहीं 'मीर' के दीवान में यह शेर यूँ भी लिखा मिलता है–

"देख दिल से कि जाँ से उठता है
ये धुआँ सा कहाँ से उठता है"

और गौर फरमाएँ–

"इश्क़ 'मीर' एक भारी पत्थर है,
बोझ कब नातवाँ से उठता है।"

ग़ौर करें, सवाल भी है और जवाब भी, इस प्रकार शेर कहने की मश्क आराई (प्रयास) औरों ने भी की हैं, अकेले 'मीर' ने ही नहीं, परंतु 'मीर' ने अपनी सादगी से उसे आम फ़हम बनाने में एक कमाल हासिल किया है।

एक शेर और इसी प्रसंग में याद आ गया–

"कहा मैं कि गुल का है कितना सबात
कली ने ये सुन कर तबस्सुम किया"

–प्रश्न है कि गुल (फूल) का कितना सबात (स्थायित्व) है और इतना सुनकर कली ने तबस्सुम किया (कली खिल उठी और उसने फूल का आकार ले लिया) अब, इसके पश्चात् क्या होना है? सिवाय मुरझाने और डाली से गिर जाने के, यह तो एक अर्थ है, एक भाव और पसेपर्दा (पृष्ठ/परोक्ष) है, वह यूँ समझा जा सकता है कि बात सिर्फ एक कली तक सीमित नहीं, यह है सिलसिला एक कली मुरझाएगी तो दूसरी खिलकर फूल की शक्ल में होगी, इतना सबात (स्थायित्व) है।

रिआयत लफ्ज़ी (शब्दसाम्य, औचित्य) 'मीर' की शाइरी

की एक और बड़ी कशिश और खूबी है, 'मीर' की पहचान की आईनादारी ही इस विशेषता से जुड़ा यथार्थ है, वह ('मीर') जब गुल इस्तेमाल करते हैं तो कली, हुस्न, सुर्खी, बुलबुल आदि रियायतों से अपना मंतव्य और स्पष्ट करते हैं, उदाहरणस्वरूप देखें–

"सीने प साँप सा फिर जाता है
याद में उसके बालों की
जी में लहर आवे है लेकिन
रखता हूँ मन मार अपना।"

इसमें साँप, फिर जाता, बालों की, लहर और मार का ('साँप' एक अर्थ है) यह सब रियायतें ही हैं, अपनी बात स्पष्ट करने हेतु।

'मीर' का बहुत श्रेष्ठ काव्य ऐसी बहरों (छंदों) पर स्थिर है, जिन बहरों का मिज़ाज खालिस हिंदुस्तानी है, यह बहर बहरे मुतकारिब के नाम से जानी जाती है और इसमें दोनों मिसरों में आठ-आठ, कुल सोलह रूक्न होते हैं, यह रूक्न हैं–

फ़ेलु, फ़ऊलुन, फ़ेलुन, फ़ेलू, फ़ऊलुन, फ़ेलुन फ़ेलुन फ़ा
1 2 3 4 5 6 7 8

यह बहर (छंद) शेर की नाप-तौल करने की मापक विधा है, 'रहनुमा-ए-अरूज़' जो 1382 हिजरी में छपी और अब अप्राप्त है में मुंशी सय्यद अलए साहब उल्लेख करते हैं 'इल्म' "अरूज़ उस मज्मुअः (संगठित) क्वानीन (नियमों) का नाम है, जिसकी रू से अशार के वज़न को सहीः या ग़ैर सहीः क़रार दिया जा सके" सार संक्षेप यह है कि एक प्रकार के छंद शास्त्रीय नियम हैं, जिनके आधार पर अशार को शुद्ध (ठीक) या अशुद्ध (ग़लत) कहा जा सकता है, अर्थात आवाज़ (शब्द द्वारा उत्पन्न) की लय, उतार-चढ़ाव तथा भिन्न-भिन्न लहरें जो काव्य में प्रयुक्त होती हैं, उन्हें नियमबद्ध करने की विधा को 'इल्मे अरूज़' कहते हैं।

अब अपनी बात और साफ करने के लिए दो शेरों को प्रस्तुत कर उनका बहरों के रुक्न (घटकों) पर निर्णय, विषय को स्पष्ट और बोधगम्य बनाता है, अवलोकन अपेक्षित है, घटकों पर शेर के परखने को 'तक़्तीअ' कहते हैं।

(I) **खूब किया जो अहले करम के जूद का कुछ न ख़याल किया,**
हम जो फ़कीर हुए जो हमने पहले तर्के सवाल किया।

खूब किया जो अहले करम के जूद क़ कुछ न ख़याल किया
तक़्तीअ फ़ेलु फ़ऊलुन फ़ेलु फ़ऊलुन फ़ेलु फ़ऊलु फ़ऊलु फ़अल
हमजु फ़कीर हुए सो हमने पहले तर्के सवाल किया
तक़्तीअ फ़ेलु फ़ऊल फ़ऊलुन फ़ेलुन फ़ेलुन फ़ेलु फ़ऊलु फ़अल

(II) **मिलने वालो फिर मिलियेगा, है वो आलमे दीगर में,**
मीर फ़कीर को सुक्र है, यानी मस्ती का आलम है अब।

मिलने वालो फिर मिल येगा है वो आल मदीगर में
तक़्तीअ फ़ेलुन फ़ेलुन फ़ेलुन फ़ेलुन फ़ेलुन फ़ेलु फ़ऊलुन फ़ा
मीर फ़कीर कुसुक्र ह यानी मस्ती काआ लम है अब
तक़्तीअ फ़ेलु फ़ऊलु फ़ऊलु फ़ऊलुन फ़ेलुन फ़ेलुन फ़ेलुन फ़ा

क्योंकि 'मीर' की बहरों का मिज़ाज हिंदुस्तानी है, इसलिए भी उनकी शाइरी में हिंदुस्तानी कलचर दृष्टिगोचर होता है, उसकी झलक दीख पड़ती है।

और अंत में,

खास बात यह है कि 'मीर' की जिंदगी बचपन में हादसों की नज़्र हो गई, पालन पोषण भी जैसे तैसे हुआ, कष्ट, परेशानी और ज़रूरतों के शिकार होने पर भी बादशाहों की तरफ़ राग़िब (मेलमिलाप) न हुए 'मीर' ने अपनी हयात (जीवन) में कभी भी अपने को कम जर्फ़ साबित नहीं होने दिया, अपनी शाइरी में शब्द जो प्रयुक्त करते थे उसकी तासीर का गहराई से विश्लेषण करते और तब इस्तेमाल करते, एक शेर देखें–

"इश्क़ की सोज़िश ने दिल में कुछ न छोड़ा क्या कहें
लग उठी वो आग नागा ही कि सब घर फुँक गया"

–ग़ौर करें तासीर पर, जला नहीं प्रयुक्त हुआ "फुँक गया" का प्रयोग कर एक तासीर पैदा कर दी।

खुद्दारी थामे-थामे मीर जीते रहे और अपने महबूब को या हुस्न को कभी शर्मिंदा नहीं किया, वो झेलते रहे, वह सब कुछ पर खुशी-खुशी, अक़ीदत के साथ, अपनी खुद्दारी के साथ-साथ, देखें फर्माते हैं–

"खूबकिया जो अहले करम ने जूद का कुछ न ख़याल किया
हम जो फ़कीर हुए तो हमने पहले तर्के सवाल किया।"

–'मीर' की सोच और फ़िक्र का प्रतिनिधित्व करता यह शेर लीक से हट कर अपनी पहाचान की दस्तक दे रहा है, फ़कीर एक प्रकार का सवाली होता है, दुआ (आशीष) की उजरत का तलबगार, मगर 'मीर' कहते हैं, फ़कीरी ओढ़ने से पूर्व उन्होंने सवाल से संबंध विच्छेद कर लिया, "फ़कीराना आए दुआ कर चले" दुआ देकर ठहरते नहीं, रुकते नहीं चल देते हैं, यह है अनोखी खुद्दारी 'मीर' की; जिसके विरल उदाहरण देखने को मिलते हैं।

ऐसा लगता है कि मीर और ग़ज़ल एक रस, एक रूह और एक जान हैं, वह ग़ज़ल के लिए हैं और ग़ज़ल के अर्श पर जिस आब-ताब और चमक से वह रौशन अफरोज़ है, वैसा कोई दूसरा शाइर नहीं। लगता है 'मीर' ग़ज़ल के लिए थे और ग़ज़ल 'मीर' के लिए थी।

आज़ादी के बाद की भारतीय कला

प्रयाग शुक्ल

आज़ादी के बाद की भारतीय कला के बहुतेरे सूत्र, आज़ादी से पहले की कला में छिपे हुए हैं—और उनकी याद के बिना यह चर्चा अधूरी रहेगी। इस तथ्य की याद कर लेना मुझे शुरू में ही ज़रूरी इसलिए भी लग रहा है कि जिस प्रकार हम किसी विषय के आकलन-विश्लेषण के लिए काल को, खंडों में भी विभाजित कर लेते हैं, उसी प्रकार कला को भी विभाजित करते हैं, और इसी कारण से हम 'आधुनिक' और 'आधुनिकोत्तर' जैसे पद और प्रत्ययों तक भी आ पहुँचे हैं, पर भला इसमें क्या संदेह है कि जिस प्रकार काल की एक निरंतरता बनी हुई है, उसी प्रकार कला की भी बनी हुई है। इसीलिए कला को स्वयं काल की, या अन्य कई कोटियों में विभाजित कर लेने के बावजूद, हम उसके दस-बीस रूपों को नहीं, असंख्य रूपों को स्वीकृति देते हैं, और किसी एक रूप की चर्चा के वक्त, ज़रूरी लगने पर, न जाने उसके और कितने अगले-पिछले रूपों और विभाजनों की भी याद कर लेते हैं, और यह याद सकारण ही होती है। इस सिलसिले में एक ही उदाहरण काफ़ी होगा। अमृता शेरगिल की कला की चर्चा हम जब भी करेंगे क्या वह आधुनिक यूरोपीय शैली के चित्रों का संदर्भ लिए बिना संभव होगी? और क्या अजंता, और बसोहली मिनियेचर चित्रों की दुनिया भी इस चर्चा में अनिवार्य रूप से आकर शामिल नहीं हो जाएगी। अमृता शेरगिल का उदाहरण मैंने यह सोचकर भी लिया है कि हैं तो वे आज़ादी से पहले की कलाकार, पर, जब हम आज़ादी के बाद की कला पर चर्चा करेंगे, तो उनके कला-प्रयत्नों की उपस्थिति भी, उसमें प्रसंगवश, होगी ही होगी।

शुरू में इस प्रकार की चर्चा का एक कारण और भी है : आमतौर पर जब हम कला के किसी काल-खंड को लेकर चर्चा कर रहे होते हैं, तो वह चर्चा कई बार हमारे जाने-अनजाने, अपने संदर्भों में और अपनी व्याप्तियों में कुछ सीमित भी हो जाती है, और कई बार तो कुछ संकीर्ण भी, क्योंकि उस काल-खंड की घटनाएँ, और उनसे जुड़ी हुई नामावलियाँ या सूचियाँ प्रमुख हो उठती हैं—वे प्रवृत्तियाँ नहीं, जो किसी कालखंड की कला रचना का कारक बनती हैं। और हम व्यर्थ ही कुछ ब्यौरों, और नामों की तफसील में उलझकर रह जाते हैं। इसलिए इस सिलसिले में मैंने अपने को शुरू में ही सावधान कर लेना ज़रूरी समझा है, जिससे कि मैं उन प्रवृत्तियों और विचार-सूत्रों पर ही अपना ध्यान केंद्रित कर सकूँ, जिनके कारण आज़ादी के बाद की भारतीय आधुनिक कला को, कोई नई गति-संगति मिली है। यह भी कि वे कौन-से सूत्र हैं, जो अभी कुछ अलक्षित हैं, और जिन्हें टटोलकर, हम स्वयं अपनी इस चर्चा को भी कोई नया, सार्थक और उत्तेजक मोड़ दे सकेंगे। याद मैं उस पृष्ठभूमि की भी करना चाहूँगा, जिसमें आज़ादी के बाद, सामान्य जन और कला के रिश्ते बदले हैं, और पलटकर इस रिश्ते ने स्वयं हमारी कला-रचना को, उसकी विधियों और आकांक्षाओं को प्रभावित किया है। कला के हमारे देखने-परखने के ढंग को भी। सो, सबसे पहले तो यही कि आज़ादी के बाद, या आज़ादी की लड़ाई के दौरान, हमारे संग्रहालयों का और कलाकृतियों के प्रदर्शन का एक नया रूप सामने आता है। आज़ादी के बाद स्थापना होती है, दिल्ली में राष्ट्रीय संग्रहालय, और राष्ट्रीय आधुनिक कला-संग्रहालय की, और आज़ादी की लड़ाई के दौरान रायकृष्ण दास के प्रयत्नों से स्थापना होती है वाराणसी के भारत कला भवन की। कुछ संग्रहालय और भी स्थापित होते हैं, पर फिलहाल एक पृष्ठभूमि को समझने के लिए इनकी चर्चा ही काफ़ी है। अब आप इन संग्रहालयों को देखिए, और अंग्रेज़ों द्वारा स्थापित संग्रहालयों को देखिए, तो आप पाएँगे कि इन दोनों तरह के संग्रहालयों में एक बड़ा फ़र्क है यह याद करना प्रासंगिक है कि भारत कला भवन

संग्रहालय पूरी तरह देसी प्रयत्नों से बना, और इसमें हिंदी-बांग्ला के प्रमुख लेखक कवियों के सहयोग के साथ, महात्मा गाँधी, जवाहरलाल नेहरू और सुभाषचंद्र बोस जैसे नेताओं का भी योगदान रहा है—किसी न किसी रूप में। इसमें मिनियेचर चित्रों, और बंगाल स्कूल की कृतियों का एक बड़ा भंडार तो एकत्र हुआ ही, वह प्रदर्शित भी हुआ। उसके प्रदर्शित होने की बात इसलिए उल्लेखनीय है कि मिनियेचर चित्रों के जो संग्रह राजे-रजवाड़ों के, यानी छोटी-बड़ी रियासतों के पास थे, वे सर्व-सुलभ कहाँ थे—कुछ विशिष्ट व्यक्ति ही उन्हें देख पाते थे। वे सुलभ थे भी, तो केवल कला-पुस्तकों में संकलित होकर ही।

यह बात भी सहज ही याद आती है कि राष्ट्रीय आधुनिक कला संग्रहालय बनने के बाद ही रवींद्रनाथ ठाकुर, अमृता शेरगिल, यामिनी राय, नंदलाल बसु, रामकिंकर, विनोद बिहारी मुखर्जी आदि का विधिवत-संकलित और प्रदर्शित होना शुरू होता है। याद इसकी भी करनी ही चाहिए कि पहले ललित कला अकादेमी से पुरस्कृत होकर, और फिर राष्ट्रीय आधुनिक कला संग्रहालय में प्रदर्शित होकर, हुसैन का चित्र 'जमीन' एक नए मोड़ का सूचक बना—एक नई चित्रभाषा, में नई विधि से, अपनी ज़मीन और जड़ों से जुड़ने का सूचक। इसे हम आधुनिक कला आंदोलन की प्रवृत्तियों के एक रूपक की तरह भी इस्तेमाल कर सकते हैं।

दरअसल, हुसेन की उपस्थिति आधुनिक कला आंदोलन की एक केंद्रीय उपस्थिति है। यह भी आकस्मिक नहीं है कि प्रोग्रेसिव आर्टिस्ट्स ग्रुप की स्थापना 1947 में होती है, और इसके दो प्रमुख संस्थापक सदस्य—हुसैन और सूजा—अपनी चित्र-भाषा की गढ़न के लिए पारंपरिक मंदिर मूर्तिशिल्पों की ओर भी मुड़ते हैं, और आकृति अंकन में त्रिभंगी मुद्रा समेत, अन्य कई मुद्राएँ वहीं से उठाते हैं, दूसरी ओर वे आधुनिक यूरोपीय कलाकारों की अंकन पद्धति की ओर भी उन्मुख होते हैं। पर, अंततः जोर अपनी ही एक चित्र-भाषा की खोज का है। यानी अपनी ज़मीन की खोज का। पर, सवाल यह भी है कि क्या यह अपनी ज़मीन की खोज, आजादी के आसपास ही शुरू होती है? हम जानते हैं कि नहीं, ऐसा नहीं है। यह खोज तो आधुनिक कला में बंगाल स्कूल से ही शुरू हो गई थी, और अवनींद्रनाथ ठाकुर, गगनेंद्र नाथ ठाकुर तथा जामिनी राय, नंदलाल बसु, रामकिंकर आदि के बहुतेरे कला-प्रयत्न इसी ओर इंगित करते हैं। पर, इसमें सच्चाई है कि विश्वकला में बरती जाने वाली कुछ विधियों और सामग्री को अपनी ज़मीन में, अपनी तरह बरतने का सिलसिला हुसैन के साथ शुरू होता है, और अब यह अपने चरम पर है, जहाँ मूर्तिशिल्प, चित्र, इंस्टॉलेशन और ग्राफिक्स में हमारे यहाँ भी बरती जाने वाली विधियों और सामग्रियों में एक क्रांतिकारी बदलाव आया है, और कोई भी विधि और सामग्री अब मानो कला के लिए वर्जित नहीं रह गई है।

राजा रवि वर्मा ने अगर, कैनवस और तैलरंगों की शैली में एक प्रकार का अधिकार प्राप्त कर लिया था, तो हुसैन के खाते में ईजल और कैनवस पेंटिंग को, बिल्कुल देसी और अपना बना लेने का करिश्मा दर्ज है। यह अकारण नहीं था कि हुसैन ने कहीं पर भी कैनवस बिछाकर काम करना शुरू कर दिया, और लोगों को अपनी इस रचना-प्रक्रिया को देखने भी दिया। ऐसा करके मानों उन्होंने उस मिथ को तोड़ दिया जो कैनवस पैंटिंग के साथ चिपकी हुई थी : यही कि अपने स्टूडियो के एकांत में, ईजल पर कैनवस रखकर ही इस माध्यम में कोई कलाकार काम करता है। हुसैन ने जब कैनवस को कागज की तरह बरत कर दिखा दिया तो इस मिथ को टूटना ही था। और हम जानते हैं कि अब अठारह-बीस बरस के लड़के-लड़कियाँ भी कैनवस को छूते हुए डरते नहीं हैं। फिर तो मानों हर विधा-विधि-सामग्री को बरतने के मामले में, भारतीय आधुनिक कला ने कई सोपान पार किए हैं। क्रमशः मिक्स्ड मीडिया का उपयोग भी बढ़ता गया, और जेराम पटेल जैसे चित्रकारों ने साठ के दशक में काठ को ही चित्र-धरातल बना डाला। मूर्तिशिल्प के भी क्षेत्र में पत्थर, लकड़ी, लोहा और कांस्य, प्लास्टर-सीमेंट ही नहीं, कोई भी सामग्री या वस्तु, मूर्तिशिल्पों के काम आने लगी। ये चीजें निश्चय ही आजादी के बाद की कला की देन हैं, इसलिए मैंने इन्हें यहाँ विशेष रूप से याद किया है। इन्हें याद करने का एक कारण और भी है : दरअसल, कला में रचना-सामग्री और उन्हें बरतने की विधियों की भूमिका, बड़ी अहम होती है। और भला इसमें क्या शक कि सारी कलाओं के बीच रूपंकर (प्लास्टिक) कलाओं की दुनिया की एक बड़ी खूबी यह भी है कि उनमें कुछ रचने के लिए, कलाकार को हर बार कोई न कोई रचना-सामग्री हाथ में लेनी पड़ती है—उसे अपने हिसाब से जोड़ना-मोड़ना-तोड़ना-ढालना-गलाना और कभी-कभी तो बनाना भी पड़ता है। किसी संगीतकार को तो चाहिए होता है एक वाद्य, नर्तक और अभिनेता के लिए तो देह ही उसकी पूँजी होती है, लेखक-कवि के लिए कलम काग़ज़ (या अब कंप्यूटर) ही काफ़ी है, पर, एक चित्रकार, एक मूर्तिशिल्पी, एक ग्राफ़िक कलाकार को जो

चीजें चाहिए होती हैं–हर बार चाहिए होती हैं, उनकी सूची बहुत लंबी है। रूपंकर कलाओं की यह स्थिति मुझे बराबर चमत्कृत करती रही है, और किसी भी कलाकार के स्टूडियो में जाने का आनंद, अर्थ और आकर्षण केवल उसके काम देखने में ही नहीं छिपा रहता है–वह छिपा रहता है उसके द्वारा बरती जाने वाली विधियों और सामग्रियों में भी। यानी वहाँ तो किसी वस्तु से ही कला वस्तु का निर्माण होता है।

नई रचना-सामग्री से, नई विधियों से पिछले कुछ दशकों में सभी प्रदेशों की कला और कलाकार भी प्रभावित हुए हैं। दो चार बिल्कुल नवीन उदाहरण भी इस सिलसिले में गिनाए जा

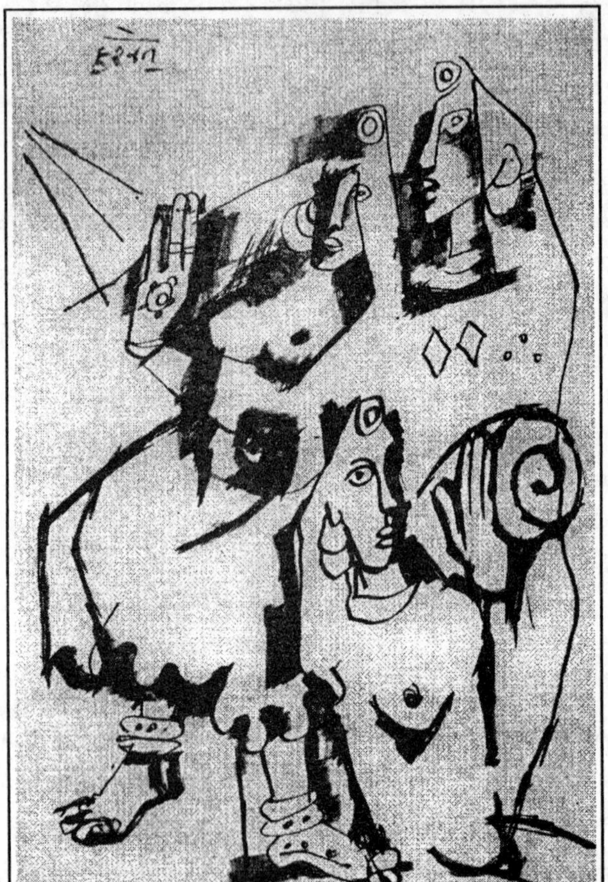

चित्रकृति : एम.एफ. हुसैन

सकते हैं उत्तर प्रदेश के मूर्तिशिल्पी मदन लाल ने और उनसे भी युवतर पीढ़ी के कृष्ण यादव ने विभिन्न रचना-सामग्रियों को सफलतापूर्वक बरता है, तो तमिलनाडु की राधिका वैद्यनाथन ने भी अपने मूर्तिशिल्पों और संस्थापनों के लिए सिरेमिक, रेत आदि से लेकर विभिन्न रचना-सामग्रियों में उल्लेखनीय काम किया है।

इसी प्रकार, एक अरसा पहले, ललित मोहन सेन, सोमनाथ और कृष्ण रेड्डी, चित्त प्रसाद, ज्योति भट्ट जैसे गंभीर, कुशल, और निष्ठावान कलाकारों ने, प्रिंट्स की दुनिया में, पारंपरिक माध्यमों में ही जो प्रयोग किए थे और जो हमें आज भी चमत्कृत करते हैं–उसी धारा में, बिल्कुल नई चीज़ें अनंतर जुड़ीं, अनुपम सूद, लक्ष्मा गौड, जयकृष्ण, विजय कुमार और ज़रीना हाशमी (जो अब न्यूयॉर्क में बस गए हैं) जैसे कलाकारों ने ग्राफिक्स के माध्यम में, नई विधियों से कुछ ऐसा उम्दा काम किया कि उन्होंने बरबस समूचे कला-जगत का ध्यान अपनी ओर खींच लिया।

यहीं पर, एक बार मैं फिर दुहरा दूँ कि मैं प्रसंगवश ही यहाँ कुछ नाम और उदाहरण दे रहा हूँ, सिर्फ कुछ प्रवृत्तियों और धाराओं को रेखांकित करने के लिए। अन्यथा हम सब जानते हैं कि नाम तथा काम और भी बहुतेरे हैं।

बहरहाल, एक और चीज़ की चर्चा जरूरी लग रही है। हम सभी जानते हैं कि आजादी के पहले बंगाल शैली में दीक्षित, बहुतेरे कलाकार–जिनमें से अधिकतर बांग्लाभाषी ही थे–लगभग समूचे देश में फैल गए थे। कला-अध्यापकों के रूप में खासतौर पर। और एक अरसे तक, यह शैली, कला जगत में छायी भी रही। कई पीढ़ियाँ, इसी में दीक्षित हुईं और बहुत दिनों तक यह कला-कर्म मात्र का पर्याय हमारे यहाँ बनी रही। 1947 में प्रोग्रेसिव आर्टिस्ट्स ग्रुप की स्थापना के साथ, और आधुनिक तेवर वाले कलाकारों की नई उद्घोषणाओं के साथ, इस शैली पर आक्रमण शुरू हुए या इससे इतर दिशाएँ खोजी गईं। और स्वयं बंगाल के 'कैलकटा पेंटर्स' (जिनमें परितोष सेन जैसे चित्रकार शामिल थे।) ने 'आधुनिक' तेवर वाली चित्रभाषा पर ज़ोर दिया। और नीरद मजुमदार जैसे चित्रकारों ने भी काम करने की नई विधियाँ ढूँढ़ीं। लेकिन कौन नहीं जानता कि एक समय की निंदित वाश-शैली के कामों को आज सभी एक भिन्न दृष्टि से देखते हैं, और कभी-कभी तो यह अफ़सोस भी प्रकट किया ही जाता है कि इसे ढंग से बरतने वाले कलाकार अब कम होते जा रहे हैं। यह भी एक गौर करने वाला ही तथ्य है कि इस निंदित बंगाल चित्रशैली की कई चीज़ों को, युवा और मंझली पीढ़ियों के आधुनिक कलाकारों ने आगे चलकर न केवल सराहना की बल्कि उसके तत्त्वों को अपने काम में किसी न किसी रूप में शामिल किया। हम जानते हैं कि रामचंद्रन जैसे कलाकार हों, या जोगेन चौधरी जैसे कलाकार, वे बंगाल स्कूल की ओर एक नई, और सर्जक दृष्टि से देखते हैं। यहीं इसकी भी याद कर सकते हैं कि उत्तर प्रदेश को भी प्रचुर मात्रा में बंगाल शैली की कला और उसके कलाकारों को योगदान मिला। आखिरकार असित कुमार, हाल्दार, वीरेश्वर सेन, क्षितीन्द्रनाथ मजुमदार, रणवीर सक्सेना जैसे कई लब्धप्रतिष्ठ कलाकारों की कार्यभूमि उत्तर प्रदेश-लखनऊ-

इलाहाबाद ही रही है। इनकी कृतियों का लक्षित-अलक्षित संग्रह अभी भी इस प्रदेश में है। और उसकी ओर पर्याप्त ध्यान दिए जाने की जरूरत है। यह भी उल्लेखनीय है कि बंगाल शैली को बरतने वाले, या उसकी तकनीक कुशलता को सँभालने वाले कुछ कलाकार और भी रहे हैं या हैं। बंगाल शैली के इस प्रसंग से यह बात भी अच्छी तरह समझ में आती है कि किसी कला-विशेष के आकलन में, कितनी प्रकार के दृष्टि-परिवर्तन भी होते रहते हैं, और वर्तमान परिदृश्य को जाँचने-परखने के लिए आगे-पीछे के न जाने कितने सूत्रों की तलाश करनी पड़ती हैं। कुल मिलाकर यह कि आज़ादी के बाद की कला, और स्वयं भारतीय कला में आधुनिकता या आधुनिकोत्तर की जाँच-परख बिना बंगाल स्कूल की परख-परीक्षा के संभव ही नहीं है—भले ही दोनों को परस्पर विरोधी रूपों में रखकर ही ज्यादा देखा जाता रहा हो।

आज़ादी के बाद की भारतीय कला में, दरअसल, एक नहीं कई आकांक्षाएँ, स्थितियाँ और प्रवृत्तियाँ दिखाई पड़ती हैं, यहाँ सबकी चर्चा करना तो संभव नहीं है, फिर भी कुछ का उल्लेख तो जरूरी होगा। आज़ादी के ठीक बाद के वर्षों में, कुछ प्रमुख भारतीय कलाकार, यूरोप-अमेरिका आदि की यात्राएँ शुरू करते हैं और वहाँ कुछ वर्षों तक प्रवास भी—मसलन रामकुमार, रज़ा आदि। विश्वकला की कुछ और नई खिड़कियाँ भी खुलती हैं, अमूर्तन (यानी अब्स्ट्रैक्ट आर्ट) का भारतीय कला परिदृश्य में केवल प्रवेश ही नहीं होता, वह एक समय 'माडर्न आर्ट' का पर्याय बन जाती है। विश्वकला की दुनिया में एक आवाजाही निरंतर बढ़ती जाती है, पर साथ ही अपनी जड़ों की खोज भी एक बार फिर बलवती होती जाती है। और हम एक ऐसी स्थिति के बीच आ जाते हैं, जहाँ एक साथ कई चीजें घटित होने लगती हैं। विदेशों से आई प्रदर्शनियों की संख्या बढ़ने लगती है। त्रैवार्षिकी-(ट्रियेनाल) की शुरुआत होती है, अंग्रेज़ी में कला-प्रकाशन बढ़ते हैं, भारतीय कलाकारों की रिट्रॉस्पेक्टिव प्रदर्शनियाँ शुरू होती हैं, कला महाविद्यालयों से प्रतिवर्ष एक बड़ी संख्या में छात्र-छात्राएँ बाहर आते हैं, तथाकथित एप्लाइड आर्ट की माँग बढ़ती है, हमारे कैलेंडर, विज्ञापन, बैनर आदि नया रूप धारण करने लगते हैं, नागर जीवन में कई नई छवियाँ जुड़ती हैं—पोस्टरों, बैनरों, विज्ञापनों, टी.वी. विज्ञापनों, अखबारों आदि की चित्र-सामग्री से—खिलाड़ियों, सिने-सितारों, युद्ध और हिंसा आदि की चित्र-सामग्री से! और ये स्थितियाँ पलटकर हमारी कला को भी प्रभावित करती हैं। अर्पिता सिंह जैसी चित्रकार इन छवियों में से कुछ का टिप्पणीमूलक इस्तेमाल करती हैं, हुसैन तो कई सामाजिक-राजनीतिक घटनाओं आदि का भी समावेश अपनी कला में करते ही रहे हैं। कुल मिलाकर यह कि चाहे रचना-सामग्री का क्षेत्र हो, या काम करने की विधियों और तरकीबों का, या नए-नए विषयों का, थीम्स का, कला परिदृश्य लगातार फैलता ही गया है। लोकप्रिय छवियों और बाज़ार की छवियों के चित्रांकन का, जो सिलसिला अपनी 'अनगढ़' भाषा में भूपेन खक्खर ने शुरू किया, उससे भी मानों एक और दिशा खुली।

इन सब स्थितियों के साथ, आधुनिक/समकालीन कला, बोध और सेंसिबिलिटी के स्तर पर भी कई नए आयामों से जुड़ती गई है। स्वयं आधुनिकता की कई परिभाषाएँ हुई हैं, और आधुनिक आंदोलन के पश्चिमोन्मुखी 'आधुनिक आग्रहों' पर प्रश्नचिह्न भी लगाए गए हैं। आखिरकार जगदीश स्वामीनाथन, अंबादास, हिम्मत शाह, ज्योति भट्ट, जेराम पटेल, गुलाम मोहम्मद शेख आदि के 'ग्रुप 1890' के घोषणा-पत्र में यह कहा ही गया

चित्रकृति : स्वामीनाथन

था कि चाहे पश्चिम की ओर उन्मुख आधुनिकतावादी आग्रह हों, या पारंपरिक विषय-वस्तुओं से ऊपर-ऊपर से जुड़ने के आग्रह—दोनों ही कला-मर्म से विच्छिन्न हैं, जबकि वास्तव में जरूरत कला-उद्गम से जुड़ने की है—किसी प्रकार के कला-फैशन वाली धारा में बहने की नहीं। 'ग्रुप 1890' की पहली और आखिरी समूह प्रदर्शनी का उद्घाटन जवाहर लाल नेहरू ने किया, और इसके कैटलॉग के लिए टिप्पणी मैक्सिको के सुप्रसिद्ध कवि ओक्तोवियो पाज़ ने लिखी थी। निश्चय ही, इस ग्रुप को इस बात का श्रेय दिया जाना चाहिए कि इसने कला-विमर्श को एक नई दिशा दी, और जो प्रश्न इसने खड़े किए, वे आज भी बड़े प्रासंगिक हैं। और इसमें एक सच्चाई है कि बहुतेरे कलाकारों ने अंततः पश्चिमी आग्रहों से मुक्ति पाई

है, पारंपरिक चीजों को ऊपर-ऊपर से अपनाने की प्रवृत्ति त्यागी है, और इस बात को समझा और समझाया है कि कोई भी सार्थक अभिव्यक्ति, वास्तविक आत्म-मंथन और विचार-मंथन के बिना संभव नहीं है। वह अंकन की विधियों और तरक़ीबों को, अपने लिए ढूँढ़े बिना भी संभव नहीं है। इसी संदर्भ में दक्षिण के के.सी.एस. पणिक्कर और उनकी मंडली के चित्रकारों की याद भी बेहद जरूरी है। पारंपरिक प्रतीकों, अभिप्राय चिह्नों आदि का इस्तेमाल इन्होंने एक आधुनिक बोध के साथ किया, और चित्र-भाषा में कुछ नए प्रयोग किए।

चित्रकार स्वामीनाथन ने आगे चलकर एक और स्थापना की : उनका मानना रहा है कि आदिवासी और लोक कलाकारों को, समकालीन परिदृश्य में, बराबरी का हक दिए बिना, हमारा समकालीन परिदृश्य समृद्ध नहीं हो सकता। समकालीन/आधुनिक कलाकारों को यह नहीं भूलना चाहिए कि आधुनिक होने के दम्भ से जो उद्घोषणाएँ की जाएँगी, वे खोखली बनी रहेंगी क्योंकि तथाकथित लोक/आदिवासी कलाकारों के पास विस्मय, कौतूहल आदि का एक बड़ा खजाना है, और उनकी कल्पनाशीलता का भंडार भी अक्षय है। अपनी इसी मान्यता के आधार पर उन्होंने भारत भवन के रूपंकर संग्रहालय की शुरुआत की, और उसके दो खंड बनाए : एक समकालीन आधुनिक खंड दूसरा लोक-आदिवासी। कला-जगत में उनकी इस मान्यता को व्यापक स्वीकृति मिली।

दरअसल, अब हम जिस दौर में हैं, उसमें संग्रहालय, कला दीर्घाएँ, कलाकार, कला-पारखी, कला आलोचक आदि-सभी, इस बात पर जोर दे रहे हैं कि विभिन्न शैलियों और प्रवृत्तियों के बीच जो अंतर्यात्राएँ जारी रहती हैं, उनके कला-मर्म को समझे बिना निस्तार नहीं है। कुल मिलाकर यह कि चाहे आधुनिक कला-आंदोलन हो, या कोई और, उसके उद्गम या स्रोत आसानी से परिभाषित करने वाले नहीं होते, क्योंकि उन आंदोलनों के कलाकार स्वयं न जाने कितनी दिशाओं में 'यात्राएँ' करते हैं, और अपनी-अपनी पृष्ठभूमि में वे, कुछ समानताओं के बावजूद एक जैसे नहीं होते। के.जी. सुब्रमण्यन जैसे कलाकार और कला चिंतक अपने चित्रों भित्तिचित्रों और विविध प्रकार की अन्य कृतियों से आधुनिकता के कई सूत्रों को रेखांकित करते रहे हैं और इस बात पर भी बल देते रहे हैं कि हुनर और कारीगरी के पारंपरिक तरीकों को भी हमें अपने कला-बोध के घेरे में लेना चाहिए।

हाल ही में राष्ट्रीय आधुनिक कला संग्रहालय ने 'संवाद' शीर्षक से जो बड़ी प्रदर्शनी है, उसमें 1850 के बाद से, कंपनी स्कूल के, भारतीय विषयों का अंकन करने वाले यूरोपीय कलाकारों के, बंगाल शैली के, और देसी-विदेशी शैलियों के मिश्रण से बने कई अन्य कलाकारों के चित्र हैं। ये सारे चित्र संग्रहालय के निजी संग्रह से हैं। स्पष्ट रूप से सभी में, भारत की छाप है, क्योंकि वे या तो भारत के प्रसंग से बनाए गए हैं या भारतीय कलाकारों द्वारा बनाए गए हैं। आज ऐसी ही प्रदर्शनियों की जरूरत है।

रामकुमार की एक चित्रकृति सर्दियों का लैंडस्केप : कैनवस पर तैलचित्र–1987

संवाद का सिलसिला थमना नहीं चाहिए। जब कोई नया कला आंदोलन उभरता है, तो वह प्राय: अपने लिए एक दृष्टिपथ तय करता है। कई बार आगे-पीछे-दाएँ-बाएँ न देखकर एक सीध में ज्यादा देखता है। या अर्जुन की तरह सिर्फ मछली की आँख की ओर देखता है। यह शायद उसके अस्तित्व के लिए, लाजिमी भी होता है, जिससे कि एक संधान संभव हो। पर, उस संधान के बाद फिर से वे चीजें दिखेंगी ही दिखेंगी, जो चारों ओर आगे-पीछे थीं। ठेठ आधुनिकतावादी आग्रहों की परिसमाप्ति के बाद, आज हम फिर एक नई स्थिति के बीच हैं–जहाँ बहुत-कुछ को छानना-उगाहना है। ग्लोबीकरण को, और स्थानीयता को, एक साथ बूझना है। यही शायद आधुनिकोत्तर स्थिति है। और अब तक के आधुनिक प्रयत्नों की वास्तविक परख के लिए भी तो यही ज़रूरी है। यहीं से शुरू होगा फिर एक नया संवाद, शुरू होंगे कुछ और प्रयत्न। और कुछ नए विमर्श।

भारतेंदु और हमारा रंगमंच

देवेंद्र राज अंकुर

सबसे पहला प्रश्न तो यही उठता है कि डेढ़ सौ वर्षों के बाद भी भारतेंदु हरिश्चंद्र की हमारे लिए, हमारे समय के लिए और सबसे बढ़कर हमारे अपने रंगमंच के लिए आज क्या सार्थकता है? हम बार-बार हिंदी रंगमंच के संदर्भ में भारतेंदु हरिश्चंद्र को यदि याद करते रहते हैं तो क्यों? आखिर उन्होंने ऐसा क्या अद्भुत करिश्मा किया था कि हम उनकी याद किए बिना हिंदी रंगमंच के विकास की चर्चा शुरू नहीं कर सकते? यदि सचमुच में उन्होंने ऐसा कोई योगदान किया है तो आज तक विद्वानों, रंगकर्मियों और रंग-अध्येताओं के बीच भारतेंदु के रंगमंच पर कोई गंभीर चर्चा क्यों नहीं हुई?

इस विषय में आज तक जो भी विचार, विवेचन और विश्लेषण उपलब्ध हैं, वह बहुत ही सतही और छिटपुट रूप में मिलता है, उदाहरण के लिए-हिंदी भाषा की उन्नति को लेकर भारतेंदु द्वारा व्यक्त किए गए विचारों पर आज के विद्वानों की यदाकदा राय। भारतेंदु द्वारा लिखे गए विभिन्न नाटकों का कभी-कभार भूले से साहित्यिक विवेचन। इससे ज्यादा कुछ नहीं। यहाँ तक कि उनके पूरे रंगकर्म, रंग-अवधारणाओं और रंगमंच को लेकर एक भी स्वतंत्र और संपूर्ण पुस्तक दिखाई नहीं पड़ती। इसलिए यह बहुत जरूरी हो जाता है कि भारतेंदु की डेढ़ सौवीं जयंती के बहाने से ही सही, लेकिन एक बार जमकर उनके काम की पूरी जाँच-पड़ताल, मूल्यांकन और आकलन किया जाए।

भारतेंदु का रंगमंच शीर्षक से इस संदर्भ में एक बड़ी पुस्तक की योजना कई दिनों से मेरे मन में बनती रही है। प्रस्तुत लेख को उस पुस्तक की भूमिका अथवा पहला लेख माना जा सकता है। भारतेंदु हमारे समय के लिए क्यों इतने प्रासंगिक हैं, इसकी पूरी गहराई से छानबीन करूँगा-ऐसी मेरी कोशिश रहेगी।

यहाँ इस बात को दोहराने की कतई जरूरत नहीं है कि भारतेंदु ही क्यों, कोई रचनाकार अथवा रचना 5000 वर्ष पहले की होकर भी कभी भी प्रासंगिक रह सकती है, उदाहरण के लिए-हमारे *रामायण और महाभारत* जैसे महाकाव्य, भास, कालिदास, शूद्रक, विशाखदत्त, भवभूति इत्यादि संस्कृत नाटककारों के नाटक, ग्रीक नाटककारों और शेक्सपियर, मोलियर आदि के नाटक। लेकिन तब भी इन सबसे अलग भारतेंदु की अपनी भी कुछ ऐसी निजी पहचान और विशेषताएँ हैं जो उन्हें एकदम से प्रासंगिक बना देती हैं। भारतेंदु एक ऐसे समय में पैदा हुए थे जिसे भारतीय समाज, सभ्यता, संस्कृति और भाषा का संधिकाल कहा जा सकता है। इतिहास साक्षी है कि जब-जब ऐसे संधिकाल उपस्थित होते हैं-जब समय की एक धारा लुप्त हो रही होती है और दूसरी का जन्म हो रहा होता है, तब इस नए और पुराने के पारस्परिक संघर्ष में निश्चित रूप से ऐसी प्रतिभाओं का उदय हुआ करता है, जैसे कि भारतेंदु। हमारे अपने देश में शंकराचार्य, गुरु नानक, अमीर खुसरो आदि संत और साहित्यकार इसी तरह के संधिकाल की देन है। इसी के समानांतर पश्चिम में भी अनेक ऐसे लोग मिल जाएँगे। यहाँ रेखांकित करने वाली बात यह है कि संधिकाल में पैदा होना कोई बड़ी बात नहीं है वरन् संक्रमण के उस दौर में हम किस नई दृष्टि, दृष्टिकोण और मूल्यों को लेकर प्रस्तुत होते हैं, यह ज्यादा महत्त्वपूर्ण है। मैं समझता हूँ कि यही वह प्रस्थान बिंदु है, जहाँ से हम भारतेंदु के रचनाकर्म के मूल्यांकन की शुरुआत कर सकते हैं।

अभी-अभी मैंने भारतेंदु की निजी पहचान का उल्लेख किया था। वह निजी पहचान यह है कि भारतेंदु अकेले ऐसे व्यक्तित्व दिखाई पड़ते हैं जो एक साथ रचनाकार, सिद्धांतकार और प्रयोक्ता भी हो। रचनाकार और सिद्धांतकार के कुछ और

उदाहरण भी मिल जाएँगे जैसे कि चौदहवीं शताब्दी में जापान के नाटककार ज़ियामी की रचनाएँ और उनके द्वारा लिखा हुआ नोह-रंगमंच का सिद्धांत-शास्त्र। बीसवीं शताब्दी में ब्रेश्ट जैसा सिद्धांतकार और रचनाकार और अपनी ही रचनाओं को मंच पर प्रस्तुत करने वाला। भारत में भी दो-तीन उदाहरण ऐसे अवश्य दिए जा सकते हैं—एक तो नाट्यशास्त्र के प्रणेता भरत जिनके कम से कम दो नाटकों के मंचन का उल्लेख मिलता है, लेकिन यह निश्चित नहीं है कि उनकी रचना उन्होंने स्वयं की थी और उनमें अभिनय भी किया था या नहीं। दूसरे हबीब तनवीर जिन्होंने नाटक लिखे भी, निर्देशित भी किए और उनमें अभिनय भी किया। तीसरे बादल सरकार जिन्होंने एक सिद्धांत का प्रतिपादन भी किया, नाटक भी लिखे और उनमें अभिनय-निर्देशन भी किया। फ्रांस के नाटककार मोलियर भी नाटकों की रचना और उनमें अभिनय के लिए जाने जाते हैं। यही बात शेक्सपीयर और सोफोक्लीज़, यूरिपीडीज़ के विषय में भी कही जा सकती है। लेकिन इन सारे तथ्यों के बावजूद भारतेंदु की अपनी पहचान फिर भी बनी रहेगी क्योंकि उन्होंने उपर्युक्त सभी तरह का रंगकर्म एक ऐसे दौर में किया था जब हिंदी भाषा का ही जन्म हो रहा था, उसमें रंगकर्म करने की बात अभी शेष थी।

भारतेंदु ने कुल जमा 34-35 वर्ष की उम्र पाई और इस कम उम्र में भी उन्होंने नाटक, निबंध, काव्य और अनुवादों के माध्यम से जितने बड़े साहित्य भंडार की रचना की, वह अपने आप में कोई कम उपलब्धि नहीं है। कहने को उन्नीसवीं शताब्दी के जर्मन नाटककार जॉर्ज बुखनर ने भी महज 23 साल की उम्र पाई, लेकिन उनके लिखे हुए कुल जमा तीन नाटकों का ही ज़िक्र मिलता है और उनमें भी एक अपूर्ण है। यह अलग बात है कि मात्र इतने कम नाटकों के बल पर भी बुखनर ने अपना नाम इतिहास में दर्ज़ करवाया और परवर्ती नाटककारों पर अपनी विशिष्ट छाप छोड़ी। यही बात हम रूसी नाटककार चेखव के विषय में भी कह सकते हैं। स्वयं अपने यहाँ एक दूसरे साहित्यकार रांगेय राघव का नाम भी लिया जा सकता है। लेकिन मूल प्रश्न यह नहीं है कि किस रचनाकार ने अल्प आयु में भी बहुत कम लिखा अथवा बहुत ज्यादा लिखा। हमें यह देखना चाहिए कि उसकी रचनाओं ने स्वयं अपने समय और परवर्ती समय के लिए कौन से ऐसे प्रतिमान स्थापित किए जो आज भी हमारे रंगमंच के लिए उतने ही महत्त्वपूर्ण माने जा सकते हैं।

बहुत ही ऊपरी तौर पर देखने से एक तथ्य साफ-साफ स्थापित होता है और वह यह है कि भारतेंदु ने भले ही भरत के *नाट्यशास्त्र* और उसके बाद उसकी व्याख्या पर आधारित जितने भी दूसरे शास्त्र और लक्षण ग्रंथ लिखे गए थे, उन सबका गहरा अध्ययन किया था लेकिन उन्होंने शास्त्रों का हूबहू अनुकरण न तो स्वयं किया और न ही अपने समकालीन और परवर्ती रंगकर्मियों को ऐसा करने के निर्देश दिए। उनके 'नाटक अथवा दृश्य-श्रव्य काव्य विवेचन' नामक शास्त्रीय निबंध की सबसे बड़ी स्थापना ही यही है कि हम शास्त्रों का अध्ययन जरूर करें किंतु उनमें से उतना ही ग्रहण करें जितना हमारे अपने रंगमंच के लिए सार्थक लगता है। क्या आज हमारे रंगमंच के सामने सबसे बड़ा सवाल यही नहीं है, जिसकी तरफ भारतेंदु ने आज से एक सौ बीस-इक्कीस साल पहले संकेत किया था।

शास्त्र के आधार पर नए शास्त्र की रचना करना एक बात है और उस नए शास्त्र की पुष्टि के लिए नाट्य रचना करना इससे भी बड़ी बात है अर्थात् भारतेंदु ने मात्र नए नाट्यशास्त्र की रचना ही नहीं की वरन् अपने नाटकों की रचना के माध्यम से उन्होंने उसके व्यावहारिक पक्ष को भी स्थापित किया। दशरूपक की शायद ही कोई ऐसी विधा बची हो जिसके उदाहरण के रूप में भारतेंदु ने स्वयं नाट्य रचना न की हो। नाटक, प्रकरण, प्रहसन, भाण, नाटिका और यहाँ तक कि उप-रूपकों में परिगणित सट्टक जैसे भेद का भी *कर्पूर मंजरी* जैसी रचना के माध्यम से उदाहरण प्रस्तुत किया। इतना ही नहीं शास्त्रीय विवेचन से अलग नई नाट्य विधा, नई-नई नाट्य शैली और नए-नए शिल्प खोजने में भी भारतेंदु की कोई तुलना नहीं। यदि उस समय फोटोग्राफी जैसे माध्यम का आविष्कार हो चुका था, तो भारतेंदु ने भी छायाचित्र शीर्षक के अंतर्गत इससे मिलते-जुलते एक नए साहित्यिक एवं रंगमंचीय मुहावरे की तलाश की। आज हम रंगमंच में जिस प्रकार से दूसरी कलाओं और विधाओं के हस्तक्षेप की बात कर रहे हैं, भारतेंदु ने छायाचित्र, श्रव्य-चित्रण जैसे उदाहरणों से बहुत पहले ही यह सब कुछ प्रस्तुत कर दिया था।

हमारे रंगमंच की विविधता और समृद्धि इस दृष्टि से भी आँकी जा सकती है कि उसमें आज के बहुत से अनुभवी और कल्पनाशील निर्देशकों ने बोलियों, उप-भाषाओं और विभिन्न भाषाओं के प्रयोग की दिशा में भी महत्त्वपूर्ण रंगकर्म किया है। इस संदर्भ में कम से कम दो निर्देशकों हबीब तनवीर और ब. व. कारंत का नाम अनायास ही लिया जा सकता है। देखा जाए तो भारतेंदु इस फ्रंट पर भी पीछे नहीं रहे। उनके सुपरिचित प्रहसन *अंधेर नगरी* का सिर्फ एक बज़ार वाला दृश्य इस तथ्य

को प्रमाणित करने के लिए काफ़ी है कि यदि रंगमंच में तरह-तरह की बोलियों और भाषाओं की छटा देखने को मिले तो वह अपने आप में कितना सशक्त और जीवंत हो उठता है। अपने दूसरे नाटकों में, कविताओं में ब्रज भाषा और गद्य में खड़ी बोली के व्यवहार से भारतेंदु ने नई तरह की नाटकीयता प्रस्तुत करने की कोशिश की है।

नाटक अथवा रंगमंच के लिए कौन-सी फार्म, कौन-सा शिल्प, कौन-सी संरचना और कौन-से मुहावरे की तलाश की जाए यह सवाल आज के रंगकर्मी के सामने सबसे ज्यादा ज्वलंत सवाल है। क्या हम पूरी तरह से अपने शास्त्रीय नाट्य और रंगशैलियों की तरफ लौट जाएँ अथवा लोकशैलियों से प्रेरित होकर अपने रंगकर्म को पुष्ट करें? क्या हम अपने समकालीन रंगमंचीय मुहावरे की खोज पश्चिम में प्रचलित विभिन्न शैलियों के भीतर से करें? यह सारे सवाल ठीक इसी रूप में भारतेंदु के सामने भी उपस्थित थे और उन्होंने इन सबके बीच रहते हुए भी एक अपना सहज-सा रास्ता खोज लिया था। जब उन्होंने अपने रंगकर्म की शुरुआत की उस समय उनके सामने पश्चिम का यथार्थवादी और रोमांटिक रंगमंच था। अपने यहाँ का लोक और पारसी रंगमंच था और कहीं कुछ शास्त्रीय शैलियाँ भी विद्यमान थीं और इन सबके साथ तत्कालीन बंगाल में उपलब्ध जात्रा जैसी संगीतमय शैली और भावनाओं से ओतप्रोत अतिरंजित अभिनय शैली भी मौजूद थी जो बाद में द्विजेन्द्र लाल राय के नाटकों में दिखाई पड़ती है और शायद पारसी नाटकों और रंगमंच से प्रभावित थी—इतना सब कुछ अपने सामने होने के बावजूद भारतेंदु ने किसी भी एक शैली को पूरी तरह से आत्मसात नहीं किया वरन् सभी से थोड़ा-थोड़ा अंश लेकर अपनी एक निजी रंगशैली विकसित की जिसे भारतीय रंगमंच की खोज का पहला पड़ाव माना जा सकता है। कहना होगा कि रंगमंच में जिस प्रयोगशीलता का जिक्र हम आज बार-बार करते हैं, उसकी पहली नींव भारतेंदु ने ही रखी थी। इतना ही नहीं भारतीय और विश्व रंगमंच में जिस सींथिसिस की बात हो रही है, उसका पूर्वानुमान भारतेंदु के रंगकर्म में साफ-साफ दिखाई पड़ता है।

अब हम भारतेंदु की इस रंगशैली और मुहावरे पर विस्तृत चर्चा कर सकते हैं। उसकी पहली और सबसे बड़ी विशेषता तो यही है कि वह मात्र एक साहित्यिक शैली या मुहावरा नहीं है वरन् पूरी तरह से रंगमंचीयता से संबद्ध है। नाटक के आरंभ में ही एक गीत या प्रार्थना या मंगलाचरण का इस्तेमाल। भले ही यह युक्ति कोई नई नहीं थी और रंगमंच के आरंभ से ही चली आ रही थी, लेकिन फिर भी उसके इस्तेमाल से कैसे एकदम से दर्शकों को काबू में किया जा सकता है यह भारतेंदु ने बहुत अच्छी तरह से जान समझ लिया था। इसकी प्रेरणा उन्हें संस्कृत नाटकों से मिली हो, लोक नाटकों से मिली हो अथवा पारसी नाटकों से, लेकिन अहम बात यह है कि उन्होंने इन सभी परंपराओं को मिलाकर अपने नाटकों का जो मुहावरा तैयार किया वह कई तरह से अपनी ओर ध्यान आकृष्ट करता है। एक तो यही कि उसमें शास्त्रीय रंगमंच जैसी दुरूहता और क्लिष्टता बिलकुल भी नहीं है, न ही पारसी रंगमंच जैसा फूहड़पन है और न ही लोक-रंगमंच जैसा खुलापन है। यदि सही मायनों में कहा जाए तो उनकी शैली एक सहजता और स्वाभाविकता लिए हुए है। यह अकारण नहीं है कि परवर्ती नाटककार जयशंकर प्रसाद ने भारतीय रंगमंच में यथार्थवाद को लाने का श्रेय भारतेंदु हरिश्चंद्र को दिया है। यहाँ प्रसाद का मकसद पश्चिम के उस यथार्थवाद से हरगिज़ नहीं है जहाँ हम जीवन को हूबहू प्रस्तुत करने पर बल देते हैं, इसकी बजाय भारतेंदु के संदर्भ में प्रसाद द्वारा उल्लिखित यथार्थवाद उस लोकधर्मी परंपरा के निकट पड़ता है जिसमें नाटक की कहानी का ताल्लुक कहीं भी करिश्मों, अद्‌भुत कारनामों से नहीं होता और वह पूरी स्वाभाविकता लिए रहती है।

भारतेंदु की कुल उम्र को दो अलग-अलग बराबर चरणों में बाँटा जा सकता है। पहले 17-18 वर्ष लगातार जगह-जगह, शहर-दर-शहर घूम-घूमकर अनुभव बटोरने में लगे तो आगे के 17-18 वर्ष रंगकर्म को समर्पित हैं। यदि आंकड़ों को अपने सही तथ्यों के साथ भी प्रस्तुत करना हो तो एक अद्‌भुत संयोग घटित होता है। मंच पर पहली बार एक अभिनेता के रूप में भारतेंदु 1868 में उतरते हैं तो उसी वर्ष में अपना पहला महत्त्वपूर्ण नाटक *विद्यासुंदर* लेकर भी उपस्थित होते हैं, जो बंगाल में पहले से प्रचलित और मंचित एक नाटक पर आधारित है। फिर इसके आगे के वर्ष तो लगातार नाटकों की रचना करने, उनमें अभिनय करने और उनके निर्देशन करने से जुड़े हुए हैं और अपनी आयु के अंतिम चरण में भारतेंदु अपनी सैद्धांतिक और व्यावहारिक रचना प्रक्रिया और सोच को *'नाटक अथवा दृश्य-श्रव्यकाव्य, सिद्धांत विवेचन'* नाम के निबंध में प्रस्तुत करते हैं।

ऐसा नहीं है कि भारतेंदु ने केवल मौलिक नाटकों की ही रचना की। सत्य शायद इसके बिलकुल विपरीत है। उनके ज्यादातर नाटक पहले से या तो संस्कृत में रचित नाटकों पर

अथवा देश की दूसरी भाषाओं में उपलब्ध साहित्य पर आधारित हैं। लेकिन इसके साथ-साथ उन्होंने शेक्सपियर के प्रसिद्ध नाटक *मर्चेंट ऑफ वेनिस* का 'दुर्लभ बंधु' के नाम से हिंदी में अनुवाद किया और विशाखदत्त के संस्कृत नाटक *मुद्राराक्षस* का भी। भारतेंदु द्वारा किए गए *मुद्राराक्षस* का अनुवाद आज तक रंगकर्मियों में इतना लोकप्रिय है कि उसका कोई दूसरा हिंदी अनुवाद देखने में नहीं आता। शेक्सपियर के नाटक *मर्चेंट ऑफ वेनिस* के अनुवाद ने अप्रत्यक्ष रूप से आग़ा हश्र कश्मीरी को *यहूदी की लड़की* लिखने की प्रेरणा दी होगी, इस संभावना से भी इंकार नहीं किया जा सकता। इन सभी तथ्यों से यह साफ़ ज़ाहिर होता है कि भारतेंदु की रचनाशीलता एक साथ कितने स्तरों पर सक्रिय थी। इस बात को हमारे आज के रंगकर्मी को अच्छी तरह से समझ लेना चाहिए। आज जिस तरह से चारों तरफ संपूर्ण रंगमंच की अवधारणा का बोलबाला है, उसकी एक बानगी भारतेंदु कितना पहले हम लोगों के सामने प्रस्तुत कर चुके हैं अर्थात् आज एक रंगकर्मी को नाटककार भी होना है, अभिनेता भी होना है, निर्देशक भी होना है, व्यवस्थापक भी होना है और अभिकल्पक भी होना है।

भरत के *नाट्यशास्त्र* की व्याख्या करते समय भारतेंदु ने जितना ध्यान सहज और स्वाभाविकता लिए सूक्ष्म अभिनय पर केंद्रित किया है, उसे पढ़कर सचमुच में उनकी दूरदर्शिता का लोहा मानना पड़ता है। अपनी बात को उन्होंने *अभिज्ञान शाकुंतल* जैसे नाटक के एक संवाद के माध्यम से बहुत अच्छी तरह से समझाया है और वह संवाद नाटक के चौथे अंक में कण्व ऋषि द्वारा तब कहलवाया जाता है जब शकुंतला को विदाई देने का प्रसंग आता है। संवाद कुछ यों है–*जब मुझ जैसे ऋषि मुनि को इस विदाई के अवसर पर इतना दुख हो रहा है तो जो लोग सचमुच में गृहस्थ होते हैं, उनकी क्या दशा होती होगी।* भारतेंदु लिखते हैं कि यदि कोई अभिनेता इस संवाद को चीख-चीखकर और छाती पीटकर बोलेगा तो उसे सुनने में किसकी रुचि होगी। यदि इसके विपरीत अभिनेता इस संवाद को जितने सूक्ष्म, मार्मिक और आंतरिक भावाभिव्यक्ति के साथ प्रस्तुत करेगा वह उतनी ही अपने आप में उत्तम अभिनय का उदाहरण होगा। ग़ौर किया जाए कि जिस समय भारतेंदु अभिनय की ऐसी व्याख्या प्रस्तुत कर रहे हैं उस समय स्तानस्लाव्स्की, मेयर होल्ड, आर्तो और ब्रेश्ट किसी भी पाश्चात्य चिंतक और रंगकर्मी का उदय नहीं हुआ था, सिवाय अपने यहाँ भरत और जापान में ज़ियामी को छोड़कर और वे दोनों भी लगभग इसी तरह के सूक्ष्म अभिनय की चर्चा करते हैं। क्या आज हम भी एक आधुनिक अभिनेता से इस तरह की सूक्ष्मता और सात्विकता की अपेक्षा नहीं करते?

भारतेंदु की रंगभूमि, रंगमंच और रंग-परिकल्पनाओं की पृष्ठभूमि में इस तथ्य को नज़रअंदाज नहीं किया जा सकता है कि उनके अपने अंतर्विरोध नहीं थे, अवश्य थे और वे कहीं अंग्रेज़ी राज की प्रशंसा में और कहीं उसके विरोध में, वे अंतर्विरोध कहीं किसी जाति विशेष का पक्ष लेने में और कहीं जाति और वर्ग से परे एक खुले समाज की परिकल्पना में, वे अंतर्विरोध उनकी रचनाओं में उपलब्ध बड़े-बड़े मूल्यों की प्रतिष्ठा में और स्वयं अपने जीवन में एक बोहेमियन जीवन जीने की शैली में दिखाई पड़ता है। ज़रूरी नहीं कि उनके सभी नाटक उच्च कलात्मक शिखरों को छूते हों, जिनकी वकालत वह लगातार करते रहे। इसीलिए तो कहना पड़ता है कि भारतेंदु हमारे लिए और हमारे रंगमंच के लिए और भी ज्यादा मूल्यवान हो उठते हैं क्योंकि आज हमारा जीवन कहीं कम विरोधों और अंतर्विरोधों से भरा है बल्कि कहना चाहिए कि इसी आधार पर तो भारतेंदु और भी ज्यादा आधुनिक और समकालीन हो जाते हैं कि वह एक साथ दो परस्पर विरोधी ध्रुवों को अपनी रचनाओं में प्रस्तुत करते हैं–एक तरफ *सत्य हरिश्चंद्र* जैसे नाटक में सत्य जैसे असंभव से दिखने वाले मानवीय मूल्य की प्रतिष्ठा और दूसरी तरफ *अंधेर नगरी* जैसे प्रहसन के माध्यम से जीवन का दूसरा पक्ष प्रस्तुत करते हैं जहाँ लूट, चोरी, अन्याय और भ्रष्टाचार का बोलबाला है। आज जैसे उथल-पुथल के समय में हम जी रहे हैं वह क्या भारतेंदु के समय से कहीं अलग है। मैं समझता हूँ कि यही वह आधारभूमि है जिस पर स्थित होकर भारतेंदु की प्रत्येक रचना पर विशद, स्वतंत्र और संपूर्ण विचारविमर्श होना चाहिए, तभी शायद हम भारतेंदु को भारतीय रंगमंच के पूरे इतिहास और परंपरा में और उसके साथ-साथ हमारे अपने आज के रंगमंच के परिप्रेक्ष्य में अच्छी तरह से जाँच-परख सकेंगे।

उनका और हमारा अभिनय शास्त्र

गौतम चटर्जी

यह आकस्मिक नहीं है कि नई शती में रंगमंच के निर्धारित प्रत्ययों पर नए ढंग का विमर्श दुनिया भर में एक बार फिर शुरू हुआ है। उत्तरआधुनिक संवेदना का यह संभवतः बेचारगी भरा हताश स्वीकार है कि मूलगामी प्रत्ययों पर मूलगामी विरोधी तरीकों से ही सोचा जाने लगा है। और इसे स्पष्ट करने की जरूरत शायद नहीं है कि जिस चीज के विरोध में विचारधारा बनती है या सोचे जाने की प्रक्रिया शुरू होती है, उस प्रक्रिया का संबंध उसी से नहीं होता जिसके विरोध में यह प्रक्रिया कम से कम आधा रास्ता तय कर चुकी होती है। जैसे भूमंडलीकरण विरोधी स्वर भूमंडलीकरण से ही संबंधित न होकर किसी और विचार की स्थापना के अभिप्राय से संबंधित है, ठीक उसी प्रकार की संवेदना की स्थापना का प्रयास है समस्त रंग प्रविधियों को निरस्त करती उत्तरआधुनिक संवेदना।

रंगमंच पर नाट्य की उपस्थिति में अभिनय की भूमिका पर अरस्तू ने सोचा था कि मंच पर पहले रंगमंचीय घटना हो, फिर चरित्र की उपस्थिति हो। स्टैनिस्लॉव्स्की ने भी अभिनय के लिए 'गिवेन सिचुएशन' (मूल नाट्यालेख में लेखक द्वारा दी हुई स्थिति) को प्रथम महत्त्व दिया। ब्रेख्त ने अभिनेता को समय-समय पर इस 'इमोशनली आइडेंटीफाइड सिचुएशन' से विरत रहने का निर्देश (थियोरी ऑफ एलियनेशन, अर्थात् भावनात्मक रूप से चरित्र से एकाकार होते ही अभिनेता द्वारा भावना को विश्लेषित कर देने का सिद्धांत) दिया। अंततः ग्रौट्व्स्की आए। उन्होंने अभिनेता और नाट्य (टेक्स्ट) के अलावा अन्य सारे रंग प्रत्ययों (स्टेज पैराफर्नेलिया) को ही निरस्त कर दिया। ऐसा भी उन्होंने तब किया जब वे भारत से होकर लौटे। उन्होंने कहा, टेक्स्ट भी नहीं, और अंततः अभिनेता भी नहीं। सिर्फ रस।

इसे समझना थोड़ा कठिन था फिर भी उत्तरआधुनिक संवेदना ने रंगमंच का जो नया आकाश सोचा, उसमें अरस्तू से लेकर ग्रौट्व्स्की तक सभी खारिज थे। इस अनुपस्थिति के रंगमंच के बारे में खेद है कि, हमारे यहाँ भी पूरे जोर और जोश में सोचा जाना शुरू हो चुका है। भरत मुनि के विचार क्षेत्र और देशकाल से इतर देशों की विचारधाराओं के 'प्राप्ति स्वीकार' की शृंखला में यह अगला हताश स्वीकार है।

कलाप्रवृत्तियाँ बनती ही हैं अतिक्रमित और निरस्त होने के लिए। किंतु कला का अनुशासन 'जो है', योग की तरह, उसे निरस्त नहीं, हमेशा उपलब्ध करने की जरूरत बनी रहती है। प्रत्येक समय में प्रत्येक प्रकार के अभिनेता के लिए इसे अर्जित करने या अपने लिए इसके निर्माण की जरूरत होती है। इसके निर्माण में ही अभिनेता का निर्माण है। विचारों के कारण ही विचारकर्ता का अस्तित्व संभव हो पाता है। इसलिए ऋषि भरत ने नाट्य और अभिनय को अलग करके नहीं देखा। उन्होंने यह नहीं कहा कि नाट्य स्थितियाँ पहले हैं या अभिनेता। उन्होंने कहा, नाट्य ही अभिनय है और अभिनय ही रस। तीनों एक हैं। रस की उत्पत्ति में ही रस की निष्पत्ति है। इसी अनुशासन में अभिनय का हमारा शास्त्र है–नाट्य शास्त्र। यह है। इसे निरस्त नहीं, उपलब्ध किया जा सकता है। इसमें विश्व की समस्त कलाप्रवृत्तियाँ समाहित हैं–वे जो विकसित हो चुकीं और वे भी, जो भविष्य में हो सकती हैं। इसीलिए यह अभिनय शास्त्र प्रवृत्ति नहीं, अनुशासन है।

ओम् और अहम् का खेल है नाटक। ओम् देखता है रंगमंच पर, कि अहम् या अभिनेता किस तरह खेल रहा है रंगमंच पर, प्रेक्षागृह में उपस्थित दर्शकों के साथ। इस प्रकार एक ही समय में अभिनेता अपना अभिनयकर्म करता हुआ भी है, और अपने इस कर्म का दर्शक होता हुआ भी। साक्षी नहीं, दर्शक। क्योंकि पंचम वेद का दर्शन यही है कि यह दुनिया

एक प्रेक्षगृह है जहाँ हम अंततः नटराज के खेल के दर्शक हैं। शिव सूत्र है : नर्तक आत्मा। अर्थात् आत्मा ही नर्तक है। जिसके नर्तन को हम देखते हैं। शिव स्पंद है–स्वयं गतिशील नहीं किंतु संपूर्ण सृष्टि इसी स्पंद से स्पंदित हैं। यह स्पंदन ही खेल है, महानाटक। इसे ही स्पंदकारिका में 'विमर्श' कहा गया है, जो फिलहाल इस शती में हम करने की सोच रहे हैं...अर्थात् अपने बारे में जागना !

हालाँकि इसे समझना कठिन है क्योंकि कर्ताभाव के ओम् में लय होने के अनुशासन की बात करने वाले देश में भी प्रचार और स्वीकार शेक्सपीयर को मिला कि, हम सभी अभिनेता हैं। देखने के सच को हमने स्वयं नकारा। अब जैसी दृष्टि वैसा दर्शन।

ऋषि भरत ने कहा कि तीनों लोकों के भावों का अनुकीर्तन ही नाट्य है। तीनों लोक अर्थात् अभिनेता में मौजूद तीनों गुणों (सत, रज व तम) से बनी चित्तवृत्तियाँ, और इनसे बना यह संसार। उन्होंने इसके निरोध को अनुशासन नहीं कहा, किंतु इन्हें देखने और इनके मंच पर अनुकीर्तन करने की कला को एक अनुशासन सौंपा।

नई शती में नई शुरुआत करनी ही है तो यहीं से शुरू करने में क्या हर्ज।

लोक देव लोरिक : लोरिकायन परम्परा

उषा किरण खान

यदुवंश में कृष्ण का जन्म होने के कारण, महाभारत युद्ध विजेता का श्रेय लेने के ब्याज से यादव अहंकार के वश में हो गए थे। हुतात्माओं के तर्पण के क्रम में कृष्ण परिवार यादवों सहित प्रभास क्षेत्र में था। वहाँ तपस्यारत ऋषि से छेड़छाड़ कर यादव शापग्रस्त हो गए। कृष्ण ने भी शाप विमोचन का कोई रास्ता नहीं सुझाया। शाप के अनुसार यादवों ने एक दूसरे को लड़कर समाप्त कर दिया। गोपियों और बच्चों को कृष्ण ने अर्जुन के साथ हस्तिनापुर भेजा और स्वयं व्याध के तीर से मारे गए।

यदुकुल में श्रीकृष्ण। के प्रपौत्र वज्र के बाद की परंपरा अब तक अज्ञात है। बचे-खुचे यदुवंशी आंतरिक कलह से अस्त व्यस्त विपन्न हो अपनी उपकुलीय शाखाओं में बँट बिखर कर भारत के विभिन्न भागों में जाकर बस गए। अपनी क्षेत्रीय उपशाखाओं में उन्होंने स्थानीय विशेषताओं एवं कुलोद्भव प्रधान पुरुषों के नामारूप पदवियाँ धारण कीं, जिनमें आभीर शाखा ने अपनी विशिष्टता के बल पर लोक में ख्याति प्राप्त की। इन्हीं क्षेत्रों में उनकी पशुपालन प्रधान कृषि संस्कृति का विकास हुआ।

आभीरों की कुछ उपशाखाएँ हस्तिनापुर के दक्षिण पूर्व क्षेत्रों में फैलीं। इसी की एक उपशाखा के मनियार कुल में कुब्बे मनियार (कुआ गुआर) का आविर्भाव हुआ। इनका मूल स्थान कन्नौज का गोरा गाँव, लखनऊ के निकट प्रमाणित होता है। इसी मनियार कुल में लोरिक का जन्म हुआ। इनके पिता का नाम 'कुआ' और माता का नाम खुल्हनी था। कुआ पहलवान अपनी बिरादरी और जवार भर के वरिष्ठ व्यक्ति थे। उनकी पत्नी प्रगल्भा चतुर और धर्मपरायण स्त्री थीं।

लोरिक का कर्मक्षेत्र पंजाब से लेकर बंगाल और नेपाल तक विस्तृत था। लोरिकायन में वीर लोरिक देव के कई विवाहों की चर्चा है। पहला विवाह अगोरी गाँव की मंजरी से हुआ, जिससे मोरिक नामक पुत्र उत्पन्न हुआ। दूसरा विवाह चनमा (चंदा) से हुआ जिससे चनरेता नामक पुत्र उत्पन्न हुआ। तीसरा विवाह हरदीगढ़ की जादूगरनी जमुनी बनियाइन से करता है, जिससे बोसारख नामक पुत्र उत्पन्न होता है। लोरिक का बड़ा भाई समरू भी एक विख्यात वीर है। वह कोल राजा देवसिया के हाथों मारा जाता है। बाद में लोरिक भी युद्ध करते घायल होता है। बोहा बथान पर उसका बेटा मोरिक देवरिया को परास्त करता है। लोरिक वृद्धावस्था में अग्निसमाधि ले लेता है।

लोरिक किसी इतिहास प्रसिद्ध राजा का नाम नहीं है। परंतु लोकरक्षा में रत एक वीर पुरुष के रूप में उसकी गाथा में अंश जुड़ते टूटते रहते हैं। लोरिकायन के कथावस्तु का आधार निम्नलिखित है—साबोर का जन्म प्रसंग, लोरिक अवतार मांजौर का जन्म-प्रसंग, लोरिक मंजिर विवाह तथा राजा मोलागत और निरमलिया युद्ध। सँवरू और सतिया विवाह तथा झिमली लोरिक युद्ध, चनैनिया शिवहर विवाह तथा लोरिक बेंठा चमार का युद्ध, लोरिक चनमा प्रेम और हरदीगढ़ प्रस्थान। राजा रैया रणपाल और महीपाल से लोरिक के युद्ध, लोरिक और चनमा का हरदीगढ़ में निवास। लोरिक गजमिमला युद्ध नेउरपुर की चढ़ाई और हरेबा बरेबा युद्ध, सँवरु और कोल युद्ध में सँवरु की मृत्यु, लोरिक का बोहा बथान आगमन, पिपरीगढ़ की चढ़ाई तथा लोरिक और देवमिया युद्ध लोरिक का देह त्याग और मोरिक का सफल नेतृत्व सँभालना।

डॉ. लक्ष्मी प्रसाद श्रीवास्तव ने अपने शोधग्रंथ 'यदुवंशीय लोकदेव लोरिक' में यह प्रमाणित किया है कि लोरिक का असली हरदीगढ़ और प्रसिद्ध कर्मक्षेत्र बिहार के सहरसा जिला का हरदी स्थान ही है। यह सहरसा जिला और अंग महाजन

पद का हिस्सा रहा है। वैसे पंजाब से लेकर उत्तर प्रदेश और छत्तीसगढ़ से लेकर बिहार तक के गायक अपने-अपने क्षेत्र के हरदीस्थान को लोरिकायन वाला हरदीगढ़ मान लेते हैं। कुछ गायकों के अनुसार मिर्जापुर (उ. प्र.) का हरई हरदी स्थान है, तो कुछ भोजपुरी लोरिकी गायकों के अनुसार छपरा का हरदी है। परंतु लोरिकायन में वर्णित हरदीगढ़ के साथ दुर्गास्थान शब्द नहीं जुड़ा है। केवल सहरसा के सुपोल से पूरब वाले हरदी के साथ ही दुर्गा स्थान शब्द जुड़ा है। लोरिकायन में वर्णित सभी कथा रूपों में हरदी के साथ महीचन्द्र साहू राजा महबेर, लेउरपुर (नौहट्टा), गंजेरीपुर (गोरीपुर), खेरदहा (खेरा नदी) आदि का वर्णन मिलता है। रहुआ गाँव, चंद्राइन गाँव, मैना गाँव बेरा घाट, तिलाबे नदी, बैरागाछी, महबेरिया गाँव आदि की चर्चा है। भाषा वैज्ञानिक तथा पुरातात्विक तथ्यों की खोज से स्पष्ट है कि लोरिकायन वर्णित इन स्थानों की संगति बिहार के सहरसा-सुपौल से है। इस प्रसंग में यह उल्लेखनीय है कि सुपौल रेलवे स्टेशन पर रेल विभाग की ओर से एक बोर्ड है जिस पर लिखा है-"यहाँ से पाँच किलोमीटर पूरब हरदी दुर्गास्थान में भगवती दुर्गा एवं वीर पुरुष लोरिक का ऐतिहासिक स्थल दर्शनीय है।"

भारतीय पुरातत्ववेत्ता डॉ. वासुदेव शरण अग्रवाल के अनुसार-"भोजपुरी में लोरिकायन या लोरिकचंदा की कहानी गीतों में गाई जाती है, जिसे भोजपुरी लोक साहित्य की रामायण ही कहना चाहिए। लोरिक और चंदा की कहानी सरस है, हिंदी का पहला प्रेमाख्यानक काव्य, जो जायसी से दो सौ वर्ष पहले लिखा गया था, वह लोरिक चंदा ही था। उसकी भाषा अवधी थी और वह दोहा चौपाइयों में लिखा गया था। इसके (चंदायन) लेखक मुल्लादाउद चौदहवीं शती में फिरोज शाह तुगलक के समकालीन थे ऐसा तवारीख फिरोजशाही से ज्ञात होता है। श्री कपिलमुनि श्रीवास्तव ने भोजपुरी पत्रिका फरवरी 1956-58 के अंक में लोरिक वृत्तांत के उल्लेख क्रम में "बंगाल की प्रसिद्ध जादूगरनी हिरिया जिरिया को भी लोरिक की वीरता पर समर्पित होने की चर्चा की है। इससे लोरिक का कार्यक्षेत्र बंगाल भी प्रमाणित होता है।"

लोरिकायन की समकालीनता लोक विश्रुति रही है, जो आगे के जन कवियों के लिए उपाख्यान हो गई। इसकी वीरगाथा एवं प्रेमगाथा का वर्चस्व भावजगत में प्रतिष्ठित था। मुल्ला दाउद के चंदायन से लेकर तेरहवीं शताब्दी में रचित वर्णरत्नाकर नामक ग्रंथ में इसके नाम का उल्लेख है। अपभ्रंश का व्यरूप 'लोरकहा' तथा अवधी का 'चंदायन' इसी कथावृन्त का काव्य है। जिज्ञासु जनमानस को इसने आकर्षित किया है। इतिहासकार भी इससे प्रभावित हुए। अतः यह सहज स्वीकार योग्य है कि लोरिक एक दिव्य व्यक्ति थे। उन्हें संवेदनशील होकर समकालीन समस्याओं से जूझना पड़ा था। उन्होंने अपने व्यक्तित्व को जो विस्तार दिया था उससे शोधार्थी उनके चरित्र के धार्मिक, सांस्कृतिक, सामाजिक तथा राजनीतिक पक्षों से अभिभूत हुए बिना नहीं रह सके। जनकंठ में बसे इस कथाकाव्य पर क्षेत्रीय विसंगतियाँ छा गई हैं। गायकों की वृत्ति एवं श्रद्धालुओं की श्रद्धा ने इसमें अनेक नवीन कल्पनाओं को स्थान दिया। जब सभी प्राचीन ग्रंथ इस प्रक्षेपण से आक्रांत हैं तब लोरिकायन कैसे इससे बचा रह सकता है। विभिन्न क्षेत्रों में इसका प्रचार प्रसार है; पर स्थान भेद से इसमें भिन्नता के दर्शन होते हैं।

मिथिला क्षेत्र में अहिर एवं अन्य पशुपालक भैंस की पीठ पर पहसर चराते हुए लोरिकायन गाकर प्रसन्न होते हैं। समाज में पूर्णरूप से लोरिकायन गायक समाहत होता है। अहीर अपने पूर्वपुरुष लोरिक की 'छांक पूजा' कर सम्मान प्रकट करते हैं। छाँकी पूजा के वक्त सर्वप्रथम वन्दना करते हैं-

"राम-राम-राम केर लेल नाम
घरे बान्ही तुलसी विनयी भगवान
हरली पाप, धरम रहू ठाँव
कंठ बेरि सुमिरी, कंठ सरिमाए
कोन देवी करिया कोन देवी गोर
कवन देवी नाचले चढ़ि बेंसवा के पोर
काली देवी करिया, चंद्रिका देवी गोर
चंडी देवी नाचले चढ़ि बँसवा के पोर
काली देवी फिरंगिया के पास
काल के त दुनिया भेल टकसाल
सरोसती अएली काएथ लोग के पास
उन्हें देवी कलम पर रहली तइयार
भूलल अच्छर देवी देली बताए
कंठ पर आके तू हूँ होइहँ असवार
करिह देवी किरपा हमरो ऊपर
समवा बइठल गुन गाइल तोहार"

इस देवी वंदना का स्वरूप बतलाता है कि यह पूर्ण रूपेण समय सापेक्ष है। अब भैंस की पीठ पर पड़े गायों का एक गीत प्रस्तुत है।

छोटका के नइया लोरिक मनियार
जेकर बच्चा पे देवी रहेनी तइयार

अस्सी मन के ओढ़न पचासी मन के खांड़
जेकरा के सोना से दइछै बढ़वाय
तीन सौ साठ पोरैया चाढ़ि भले कोठवार

लोरिक की ताकत, वीरता तथा लोकवत्सलता की इस गीत के टुकड़े से जानकारी मिलती है। लोरिक जहाँ लोक में दुःख देखते थे, वहीं अपनी खांड़ तलवार ले प्रस्तुत हो जाते थे। यह उनकी सर्वव्यापक कथा से पता चलता है। ऐसे तूफानी व्यक्तित्व को बाँधने के लिए लोरिक पारलौकिक शक्तियाँ क्यों न आगे आतीं। सो बड़े-बड़े भीषण पहलवान स्त्रीवेश में लोरिक से छलयुद्ध को प्रवृत्त हुए। उस प्रसंग का एक गायन प्रस्तुत है–

"पन्हे ला गे जामा जोड़ा करेला सिंगार
नीचा लंगोय लोग देतना चढ़ाय
चोली बन्द डरकस लोगवा लेत बा लगाय
अँडठी आरो मुनरी लोग लेत बा लगाय
अबिया झबिया के होला त झनकार
साफे त जनाना अइसन हो गइले रुआब
चलल जाता लोग महरा भाँगर को दुआर।"

लोरिक और लोरिकायन का प्रभाव विस्तार लगभग चार हजार वर्षों में बिहार, बंगाल, उत्तर प्रदेश, मध्य प्रदेश, छत्तीसगढ़, उड़ीसा के अतिरिक्त हैदराबाद (आंध्र) तक है। दिल्ली, पंजाब का पूर्वी भाग, हरियाणा, राजस्थान के भी ब्रहुत बड़े भाग में लोरिक का लोकगीत ग्रामीणों के बीच प्रचलित है। अनेक विद्वान 'लोरिकायन' का प्रभाव विस्तार युगोस्लाविया और चेकोस्लोवाकिया जैसे देश में भी मानते हैं। हैदराबादी शैली में एक मनसवी किस्सा 'सतवन्ती' नामक रचना में लोरिक की प्रेमकथा चंदा वाला अंश है। नेपाल की दक्षिणी तराई में लोरिकायन लोग गाते और नाच के रूप में प्रस्तुत भी करते हैं। इसका आनंद लेने लोग दूर-दराज से आते हैं।

लोरिकायन-विषयक अंग्रेज विद्वानों द्वारा उल्लिखित निम्नलिखित प्रमाण प्राप्त होते हैं–

1. जे. डी. बेगलर द्वारा 1872-73 ई. में अपनी पुरातत्वान्वेषण यात्रा-वृत्तांत में लोरिकायन कथा प्रसंग का संक्षेप में उल्लेख।

2. डब्ल्यू क्रूक द्वारा जे. डी. बेगलर को उद्धृत करते हुए अपनी पुस्तक पॉपुलर रेलिजन एंड फॉकलोर सांग्स ऑफ छत्तीसगढ़ी (पृ. 76) में लोरिक-चंदा की संक्षिप्त जीवनी दर्ज की है।

3. जे. सी. नेस्फील्ड द्वारा लोरिकायन के मिरजापुरी संग्रह का प्रकाशन।

4. क्वार्टर्ली जर्नल ऑफ द मीथिक सोसायटी (भाग-5, पृ. 122 से 135 तक) भागलपुरी लोरिकायन का उल्लेख।

5. आर्कालाजिकल सर्वे रिपोर्ट–खंड 16 (1883) पृ. 27-28 में अलेक्जेंडर कनिंघम के यात्रा-वृत्तान्त में लोरिक और सेउहर अथवा सरिकका नामक दो पड़ोसी राजाओं को गौरा गाँव का निवासी बताया गया है।

6. बेरियर सल्विन द्वारा रचित 'फॉक सांग्स ऑफ छत्तीसगढ़ी' नामक पुस्तक में डॉ. गुप्त द्वारा संपादित पुस्तक 'चंदायन' का यथेष्ट उल्लेख तथा लोरिक के निवास स्थान हरदीगढ़ की चर्चा।

7. जार्ज ग्रियर्सन द्वारा श्री हीरालाल काव्योपाध्याय रचित पुस्तक 'छत्तीसगढ़ी का व्याकरण' का अंग्रेजी अनुवाद प्रकाशित, जिसमें लोरिकायन कथा प्रसंग को थोड़ा बदलकर तत्कालीन 'जर्नल ऑफ द एशियाटिक सोसायटी ऑफ बंगाल' (भाग-50, 1890 ई., खंड-1, पृ. 148-153) में लोरिक का कथा रूप वर्णित है।

8. सेलियल हेनरी थाम्पसन ने अपनी पुस्तक 'फॉकलोर सांग्स ऑफ द संथालपरगनाज' में 'सहदेव ग्वाला' शीर्षक देकर लोरिक की कथा अंकित की है।

9. विलियम क्रूक ने अपनी पुस्तक 'द ट्राइब्स एंड कास्ट्स ऑफ द नादर्न प्राविन्सेज एंड अवध' (Vol 1, 1896 ई., पृ. 34) में लोरिक के संबंध में लिखा है।

10. 'कास्ट एंड ट्राइब्स ऑफ एच. ई. एच.–द निजाम्स डोमिनियन्स' (Vol. 1, 1920 ई., पृ. 2) पर सैयद सिराजुद्दीन ने लोरिक के बारे में उल्लेख किया है।

11. हेनरी एम. एलिएट ने 'मेमरीज ऑफ द हिस्ट्री फॉकलोर एंड डिस्ट्रिब्युशन ऑफ द नार्थ वेस्टर्न प्राविन्सेज ऑफ इंडिया' नामक पुस्तक में लोरिक का उल्लेख किया है।

12. जी. डब्ल्यु. ब्रिग्स ने अपनी पुस्तक 'द रिलिजस लाइफ ऑफ इंडिया' में लोरिकायन के प्राकृतिक-परिवेश का चित्रांकन किया है।

13. जॉन हंटर ने 'भागलपुर गजेटियर' (पृ. 48-50) में संकलित तथा स्टेटिकल एकाउंट से आधा अंश में लोरिक-विषयक रिपोर्ट अंकित है। इसके अतिरिक्त अनेक विदेशी विद्वानों ने लोरिक विषयक खोज का उल्लेख भिन्न-भिन्न रूपों में किया है। उपर्युक्त उल्लेख तत्वान्वेषी विदेशी विद्वानों की दृष्टि में लोरिकायन की गरिमा को प्रकाशित करते हैं।

इस लेखन में जो अन्य रहता है/डिस्कवरी ऑफ इंडिया शीर्षक महाकथा में जो लेखन रहता है।

मालचंद तिवाड़ी के लिए

गिरिराज किराडू

To me as a child the India that had produced so many of the persons and things around me was featureless and I thought of the time when the transference was made as a period of darkness darkness which also extended to the land, as darkness surrounds a hut at evening, though for a little way around the hut there is still light. The light was the area of my experience, in time and place. And even now, though time has widened, though space has contracted and I have travelled lucidly over that area which was to me the area of darkness, something of darkness remains, in those attitudes, those ways of thinking and seeing, which are no longer mine.

–सर वी. एस. नैपाल[1]

निर्मल वर्मा अपने एक निबंध[2] में यह तथ्य पूर्वमान्यता की तरह प्रयुक्त करते हैं कि उनके लिए (भारतीयों/भारतीय संस्कृति के लिए) अपनी अस्मिता की पहचान का संदर्भ कभी कोई अन्य नहीं रहा, आत्म हमेशा आत्संदर्भी स्वीकारा गया। इसे हम इस दूसरे तथ्य के साथ रखना चाहते हैं कि निर्मल वर्मा के लिए बतौर एक भारतीय लेखक-बुद्धिजीवी और मनुष्य अपनी अस्मिता पहचान का संदर्भ सदैव एक अन्य रहा है। इसीलिए भारतीयों की दूसरी संस्कृतियों के प्रति प्रारूपिक 'चुप्पी' और 'उदासीनता' के बरक्स निर्मल वर्मा इन 'दूसरी', 'अन्य' संस्कृतियों–योरोपीय या बौद्ध या वामपंथी–संस्कृति (?) के विषय में उल्लेखनीय रूप से मुखर हैं। इस अर्थ में एक भारतीय लेखक और मनुष्य के रूप में अपनी अस्मिता की खोज की उनकी चेष्टाएँ जैसे एक स्व-परिभाषित अ-भारतीय विधि एवं अवधारणा पर आधारित हैं। निर्मल वर्मा का संस्कृति-चिंतन अर्थात् उनका आत्म चिंतन ऐसे ही स्पष्ट अंतर्विरोधों के कारण उस अवस्था व बुनावट का एक स्पष्ट प्रतिनिधि है जिसे हम उत्तर-औपनिवेशिक भारतीय बुद्धिजीवी के साथ संबद्ध करते हैं। (ऐसा ही स्पष्ट अंतर्विरोध तब भी उभरता है जब वे भारतीय उपन्यास की अवधारणा निर्मित करते हुए जैसे स्वयं यह पहचानते हैं कि स्वयं उनके उपन्यास किस कदर एक स्वपरिभाषित विधि, मानक से अ-भारतीय हैं) निर्मल वर्मा के लेखन में प्रातिनिधित्व के प्रति जो सघन विराग और संतप्त सम्मोहन है, उसकी रोशनी में इसे पढ़ने व स्थापित करने का प्रयास करना बहुत दिलचस्प और दुरूह हो सकता है पर इस निबंध में हमें उस अन्य की रिहाइश देखनी है जिसे संदर्भ बनाए बिना वे अपने आत्म की कोई तस्वीर नहीं बना पाते हैं। दूसरे और अब तक इस निबंध में पहले ही कहे जा चुके शब्दों में हमें उस स्व-परिभाषित अ-भारतीय विधि का विवरण पाना है जिस पर उनके परवर्ती लेखन में भारतीय होने की खोज का, भारत की खोज का, अपने आत्म की खोज का वृत्तांत टिका है।

दो

निर्मल वर्मा के पूर्ववर्ती लेखन में आत्म और अन्य दोनों की एक समग्रीकृत, एकनिष्ठ, रेनेसां-निर्मित, सेकुलर और आधुनिकतावादी छवि है। यह समग्रीकृत और एकनिष्ठ अन्य 'योरोप' है और यह समग्रीकृत और एकनिष्ठ आत्म 'भारतीय' है। इस अन्य के साथ उनके एनकाउंटर की शुरुआत **चीड़ों पर चाँदनी** में होती है। अन्य के इलाके में पहली यात्रा।

इस दृष्टि से वह मेरी पहली यात्रा-पुस्तक चीड़ों पर चाँदनी से बहुत भिन्न है, जिसमें मैंने भोले उल्लास में पहली बार योरोप की संस्कृति को चखा था, वहाँ भोगने का सुख था, शंका करने की गुंजाइश नहीं थी।[3]

यह स्थापित करना मुश्किल नहीं कि यह भोला उल्लास 'अन्य' से विमोहित एक औपनिवेशिक कलाकार-बुद्धिजीवी की आत्म-छलना है। निर्मल वर्मा इस पूरी पुस्तक में एकवर्णी सांस्कृतिक अनुभव-योरोपीय सांस्कृतिक अनुभव की संरचना निर्मित्त करते हैं जिसमें कोई दूसरा नहीं। लेकिन दस वर्ष बाद जब इसे पहचानते हैं तो,

आज दस वर्ष बाद मेरे लिए पश्चिमी संस्कृति का संकट कोई बाहर की बीमारी नहीं है, जिससे पल्ला झाड़कर मैं अपनी पवित्र और शाश्वत परंपरा में सुरक्षित रह सकूँ। न ही भारतीय संस्कृति सिर्फ मेरे संस्कारों की उपज है जिसका दूसरों से कोई वास्ता नहीं।[4]

इसके साक्ष्य से क्या हम यह कह सकते हैं कि निर्मल वर्मा का अन्य के साथ पहला एनकाउंटर कुछ ऐसा है कि वे अन्य के अंदर, जहाँ शंका करने की गुंजाइश नहीं है, इस तरह रहते हैं जैसे वह अन्य ख़ुद अभी आंतिरिकीकृत नहीं हुआ है, बाहरी है।

तीन

हम भारतीयों की इस आत्मतुष्टि और आत्मविडंबना के गहरे ऐतिहासिक कारण हैं। जिस स्वतंत्र व्यक्ति का जन्म योरोप में रेनेसां के दौरान हुआ था, उसकी परिकल्पना भारत के अर्द्ध-सामंतवादी समाज में असंभव लगती है।[5]

चूंकि मानसिक आलस्य और हीन भाव हमें खुली दुनिया में जाने से रोकता है, हम अपने अतीत के अंधे प्रेतों से चिपके रहना ही सुविधाजनक समझते हैं...। इस कटु सत्य को निगल नहीं पाते कि सभ्यता के जो जीवंत तत्त्व सदियों पहले हममें मौजूद थे, इतिहास-चक्र ने उन्हें किन्हीं दूसरे देशों और सभ्यताओं को हस्तांतरित कर दिया है।[6]

इन दिनों निर्मल वर्मा की जो वैचारिक पोजिशन है, उसमें इन शब्दों को पढ़ना बहुत विस्मृत करता है। यह निर्मल वर्मा का अपने समग्रीकृत, एकनिष्ठ अन्य से दूसरा एनकाउंटर है। विमोहन का खिंचाव और प्रश्नांकन की चेष्टाएँ इस दूसरी दफा को बहुत यातनापूर्ण बनाती है। अन्य और आत्म की सन्निधि की संरचनाएँ बननी यहीं शुरू होती हैं। इसमें निर्मम आत्म साक्षात्कार की जो उप-निर्मित्तियाँ हैं, वे स्वयं निर्मल वर्मा के परवर्ती लेखन में अनुपस्थित हैं जिसमें अतीत के इन्हीं अंधे प्रेतों को गौरवमय छायाओं में परिवर्तित किया जाता है। ठीक इस बिंदु पर उनका आत्म-साक्षात्कार भी एक ऐसे बुद्धिजीवी का विमर्श है जो अपनी औपनिवेशिक सीमाओं और एक दूसरी औपनिवेशिक संतति-भारतीय आधुनिकतावाद-के केंद्रवादी, समग्रतावादी, गैर-राष्ट्रीयतावादी मूल्यों के बीच नाजुक संतुलन बनाता हुआ सच्चे अर्थों में 'आधुनिक' और कुछ-कुछ प्रगतिशील हो उठता है।

केवल इस रास्ते से ही हम पहली बार उस 'भारतीय आत्मा' को भी सूरज की रोशनी में उबार सकेंगे जिस पर सदियों से झूठी जातीयता और अंधविश्वासों की राख जमा होती गई है। यह कुछ लोगों को तार्किक असंगति जान पड़े, किंतु यह सत्य है कि स्वयं अपनी 'जीवंत आत्मा' को खोजने के लिए भी आज हमें पश्चिम की वैज्ञानिक संस्कृति से गुजरना होगा।[7]

और एक ऐसी संरचना बनती है जिसके केंद्र में एक सार्वभौमिक, सार्वदेशिक आधुनिकतावादी मनुष्य का जन्म होता है।

इसमें सन्देह नहीं कि पश्चिमी सभ्यता के अपने अंतर्विरोध और संकट हैं, किंतु महत्त्वपूर्ण चीज यह है, जिसे मैं यहाँ रेखांकित करना चाहता था (और जिसे हम अक्सर भूल जाते हैं), कि आज का कोई भी कलाकार, चाहे वह फ्रेंच हो या जापानी या भारतीय, अपने को उन अंतर्विरोधों और संकट से अछूता नहीं रख सकता। इसे योरोप की 'विशेष स्थिति' कहकर टाला नहीं जा सकता, क्योंकि वह बीसवी शताब्दी की केंद्रीय मानवीय स्थिति है।[8]

यह केंद्रीय मानवीय स्थिति का महारूपक किस तरह उस सांस्कृतिक वर्चस्वशीलता का मानवीय चेहरा भर है, जिसका दबाव निर्मल वर्मा हमेशा महसूस करते हैं लेकिन वे इसे बहुत बाद में, एक दूसरे तरीके से और हमेशा की तरह दूसरे शब्दों में पहचानते हैं।

चार

निर्मल वर्मा निबंध के जिस गैर-अभिजात और लोकतांत्रिक 'खुलेपन' में सांस्कृतिक को अवस्थित करते हैं, उसका निर्वासन

जब उपन्यास या कहानी की 'गहराई' में होता है तो यह लगभग एक स्वायत्तशासी निकाय हो जाता है : निबंध और फिक्शन की दो भिन्नताओं, सत्तामूलक श्रेणियों 'गहराई' और 'खुलेपन' के बीच सक्रिय एक निकाय। **चीड़ों पर चांदनी** का निर्वासन **वे दिन** में होता है। **हर बारिश में** का **लाल टीन की छत** में। **कला का जोखिम** का **रात का रिपोर्टर** में। कुंभ पर संस्मरण **सुलगती टहनी** का **कव्वे और काला पानी** में। **भारत और योरोप : प्रतिश्रुति के क्षेत्र** व अन्य परवर्ती निबंध लेखन का **अंतिम अरण्य** में।

पाँच

निर्मल वर्मा के कथा-लेखन पर अपनी विचारोत्तेजक किताब **कथापुरुष** में मदन सोनी एक महत्त्वपूर्ण पद ट्रांजिट स्टेशन को बहुसंकेतक व्यवस्था की तरह प्रयोग करते हैं। हम इस निबंध में बिना ठीक से स्पष्ट किए परवर्ती और पूर्ववर्ती जैसे पदों का व्यवहार करते रहे हैं। यदि मदन सोनी से यह पद उधार ले कर हम निर्मल वर्मा के कुंभ के मेले पर लिखे यात्रा संस्मरण को उनके लेखन के ठीक बीच में मौजूद एक ट्रांजिट स्टेशन कहें तो यह दोनों पद स्पष्ट हो सकते हैं। परवर्ती को एक टर्मिनस-अन्य विमोहन का टर्मिनस-की तरह पढ़ा जा सकता है। दूसरा टर्मिनस (आत्मविमोहन?) अभी कुछ मुकम्मिल पढ़ा नहीं जा सकता। उसको पढ़ने का, उसकी तरफ जाते संकेतों को देखने का प्रयत्न ही यह निबंध है। हाँ उधार लेते ही इस पद-ट्रांजिट स्टेशन का अपना अर्थ भी वही नहीं रहा, कोई दूसरा हो गया है।

मैं जहाँ कहीं भी होता हूँ, वह अपनी फैली फटी-फटी आँखों से मुझे निहारता है-मैं क्या हूँ, यह वह नहीं समझ पाता-न मैं तीर्थयात्री लगता हूँ, न कल्पवासी-मैं उसे आधा हिप्पी, आधा जिप्सी-सा दिखाई देता हूँगा-जो अपने पाप-पुण्यों को एक डफल बैग में समेटकर कुंभ मेले में भटकता है।[9]

अब मैं देख सकता हूँ-अचानक उजाले में ! पूर्व में एक छोटा-सा लाल पिंड, एक सुर्ख आँख-सा डिस्क। उसे देखकर मैं उसी तरह चौंक जाता हूँ जैसे पहली बार बाइबिल में यह वाक्य पढ़कर रोमांचित हो उठा था-लेट दियर बि लाइट एंड देयर वॉज लाइट। मैंने कभी ऐसा आलोक नहीं देखा-और तब मुझे सहसा महसूस हुआ कि यह आज का दैनिक उजाला नहीं, कोई प्रागैतिहासिक आलोक है, जब दुनिया पहली बार अँधेरे से बाहर आई थी।[10]

x x x

हिंदू-मानस में कोई ऐसा बिंदु नहीं जिस पर अँगुली रखकर हम कह सकें, यह शुरू है, यह अंत है। यहाँ कोई आखिरी पड़ाव, 'जजमेंट डे' नहीं, जो समय को इतिहास के खंडों में बाँटता है।[11]

x x x

ये कुंभ मेले अस्थायी आश्रम हैं, चारों तरफ छोटी-छोटी आरामदेह कुटियों के भीतर एक ठंडी छाँह बिछी रहती है। उन्हें देखकर योरोप की मध्यकालीन मॉनिस्टरी की कोठरियाँ याद आती हैं, जिनमें भिक्षुक अपना समूचा जीवन बिता देते थे।[12]

x x x

वे इस अखाड़े के साधु नहीं थे-किंतु भिखारी भी नहीं जान पड़ते थे-एक किस्म के धार्मिक प्रोलितारियत-जिन्होंने अपनी दुनिया छोड़ दी थी, किंतु जिन्हें अभी तक किसी मठ या संप्रदाय की दुनिया में स्थान नहीं मिला श्ग।[13]

x x x

उन दिनों सूनी दुपहरों में अखाड़ों के चक्कर लगाता हुआ मैं अक्सर 'त्याग' के बारे में सोचा करता था-जिसे कृष्ण ने, बार-बार दुहराया है। जीसस क्राइस्ट के ये शब्द अक्सर झिंझोड़ जाते थे : सब कुछ छोड़कर मेरे पीछे चले आओ-एक ऊँट सूई के छेद से बाहर निकल सकता है, किंतु एक धनी पुरुष स्वर्ग नहीं जा सकता, किंतु साधुओं, महंतों, मठाधीशों की भीड़ में मुझे लगता था कि वे एक दुनिया के बंधन काटकर दूसरी दुनिया के जंजाल में इतना फँस गए हैं कि ईश्वर का वहाँ कहीं पता नहीं चलता था।[14]

x x x

एक बार मैंने अपनी यह जिज्ञासा एक उदासी बाबा के सामने रखी थी। उनका उत्तर बहुत कुछ कैथोलिक चर्च के अनुयायियों से मिलता-जुलता था। "यदि मठ नहीं रहेंगे तो ईश्वर और सांसारिक लोगों के बीच कौन कार्यकलाप करेगा? हम एक तरह से मिडलमैन हैं-लौकिक और पारलौकिक के बीच।"[15]

x x x

शायद अंत में स्मृति के ये अंक बचे रह जाते हैं; न इस धरती के, न ईश्वर के-किंतु दोनों को एक 'एपिक' गाथा में बाँधते हुए।[16]

x x x

बहुत देर तक राख ओर लपटों के बीच उनका स्वर मेरे कानों में गूँजता रहा, जैसे वह बार-बार मुझसे कह रहे हों, लो यह लकड़ी, पेड़ की एक शाख, जिसे सलीब बनाकर जीसस अपने कंधे पर ढोते हुए गोलगोथा के टीले पर चढ़े थे। यह टहनी है, एक शाख, राख और चिंगारियों में मनुष्य की शाश्वत वेदना में सुलगती हुई...जिस पर कृष्ण बैठे थे, पैर पर तीर से बिंधे हुए, लहूलुहान, क्षत-विक्षत, हवा में झूलती अनेक शाखाओं के बीच समूची गीता का मर्म खून के कतरों में बूँद-बूँद टपक रहा था...[17]

x x x

मेरे लिए कुंभ मेला अपने में एक बहता, अनलिखा महाकाव्य था, गरीबी, गौरव, सुख, यातना को एक कड़ी में पिरोता हुआ, बालू पर मनुष्य की भाग्यरेखा को अंकित करता, मिटाता हुआ—रिल्के ने जिस देवदूत (एंजिल) से ईर्ष्या की थी, जो ईश्वर के पास है, क्या उसका प्रतिरूप इस दुनिया में लेखक नहीं है : एक रिपोर्टर, एक खबर देने वाला हरकारा—दोतरफा दूत—जो ईश्वर की खबर मनुष्य को और धरती का सौंदर्य कहीं दूर ईश्वर को देता रहता है—एक ऐसा ईश्वर जो शायद नहीं है, किंतु जिसे वह सुलगती लकड़ी की तरह कंधे पर रखकर चलता है। मुझे नहीं मालूम, लेकिन मैं इस पर विश्वास करना चाहूँगा, इस विश्वास के सहारे जीना चाहूँगा।[18]

इस विस्तृत उद्धरण—शृंखला से आप यह स्पष्ट ही लक्ष्य कर सकते हैं कि प्रत्येक अनुभूति—सांस्कृतिक अनुभूति के सादृश्य के लिए एक अन्य सांस्कृतिक अनुभूति का विधान है। इसे ही हमने पूर्व में आत्म और अन्य की सन्निधि की संरचनाएँ कहकर पुकारा था। यहाँ निरंतर आत्म को अन्य के संदर्भ से न सिर्फ पहचाना जाता है, बल्कि स्वीकार किया जाता है। हम इस शब्द स्वीकार पर जोर देना चाहेंगे क्योंकि सुलगती टहनी के आख्याता का स्वर कुछ-कुछ पाप-स्वीकार जैसा है।

मेरा रिश्ता अपनी संस्कृति से वैसा ही है जैसा किसी व्यक्ति का यातनापूर्ण प्रेम में दूसरे से होता है—चाहना और घृणा से भरा हुआ—घृणा जो धीरे-धीरे एक उदासीन, सुन्न किस्म की वितृष्णा में बदल जाती है। इससे छुटकारा पाने के लिए ही मैं यहाँ चला आया हूँ—जैसे दूसरे को देखने से ही अपने को पा जाऊँगा, एक दर्शक, संवाददाता, कुंभ के मैदान में भटकता हुआ एक रिपोर्टर![19]

इस ट्रांजिट स्टेशन—कुंभ—पर उतरते चढ़ते आत्म और अन्य के एनकाउंटर को यह यात्रा, 'तीर्थ यात्रा' हो जाती है।

एक तरह से सिंगरौली की यात्रा भी उस 'तीर्थयात्रा' की अँधेरी परिणति है, जिसकी शुरुआत इलाहाबाद के कुंभ मेले में हुई थी।[20]

छह

डिस्कवरी ऑफ इंडिया लिखने के दो तरीके हैं। एक वह जिसमें एक औपनिवेशक चेतना अन्य के साथ समन्वय का स्पेस बचाते और निर्मित करते हुए, अपने आत्म की खोज के लिए अतीत और इतिहास से होकर अपने को सांस्कृतिक को उपलब्ध करती है जैसा जवाहरलाल नेहरू करते हैं। एक लिखित दस्तावेज की शक्ल में। दूसरा वह जिसमें यथार्थान्वेषण—खुले भूलोक में यथार्थान्वेषण—अपनी सहज परिणति में सांस्कृतिक के उद्घाटन में फलित है, जैसा महात्मा गाँधी करते हैं। गाँधी की इस खोज का 'जिक्र' वे अन्य और आत्म के इस संबंध की कहानी लिखते हुए करते हैं : **भारत और योरोप : प्रतिश्रुति के क्षेत्र**। और नेहरू तक पहुँचते हैं सिंगरौली[21] में, जहाँ से कोई वापसी नहीं। (इसे वे कुंभ की तीर्थयात्रा की अँधेरी परिणति बताते हैं तो यह संगत ही है, सिंगरौली--नेहरू के स्वप्न का भूगोल है, एक 'नया तीर्थ') सिंगरौली में तकनीक और प्रौद्योगिकी—'पश्चिम की वैज्ञानिक संस्कृति'—के जिस 'सत्य' को वे पहचानते हैं, वह वही है जो महात्मा गाँधी हिंद-स्वराज्य में लिखते हैं। निर्मल वर्मा की डिस्कवरी ऑफ इंडिया का एक महत्त्वपूर्ण उप-चक्र यहीं पूरा होता है।

सात

निर्मल वर्मा अन्य के साथ अपने एनकाउंटर की सर्वाधिक 'तार्किक' रिपोर्ट भारत और योरोप : प्रतिश्रुति के क्षेत्र में लिखते हैं। वे उपनिवेशकालीन इतिहास को गल्प में परिवर्तित करने का प्रयत्न करते हैं और इतिहास-लेखन और गल्प-लेखन की शक्तियाँ एक दूसरे को इस तरह प्रतिक्रमित और प्रतिसंतुलित करती हैं कि यह न इतिहास-सार्वजनिक रहता है और न ही गल्प-व्यक्तिगत रह पाता है। यह रिपोर्ट व्यक्तिगत महत्वाकांक्षा की विधा[22] में एक सार्वजनिक अभिव्यक्ति—हो जाती है। निर्मल वर्मा पहली बार रिपोर्टर हो पाते हैं। उपनिवेशवादी अँधेरी रात के रिपोर्टर।

पिछले तीन हजार वर्षों में शायद ही ऐसा कोई समय रहा हो जब भारत को 'यवनों' और 'मलेच्छों' ने न घेरा हो; पहले यूनानियों और हूणों ने, फिर इस्लाम और उसके ठीक बाद ईसाई मिशनरियों और योरोपीय विजेताओं ने।[23]

X X X

बौद्ध धर्म हिंदुओं को एक दार्शनिक चुनौती मालूम देता था, जिससे वे निपट सकते थे–वे पराए होते हुए भी अपने थे और अंततः वे बिल्कुल अपने हो गए और बौद्ध धर्म भारत में लुप्त नहीं, लीन हो गया। दूसरी ओर इस्लाम और ईसाई धर्म अपने असंदिग्ध पराएपन के कारण आज तक संस्थाबन्द्ध रूप में भारत में अस्तित्ववाद हैं।[24]

आठ

जैसे ही यह यात्रा तीर्थ यात्रा में परिवर्तित होती है उस संघटना का जन्म होता है जिसके आधार पर हमने एक ट्रांजिट स्टेशन को आविष्कृत करते हुए निर्मल वर्मा के लेखन का लेखा परवर्ती और पूर्ववर्ती जैसे पदों में किया है : आत्म और अन्य दोनों की अब तक उपस्थित छवियों का विखंडन। निर्मल वर्मा के लेखन में आत्म और अन्य की जिन समग्रीकृत, एकनिष्ठ, रेनेसां-निर्मित, सेकुलर और आधुनिकतावादी छवियों को हमने पूर्व में प्रस्तावित किया था, वे कुंभ के इस ट्रांजिट स्टेशन से गुज़रकर विखंडित हो जाती हैं। अब निर्मल वर्मा का समग्रीकृत, एकनिष्ठ आत्म–भारतीय–वह नहीं है जो उसे आधुनिकतावाद और रेनेसां के गैर-राष्ट्रीयतावादी, सांस्कृतिक-केन्द्रिकतावादी विमर्श में उपलब्ध हुआ था। अब यह भारतीय विखंडित होकर कुछ-कुछ उस आत्म में परिवर्तित होता है जिसे शुद्ध भारतीय आत्म या उपनिवेश पूर्व का मूल भारतीय आत्म/भारत कहा जाता है। यह बहुसांस्कृतिकतावादी, विकेंद्रीकरणवादी गैर-आधुनिक, उत्तर आधुनिक विखंडन है।

यह विलक्षण विखंडन है। निर्मल वर्मा का अन्य अब एक समग्रीकृत और एकनिष्ठ योरोप नहीं रहा। वह अब बौद्ध, हूण, यूनानी, इस्लामी आदि कई रूपों में विखंडित, विकेन्द्रित हो गया है। यह विलक्षण इस अर्थ में है कि यही अवयव–बौद्ध, हूण, यूनानी, इस्लामी उनके समग्रीकृत एकनिष्ठ आत्म के भी संघटक अवयव थे। इस तरह आत्म और अन्य उभय सामान्य अवयवों के स्थानांतरण से भिन्न और अभिन्न होते हैं। यहीं पर निर्मल वर्मा के लेखन में डिस्कवरी ऑफ इंडिया लिखने के एक तीसरे तरीके की पहचान होती है। यह तीसरा तरीका विवेकानंद का तरीका है।

नौ

निर्मल वर्मा के संस्कृति चिंतन, जिसे हम कुछ जोर के साथ पहले ही आत्मचिंतन कह चुके हैं, में इस दूसरे टर्मिनस, परवर्ती में स्थित, को आत्मविमोहन कहा जा सकता है कि नहीं यह अभी भी हमारे सम्मुख स्पष्ट नहीं है। यह भी प्रस्तावित किया जा सकता है कि यह दूसरा टर्मिनस सिर्फ आत्मविमोहन का ही नहीं, आत्मवियोजन और अन्यवियोजन का भी टर्मिनस है। निर्मल वर्मा डिस्कवरी ऑफ इंडिया किसी एक तरीके से कभी नहीं लिख सकते, यह उनके अब तक के लेखन के आधार पर कहा जा सकता है, बल्कि वे कभी भी कुछ भी किसी एक तरीके से नहीं लिख सकते। उनके लेखन में अपने ही संहार की सर्वाधिक सामग्री है और यह भी उनकी लिखने की शैली की ही एक युक्ति है जिसमें संहार और आहार निर्विकल्प रूप से परस्पराश्रयी शक्तियाँ हो जाती हैं। हमने शायद उस अन्य की रिहाइश की कथा कुछ कही है जो उनके लेखन में रहता आया है। शायद कुछ कथा उस महाकथा–डिस्कवरी ऑफ इंडिया–की भी कही है जिसे लिखने की महत्वाकांक्षा उनके लेखन में रहती है।

संदर्भ

1. वी. एस. नैपाल, **एन एरिया ऑफ डार्कनेस,** पेंग्विन पेपरबैक्स, पृ. 9
2. निर्मल वर्मा, **भारत और योरोप : प्रतिश्रुति के क्षेत्र,** राजकमल प्रकाशन, प्रथम संस्करण, 1991, पृ. 31
3. निर्मल वर्मा, भूमिका, **हर बारिश में,** राधाकृष्ण प्रकाशन, द्वितीय आवृति, 1981
4. वही

5–8. निर्मल वर्मा, 'केंद्रीय मानवीय स्थिति', **हर बारिश में,** वही, पृ. 31, 32, 32, 33

9–19. निर्मल वर्मा, 'सुलगती टहनी', **कला का जोखिम,** राजकमल प्रकाशन, द्वितीय संस्करण, 1984, पृ. क्रमशः 105, 107, 109, 110, 116, 117, 126, 127

20. निर्मल वर्मा, भूमिका, **ढलान से उतरते हुए,** राजकमल प्रकाशन, द्वितीय संस्करण, 1988
21. निर्मल वर्मा, 'सिंगरौली : जहाँ कोई वापसी नहीं', वही, पृ. 94–104
22. निर्मल वर्मा, 'सुलगती टहनी', वही। एक जगह निर्मल वर्मा लिखते हैं कि वे हमेशा ही अपने को लेखक न कह पाकर रिपोर्टर बताते हैं। यह उनके उस संकोच से मिलता जुलता है जिससे वे प्राग में अपने लेखक होने को छुपाते थे। (साक्षात्कार, पूर्वग्रह का निर्मल वर्मा पर केंद्रित अंक)

23–24. निर्मल वर्मा, **भारत और योरोप : प्रतिश्रुति के क्षेत्र,** वही, पृ. 30, 32

मैं निश्चयदत्त और मेरी अनुराग परा

कृष्ण बलदेव वैद

कोई माने न माने, मैं पिछली कई सदियों से इस प्रतीक्षा और तलाश में इधर-उधर भटक रहा हूँ कि किसी दिन मुझे कोई ऐसा कथाकार मिल जाएगा जो मुझे मेरी कहानी मेरी ज़ुबानी कहने का अवसर देने पर राज़ी हो जाएगा और मैं उसमें से वे तमाम अप्रासंगिक तत्त्व ख़ारिज कर सकूँगा जिनकी बदौलत **कथासरित्सागर** में नरवाहनदत्त के नारी विरोधी मंत्री गोमुख द्वारा सुनाई गई मेरी कहानी का केंद्रीय बिंदु यह बना दिया गया है कि "स्त्रियाँ दुराचारिणी ही होती हैं और विश्वास के योग्य नहीं होतीं।"

इसलिए आज मैं बहुत ख़ुश हूँ कि हिंदी कथा साहित्य के हाशिए पर चहलक़दमी करता हुआ एक ऐसा अनुकूल कथाकार मुझे मिल गया है। इससे पहले कि वह अपना इरादा बदल दे या कोई और किरदार उसे फाँस या फुसला ले जाए, मैं अपनी कहानी शुरू कर देना चाहता हूँ।

हाँ, तो यह उस प्राचीन काल की बात है जब मैं शिप्रा नदी के किनारे पर बसी उज्जयिनी नाम की एक विश्वविख्यात नगरी में निवास किया करता था। था तो मैं एक वैश्यपुत्र लेकिन मेरे स्वभाव और आचारव्यवहार में उन गुणों का नितांत अभाव था जो अधिकतर वैश्यपुत्रों में आज तक ढूँढ़े और पाये जाते हैं। मेरा मन व्यापार में लगता था न परिवार में। धन कमाने में मुझे कोई दिलचस्पी नहीं थी लेकिन धन ख़र्च करने के लिए मैंने कई ऐसी आदतें पाल रखी थीं जो सब कमोबेश ऐसी थीं कि उन्हें 'ऐबों' का दर्जा भी दिया जा सकता है। सो उन सारे ऐबों की परवरिश के लिए ही मैंने एक बड़ा ऐब पाल रखा था—मैं जुआ खेलता था, जी लगाकर जुआ खेलता था, और अक्सर उस खेल में मेरी जीत ही होती थी, जिसका श्रेय आप मेरी क़िस्मत को भी दे सकते हैं और मेरी कारीगरी को भी। आम जुआरियों में और मुझमें अंतर यह था कि मैं एक अनुशासित जुआरी था, जब देखता कि उस दिन के खुले ख़र्च के लिए काफ़ी पैसे मैंने जीत लिए हैं तो मैं खेलना बंद कर देता था और ख़र्च करना शुरू। रोज़ की कमाई उसी या दूसरे रोज़ ख़र्च हो जाया करती थी—कुछ अपनी शौक़ीनियों पर—मुझे खाने, पीने और पहनने का शौक़ हुआ करता था—और बाक़ी बची सब दीनों और अनाथों को दान देने में। दूसरे दिन की चिंता मुझे नहीं सताती थी। दुनियादार लोग मेरी निंदा किया करते थे, दीन और अनाथ प्रशंसा।

सुबह सवेरे मैं शिप्रा नदी में स्नान करता, फिर महाकालेश्वर की उपासना करता, फिर दान वग़ैरह देकर महाकाल के मंदिर के पास ही एक श्मशान में चला जाता, अपने शरीर पर चंदन का लेप लगाकर वहीं गड़े हुए एक खंबे से काफ़ी देर तक अपनी पीठ रगड़ता रहता। उस रगड़ से पता नहीं क्यों मुझे अपार आनंद मिलता। हर रोज़ की रगड़ से पत्थर का वह खंबा इतना चिकना और मुलायम हो गया था कि कभी-कभी मुझे उस पर आईने का गुमान होता। कभी-कभी मैं उसे ऐसे निहारता जैसे कोई कलाकार अपनी किसी कलाकृति को निहार रहा हो।

एक दिन मैं उस खंबे को देख-देख ख़ुश हो ही रहा था कि एक चित्रकार अपने एक मूर्तिकार मित्र के साथ वहाँ आया। हो सकता है उन दोनों ने किसी से मेरे और उस चिकने खंबे के बारे में कुछ सुना हो। उन दोनों ने मुझसे तो कोई बात नहीं की लेकिन काफ़ी देर तक बड़े ध्यान से वे उस खंबे को निहारते रहे। फिर चित्रकार ने मेरे देखते ही देखते अपनी कूँची से उस पर पार्वती का एक रेखाचित्र बना दिया। फिर मूर्तिकार ने अपने औजार एक झोले में से निकाले और उस रेखाचित्र को एक मूर्ति का रूप दे दिया। इससे पहले कि मैं उनसे कुछ कहता या पूछता, वे दोनों झूमते झामते वहाँ से चल दिए। मैंने

भी सोचा, कलाकार लोग हैं, अपनी ही किसी धुन में मस्त दिखते हैं, इनके रंग को भंग नहीं करना चाहिए। कुछ देर तो मैं वहीं खड़ा उस मूर्ति को सराहता रहा, फिर जुआ खेलने के लिए उस अड्डे की तरफ़ चल दिया जहाँ मेरे साथी मेरा इंतज़ार कर रहे थे।

दूसरे दिन स्नानादि के बाद जब मैं अपने उस खंबे के पास जा खड़ा हुआ तो वह मूर्ति मुझे और सुंदर, और भव्य, दिखाई दी। मैंने अपने शरीर पर चंदन का लेप लगाया और उस खंबे की दूसरी तरफ़ अपनी पीठ रगड़ना आरंभ कर दिया, मेरा ख़याल था मेरी पीठ ही छिल जाएगी लेकिन मुझे वैसा ही आनंद मिलने लगा जैसा कि रोज़ मिला करता था। सच कहूँ तो वैसा स्पर्श सुख मुझे उस खंबे से उस रोज़ से पहले कभी शायद ही मिला हो। मैंने आँखें मूँद कर आनंदविभोर होना शुरू कर दिया। सहसा मुझे महसूस हुआ जैसे दो कोमल हाथ मेरी पीठ को बार-बार सहला रहे हों। मेरी हैरानी की हद नहीं रही। मैंने आँखें तो नहीं खोलीं लेकिन मेरे हाथ अनायास मेरी पीठ की तरफ़ मुड़ गए, और फिर किसी के दो कोमल हाथ मेरे हाथों में आ गए। मैंने उन हाथों को मज़बूती से पकड़ लिया तो पीछे से एक मधुर आवाज़ आई—मेरे हाथ क्यों पकड़ लिए? मैंने कौन सा अपराध किया है? तुम्हारी पीठ को सहलाया ही तो है! मेरे हाथ छोड़ दो।

वैसी मधुर आवाज़ मैंने पहले कभी नहीं सुनी थी। वैसा सुखद स्पर्श मैंने पहले कभी नहीं भोगा था। मेरी तो जान निकली जा रही थी। साथ ही यह प्रतीत हो रहा था जैसे यथार्थ स्वप्न में बदल गया हो। आँखें खोलने या मुड़कर देखने की हिम्मत भी नहीं हो रही थी, मन भी नहीं कर रहा था—मैं उस अलौकिक कैफ़ियत को अपनी किसी भूल से खो नहीं देना चाहता था सो मैंने डरते-डरते कहा—जब तक तुम मेरे सामने आकर मुझे बताओगी नहीं कि तुम कौन हो, मैं तुम्हारे हाथ नहीं छोड़ूँगा। तब आवाज़ आई—मैं वचन देती हूँ कि मैं तुम्हारे सामने आकर सब कुछ बता दूँगी, तुम मेरे हाथ छोड़ दो।

उस आवाज़ में ऐसा आश्वासन था कि मेरा डर उड़ गया और मैंने वे अजनबी हाथ छोड़ दिए। उसी क्षण मेरी आँखें भी खुल गईं और मैंने देखा कि एक स्वप्नसुंदरी क़िस्म की विद्याधरी मेरे सामने खड़ी मुस्करा रही है।

—चमत्कृत होने की ज़रूरत नहीं। मेरा नाम अनुरागपरा है। मैं हिमालय पर स्थित पुष्करावती नामक एक नगरी के विद्याधर राजा विंध्यपर की कन्या हूँ। महाकालेश्वर की उपासना के लिए कभी-कभी यहाँ आ जाती हूँ। आज पूजा के बाद इधर से गुज़र रही थी कि इस चंदनचिकने खंबे पर पार्वती की मूर्ति मुझे दिखाई दी, सो इस खंबे में प्रवेश कर विश्राम करने का मन हुआ। मैं विश्राम कर ही रही थी कि तुम आ गए। जब तुमने खंबे से अपनी पीठ रगड़ना शुरू किया तो मुझे शरारत सूझी और मैंने पीछे से तुम्हारी प्यारी पीठ को सहलाना शुरू कर दिया। बस इतनी सी बात है और तुम बिगड़ रहे हो। अपनी शरारत के लिए क्षमा चाहती हूँ और जाने की आज्ञा।

मुझे लगा कि जाने की बात भी उसकी शरारत का ही एक अंग था। मैंने जवाब में जो कहा वह आजकल के हीरो अक्सर रूमानी फ़िल्मों और कहानियों में कहते सुनाई देते हैं।

—जाने की आज्ञा तुम्हें कैसे मिल सकती है? पहले मेरा दिल मुझे लौटाओ, फिर जाओ।

इतना साहस न जाने मुझमें कहाँ से आ गया था। उससे पहले मेरा साबका उस जैसी किसी सुंदरी से नहीं पड़ा था—और फिर वह तो आम कन्या भी नहीं थी, एक विद्याधर राजा की सुपुत्री थी।

—दिल वापस लेने के लिए तो तुम्हें मेरी नगरी में आना होगा। बाक़ी की बातें वहीं होंगी, इतना जान लो कि मेरी नगरी तक पहुँचने का रास्ता आसान नहीं, बल्कि बहुत दुर्गम है, लेकिन अगर तुममें वहाँ पहुँचने की पर्याप्त उत्कंठा होगी तो कुछ भी मुश्किल नहीं होगा।

यह कहकर वह तो उड़ गई, मैं कुछ देर तक वहीं खड़ा आकाश को घूरता रहा और उसकी नगरी पुष्करावती की कल्पना में खोया रहा, और सोचता रहा—मुझे ज़िद करके उस से यहीं गंधर्वविवाह कर लेना चाहिए था।

वह दिन और रात तो मैंने जैसे-तैसे उज्जयिनी में काटे, दूसरे दिन सुबह सवेरे हिमालय की ओर हो लिया। कुछ ही आगे जाकर मुझे तीन और यात्री मिल गए जो उसी तरफ़ जा रहे थे। उनके साथ अनेक नगरों और वनों और मुश्किलों को पार कर मैं एक ऐसे देश में जा पहुँचा जहाँ कुछ ताजिक लोगों ने हम चारों को पकड़कर एक ताजिक सरदार के हाथ ऊँचे दामों पर बेच दिया। उस सरदार ने हम चारों को गुलाम बना कर अपने एक तुर्क मित्र के पास उपहार के तौर पर भेज दिया। जब उस ताजिक के नौकर हम चारों को लेकर उस तुर्क के पास पहुँचे तो उन्हें पता चला कि उस तुर्क का देहांत हो चुका था। हमें उस तुर्क के पुत्र के हवाले कर दिया गया। उस तुर्कपुत्र की तर्क शक्ति ने उसे एक अजीब तरकीब सुझाई, जिसके अनुसार उसने हमें यह फ़ैसला सुनाया : तुम चारों को मेरे पिता के लिए उपहार स्वरूप भेजा गया है, इसलिए मैं तुम्हें

कल सुबह अपने पिता की क़ब्र में ज़िंदा गड़वा दूँगा, तब तक के लिए तुम्हारी मुश्कें मज़बूती से बाँध दी जाएँगी।

यह फ़ैसला सुनते ही मेरे तीनों सहयात्रियों ने रोना चिल्लाना शुरू कर दिया। मुझे उनपर बहुत ग़ुस्सा आया। मैंने उन्हें समझाया कि प्रलाप करने से कुछ नहीं होगा और कहा कि हमें पूरे मन से जगदम्बा भगवती से प्रार्थना करनी चाहिए, वही इस संकट में हमारी सहायता कर सकेगी। उनसे इतना बोल कर मैंने आँखें बंद कर लीं और भगवती पूजा शुरू कर दी। गई रात तक मैं पूजा करता रहा, फिर मुझे पता ही न चला मुझे कब नींद आ गई। यहाँ मैं यह सच बोल ही दूँ कि भगवती की स्तुति के साथ-साथ अनायास ही मैं अनुरागपरा का स्मरण भी करता रहा था। फिर देवी ने मेरे, और मेरे साथियों के, स्वप्न में प्रवेश कर कहा–उठो और यहाँ से भाग जाओ, तुम्हारे बंधन मैंने काट दिए।

फिर क्या था। हम सबकी नींद एक साथ खुल गई और हमने देखा कि हम बंधनमुक्त थे। हम सबने एक दूसरे को अपने-अपने स्वप्न की बात बताई और वहाँ से भाग निकले। सुबह हुई तो मेरे तीनों सहयात्रियों ने मुझसे कहा–भई, हम तो और आगे जाएँगे नहीं क्योंकि हमें डर है कि उत्तर दिशा में हमें और कष्ट होंगे, इसलिए हम तो दक्षिण की ओर मुड़ रहे हैं, तुम तुम्हारा जो जी चाहे करो।

मेरा जी तो ख़ैर अनुरागपरा के लिए ही तड़प रहा था, इसलिए मैंने अपनी दिशा नहीं बदली। कुछ आगे जाने पर मुझे चार कापालिक मिल गए। उनके साथ मैंने जेहलम नदी को पार कर लिया। शाम के समय हम एक जंगल में घुसे ही थे कि कुछ लक्कड़हारों ने हमें रोक कर कहा–आगे मत जाओ, आगे कोई गाँव नहीं, सिर्फ़ एक शिवालय है, वहाँ एक यक्षिणी रहती है जिसका नाम है शृंगोत्पादिनी, और वह वहाँ ठहरने वाले हर पथिक को पशु बना देती है और फिर उसको चट कर जाती है।

मैं तो उनकी बात सुन कुछ सहम गया लेकिन वे चारों कापालिक हँसने लगे और मुझसे बोले–हम तुम्हारे साथ हैं ना। वह यक्षिणी हमारा क्या बिगाड़ सकती है, हमने उस जैसी कई देखी हैं।

सच कहूँ तो मुझे उनकी बात पर विश्वास तो नहीं हुआ लेकिन मेरी दिशा तो निश्चित ही थी, मुझे तो उसी ओर आगे बढ़ते जाना था–सारे ख़तरों के बावजूद, पूरी निष्ठा के साथ–इसलिए मैं भी उनके साथ उस शिवालय में ठहर गया। कापालिकों ने वहाँ एक बड़ा सा भस्म-मंडल बनाया, उसमें आग जलाई, और वहीं बैठ कर कोई जाप करने लगे। जब रात गहरा गई तो शृंगोत्पादिनी नमूदार हुई। वह नरकंकाल की वीणा बजा रही थी और पूरी बीभत्सता के साथ नाच रही थी। पास आकर उसने चारों कापालिकों के साथ बारी-बारी आँख लड़ा कर नाचना शुरू कर दिया। उसकी आँखों में सम्मोहन था, उसके नाच में एक विलक्षण आकर्षण। फिर मैंने देखा कि एक कापालिक के माथे में से दो सींग फूट रहे थे। मेरे प्राण ख़ुश्क हो गए, लेकिन मेरे कान यक्षिणी के मंत्रों पर लगे रहे। फिर मैंने देखा कि वह सींगों वाला कापालिक नाचता हुआ आग में जा गिरा। उसके अधजले शरीर को ही उस यक्षिणी ने आग में से खींच मज़े ले-ले कर खाना शुरू कर दिया।

उसे ख़त्म कर लेने के बाद उसने दूसरे, और उसके बाद तीसरे, और उसके बाद चौथे कापालिक को उसी तरह ख़त्म किया। जब वह चौथे को खा रही थी तो शायद मांस और रक्त के नशे में चूर उसने अपनी वह वीणा ज़मीन पर रख दी। मैं डर के बावजूद सब कुछ पूरे ध्यान के साथ सुन और देख रहा था। मैंने झपटकर उस वीणा को उठा लिया। अब तक मुझे उस यक्षिणी के मंत्र कंठस्थ हो चुके थे, उसका वीणा बजाने का तरीक़ा भी आ गया था, और उसके नाच का अंदाज़ भी। मैंने उसी तरह वीणा बजाना, नाचना और मंत्रोच्चारण शुरू कर दिया और अपनी आँखें उसके भयंकर चेहरे पर गड़ा दीं। अगर उस समय कोई मुझे देखता तो समझता मैं शृंगोत्पादिनी की नक़ल उतार रहा था, लेकिन मैं पूरी गंभीरता के साथ अपने प्रयास में जुटा हुआ था और मन ही मन इस बात पर कुछ ख़ुश भी हो रहा था कि मेरा हाफ़िज़ा बहुत तेज़ है। कुछ ही देर के बाद मैंने देखा कि यक्षिणी के सिर में से दो सींग फूटने शुरू हो गए थे। उसने भी उनका फूटना महसूस कर लिया होगा, क्योंकि उसी क्षण उसने हाथ जोड़ दिए और कहा–मुझ पर दया करो, मेरी जान बख़्श दो, मैं सब जानती हूँ कि तुम कौन हो और कहाँ पहुँचना चाहते हो, अगर तुम मुझे छोड़े दोगे तो मैं तुम्हें अनुरागपरा के पास पहुँचा दूँगी।

पहले तो मेरा मन हुआ कि उससे कहूँ कि वह उन चारों कापालिकों को फिर से ज़िंदा कर दे, फिर ख़याल आया कि वैसी शक्ति या सिद्धि उसमें होगी नहीं। और एक बात यह भी कि प्रेमी अक्सर स्वार्थी होते हैं और अपनी एक ही धुन के पक्के भी। मुझ पर तो अनुरागपरा का भूत बुरी तरह से सवार था ही, मैंने उसी क्षण मंत्र वग़ैरह सब बंद कर दिए और यक्षिणी के कंधे पर चढ़ बैठा। रात भर वह मुझे अपने कंधे पर बिठाए पुष्करावती नगरी की ओर उड़ती रही और दूसरी सुबह

उसने कहा—दिन में मैं उड़ नहीं सकती, इसलिए अब दिन भर तुम इस सुंदर वन में विश्राम करो, अँधेरा होते ही मैं फिर आ जाऊँगी।

उसके जाने के बाद मैं इधर-उधर विचरने लगा। मुझे प्यास लगी थी लेकिन जो तालाब वहाँ नज़र आया वह मुझे विषैला जान पड़ा, इसलिए मैंने पानी नहीं पिया। घूमते-घूमते मुझे दो चमकदार आँखें ज़मीन में से झाँकती हुई दिखाई दीं तो मैंने बैठकर उस जगह को खोदना शुरू कर दिया। कुछ ही देर बाद मुझे एक ज़िंदा बंदर का सिर दिखाई दिया। मैं हैरान हो ही रहा था कि बंदर बोला—मैं असल में बंदर नहीं, आदमी हूँ, ब्राह्मण हूँ, बंदर बना दिया गया हूँ, मुझे यहाँ से निकालो तो तुम्हें अपनी कहानी सुनाऊँगा।

मैंने उस बेचारे को बाहर निकाला तो वह बोला—कहानी सुनाने से पहले मैं तुम्हें भी जलपान करवाऊँगा, ख़ुद भी करूँगा।

यह कहकर वह मुझे एक पहाड़ी नदी के किनारे ले गया। वहाँ कई फलदार पेड़ देख मेरा दिल ख़ुश हो गया—मेरा दिल तो दरअसल अनुरागपरा अपने साथ ले गई थी उसकी जगह जो कामचलाऊ दिल छोड़ गई थी, वही ख़ुश हो गया होगा। हम दोनों ने बहुत से फल खाए, बहुत सा पानी पिया, और फिर हम एक पेड़ तले बैठ गए, और उस बंदर ने अपनी आपबीती मुझे सुनाई।

बंदर उर्फ़ सोमस्वामी की आपबीती

मेरा असली नाम सोमस्वामी है और मैं वाराणसी के एक ब्राह्मण कुल में पैदा हुआ था, वहीं मैं जवान भी हुआ और वहीं मेरी जवानी ने मुझसे वह गुल खिलवा दिया जिसके परिणाम स्वरूप मैं इसी जन्म में बंदर बन गया। हुआ यह कि एक दिन मैं अपने शहर में मटरगश्त कर रहा था कि एक झरोखे में से एक वैश्य स्त्री ने मुझे देख लिया और मुझे अपने वश में करने का निर्णय ले लिया। उसने ही बाद में मुझे यह बात बताई थी। उसका नाम था बंधुदत्ता, वह मथुरा के एक बड़े वैश्य से ब्याही हुई थी, और उन दिनों अपने मायके आई हुई थी। यह सब भी मुझे बाद में ही मालूम हुआ।

मैं उन दिनों एक दम भोला-भाला तो नहीं था लेकिन यह नहीं जानता था कि कुछ स्त्रियाँ ब्याह के बाद जब मायके आती हैं तो किसी से कोई सिलसिला जोड़ लेने के लिए इधर-उधर ताक-झाँक करती रहती हैं। वह चंचला बंधुदत्ता भी ऐसी ही एक स्त्री रही होगी। जो भी हो, उसने जब अपनी एक सखी सुखशया को मेरे पास संगम का प्रस्ताव देकर भेजा तो मैं भौंचक्का सा रह गया। सुखशया मुस्कराई और बोली—तुम्हें हैरान नहीं, ख़ुश होना चाहिए, तुम्हें एक अनुपम अवसर मिल रहा है, चलो मेरे साथ मेरे घर, वहीं तुम्हारा मिलाप बंधुदत्ता से हो जाएगा।

मैं उसके साथ हो लिया, मुझे अपने घर में छोड़ वह उस कामांध बंधुदत्ता को वहाँ बुला लाई। मैं अनाड़ी, बंधुदत्ता बला की खिलाड़िन—हमारे बीच उस दिन जो हुआ, उसकी कल्पना तुम कर ही रहे होगे। उस दिन के बाद हम हर रोज़ वहीं मिलते और मिलकर ख़ूब मज़े लेते। मुझे नित नया अनुभव होता और मैं उस बंधुदत्ता की कामकुशलता पर विस्मित होता रहता और अपनी क़िस्मत पर ख़ुश। पाप और पुण्य जैसे जटिल प्रश्न मेरे मन में उन दिनों एक बार भी नहीं उठे। जिस सहज भाव से वह आते ही मुझ पर पिल पड़ती उससे मैं यही अनुमान लगाता कि वाराणसी में ही नहीं देश भर में उसी तरह के खेल खेले जा रहे होंगे।

कुछ दिनों के बाद सुखशया ने मुझे बताया कि बंधुदत्ता का पति अपनी पत्नी को लिवाने के लिए मथुरा से वाराणसी आ रहा है लेकिन मुझे चिंता नहीं होनी चाहिए क्योंकि वे दोनों सखियाँ मिलकर कोई ऐसा प्रबंध कर लेंगी कि मैं भी बंधुदत्ता के साथ मथुरा चला जाऊँगा। मैंने सोचा मुझे नौकर बनाकर वह अपने साथ ले जाएगी, लेकिन जब मुझे पता चला कि सुखशया योगिनी थी और उसका प्रस्ताव था कि वह किसी मंत्र से मुझे बंदर बनाकर मथुरा भेज देगी, तो मैं संकोच में पड़ गया। फिर उसने मुझे समझाया—तुम मूर्ख हो, इसमें संकोच की क्या बात है, तुम असल में तो आदमी ही रहोगे, बंदर तो सिर्फ़ दिखावे के लिए ही बनोगे, दुनिया को धोखा देने के लिए, क्योंकि एक मंत्र से अगर तुम्हें बंदर बनाया जा सकता है तो दूसरे से आदमी भी तो बनाया जा सकता है, और वह मंत्र बंधुदत्ता को सिखला दिया जाएगा, तुम चिंता न करो, तुम्हें तो एक योनि में दो योनियों का अनुभव मिलेगा, तुम बंदर भी और बाँके सोमस्वामी भी, जब जैसा अवसर होगा वैसा मज़ा मिलेगा, बंदर बनकर तुम बंधुदत्ता की गोद में बैठा करोगे, सोमस्वामी बन कर उसे अपनी गोद में बिठा लिया करोगे।

सुखशया की बातें इतनी मनमोहिनी होती थीं कि अगर मैं उसकी सखी के चक्कर में न फँसा होता तो ज़रूर सुखशया की शैया पर जा पड़ा होता।

हाँ, तो हुआ यह कि सुखशया ने मुझे एक प्यारे और छोटे से बंदर का रूप देकर मेरे गले में एक लाल डोरा सा बाँध दिया और कहा—बंधुदत्ता जब चाहेगी यह डोरा खोल कर और

मेरे सिखाए हुए मंत्र का जाप करके तुम्हें आदमी बना देगी और जब ज़रूरत होगी तुम्हें फिर बंदर बना दिया करेगी।

बंधुदत्ता का पति भी भोला बादशाह ही रहा होगा। उसे रत्ती सा शक भी नहीं हुआ और वह अपनी पत्नी के उस नक़ली बंदर को साथ मथुरा ले जाने के लिए राज़ी हो गया। मुझे एक सेवक के कंधे पर बिठा दिया गया। वहाँ से मैं आराम से बार-बार बंधुदत्ता को आँख मारता तो वह मुस्कराकर मुझे निहाल कर देती, उसका पति सोचता होगा, नटखट बंदर मेरी नटखट बीवी का मन बहला रहा है, मेरा क्या जाता है, आख़िर बंदर ही तो है, आँख मारता है तो मारे, और वह मुस्कराती है तो मुस्कराए। उसे क्या मालूम कि जब उसकी बेहया बीवी मेरे आँख मारने पर मुस्कराती तो हम दोनों के बीच मथुरा पहुँचने के बाद के मिलन का कार्यक्रम तै हो रहा था। इस तरह हमारा सफ़र बहुत अच्छा कट रहा था और मुझे अपनी बंदर भूमिका अच्छी लग रही थी, लेकिन जब हम एक जंगल में से गुज़र रहे थे तो बंदरों के एक क़बीले ने मुझ पर हल्ला बोल दिया। जिस सेवक के कंधे पर मैं बैठा था, उसे उन्होंने घेर लिया। उन बंदरों ने सूँघ लिया होगा कि मैं एक बंदर के भेस में एक परनारी कामी व्यभिचारी था, या शायद वे वैसे ही मेरे ख़िलाफ़ हो गए थे। उनके हमले के सामने वह सेवक ठहर पाया न और सेवक, और उनको भगा कर इन बंदरों ने मुझे नोचना शुरू कर दिया। उनसे नुचता हुआ मैं इधर-उधर भाग रहा था और सोच रहा था कहीं बंधुदत्ता के उस भोले और बुद्धू दिखने वाले पति ने ही किसी मंत्र बग़ैरह से उन जंगली बंदरों को मेरे ख़िलाफ़ न भड़का दिया हो। बंधुदत्ता मंत्र पढ़कर मुझे मनुष्य बना सकती थी लेकिन तब उसकी सारी पोल खुल जाती और उसके पति को पता चल जाता कि मुआमला क्या है। ज़ाहिर है कि वह मुझे भोगना तो चाहती थी लेकिन चोरी-चोरी ही, खुलेआम नहीं, और अपनी शादी को ख़तरे में डाल कर तो हर्गिज़ नहीं। संक्षेप में यही कि किसी तरह अपनी जान बचा कर वहाँ से भागकर यहाँ आकर छिप गया। यहाँ भी मुझे आराम नहीं मिला। एक हथिनी ने मुझे अपनी सूँड में लपेट कर उस बाँबी में घुसेड़ दिया जिसमें से आज तुमने मुझे निकाला।

अपनी आपबीती मैंने तुम्हें सुना दी। तुम पूछ सकते हो कि इस अनुभव से मैंने क्या सीखा? मैंने सीखा कि परनारी से तो परहेज़ करना ही चाहिए लेकिन अगर हो सके तो हर नारी से परहेज़ करना चाहिए कि हमारे बुज़ुर्गों ने यूँ ही नहीं कहा कि नारी नरक का द्वार है।

मैं निश्चयदत्त और मेरी अनुरागपरा

सोमस्वामी की करुण कथा सुन मुझे उसके साथ सहानुभूति तो हुई लेकिन उसके निष्कर्ष से मैं सहमत नहीं हो सका। मुझे लगा कि उसके साथ जो हुआ उसका दोष केवल बंधुदत्ता को नहीं जाता, उसको भी जाता है। वह चाहता तो सुखशया से कह सकता था कि वह उसकी सखी के प्रस्ताव को अनैतिक मानता है, इसलिए वह उसे स्वीकार नहीं करेगा। मैंने देखा है कि पुरुष हमेशा अपनी दुर्बलताओं का दोष स्त्री को देता है, जो कुकृत्य वह ख़ुद करता है उसका भी उत्तरदायित्व वह स्त्री पर ही डाल देता है। मैंने सोमस्वामी को अपने प्रेम प्रसंग के बारे में बताया तो वह मुझे समझाने बैठ गया। बोला–मित्र, मैं हैरान हूँ कि मेरी आपबीती सुन लेने के बाद भी तुम एक ऐसी विद्याधरी के पीछे भाग रहे हो जिसने एक दो बार तुम्हारी पीठ को सहलाकर तुम पर जादू कर तुम्हें ऐसे रास्ते पर डाल दिया जो तुम्हें कष्ट ही कष्ट देगा, कोई स्थायी सुख नहीं, मेरी मानो और पुष्करावती जाने का ख़याल छोड़ दो। अनुरागपरा को भूल जाओ, वह चंचला विद्याधरी कभी भी केवल तुम्हारी होकर नहीं रहेगी, जैसे ही कोई विद्याधर प्रेमी उसे मिल जाएगा, वह तुम्हें छोड़ उसके पास चली जाएगी, और हो सकता है कि जब तुम पुष्करावती पहुँचो तो वह तुम्हें पहचाने ही नहीं, इसलिए मेरी सुनो और उसे भूल जाओ, अपनी उस यक्षिणी से कहो कि वह तुम्हें अपने कंधे पर बिठाकर वापस उज्जयिनी उड़ा ले जाए, कि तुम्हें चैन वहीं मिलेगा, पुष्करावती में नहीं।

वह बोलता रहा और मैं मुस्कराता रहा। उसे क्या मालूम कि एक जुआरी की मानसिकता कैसी होती है, कि वह सब कुछ हार देगा लेकिन दाँव ज़रूर लगाएगा। मैं अनुरागपरा के लिए दोनों जहान हार देने के लिए तैयार था। लेकिन मैंने वह दिन तो जैसे तैसे काटना ही था, क्योंकि श्रृंगोत्पादिनी तो रात होने के बाद ही लौट रही थी, इसलिए मैंने अपने उस नए बंदर मित्र को बोलने दिया। वह भी कई दिनों से अकेले और ख़ामोश रहने के बाद अपने दिल का गुबार निकाल रहा था और बढ़-चढ़कर बोल रहा था। जब उसने देखा कि उसकी बातों का मुझ पर कोई असर नहीं हो रहा था तो उसने अपने एक और मित्र का ज़िक्र छेड़ दिया। बोला–जिस तरह तुम मेरी बात पर ध्यान नहीं दे रहे, उसी तरह मैंने भी अपने एक मित्र की बात को मज़ाक़ में टाल दिया था, न टाला होता तो आज मैं इस दुर्दशा में न होता। मेरे उस मित्र ने मुझे कुपथ से बचाने के लिए अपनी जो आपबीती सुनाई थी, वह तुम भी सुन लो, शायद तुम पर उसका ही कुछ असर हो, मेरी का तो हुआ नहीं।

बंदर उर्फ़ सोमस्वामी के मित्र भवशर्मा की आपबीती

इसी वाराणसी में एक चंचला ब्राह्मणी रहा करती थी जिसका नाम था सोमदा। सोमदा विलासिनी तो थी ही, गुप्तयोगिनी भी थी। पुरुष जब किसी योगिनी और विलासिनी को एक ही देह में देख लेता है तो अपनी सुधबुध खो बैठता है। मेरा भी यह हाल हुआ। दैवयोग से एक रात मेरे साथ उसका समागम हो गया और फिर बहुत तेज़ी से हमारा सबंध गहराता चला गया। मुझे मालूम था कि वह इधर-उधर भटकने से बाज़ नहीं आ रही थी, सो एक रात बेक़ाबू होकर मैंने उसे ख़ूब पीटा। अगर वह नितांत निर्दोष होती तो भी शायद संस्कारवश मैंने कभी तो पीटा ही होता लेकिन वह तो निर्दोष भी नहीं थी। उस रात तो वह चुपचाप मेरे साथ पड़ी रही, दूसरे दिन रतिक्रीड़ा के दौरान किसी बहाने से उसने मेरे गले में सूत बाँध दिया और फिर मन ही मन कोई ऐसा मारू मंत्र जप डाला कि मैं उसी क्षण एक बैल में बदल गया। तब उस दुष्टा ने मुझे ऊँटों के एक सौदागर के हाथ बेच डाला और फिर मेरी हालत बोझा उठा-उठा कर ख़राब होने लगी। मेरी देह तो एक बैल की थी, दिल और दिमाग एक मनुष्य का। सो शारीरिक कष्ट के साथ-साथ मुझे मानसिक यातना भी मिल रही थी। सबसे बड़ी मानसिक यातना तो मेरे लिए यह एहसास ही था कि मैं एक ो से पिट गया। इससे बड़ा दुख एक स्वाभिमानी पुरुष के लिए हो भी क्या सकता है। वैसे किसी-किसी कमजोर क्षण में मुझे यह पश्चात्ताप भी हो उठता कि मैंने क्यों ईर्ष्यावश उसपर हाथ उठा कर यह बैलपन मोल ले लिया। कभी-कभी यह ख़याल भी आता कि सारा दोष मेरा ही था, अगर मैं समझदार होता तो उस चंचला के चोंचलों पर मोहित ही न होता। ख़ैर तो मैं इस तरह से बेकार ख़यालों की ख़ाक छानता हुआ अपने वे दुर्दिन गुज़ार ही रहा था कि बंधमोचनिका नामक एक योगिनी ने मुझे देख लिया और उसे मुझ पर दया आ गई। उसने अपनी विद्या की मदद से मालूम कर लिया था कि मेरे साथ सोमदा ने क्या बुरा बर्ताव किया था और किस मंत्र से मुझे बैल बना दिया था। उसने मेरे मालिक की अनुपस्थिति में मेरे गले में बँधा हुआ वह जादुई डोरा खोल दिया और मैं फिर मनुष्य बन गया। मेरे मालिक ने समझा मैं भाग गया हूँ। इसलिए उसने चारों ओर मुझे ढूँढ़ना शुरू कर दिया। उधर मैं अपनी नई मित्र बंधमोचनिका के साथ सैर के मज़े ले रहा था, लेकिन मेरी बदक़िस्मती कि सोमदा ने मुझे देख लिया। मुझे उस योगिनी के साथ देख सोमदा समझ गई कि उसने ही मुझे बैल से फिर मनुष्य बना दिया था। सो उसने जलीभुनी आवाज़ में उसे यह चेतावनी दी—मैं कल प्रातः तुम्हें तुम्हारे इस कुकर्म का कड़वा फल चखाने आऊँगी और तुझे कच्चा चबा जाऊँगी।

उसके चले जाने के बाद बंधमोचनिका ने मुझे बताया—वह कल एक काली घोड़ी का रूप धारण करके मुझसे लड़ने आएगी, मैं एक लाल घोड़ी के रूप में रहूँगी; जब हम एक दूसरी से उलझ जाएँ तो तुम अपनी तलवार लेकर उसपर झपट पड़ना और उसका काम तमाम कर देना, समझे।

मैं समझ तो गया लेकिन कल की कल्पना से मेरी साँस फूल रही थी और मैं सोच रहा था मैं बेचारा क्यों इन दोनों के बीच फँस गया।

दूसरे दिन सुबह सवेरे तलवार लेकर मैं बंधमोचनिका के घर पहुँच गया। कुछ ही देर बाद सोमदा काली घोड़ी बनी वहाँ पहुँच गई, काली घोड़ी के रूप में भी वह मुझे आकर्षक क्यों लग रही थी, यह रहस्य मुझे अभी तक अजीब और अबूझ लग रहा है।

उन दोनों का युद्ध जब आरंभ हुआ तो मैं अपनी तलवार लिए चौकस खड़ा था। मौक़ा पाते ही मैंने एक भरपूर वार किया और सोमदा को समाप्त कर दिया।

यह बताने की ज़रूरत नहीं कि बंधमोचनिका के साथ मैंने कोई ऐसा वैसा संबंध स्थापित नहीं किया, हालाँकि उसने मुझे कई ऐसे वैसे संकेत जरूर दिए थे।

इसलिए, मित्र, मेरी मानो और उस योगिनी की सहेली बंधुदत्ता का ख़याल छोड़ दो।

मैं निश्चयदत्त और मेरी अनुरागपरा

ज़ाहिर है कि मुझ पर भवशर्मा की कहानी का भी कोई असर नहीं हुआ। सच तो यह है कि कोई किसी दूसरे के अनुभव से कभी कोई सबक़ नहीं सीखता। और दूसरा सच यह भी है कि उन दोनों का अनुभव मेरे अनुभव से भिन्न था। उन दोनों ने प्रेम नहीं किया था, केवल परनारी के साथ रतिक्रीड़ा ही की थी। मैं वासना का भी विरोधी तो नहीं लेकिन वासना और प्रेम का अंतर पहचानता हूँ। मेरे प्रेम में भी वासना का कुछ अंश तो रहा ही होगा लेकिन वह सरासर वासना नहीं थी।

ख़ैर तो रात होते ही मेरी वह यक्षिणी आ गई। मैंने सोमस्वामी से इजाज़त ली, अपनी ज़िद के लिए उससे मुआफ़ी माँगी, और यक्षिणी के कंधे पर सवार हो आधी रात के समय पुष्करावती पहुँच गया। वहाँ मेरे अभिनंदनादि के लिए अनुरागपरा पहले से ही बनीठनी बैठी थी क्योंकि उसने अपनी विद्या के बल से पता लगा लिया था कि मैं वहाँ कब और कैसे पहुँचूँगा।

मेरी यक्षिणी मुझे अपने कंधे से उतार मुस्कराती हुई उड़ गई तो अनुरागपरा ने आगे बढ़कर मुझे अपने चुम्बनालिंगन से मदहोश कर डाला। कुछ ही क्षणों में हम दोनों एक हो गए। और फिर हमने गंधर्व विवाह कर लिया। अनुरागपरा ने एक पूरे नए नगर का निर्माण आन की आन में कर डाला और हम दोनों उसमें आराम से रहने लगे। उसने अपने माता-पिता को मेरे बारे में कुछ नहीं बताया था, इसलिए हम ख़ुफ़िया तौर पर ही सब कुछ कर रहे थे। इस बात को लेकर जब मैं परेशान हो उठता तो वह अपने प्यार से मेरी परेशानी को दूर कर देती और कहती–तुम्हें मेरे माता-पिता से क्या लेना-देना है, मैं हूँ ना, सब कुछ सँभाल लूँगी।

उसके साथ ऐश के उन आरंभिक दिनों में मैं अक्सर अपनी नगरी उज्जयिनी को याद करता, शिप्रा नदी को याद करता, श्मशान में गड़े उसे खंबे को याद करता जिसके साथ अपनी चंदनलिपी पीठ रगड़ते-रगड़ते मैं मस्त हो जाया करता था, और उस अलौकिक सुख को याद करता जो अनुरागपरा के पहले अप्रत्याशित स्पर्श ने मुझे दिया था, और मेरी आँखें सजल हो जातीं, अनुरागपरा समझ जाती कि मैं अपने देश के लिए उदास हो रहा हूँ, अपने व्यतीत में जा डूबा हूँ, और तब वह मुझे सहलाना-बहलाना शुरू कर देती और मैं सब कुछ भूल उसी में रम कर रह जाता।

पुष्करावती तक पहुँचने से पहले जो-जो कष्ट मैंने झेले थे उनके बारे में सुन-सुनकर अनुरागपरा हैरान भी होती और प्रसन्न भी। कहती–तुमने साबित कर दिखया है कि प्रेमिका की ख़ातिर प्रेमी सब कुछ कर सकता है। जब मैंने अपने बंदर मित्र सोमस्वामी के बारे में बता कर कहा कि वह उसे फिर से मनुष्य बना दे तो वह बोली–यह काम योगिनियों का है, हमारा नहीं, लेकिन मैं अपनी सखी भद्ररूपा की सहायता से यह काम भी करवा दूँगी।

और फिर मेरे अनुरोध पर वह मुझे अपनी गोद में बिठा कर आकाशमार्ग से उस वन में ले गई जहाँ मैं सोमस्वामी बंदर को छोड़ आया था। सोमस्वामी हमें देख प्रसन्न हुआ लेकिन उसकी आँखों में अभी भी अनुरागपरा और उसके साथ मेरे भविष्य के बारे में आशंकाओं के कई कण अटके हुए थे। कुछ समय उसके साथ बिताकर हम अपने भवन को लौट आए। दूसरे दिन जब मैंने फिर अनुरागपरा से उस वन की ओर उड़ने के लिए कहा तो वह बोली–रोज़-रोज़ तुम्हें अपनी गोद में लिये-लिये इधर-उधर उड़ने के बजाय क्यों न मैं तुम्हें उड़ने और उतरने के गुर सिखा दूँ? मुझे क्या आपत्ति हो सकती थी। मैंने वे गुर उससे उसी समय सीख लिए और अकेला ही उड़ कर अपने मित्र के पास पहुँच गया। वह मुझे देखकर ख़ुश तो बहुत हुआ लेकिन वह मेरे मन में भी संशय का बीज डालने से बाज़ नहीं आया। बोला–उसे अकेली छोड़ आए हो, अगर पीछे से किसी विद्याधर ने उसपर डोरे डालने शुरू कर दिए तो! मैंने उसकी बात को मज़ाक़ में टाल दिया।

गपशप मारने के बाद जब मैं घर लौटा तो अनुरागपरा लेटी हुई थी। मैं उसके साथ लेटने ही वाला था कि उसने करवट बदलते हुए कहा–मेरे सिर में दर्द हो रहा है, आज तुम दूसरे कमरे में सो जाओ। मैंने कहा, ठीक है। पिछले कई दिनों के निरंतर समागम के कारण मैं थका हुआ तो था ही, लेटते ही मुझे गहरी नींद आ गई।

दूसरे दिन प्रातःकाल उठते ही मेरा मन हुआ कि अपने मित्र सोमस्वामी बंदर से मिल आऊँ। असल में उड़ने और उतरने में मुझे बहुत आनंद आने लगा था, वैसा ही जैसा किसी बालक को अपने किसी नए खिलौने में आता है। जब मैं ख़ुश-ख़ुश सोमस्वामी के पास पहुँचा तो उसने छूटते ही पूछा–आज फिर उसे अकेली छोड़ आए?

मुझे बुरा लगा। मैंने उसे झिड़की सी दी और कहा–तुम सचमुच बहुत शक्की हो। उस बेचारी को कल रात भर सिरदर्द रहा, इसीलिए वह मेरे साथ नहीं आई, वह सो रही है।

इस पर सोमस्वामी ऐसे मुस्कराया जैसे कोई ज्ञानी किसी मूर्ख पर। फिर वह बोला–तुम वाकई बहुत भोले हो। तुम नहीं जानते तुम्हारी पीठ पीछे क्या हो रहा है। मैं जानता हूँ। तुम तभी मानोगे जब तुम अपनी आँखों से सब कुछ देखोगे। आज मैं तुम्हारी आँखें खोल कर रहूँगा। तुम इसी क्षण वापस जाओ और अपनी सोई हुई अनुरागपरा को उठाकर यहाँ ले आओ। फिर देखो, मैं तुम्हें क्या दिखाता हूँ।

मुझे उसकी बातें बुरी तो लगीं लेकिन मैं जानता था कि वह अपनी तरफ़ से दोस्ती का ही फ़र्ज़ निभा रहा था। मैं गया और सोई हुई अनुरागपरा को अपनी गोद में लेकर वापस उड़ आया। मेरी गोद में बेसुध पड़ी अनुरागपरा मुझे बहुत ही प्यारी लग रही थी। रह-रहकर मन हो रहा था कि उसे चूम लूँ। और फिर चूमता ही चला जाऊँ। उधर मेरा मित्र ऐसे मुस्कराए चला जा रहा था जैसे वह कोई रहस्योद्घाटन करने जा रहा हो जिसके बाद सब कुछ बदल जाने वाला हो। मुस्कराता हुआ वह मेरे पास आकर मेरे कान में बोला–अब एक क्षण के लिए अपनी आँखें बंद करके यह मंत्र पढ़ो और फिर आँखें खोल कर देखो कि तुम्हें क्या दिखाई देता है।

मैंने वैसे ही किया और देखा कि एक विद्याधर मेरी अनुरागपरा के साथ लिपटा हुआ था। मुझे आश्चर्य तो हुआ, बहुत हुआ, लेकिन क्रोध नहीं आया। मेरी प्रतिक्रिया पर मेरा मित्र ताव में आ गया और ज़ोर-ज़ोर से उन दोनों को कोसने लगा। उसका शोर सुन वे दोनों जाग उठे। जागते ही वह विद्याधर तो आकाश में उड़ गया, अनुरागपरा ने आँखें नीची कर लीं। मुझे उसकी लज्जा पर बहुत प्यार आया। उधर सोमस्वामी अनाप-शनाप बोले जा रहा था जिसका सार एक ही वाक्य में दिया जा सकता है—मैं न कहता था कि तुम्हारी अनुरागपरा कभी केवल तुम्हारी होकर नहीं रहेगी।

इससे पहले कि अनुरागपरा अपने पक्ष में कुछ कहती, मैंने उसका मुँह चूम लिया और फिर सोमस्वामी से कहा—मित्र, मैं अपनी अनुरागपरा की इस तथाकथित बेवफ़ाई पर नाराज़ होने के बजाय बेहद ख़ुश हो रहा हूँ, कि इसी की बदौलत मुझे यह साबित करने का अवसर मिला है कि मैं उन पुरुषों में से नहीं जो ख़ुद तो एक से अधिक पत्नियाँ या प्रेमिकाएँ सगर्व सँभाले रहते हैं लेकिन अपनी पत्नी या प्रेमिका को यह स्वतंत्रता नहीं देते। मैं देख रहा हूँ कि तुम मेरी यह बात सुनकर नीले-पीले हुए जा रहे हो, क्योंकि तुम भी उन्हीं पुरुषों जैसे हो और दोहरे प्रतिमानों में विश्वास रखते हो। मेरी बात कान खोल कर सुन लो, जो दृश्य मैंने अभी देखा, उससे अनुरागपरा के लिए मेरे प्यार में कोई कमी नहीं आई, मुझे उसका विद्याधर प्रेमी या पति भी मंज़ूर है।

मेरी यह बात सुनते ही अनुरागपरा तो मेरे साथ लिपट गई, मेरा मित्र सोमस्वामी अपना सिर थाम कर वहीं ढेर हो गया।

मेरी कहानी यहीं ख़त्म हो जाती है। बस इतना और बताना बाक़ी है कि कुछ ही दिनों बाद मैंने अनुरागपरा की मदद से सोमस्वामी को बंदर से मनुष्य तो बना दिया लेकिन उसके नारी विरोधी विचारों को न मैं बदल सका, न मेरी अनुरागपरा।

लेखकीय नोट : निश्चयदत्त ने इस कहानी का वाचिक-नायक बनने से पहले मुझसे यह शर्त मनवा ली थी कि मैं अपने लेखकीय नोट में सिर्फ़ इतना ही कहूँगा कि निश्चयदत्त ने इस कहानी का नायक बनने से पहले मुझसे यह शर्त मनवा ली थी कि मैं अपने लेखकीय नोट में अपनी तरफ़ से और कुछ नहीं जोड़ूँगा।

पुनर्पाठ

1. अज्ञेय-आधुनिक रंगमंच : छायानट, जनवरी-मार्च 1986 अंक, सम्पादक-केशवचन्द्र वर्मा से साभार उ. प्र. संगीत नाटक एकेडमी का प्रकाशन

2. पं. भीमसेन जोशी-पं. निनायक राव पटवर्धन का संगीत : वन्दे विनायकम्, सम्पादक-पं. विनयचन्द्र मौदगल्य, 1988 से साभार पं. विनायकराव पटवर्धन स्मारक समिति, पुणे का प्रकाशन

3. विद्यानिवास मिश्र-गीत गाविन्द का मर्म : कला-प्रयोजन 20-21, अप्रैल-सितम्बर, 2000, सम्पादक-हेमन्त शेष तथा गीत गोविन्द सम्पादक-कपिला वात्स्यायन से सभार भारतीय भाषा परिषद्, कलकत्ता का प्रकाशन

4. रघुवीर साहय-हबीब तनवीर का काम : पूर्वग्रह, अंक-66, सम्पादक-अशोक वाजपेयी से साभार भारत भवन, भोपाल का प्रकाशन

5. नेमिचन्द्र जैन-रंगकला की अवधारणा : रंगकर्म की भाषा-नेमिचन्द्र जैन श्रीराम स्मारक व्याख्यानमाला 7 से सभार श्रीराम सेंटर फॉर परफार्मिंग आर्ट्स का प्रकाशन

6. मणि कौल-सृजनात्मकता का आनन्त : अभेद आकाश : मणि कौल की उदयन वाजपेयी से बातचीत से साभार, म. प्र. फिल्म विकास निगम का प्रकाशन

7. नामवर सिंह-कालिदास और आधुनिक भावबोध : पूर्वग्रह, अंक 70-71, सितम्बर-दिसम्बर 1985 सम्पादक-अशोक वाजपेयी से साभार, भारत भवन, भोपाल का प्रकाशन

8. निर्मल वर्मा-कला की सामाजिक प्रासंगिकता : कला का जोखिम-निर्मल वर्मा राजकमल प्रकाशन, प्रथम, प्रथम संस्करण 1981 से साभार

9. ठाकुर जयदेव सिंह-पं. कुमार गन्धर्व : कलावार्ता, कुमार गन्धर्व विशेषांक, 1985, सम्पादक-श्रीराम तिवारी से साभार म. प्र. कला परिषद्, भोपाल का प्रकाशन

कलाकारों एवं रचनाकारों के पते

1. बिस्मिल्ला खाँ – हँड़हा सराय, बेनियाबाग के समीप, वाराणसी, उ. प्र.
2. गिरिजा देवी – एच-19 संजय गांधी नगर, वाराणसी-2 उ. प्र.
3. राय आनन्दकृष्ण – अमेठी कोठी, 1/55 नगवा, लंका, वारणसी, उ. प्र.
4. कुसुम अंसल – विश्रान्ति, 148, पंचशील पार्क, नई दिल्ली 17
5. कुँवर नारायण – एस-371, ग्रेटर कैलाश पार्क-1 नई दिल्ली 48
6. मुज़फ्फर अली – कोटवारा हाउस, कैसरबाग, लखनऊ 226001, उ. प्र.
7. अखिलेश – सी-106, वर्धमान आपार्टमेन्ट्स, 3, ज. स्वामीनाथन मार्ग, शामला हिल्स, भोपाल
8. संगीता गुंदेचा – 15, प्रोफेसर्स कॉलोनी, भोपाल।
9. वागीश शुक्ल – 4, स्ट्रीट न. एम/1, आई. आई. टी. परिसर, हौजखास, नई दिल्ली
10. मदन सोनी – भारत भवन, ज. स्वामीनाथन मार्ग, शामला हिल्स, भोपाल-462002
11. सुरेश अवस्थी – 44, भारतीय आर्टिस्ट कॉलोनी, विकास मार्ग, नई दिल्ली-92
12. उदयन वाजपेयी – 90/45, तुलसी नगर, दूसरे बस स्टॉप के निकट, भोपाल, म. प्र.
13. कमलेशदत्त त्रिपाठी – न्यू एफ 4, जोधपुर कॉलोनी, बनारस हिन्दू विश्वविद्यालय, वाराणसी-5
14. आमिल – अध्यात्म शक्ति पीठ, मुबारकगंज-फैजाबाद, उ. प्र.
15. प्रयाग शुक्ल – 37-बी, डी. डी. ए. फ्लैट्स, फेज-1, मस्जिद मोठ, नई दिल्ली-48
16. देवेन्द्र राज अंकुर – निदेशक, राष्ट्रीय नाटच विद्यालय, बहवालपुर हाउस, भगवान दास रोड, नई दिल्ली-1
17. गौतम चटर्जी – बी. 6/76, पीताम्बरपुरा, सोनारपुरा, वाराणासी, उ. प्र.
18. उषा किरन खान – 1, बन्दर बागीचा, डाक बँगला रोड, पटना-1, बिहार
19. गिरिराज किराडू – 2, जवाहर नगर, एम. एस. ग्राउण्ड के पीछे, बीकानेर, राजस्थान
20. कृष्ण बलदेव वैद – 1652-बी-1, वसन्त कुंज, नई दिल्ली-70

स्पिक मैके, इनके द्वारा दिये गये आर्थिक सहयोग के लिए; आभार व्यक्त करता है :

- श्री आलोक बंसल, झारखंडी, फैजाबाद
- डॉ. पी. बनर्जी, विष्णुपुरी, सिविल लाइन्स, फैजाबाद
- श्रीमती मिताली सूद, फैजाबाद
- श्रीमती निधि सूद, फैजाबाद
- मे. प्रयोग उद्योग लि., बनबीरपुर, फैजाबाद
- मे. वर्मा आटो सेल्स, स्वामी दयानन्द मार्ग, फैजाबाद
- मे. अवध स्टेशनरी मार्ट, रिकाबगंज, फैजाबाद
- मे. परम पेस्ट्रीज, रिकाबगंज, फैजाबाद
- मे. सागर रेडीमेड स्टोर्स, रिकाबगंज, फैजाबाद